U0620782

"法与新科技"论丛

元宇宙
与数字世界的未来

想象、演进与可能性

周晓鹏 —— 著

THE METAVERSE AND THE FUTURE
OF THE DIGITAL WORLD

Imagination,
Evolution
and Possibility

 社会科学文献出版社
SOCIAL SCIENCES ACADEMIC PRESS (CHINA)

序　言

　　2021 年，全球互联网行业并没有任何新的突破性技术和应用诞生，全球的数字巨头们都在增长和监管政策的双重压力下寻找突破之路：币圈热闹依然，但区块链的应用场景仍然不清；芯片因为供应链受到疫情影响产能起伏不定；智能手机基本都处于"丸之走盘"①式的迭代中；处于主导地位的移动应用也还都是五年前的产物，从产品形态到用户规模都已到达顶峰，同时也都面临着瓶颈。

　　从显性的表象来看，焦虑比乐观，模糊比清晰，更能代表 2021 年的互联网行业。事实上，在 2022 年 11 月人工智能聊天工具 ChatGPT 发布前，在整个 2022 年，互联网行业也大致呈现类似的情况。

　　美国著名媒介理论家马歇尔·麦克卢汉（Marshall McLuhan）曾经提出过著名的"后视镜"视角，以此来说明人类总是以过去为参照走向未来。②的确，时代总是跑得比认知更快，身

---

① "丸之走盘"来自杜牧《注孙子序》（《樊川文集》卷十）。原句是："丸之走盘，横斜圆直，计于临时，不可尽知。其必可知者，是知丸不能出于盘也。"其主要意思是说很多变化，就像丸在盘中走，会产生各种动向，但只是在盘这个范围内活动而已。"丸之走盘"常常被用来说明变化很多，但并没有产生突破性的变革。

② "后视镜"视角最早由马歇尔·麦克卢汉在 1969 年接受美国杂志《花花公子》（*Playboy*）专访时提出。采访全文见 https://web. cs. ucdavis. edu/～roga-way/classes/188/spring07/mcluhan. pdf，最后访问时间：2023 年 1 月 24 日。

处其中时，我们没有办法感知到时代的全貌。如果把时间拉长，我们会发现，寻求改变时代的力量从未停止过探索的脚步。

区块链、以太坊①的拥趸者们一直在缓慢而坚定地推进着他们改变当前互联网弊端这一理想的实践，期望以此建立新的网络协议和互联网经济秩序。以游戏公司 EPIC GAMES 公司的虚拟引擎 5 为代表的数字化软件能力让数字图像表达提升到全新的高度；以虚拟现实技术（Virtual Reality，简称 VR）为核心的数字终端虽高开低走，但依然在为成为成熟的消费级产品而努力着；英伟达、AMD 和英特尔也依然在不断挑战摩尔定律；网络底层协议、数字货币、智能硬件、软件、算力、算法……几年来，这些决定数字化未来的核心领域，分别都在各自领域进行着探索与迭代。

在 2021 年，一切并未成熟，但一切已经开始涌现。从年初 GameStop② 散户串联重挫对冲基金，到年底头戴虚拟现实设备 Oculus 在苹果应用商店下载量超过 TikTok，新的力量已然开始浮出水面。

在凯文·凯利（Kevin Kelly）眼里，"涌现"不单是一个名词，更是一个系统现象。这个在《失控：全人类的最终命运和

---

① 以太坊（Ethereum）是一个开源的有智能合约功能的公共区块链平台，通过其专用加密货币以太币（Ether，简称 ETH）提供去中心化的虚拟机来处理点对点合约。以太坊的概念首次在 2013～2014 年由维塔利克·布特林（Vitalik Buterin）受比特币启发而提出。

② GameStop（中文名称：游戏驿站），是一家总部位于美国得克萨斯州，创立于 1984 年的游戏产品零售商，主要销售电子游戏软件、游戏设备等，最鼎盛时期在全球拥有超过 6000 家店铺。2021 年 1 月底，因为不满华尔街对冲基金对 GameStop 股票做空，投资散户们通过网络论坛组织起来购买该公司股票。股票最高时涨幅达到了 2321%。最终，多家做空机构被迫平仓离场。2022 年奈飞（Netflix）还专门对此事件拍摄了纪录片《散户大战华尔街：GameStop 传奇》。

结局》一书中出现了88次的词语被用来表述这样的情形：在一个开放的系统或平台中，多个单个角色的集合，通过看似自顾自的交互，会涌现出某些超越单个角色特征的现象。

各种力量都在独立生长，但又逐渐产生相互影响。罗布乐思（Roblox）用"Metaverse"这个诞生于30年前的词语给凯文·凯利在10年前的定义添加了新的注解，并认为这个涌现出的超越单个领域的新物种是未来至少50年互联网的走向。马克·扎克伯格（Mark Zuckerberg）带领Facebook以ALL IN的姿态对这个注解进行了加持。

于是，对于互联网行业来说，原本波澜不惊的2021年却具有了里程碑式的意义，被称为"元宇宙元年"。元宇宙如同强心剂和兴奋剂，让原本略显沉闷的市场变得躁动和喧嚣。它被越来越多的公司当作背书，以表示自己正行驶在代表未来的赛道上。元宇宙一方面被表述成互联网的未来，另一方面似乎现在已经无所不在。

"Metaverse"只是一个在科幻小说中被作者创造出来的词语，被并不准确地翻译成"元宇宙"后，造成了含混不清又"皆大欢喜"的效果。一方面，"元"和"宇宙"这两个原本就在中文中博大精深的词语叠加在一起，让这个概念显得更为玄幻，它和"虚实相生"、"数字孪生"、"全真互联"、"数字镜像"、"Web 3.0"等高深的新概念相互交织，使元宇宙变得更加难以表述和理解。它似乎什么都可以是，也似乎什么都不完全是。而另一方面，正是这样宽阔的外延与内涵，让几乎所有与互联网相关的公司都能在其中找到自己的一席之地。元宇宙成为很多企业"皇帝的新衣"。互联网的未来，似乎随着"Metaverse"从小说中走进Roblox招股说明书中的那一刻，立刻清晰了起来。

随着元宇宙变成显学，真正变得越发清晰的是人类数字化进程的基础动力，那就是：人类寻求新的体验，技术寻求新的外延，资本寻求新的空间。这三种充满着欲望的力量彼此推动，让数字化成为不确定性世界中确定且不可逆的进程。

头是人类的"原生 AR①头盔"，眼、耳、鼻、舌接收到外部传来的波和分子并通过脑神经转化成电波，生成影像和各种感觉，这种效果已经让我们沉浸在生存的碳基世界中。但数字化的能力能够突破碳基世界的边界，为所有人创造出更多无中生有的感知可能。人类对于全新体验的欲望永远没有边界，智能手机已经让我们把越来越多的时间花费在了数字世界中，如果我们以时间作为是否沉浸的度量维度的话，对于很多人来讲，一天中生活在硅基世界的时间已经等同于或者超过了在碳基世界②的时间。但这似乎还远远不能满足人类对更多体验的需要，人类正努力在"原生 AR 头盔"上再叠加"数字头盔"，让更多在现实中不存在和无法体验的东西出现在人类的头脑中，让人类的社交、娱乐、学习等需求能在更多的体验场景下产生。"喜新厌旧"的特点在人类数字化的生活中会显得格外明显。

因为人们相信，技术总会满足人类不断衍生的需求。刘慈欣在《三体》中提出了技术大爆炸的说法，技术会在短时间内呈现指数级的增长。现代计算机之父约翰·冯·诺依曼（John von Neumann）将这种现象称为技术奇点。他的好友斯坦尼斯

---

① AR 是增强现实（Augmented Reality）技术的英文缩写。该技术将虚拟信息与真实世界进行融合，广泛运用了三维建模、实时跟踪、智能交互、传感等多种技术手段，将计算生成的文字、图像、三维模型、视频等数字信息模拟仿真后，应用到真实世界中，两种信息互为补充，从而实现视觉上对真实世界的"增强"。
② 碳基世界指代以人类为主体的现实世界，硅基世界指代以数字技术能力记录或者创造出来的，以数字形式呈现的内容和空间。

劳·乌拉姆（Stanislaw Ulam）在回忆录中写道："有一次我们的话题是讨论不断加快的技术进步和人类生活方式的变化的关系，这使人们似乎接近了种族历史上的某些基本奇点（技术奇点），而我们对人类未来的预测在人类文明跨过技术奇点之后就完全不适用了。"[1] 宇宙学家和理论物理学家约翰·巴罗（John Barrow）的研究结果部分解答了人类数字技术奇点的本源。他认为人类更能通过将他们的能力应用到越来越小的尺度而不是更大规模的巨型结构中而获益，其中一个很好的例子就是"摩尔定律"——晶体管的小型化使得其在集成电路芯片上的平均数量每两年翻一番，人类在 20 世纪末到 21 世纪初从集成电路突飞猛进的发展中得到了海量的计算能力。正是这种还在不断进步的计算能力催生了用 0 和 1 来表达、描述、构建和迭代一切的可能，数字化的图景先是在现实社会中徐徐展开，如今又开始创建虚拟空间的历程。围绕计算能力所延伸出来的种种数字化技术会如同自我驱动一般寻找呈现自己的空间。

诺贝尔经济学奖获得者、美国经济学家保罗·罗默（Paul Romer）的"内生经济增长理论"为技术自我驱动般地外溢提供了有力的解释。罗默认为，某些特定的技术突破或许是随机出现的，但技术的全面增加是与我们为其贡献的资源成正比的。一旦有了规模的投入，技术大爆炸就会成为可能。传统的经济学理论认为，技术是"外生"的、是随机的，就像是从天上掉下来的。但罗默认为技术变革是增长的核心，技术变革源于受

---

[1] Stanislaw Ulam, "Tribute to John von Neumann", *Bulletin of the American Mathematical Society*, 原文详见 https://www.ams.org/journals/bull/1958 – 64 – 03/S0002 – 9904 – 1958 – 10189 – 5/S0002 – 9904 – 1958 – 10189 – 5. pdf，最后访问时间：2023 年 1 月 24 日。

市场激励推动的有意识的投资行为，是内生因素而非外生因素。在很多时候，技术进步是由追求利润最大化的投资行为引起的。

曾经有人提出过这样的问题，如果 Roblox 和扎克伯格都没有提出元宇宙的话，市场会怎么样？现在将自己打上元宇宙标签的各种公司和资本会怎样表述自己的业务和赛道？这是个可以让人冷静观察元宇宙热潮的好问题。从另外一个角度来看，这个问题的答案也是明显的，那就是这个方向一定会被提出，不在 2021年，也一定会在以后的某个年份，不叫元宇宙，也会以其他的名词被表达，不是由 Roblox 和扎克伯格，也是会由其他的游戏、社交或者硬件公司提出。在人性、技术和资本力量的共同作用下，碳基生命在硅基空间创造新的资产和文明的事情一定会发生。

凯文·凯利曾说："跟 30 年后的我们相比，现在的我们一无所知。必须要相信那些不可能的事情，因为我们尚处于第一天的第一个小时——开始的开始。"[1] 在这样的开始，人们需要概念去简化地理解新事物，但人们也要清醒地认知，当前所有对这些概念的认知也许全都不正确；在这样的开始，市场也难免有泡沫，我们不必过于敏感，但我们要有识别泡沫的能力；在这样的开始，理解新事物的视角和思维方式尤为重要，它是我们更好地理解开始和走向未来的前提，不管以后我们遇到的是元宇宙还是什么其他新事物。

从 30 年前的 "Metaverse" 到 20 年前的电影《黑客帝国》，

---

① 〔美〕凯文·凯利：《未来 20 年的 12 个趋势》，于 2020 年 10 月 23 日在东钱湖教育论坛上的演讲内容，原文详见 https://new.qq.com/rain/a/20230121A02MT600，最后访问时间：2023 年 1 月 24 日。

对于虚拟世界的描绘早已有之，不过当时的人们主要还是把它们当作科幻描述。但从 2018 年的电影《头号玩家》开始，人们看待虚拟世界的眼光开始不同，科幻电影中所描述的内容不再显得那么遥远，其中的很多场景已经在现实的数字生活中具有了技术支撑点。2021 年，元宇宙映射出了人类构建虚拟世界的野心，因为人们发现支撑构建一个虚拟世界的各种条件虽不成熟但已然成形，各种力量似乎殊途同归。元宇宙不是一个被有意设计的结果和路径，而是现有的各种技术力量"涌现"＋"重混"的产物。

因此，关注这些涌现的力量比关注元宇宙的概念、框架和特点更为重要，因为这些力量将决定元宇宙会是什么，也是这些力量让我们不断修订对元宇宙的看法。

人们总是高估短期而低估长期科技的能力，从技术到商业，大家经常性地高估一年的变化，而低估十年的变化：AI 是这样，虽然当下我们感受并没有那么明显，但确实在潜移默化地改变着我们的生活；而 Web 3.0 也会是如此。有人曾简要地总结互联网的历程：Web 1.0，所见即所得；Web 2.0，所荐即所得；Web 3.0，所建即所得。Web 1.0 时代大多数网络活动都与单个静态网页相关。我们当下处于 Web 2.0 时代，这是一个集中化的时代，因为大量的数据和商业行为都集中在少数科技巨头所拥有的平台上。基于区块链技术构建的 Web 3.0 平台和应用程序代表了新的愿景：它们不会由巨头所拥有，而是由每个用户所拥有，用户们将通过帮助开发和维护这些服务来获得所有权。在Web 3.0 拥趸者们的描述中，我们似乎已经处在了这样一个阶段，那就是互联网的秩序正在被重构，商业模式将会被重建，互联网巨头的护城河也将会受到巨大冲击。的确，低估 Web 3.0 与高估元宇宙一样危险：没有 Web 3.0 就不会有元宇宙，而 Web 3.0

也绝不会只催生出元宇宙。但同时，我们也不应该自然而然地认为 Web 3.0 就是 Web 2.0 的替代者，它们之间并不存在绝对的谁优谁劣的关系，在 Web 3.0 中也将始终会有 Web 2.0 的影子。

如果把元宇宙看作碳基生命在硅基世界里创造资产和文明的过程，那么元宇宙不只是技术层面的事情，它最大的挑战和难题也不是来自技术层面。它是一场人类文明的试验。令人向往的元宇宙的多元化和开放性，也许会让元宇宙走向繁荣，但也可能会让元宇宙走向混乱。打造一个全新的、虚拟的、开放性的世界体系，是人类历史上从未有过的事情。这也是元宇宙令我们感到兴奋和刺激的原因。同样令我们感到兴奋的是，在这个过程中，我们将看到经过数千年的文明积累，人类是否已经有足够的智慧成为另一个世界的"造物主"。虚拟世界的道德伦理基础、法律治理体系、权力利益分配原则，这些超越现实国别、社会、文化，同时要求"参与者形成普遍共识"的议题，是技术以外最关键的难点。德国哲学家黑格尔曾说，人类唯一能从历史中吸取的教训就是，人类从来都不会从历史中吸取教训。① 希望在创造元宇宙的历史中，创造者们和参与者们能更多地汲取人类在探寻社会秩序和治理体系过程中的真知灼见与成功经验，从人类历史中吸取教训。

元宇宙可能是数字时代的潘多拉魔盒。面对那些对新技术一边倒的赞美我们既要有敬畏之心，也要有警觉之感，尤其是在今天高度商业化的环境中。元宇宙世界中不仅会有令人沉迷的沉浸式体验，更会有冰冷的现实和经济规律、新形态的消费剥削、新的法律风险和社会问题、对于人类心智的负面影

---

① 〔德〕黑格尔:《历史哲学》，王造时译，上海书店出版社，2006，第 44 页。

响……诸如此类，目前那些数字巨头、蹭热度的公司、自媒体和所谓学者皆讳莫如深。我们无法完全判断当技术奇点被突破后，在资本的加持下，虚拟世界将会是什么样子，将会给人类带来哪些变化。无论是科幻作品还是学术著作，都为我们呈现出它可能的美与恶。理性永远是帮我们打开和盖上潘多拉魔盒所需要的那只手。

1982 年，法国物理学家艾伦·爱斯派克特（Alain Aspect）和他的研究小组发现，在特定的情况下，如果把基本粒子——比如说电子——同时向相反的方向发射，它们在运动的时候能够彼此互通信息，不管彼此之间的距离多么遥远，不管它们是相隔 10 厘米还是 10 亿公里，它们总是知道相对一方（同伴）的运动方式，这体现在当一方受到干扰而改变运动方向时，其同伴也会同时改变方向。[1] 这个现象的古怪之处在于，它们之间的通信联系几乎不需要时间间隔。这违反了爱因斯坦的理论：没有任何通信速度能够超过光速，因为一旦超过了光速，就等于打破了时间的界限。美国量子物理学家和科学思想家戴维·玻姆（David Joseph Bohm）对此抛出了一个大胆却十分简单的想法：此发现意味着客观现实并不存在，尽管宇宙看起来具体而坚实，但其实它只是一张巨大而细节丰富的全息摄影相片，基本粒子不管彼此之间的距离多远而能够彼此保持联系，不是因为它们之间来回发射的信号有多么"神秘"，而是因为粒子并不是分离的两个单独的个体，而是某种更大整体的两个部分。全息宇宙论就此诞生。它未必是对的，但它的价值不在于观点

---

[1] Alain Aspect et al. , "Experimental Tests of Bell's Inequalities Using Time – Varying Analyzers", *Physics Review Letters* 49, 1982, 1804 – 7.

的对错，而在于它为我们打开了一个全新的认知视角。

元宇宙和宇宙并没有关系，但全息宇宙论倒是能给我们认知元宇宙带来有益的启发。对于元宇宙，我们需要从更大的整体维度去思考，而不要被局部和垂直的视角所限定。元宇宙是个过程而不是产品，是个动词而不是名词。它是人类数字技术能力和人文社会知识碰撞的结果。讨论元宇宙可能成为什么，而不是定义元宇宙是什么，是更有价值的议题。

在数字化时代中，所有人都是新手，或者随时都会成为新手。无论在现实世界还是虚拟世界中，未知远远比已知更多。拥抱也好，赞美也罢，质疑也好，批判也罢，做出这些都是很容易的。但面对未来，不容易做到的但同时也是最需要的，是驾驭问题的思维方式。好问题比完美的答案更重要，因为问题本身可以开发一个新领域，是一个最好的推送者，像引擎一样，推动人的思维不断去创造。对于所有参与到元宇宙之中的人们，我看到了什么，思考了什么，做了什么，留下了什么，是值得始终向自己提出的问题。

1999 年，著名科幻作家威廉·吉布森（William Ford Gibson）在一次接受电台采访时表示："未来已经到来，只是分布得并不十分均匀。"[①] 对于这句话，元宇宙如今无比鲜活地予以呈现：它让我们感到仿佛已经触碰到却又还无法实实在在地把握。在碳基生命与硅基世界相互交织走向未来的路程中，希腊诗人康斯坦丁·卡瓦菲斯的一句诗值得所有人记住，"愿你的道路漫长，充满奇迹，充满发现"！

[①] William Ford Gibson, speaking at interview, "Talk of the Nation", National Public Radio 30 November 1999, Timecode 11: 55. http://www.npr.org/programs/talk–of–the–nation/1999/11/30/12966633，最后访问时间：2023 年 4 月 21 日。

目 录

CONTENTS

第一章

涌现中的细节

1

Roblox：Metaverse 概念系的暴富神话

"未经证实的进化正在塑造我们的未来。"

——凯文·凯利（Kevin Kelly）

元宇宙，老概念带来的新财富

讲解元宇宙的报告和报道层出不穷，但即便是所谓身处其中的行业人士，到今天仍然很难清晰而统一地说清楚元宇宙到底是什么。

有无数的概念在解释元宇宙，随后又出现无数的概念再去解释那些概念。就像俄罗斯套娃，一个套一个。元宇宙似乎和一切都沾边，但又显得虚无缥缈。线性的技术如何勾勒出元宇宙的面貌？毕竟未来数字世界并非某个技术所能单独实现，也并非是这些技术的简单叠加。元宇宙与其说是个结果，不如说它是多种技术分别涌现并交织碰撞出新状态的过程——而且这个状态本身仍然是动态的。因此，从这个意义上讲，所有对元宇宙是什么的表述，从一个侧面讲都是对的，但在整体上却可能都是错的。

Roblox 以"元宇宙"作为它的表述，展现出它对 Metaverse 的理解。虽然这家公司在 2021 年初上市之后长期被质疑"定价过高"，很多投资人面对的是 140 美元以上大举抛售之后入场的教训，但大家确实被"元宇宙第一股"所带来的市值飙升震撼到了。

时针拨回到 2021 年 3 月，Roblox 头戴"元宇宙第一股"的金冠在纽交所上市。作为全球最大的互动社区之一及大型多人游戏创作平台，Roblox 在其招股书中第一次提及了"Metaverse"（中文被翻译成"元宇宙"）。

"有些人将我们的类别称为'Metaverse'，该术语通常用于描述虚拟世界中持久的、共享的 3D 虚拟空间的概念。30 多年前未来学家和科幻小说作者已经描绘了一个有关 Metaverse 的想法。随着功能越来越强大的计算设备、云计算和高带宽互联网连接的出现，Metaverse 的概念正在逐渐成为现实。"Roblox 在招股说明书中这样表述。[①]

由此，元宇宙从科幻小说中走进了资本市场与大众视野，并在其外延和内涵都还十分模糊的情况下就被认定为人类数字化的未来。

诚如被誉为"数字经济之父"的《区块链革命》一书的作者唐·塔普斯科特（Don Tapscott）所说，其实元宇宙并不是一个新概念，[②] 在过去的几十年里，科幻小说作家提出过不同版本的设想。Roblox 也只是用"Metaverse"重新界定了它已经做了十几年的事情。被 Roblox 选用的"Metaverse"只是个标志，而非标准。从另一个角度来看，Metaverse 之于 Roblox 更像是一个正好被找到的合适标签。到底是谁第一个把 Roblox 和元宇宙联系在一起，已经无从查证。从 Roblox 的上市路径来看，更难以讲清楚的是，Metaverse 究竟是 Roblox 一直以来有意选择的方

---

① 引自 Roblox 招股说明书"摘要"部分（中文版），https://zhuanlan.zhihu.com/p/492420876，最后访问时间：2022 年 12 月 31 日。
② 张凌霄、高涵：《元宇宙数字化经济体系如何构建?》，《每日经济新闻》，2022 年 1 月 6 日，https://gov.sohu.com/a/514854393_170520。

向，还是为了获得更好的融资效果而不得不寻找的新概念？综观这家诞生于 2006 年的公司的历史，其只是在上市的时候提及"Metaverse"并不断强化这个早已出现的词语，实在值得玩味。

DPO 的 Roblox——你们不懂给我们的估价

提起在美国上市，很多人首先会想到 IPO（Initial Public Offering，首次公开募股）。2018 年，全球知名音乐流媒体公司 Spotify 以 DPO（Direct Public Offering，又称直接上市）① 的方式，成为第一家在纽交所以 DPO 方式直接上市挂牌的公司。Spotify 的首席财务官巴里·麦卡锡（Barry McCarthy）事后曾在《金融时报》（*Financial Times*）撰文披露，选择 DPO 很大一部分原因是避免 IPO 抑价。

所谓 IPO 抑价，简单说就是投行在 IPO 定价的时候会把价格定在一个更有利于交易的区间，毕竟对于投行来说，做股票发行的上市公司、参与股票交易的客户，都是客户，兼顾两头才能更好地撮合交易。是否有投行这样的中间承销商是 IPO 与 DPO 的重要区别。在 IPO 中，投行一般会作为承销商，对企业进行尽职调查、估值，随后进行路演等一系列活动，最后定价发行新股。上市企业进行 IPO 主要是想募集更多资金，通常有锁定期，筹集新资金后才可以出售原有的股份。

1995 年 10 月，美国证券交易委员会（United States Securi-

① DPO 是 Direct Public Offering（直接公开上市发行）的英文简称，是指一个公司的流通股无须首次或者二次承销发行即可在证券交易所挂牌，该公司的现有股东（员工或者早期投资者等）可以自由在证券交易所出售所持有的股份。

ties and Exchange Commission，简称 SEC）发布了一份报告《利用电子媒体传播信息》。这份报告表示，在纸上发送的招股书也可以通过电子方式传播，这就是 DPO。

选择 DPO 前，Roblox 本来已经向 SEC 提交了 IPO 文件，但其在 2020 年底却突然宣布推迟上市。主要原因是 Roblox 认为自己的股价被严重低估。2021 年 1 月，Roblox 在一份文件中表示将再一次推迟上市时间。推迟的原因主要是，SEC 对 Roblox 在平台上销售其货币 Robux 的收入确认方式持保留态度。随后，Roblox 宣布将寻求通过 DPO（直接上市）而不是 IPO（首次公开募股）的方式完成上市。

这是一个怎样的分歧呢？在 Roblox 提交有关自己发行的游戏内虚拟货币 Robux 的文件中显示，玩家可以在游戏中使用 Robux 购买耐用品（可以持续使用一段时间）以及消耗品（需要立即使用）。Roblox 希望以同样的方式处置所有收益，并将其摊销到付费用户账户的持续时长中，也就是两年左右。Roblox 公司创始人兼首席执行官大卫·巴斯扎基（David Baszucki）在给员工的备忘录中这样写道："采用这种会计方法，我们的营收实际上会更高一些，而预订量、每日活跃用户、用户黏性小时数和现金流将不会发生变化。"简单来说，SEC 和 Roblox 的分歧是：用户充进去的游戏币（Billing）是否直接算进公司的营收（revenue）之中，而且算两年摊销的营收。在 SEC 看来，网络游戏公司都是把游戏内购买收入和另外一个开发者分成收入分开计算。比如玩家一年往 Roblox 充了 100 亿元，由于它是两年分开记账，今年记账 50 亿元，它一年亏损可能是 60 亿元，但实际上账户上现金是 40 亿元。按照 Roblox 的这种计算方式，高营收有误导潜在投资者的可能。而 Roblox 方面的看法是：这就是我们的商业模式，SEC 不能以传统的看待游戏营收的方式来看待 Roblox，因为 Roblox 本质上不是一家游戏公司。

那 Roblox 究竟是什么呢？

Roblox 找到了"Metaverse"，圈定了一个新的分类——虚拟宇宙。在这个概念下，Roblox 坚称任何进入其虚拟宇宙的钱，都应该算作公司营收。在传统游戏公司的商业模式之下，亏损就是亏损；而在 Roblox 的商业模式下，只要有源源不断的用户增长，这个虚拟世界是生生不息且逐渐扩大的，账面的现金就会越来越多。越来越多的开发者在 Roblox 中创造或者深耕他们的小世界。这些人开始成为"职业开发者"。开发者们并不总是拿他们的 Robux 变现，而是愿意将这些收入重新投入自己的游戏中。Roblox 给开发者们的钱又被开发者投入到了 Roblox 世界中。所以当 SEC 以游戏公司看待 Roblox 的时候，给出的股价计算方式让 Roblox 非常不满意。Roblox 说，我不是游戏公司，我是"Metaverse"。

因此，单就"Metaverse"这个词来讲，其实没有必要把这个词从 Meta 到 Verse 掰开揉碎地进行过多语义上的解释。Roblox 只是在其有融资需要的时候选择"Metaverse"来标识自己的不同，以便获得更高估值而已。

圈定"Metaverse"的 Roblox

Roblox 的股价随着美股的大周期不断波动。一部分投资者认为这家公司远没有达到预期，另一部分则认为这家公司的未来可能是光明的。毕竟，Roblox 的数据展现着某种未来的可能性，比如"Z 世代"的大规模扎根。根据 2022 年第二季度 Roblox

的公开数据，13 岁以下的日活跃用户数是 2420 万，占总活跃用户数的 13%，由此可以看出儿童用户占比之高。网络和移动端的发展、疫情的起伏，使孩子们离开教室、远离好友。于是，孩子们转向 Roblox，在这里寻找虚拟社交浏览主题公园，参加音乐会和玩动作游戏，同时还可以使用其流行的文本聊天功能保持联系。

或许，相比圈定元宇宙概念的创富神话，我们应该多去关注和研究这家公司的模式，一家创立 18 年的公司到底是如何追寻它的模式的，而这种模式为什么又必须用具有模糊感的"元宇宙"才能表达出它的可能性和未来？

公司创始人大卫·巴斯扎基说："我们的创始故事可以追溯到上一个公司 Knowledge Revolution，那时候（Roblox）共同创始人埃里克·卡塞尔（Erik Cassel）和我都在打造教育软件，帮助人们理解物理实验是如何进行的。在观看大量的学生使用互动物理的时候，我们发现他们除了做物理作业外，也在建造和创造一些东西，还会观察当一辆车撞上建筑的时候会发生什么。"① 大卫·巴斯扎基提到的 Knowledge Revolution 创立于 1989 年，这是一家开发教学软件的公司，目的是让学生模拟物理实验。

在大卫·巴斯扎基看来，有些学生在使用 Knowledge Revolution 开发的物理教育软件"Interactive Physics"时的创意很离谱、幼稚。这些和书本知识毫不相关的模拟实验，却对学生充满了吸引力。之后，在这款软件的基础上，大卫·巴斯扎基开发了

---

① 引自 Venturebeat 对大卫·巴斯扎基的采访内容，http://www.gamelook.com.cn/2021/03/415748?wptouch preview theme = enabled，最后访问时间：2021 年 1 月 30 日。

机械设计软件"Working Model",继续累积在教育软件上的认知及经验。随后,大卫·巴斯扎基在成为 Friendster 网络社交公司的天使投资人时,又从这家比 Facebook 和 MySpace 更早的公司看到了社交网络的力量。于是他将教育和社交软件融合,创造出最早的 Roblox 的雏形。就在这个阶段,Roblox 形成了两大核心理念:强大的创作工具和宽广的社交版图。

Roblox 2004 年正式成立,并于 2006 年完成 Beta 测试后向所有人开放。Roblox 其实没有一炮而红,这可能会鼓励很多在黑暗中摸索的实干家。在 2005 年 Beta 版发布后的几个月中,它的用户社区规模很小,高峰时段大约只有 50 人同时在线。大卫·巴斯扎基和这些玩家交流并改进自己的产品。2006 年 Roblox 发布正式上线版本;随后 Roblox 又推出了制作工具 Roblox Studio,允许其用户进行编程并创建自己的游戏和模拟器。可能始于教育软件的梦想与经验,Roblox 将目光放在孩子们身上:Roblox 著名的模拟人生游戏"Adopt Me"看起来像一个平行世界,在这里可以逛街、化妆、上厕所、换衣服、吃比萨;在"坠落模拟器"里,摔断骨头越多得分越高;在"放屁模拟器"中靠着吃腐烂的食物胀气、放屁就可以攻击别的玩家。

或许,Roblox 的成功就在于它仅仅提供一个创造的工具,并让更多人能参与。通过更多人的参与——搭建自己的小世界,并随着小世界的运转,Roblox 的世界会被不断地扩展。Roblox 所要做的是往这个"世界集"中加入更好的游戏引擎代码,创造更好的工具、更新的体验方式。随着用户将现实世界的一切映射进自己搭建的小世界中,Roblox 中会出现一个现实世界的映射集合。经济系统、社会关系、治理方式,这些人类社会的产物随着映射也都会出现在 Roblox 中。甚至,由于空间的无限以及与多个小世界的复杂交汇，Roblox 中的世界可能比现实的物理世界更复杂。现实生活中吃饭、学习、几点一线的生活，在 Roblox 中可以变得令人眼花缭乱：跳转不同的餐厅、巨大的房子以及墙壁上那些以 NFT 形式记录所有权的名画，结婚，拥有 AI 宠物或者 AI 孩子。也许，承载无限想象力就是 Roblox 的潜力。在新的虚拟世界里，如何创造价值搭载工具，如何定义虚拟货币，以什么样的信用基础实现虚拟交易，最终的交易方式又是什么，这些都需要重新构建。但这也正是这个虚拟世界可以创造无限可能的源泉所在。

不管创富故事如何，也不管股价曾经经历怎样的起伏，Roblox 都已经在路上。这里聚集了很多人、很多年轻人，而且这些年轻人将为这个空间贡献自己的创意，也可能将他们的未来和事业根植于这个空间。2022 年 10 月，Roblox 平台最大的两个游戏开发团队"RedManta Games"与"Sonar Studios"宣布合并为全新的公司 Twin Atlas。RedManta Games 的游戏"块块高中"的游玩次数已经达到了 12 亿次，月活跃用户数达到了 500 万。而 Sonar Studios 的"World//Zero"游玩次数已经达到 2.3 亿次，月活跃用户数则达到 150 万。两家开发商合并后，原 Sonar Studios 的负责人塞缪尔·加西亚（Samuel Garcia）将会出任新公司 Twin Atlas 的 CEO，而这位 CEO 年仅 22 岁。

当新空间的年轻人成长起来，世界可能会有更多我们现在想象不到的变化。没有边界感的元宇宙空间概念，给了这些变化更大的"边界"，也许它们可以在这种更"混乱"的涌现中走出新意。

2

游戏：元宇宙早期测试版的基点

This is the "oasis" world, where the only limit is your own imagination.

这是"绿洲"世界，在这里唯一限制你的是你自己的想象力。

——电影《头号玩家》台词

元宇宙早就存在？

虽然被称为"元宇宙第一股"的 Roblox 坚称自己不是游戏公司，但至少在直观感觉上，目前还没有一个行业比游戏行业更贴近大众理解和想象中的元宇宙。

《头号玩家》这样的影视作品无疑又加深了大众对此的感知。的确，无论是实现 VR、AR 这样的感知技术和新型终端，还是区块链、云计算或者 NFT，几乎所有与元宇宙相关的新技术都或多或少地与游戏相关联。

这并不奇怪。游戏一直向我们展示着数字世界的迷人之处。虚拟世界，是对元宇宙最开放的解释，具有化身、皮肤、经济和社交平台的传统游戏本身就可以被视为元宇宙。微软 CEO 萨提亚·纳德拉（Satya Nadella）就声称，"如果你把'光环'当作一款游戏，它就是一个元宇宙。Minecraft 是一个元宇宙"①。

---

① 引自微软 CEO 萨提亚·纳德拉在 Ignite 2021 全球技术大会上的演讲内容。

十多年前，像"魔兽世界"和"Ever Quest"这样的大型多人在线角色扮演游戏创造了持久的在线世界，其中的数字商品和服装物有所值。今天现实世界中的品牌通过设计和销售虚拟游戏世界中的物品和体验扩大了财务实力：Louis Vuitton 为英雄联盟设计了皮肤和武器，而法拉利让玩家在"堡垒之夜"（Fortnite）试驾其最新款车型。

虚拟人生游戏"第二人生"创始人菲利普·罗斯代尔（Philip Rosedale）说过："请打开您的防火墙，进入到我们的世界中！"[①] 2007 年 4 月，Gartner IT Symposium 峰会上，"第二人生"是当时备受观注的大事件。它迅速掀起了一个主流信念：VR 即将超越网络，人们将进入一个新的虚拟世界。

之后，罗斯代尔作为 VR 初创公司 High Fidelity 的领导人，开始创建又一个虚拟现实环境中的虚拟空间。在 2015 年西雅图举办的 SEA - VR 科技大会上，罗斯代尔向大家展示了一个"虚拟玩具屋"的 alpha 版本，在这个展示中，两个身处异地的人可以在 3D 卡通世界中捡起东西并交谈。罗斯代尔的团队使用 Oculus 虚拟现实头显原型机来研发并实现这一体验，并搭配使用了雷蛇 Hydra 控制器，从而可以使用"18 个自由度"来与虚拟环境进行交互，这与电脑鼠标的"2 个自由度"形成了鲜明对比。在这个时代，罗斯代尔这样说："虚拟现实是继智能机和互联网之后，又一个社会规则的重置者。"罗斯代尔相信随着娱乐和游戏之外的各类应用不断扩张，虚拟空间将成为所有事物的最终归宿，Metaverse 将会迅速成长为一个巨型虚拟空间，"它将是可

---

① Mark Raskino, "Why Metaversial Business Is a Very Long Way Off", https://blogs. gartner. com/mark_ raskino/2021/11/01/why - metaversial - business - is - a - very - long - way - off/, last visited on Nov. 1st, 2021.

被编辑的。你可以在虚拟空间中探访西伯利亚，并在一面墙上写字，等数年后你返回那个地方，还能够看到那些字"①。在罗斯代尔看来，人类的很多创造性活动，包括工作、设计、教育和玩游戏都将会被转移到虚拟空间去，就像当初人们将它们转移到互联网上去一样。

The Sandbox 是一款基于区块链技术打造的虚拟社区游戏（建立在以太坊上），玩家可以在其中建立、拥有和货币化他们的游戏体验。游戏中有固定数量的基于 NFT 的房地产地块，公司、名人和个人都在这些地块中争夺他们的权利。截至 2021 年11 月，The Sandbox 的土地商品总价值已超过 1.44 亿美元，拥有超过 12000 名虚拟土地所有者（包括 165 个品牌和超过 50 万个注册钱包）。该公司提出了"从游戏发展到时尚、建筑、虚拟音乐会和表演、艺术画廊、博物馆等经济体"的雄心。The Sandbox 正在利用一种"边玩边赚钱"的模式，以激励玩家在数字社区中花费更多的时间，并且正在构建一个开放的数字虚拟世界，以实现与创作者和品牌等更大程度的合作。

Axie Infinity 提出了通过游戏将加密技术引入主流的愿景。Axie Infinity 是一款基于区块链的游戏，建立在以太坊上，玩家可以在其中购买名为 Axies 的可爱怪物的 NFT，并与它们进行战斗。玩家可以在游戏市场中用 Axies 进行交易（有些售价超过60 万美元），还可以培育它们以创建额外的 NFT。它是迄今为止最成功的基于区块链的游戏。

美国元宇宙方向的创业技术公司 Crucible 的联合创始人、首席执行官瑞安・吉尔（Ryan Gill）将网页开发者比作我们所熟

---

① 引自菲利普・罗斯代尔在 2105 年西雅图 SEA - VR 科技大会上的演讲内容。

知的互联网（Web 2.0）的建筑师，将游戏开发者比作元宇宙（Web 3.0）的建筑师。从"超级玛丽"到"魔兽世界"，从"赤色要塞"到"塞尔达传说"，从"帝国时代"到"模拟人生"，几十年来我们以游戏的方式构造各类数字场景的脚步其实早就开始了，并且从未停止。

元宇宙应用的最主要表现形式

2022 年 8 月 24 日，Sensor Tower 公布了《元宇宙概念下的移动游戏市场洞察》报告。在报告中，Sensor Tower 指出，在 2022 年上半年，元宇宙应用的全球下载量已经达到 1.7 亿次，其中有 1.1 亿次下载都来自元宇宙游戏，占比 64.7%。报告还提到，新冠疫情明显刺激了元宇宙的快速增长，2020 年全球元宇宙应用下载量超过 2 亿次，相较于 2019 年增长了 43.5%。到了 2021 年这个数据继续攀升，元宇宙应用的全球下载量达到 3.5 亿次，同比增长了 71.7%。元宇宙概念的流行趋势也体现在元宇宙应用领域近几年的收入上。报告指出，2020 年元宇宙应用的全球总收入超过 12.6 亿美元，较往年增长了 112%，2021 年元宇宙应用的全球总收入再创新高，达到了 15.1 亿美元。这样的增长趋势延续到了 2022 年。2022 年上半年元宇宙应用的全球营收为 6.5 亿美元，其中 94% 都来自元宇宙游戏。

游戏已经成为元宇宙应用落地的最主要表现形式。因为游戏本身的强包容性和互动性以及元宇宙概念的模糊性，元宇宙项目以游戏的面目出现已经成为创业家们最有效率的一种方式选择。毕竟，类似于 Discord 这样被称为"空间元宇宙"的工具型产品往往不容易研发，而且一出现就会迅速一统江湖。理解互联网趋势最好的办法就是映射当下：看看我们的手机，我们只有一个微信、微博，但是手机里面可以塞下一堆游戏。

当然，我们现在的元宇宙游戏类型其实还不够丰富。毕竟走入大众视野的，一种是 VR、AR 这种空间体验类的游戏；另一种是 Roblox、"我的世界"这类工具创意类游戏；还有一种是以区块链游戏为内核的游戏——比如曾经火爆的元宇宙地产游戏。

说到元宇宙地产游戏，我们可以感受一下元宇宙游戏中的泡沫是如何被搅动的。

曼努埃尔·阿拉兹和朋友们受到了游戏"Second Life"（第二人生）的启发，从 2016 年开始开发"Decentraland"（"青铜时代"的"Bronze Age"）版。2017 年 3 月，开发者们把 Decentraland 这款游戏安装到一个测试网络上，一个供测试用的替代区块链产生了。团队推出测试几个月后，他们发布了一份勾勒愿景的白皮书：要建立一个可遍历的、由社区管理、以链上经济为特色的世界。这个"王国"的地域被划分成一块块的土地，相关详细信息则存储在基于区块链的分类账上。这些 NFT（在白皮书发布的时候这个术语还没有普及）可以通过 Decentraland 的特有代币"MANA"获取。在这个虚拟世界内的商品和体验，用户都可以买卖，其 Decentraland 的市场估值曾一度高达 10 亿美元。然而随着元宇宙炒房泡沫的破裂，这个公司也遇到了问题。根据数据跟踪网站 DappRadar 的报道，自 2022 年 3 月开始，"Decentraland"的热度呈断崖式下滑，游戏内的地块价值也随之大幅缩水，最近游戏的活跃玩家人数已经跌至谷底。

"Decentraland"是不是就此宣布失败了？他们的创始团队

会因为这一战而成为投资人的恐怖黑洞，还是会成为经历过洗礼而懂得如何避开陷阱的连续创业者？这一切还需要时间来给出答案。

3

和苹果单挑的 Epic Games

"我们唯一的竞争对手是现实生活。"

——菲利普·罗斯代尔（Philip Rosedale），

"第二人生"创始人

又一个新"屠龙者"？

对数字敏感的公众对元宇宙的兴趣，有一部分是因为它所能关联的财富。

2022 年第二季度，游戏开发商传奇公司（Epic Games）宣布了一轮 20 亿美元的新融资，宣称用于推动建立元宇宙。这笔资金来自索尼与乐高控股公司 Kirkbi，两家公司分别投入了 10 亿美元。Epic Games 首席执行官 Tim Sweeney 在一份声明中表示："这项投资将加速打造虚拟世界，并给玩家创造与朋友一起玩乐的空间。"元宇宙概念就这么值钱吗？要知道，这家公司几乎在 2021 年同期刚刚完成一笔 10 亿美元的融资，也是宣称用于开发元宇宙，当时该公司的估值达到了 287 亿美元，而一年之后这家公司的估值又上涨到了 315 亿美元。

与财富故事同样引发公众关注的，还有这家公司与苹果公司的"硬杠"。

2020年8月，知名游戏"堡垒之夜"开发商Epic Games在iOS、Android版本"堡垒之夜"更新中增加了一项新功能，让玩家直接通过Epic的支付渠道购买游戏内货币——玩家如果这么做，可以获得20%折扣，相应地，由于绕开了苹果应用商店内购系统，Epic Games也无须向苹果和谷歌支付30%的平台抽成。几小时后，App Store和Google Play将"堡垒之夜"下架，Android玩家只能从第三方商店和Epic网站下载这款游戏。同一天，Epic以垄断和反不正当竞争为由对苹果公司发起诉讼。随着"堡垒之夜"的下架，Epic提交了一份长达62页的诉状起诉苹果公司。同时，Epic Games在社交平台上发布了一则模仿苹果公司《1984》广告的视频，讽刺苹果公司"屠龙者终成恶龙"，还推出了热搜话题"Free Fortnite"，号召玩家向苹果公司施压；Epic Games自己也摆出了一副"屠龙者"的姿态。

经过长达一年的诉讼，最终的判决结果可以用谁都没赢来形容。法官支持了苹果公司的大部分请求和动议，但也对涉及苹果App Store的一个支付相关条款发布了永久禁令。Epic Games能在这场官司中得到后一个结果也算不易。

某种程度上，敢于挑战甚至是故意挑战苹果公司的Epic Games确实代表了一种新势力。过去20年，Epic Games认为自己已经锻造出了"屠龙宝刀"——Epic Games最值得被关注的游戏开发平台Unreal Engine。这个游戏开发平台为3A游戏（指高成本、高体量、高质量的游戏）提供了20多年的动力。游戏引擎是开发者用来构建（并运行）电子游戏的软件工具。在这些软件程序中，开发者可以上传3D对象，操作这些对象进行移动或添加声音等。在商业领域，"电子游戏"一词也具有误导性，因为它意味着娱乐或不严肃的东西。但随着世界变得更加数字化，游戏引擎正在为各种行业的计算界面提供动力。

以新型电动悍马为例，这是第一辆拥有基于虚拟引擎界面的汽车。车辆从传感器获取信息，并在仪表盘上以 3D 形式显示出来。这是现实世界中的空间计算。另外一个著名的例子是香港国际机场的 1 号航站楼，它在 Unity 游戏引擎中使用了一个数字孪生引擎，以便向设施管理人员提供乘客活动和可能需要维修的设备的实时视图。可以把它想象成航站楼的 3D 自拍。Beyond Sports，这家荷兰公司正使用游戏引擎技术和从体育中获取的实时位置数据来渲染正在虚拟现实中发生的实时赛事情况。

或许，游戏引擎可能是未来十年最重要的技术之一。城市规划、建筑、汽车工程公司、现场音乐和活动、电影制作等都将许多工作流程/设计过程转移到虚拟引擎和 Unity 上。在可预见的将来，它将成为让数字世界更具有类现实世界沉浸体验的利器，从而颠覆整个影视行业。

从"游戏"开始，却不再像"游戏"

除了游戏引擎，Epic Games 的"Fortnite"（堡垒之夜）也被认为是过去十年中最成功的视频游戏。"堡垒之夜"用户超过 3.5 亿，已经从多人战斗游戏发展成一个虚拟目的地，用户可以在这里做更多的事情，而不仅仅是玩游戏。英国《卫报》（The Guardian）记者兼畅销书作家凯斯·斯图尔特（Keith Stuart）在谈论"堡垒之夜"时，曾拿它与 20 世纪 70 年代末和 80 年代初的滑板公园做类比，"它遍布着庄园、购物中心、工厂和农场，还有很多开阔的乡村空间。阳光穿过树林，有蝴蝶在飞舞。你可以选择组成一个四人小队，合作起来保持活力。而且因为你花了大部分时间探索和洗劫房屋以找到有用的物品和武器，你会得到'停留时间'来聊天。谈话经常偏离游戏，所以'堡垒之夜'就像一个滑板场——一个社交空间和运动场地"①。

"堡垒之夜"正在不断脱离"游戏"的躯壳，而展现出"聚会场所"、"目的地"、"景观"的面貌。"在竞争中最终获胜"这种中规中矩的玩法，渐渐消解在"到'堡垒之夜'中碰头"这样的社交玩法中。对于这类 MMO（Massively Multi-player Online，即"大型多人在线"）游戏而言，社交必不可少地成为其中的一个核心元素。面对游戏中的任务，玩家需要通过公会、团队等不同形式的组织与其他玩家协同合作，共渡难关。在玩家社区中，每位玩家都需要出卖各种形式的劳动力以获取自己所需的物品，并以此形成了较为原始的市场。在一个虚拟的社会团体中，由游戏连接到一起的玩家们运用特定领域的知识互通技能、经验和资源，相互竞争和合作。在一定程度上，游戏中的社交已成为社会的缩影。在未来，游戏和社交产品的边界将会越来越模糊。游戏的社交化和社交的游戏化趋势正在发生。

---

① Keith Stuart, "Fortnite Is so Much More Than a Game", Aug. 18, 2018, https://gen. medium. com/fortnite－is－so－much－more－than－a－game－3ca829f389f4，最后访问时间：2023 年 1 月 24 日。

4

Meta* 的恐惧与扎克伯格的野心

"元宇宙是社交的平台。"

——扎克伯格

Meta 终于坐不住了

"人们在如何打发时间上有很多选择，像 TikTok 这样的应用程序增长得非常快……一个明显的趋势是，可以用来提供个性化广告的数据越来越少。"① 扎克伯格曾在 2021 年第四季度财报后这样表达。同期，Meta 的竞争对手 Alphabet 所公布的财报中显示，这家谷歌母公司的广告收入呈现上涨趋势，当季包括谷歌搜索和 YouTube 在内的广告收入达 612 亿美元，同比增长 32.55%。

如果说 TikTok、Alphabet 对于 Meta 算是正面战争的话，那么当游戏向社交的边界侵蚀的时候，Meta 就逐渐陷入了未知战场的恐惧之中。"堡垒之夜"带着热辣辣的游戏社交化趋势来了。

Roblox 2022 年第二季度的公开数据显示，13 岁以下的日活

---

* 美国当地时间 2021 年 10 月 28 日，Facebook 公司宣布正式更名为"Meta"。自此以后，Facebook 一般就专指其公司旗下的一款社交产品。

① 邓小轩、陈纪英：《元宇宙的新局，为何解不了 Meta 的旧困？》，新浪科技，2022 年 2 月 5 日，http://finance.sina.com.cn/tech/csj/2022 - 02 - 05/doc - ikyakumy4298276.shtml，最后访问时间：2023 年 4 月 30 日。

跃用户数是 2420 万，占总用户数的 13%。年轻人的社交在游戏应用中成为一种生活方式。这些游戏社交化的应用，仿佛从新世界而来，要把旧社交方式封印在历史中。

从大学创意项目起家，也曾经是年轻创业英雄的扎克伯格比谁都明白：年轻一代只会追逐更新、更火热、更未来的东西。

于是，Facebook 变成了 Meta，以决绝之势奔赴元宇宙。

Facebook 正式更名为 Meta 前，已着手组建新产品团队。2014 年收购 Oculus 之后，Facebook 持续加码 VR 生态。自 2016 年以来，在消费者版的 VR 设备上先后推出了五代产品。2019 年 9 月起，包括 Oculus 在内的 AR/VR 团队被再次命名为 Facebook Reality Labs，有约万名员工在岗 VR/AR，占全部 Facebook 员工比例的近 20%。Meta 收购了 6 家 VR 公司和游戏工作室，试图打造基于 VR 硬件终端的系列社交应用，Horizon Home 主打虚拟居家场景，Horizon Workrooms 定位于满足虚拟远程会议和办公需要，是自主创作的游戏社交平台。

毕竟，扎克伯格认为，元宇宙将会是下一个科技前沿领域，就像当初 Meta 搭建社交网络一样。在 Meta 刚创建的时候，那时人们几乎只能在电脑上打字，后来有了自带相机功能的手机，网络也变得更视觉化。随着网速的飙升，视频成为人们体验内容的主要渠道。从桌面到手机，从文字到照片再到视频，所有人都相信进展不会就此结束。

"一个空荡荡的世界"

不过，扎克伯格的元宇宙之路并不顺利。2022 年第二季度，

Meta 出现了有史以来首次季度营收同比下滑，这被归咎于广告业务的疲软和元宇宙业务的亏损。投资公司 Altimeter Capital 的董事长兼首席执行官布拉德·格斯特纳（Brad Gerstner）在给 Meta 董事会和扎克伯格的公开信中甚至建议"将每年投入元宇宙项目的金额控制在 50 亿美元以内"。此前，扎克伯格曾说过每年会投入 100 亿美元用于打造元宇宙虚拟社区 Horizon Worlds。

说到 Horizon Worlds，2022 年第四季度，《华尔街日报》披露了一份 Meta 内部文档，其中记录了这样一句话："一个空荡荡的世界，是一个悲惨的世界。"① 这是在说 Horizon Worlds。这个世界让扎克伯格不断调低心理预期：月活跃用户数从 2021 年的到"2022 年底能够创建一个 50 万月活用户的社区"到 2022 年下调到 28 万。2022 年 2 月，Meta CPO 曾在一次虚拟会议中宣布，Horizon Worlds 的月活跃用户数已达 30 万。而在接近 2022 年底的时候，Horizon 的月活跃用户数为 20 万。也就是说 Horizon Worlds 在 2022 年的状态是艰难的用户成长与稳步下降的整体趋势。

地主家也没有余粮了？要知道，Mate 旗下的 3 款应用产品 Facebook、Instagram 和 Whats App 在全球拥有 35 亿月活跃用户，VR 头戴显示器 Quest 2 拥有 1500 万头显用户。把这些用户引流到 Horizon Worlds 并不难，但问题是用户留存的效果。有文件显

① Jeff Horwitz, Salvador Rodriguez and Meghan Bobrowsky, "Company Documents Show Meta's Flagship Metaverse Falling Short", Oct. 15th, 2022, THE WALL STREET JOURNAL, https://www – wsj – com. translate. goog/articles/meta – metaverse – horizon – worlds – zuckerberg – facebook – internal – documents – 11665778961，最后访问时间：2023 年 1 月 24 日。

示，大多数用户创建过 Worlds 之后就不再登录 Horizon Worlds。

Reality Labs 总营收也不能给 Meta 的元宇宙更好数据支撑。

2022 年 10 月 29 日，美国知名财经科技媒体 The Businessinsider 称，自 2019 年以来，Meta 向负责元宇宙和 VR 开发的部门 Reality Labs 注入了 360 亿美元，收入 53 亿美元，同期亏损 307 亿美元。大约一年亏损 100 亿美元。2021 年全年，Reality Labs 的成本和支出总计 125 亿美元，收入 23 亿美元。Meta 第三季度收益报告显示，Reality Labs 在 2022 年前 9 个月成本和支出增长到 108 亿美元，收入只有 14 亿美元。Meta 预计，公司 2023 年全年的总支出将在 960 亿~1010 亿美元，高于 2022 年的 850 亿~870 亿美元。在这样的困境下，扎克伯格仍坚信全力投资元宇宙的必要，他在 2022 年第三季度财报电话会上表示："我们显然在做一些领先的工作，那将为下一个重大的计算平台做铺垫工作。"

扎克伯格认为元宇宙是移动互联网的升级版，是融合虚拟现实技术，用专属的硬件设备打造的一个具有超强沉浸感的社交平台。这也就解释了为什么在众多科技巨头中，它是唯一能做出"改名"那么大举动的公司。一直对 Meta 的 VR 持审慎态度的 Oculus 创始人帕尔默·拉奇（Palmer Luckey）在批评了 Meta 的元宇宙既不好玩又烧钱之后，仍认为只要有足够的资金，元宇宙仍有可能成功。"今天天气很恐怖，但未来可能会让人震惊。"他说。[1]

---

[1] Kali Hays, "Oculus founder Palmer Luckey compares Facebook's metaverse to a 'project car,' with Mark Zuckerberg pursuing an expensive passion project that no one thinks is valuable", Oct. 25, 2022, The Businessinsider, https://www.businessinsider.com/palmer–luckey–blasts–facebook–terrible–metaverse–product–oculus–2022–10，最后访问时间：2023 年 1 月 24 日。

5

微软：比 Facebook 还 Meta

"你可以用很多摄像头和麦克风来数字化一个空间，甚至不需要穿戴任何数字设备就可以做到这一点。"

——萨蒂亚·纳德拉（Satya Nadella）

"企业元宇宙"

微软的名字曾经等于 PC 端王者。

Windows 和 Office 都是最为大众熟知的微软产品。今天，我们已经很难定义微软是一家什么类型的公司。因为无论是软件还是硬件，TOB 业务还是 TOC 业务，微软的身影无所不在。微软对人工智能公司 Open AI 的成功投资刷新了微软在大众心目中的固有形象。

当微软提出将"Windows 的终结"（The End of Windows）作为微软战略关键的时候，我们看到的是微软其实比 Facebook 还更 Meta。

微软几乎是和 Facebook 同时对外宣布元宇宙战略的。2021年 5 月，微软 CEO 萨蒂亚·纳德拉（Satya Nadella）表示，微软致力于搭建"企业元宇宙"，并在 7 月的 Microsoft Inspire 合作伙伴大会演讲中明确提出"企业元宇宙"的概念，即通过构建资产、产品的数字模型，形成跨越人、地方、事物及其互动的复杂环境，实现物联网、混合现实的整合，并以此提高在专业软件市场的主导地位。

2020 年 3 月，微软正式推出了混合现实会议平台 Mesh，旨在打造通过 AR/VR 技术进行远程协作的应用。更早些时候，微软已经尝试共享全息体验：200 个人戴上 HoloLens，感受环绕的全息图像。2021 年 11 月 2 日，微软宣布将在旗下的聊天和会议应用产品 Microsoft Teams 中引入元宇宙的元素，即把混合现实会议平台 Microsoft Mesh 融入 Microsoft Teams 中。届时，用户就可以通过 MR 功能（混合现实功能）实现以虚拟化身的形式见面和互动。萨蒂亚·纳德拉在接受媒体采访时表示，微软会通过一系列整合虚拟环境的新应用程序将物理世界和数字世界结合在一起。

落子不断以谋棋局

除了对外宣称的"企业元宇宙"方向，微软在个人数字消费品的游戏领域也不甘落后。

2022 年 1 月 18 日，微软宣布将以每股 95 美元的价格，共斥资 687 亿美元收购游戏公司动视暴雪。交易完成后，届时微软将拥有动视暴雪和子公司 King 旗下的"魔兽系列"、"守望先锋"、"暗黑破坏神"、"使命召唤"等知名作品。在过去相当长的时间中，微软已经收购了包括黑曜石、Bethesda 在内的十多家游戏工作室。

高额收购快速补足短板，但微软并不是拿钱砸的暴发户，而是游戏领域的长期主义者。20 余年游戏行业的培育，并不算短了。

2001 年 11 月 15 日，由微软开发的家用电视游戏机 Xbox 在美国率先发售，随后相继登陆世界上的其他地区，在游戏主机市场与索尼、任天堂呈三足鼎立之势。

内容生态上，2017 年，微软宣布推出 Xbox Game Pass，这是一款玩家游戏服务平台。在该平台上，微软与 2K Games、505 Games、华纳和 Microsoft Studios 等发行商达成合作，不断丰富自己的游戏库，为玩家提供多种游戏体验。

在硬件领域，2015 年，微软利用 AR 头显设备 HoloLens 将游戏"我的世界"映射在现实中。在 2017 年，其又收购了一家 VR 社交公司"AltspaceVR"，希望打造成为全球最优秀的混合现实社区。

2019 年，Xbox Game Pass 依托 Windows 开发 PC 平台版，实现了 PC 端和主机端游戏库的打通。借助 Xbox 生态建设和对于游戏工作室的大幅收购，微软迅速完成了主机、平台及制作发行的集结统一。

有了这些积累，微软的元宇宙之路仿佛是顺水推舟。比如"光晕"（Halo）、"模拟飞行"（Flight Simulator）这些游戏已经足够热了，新空间来了，就把它们移植进去吧。将"光晕"、"我的世界"（Minecraft）和"模拟飞行"等移植到全三维虚拟世界——将 2D 游戏转化成一个完整的 3D 世界，这也是微软正在计划实现的事情。一些元宇宙的故事未来将会在微软的这些经典游戏中呈现出全新的体验和面貌。无论是"虚拟会议"还是"TV Game"，微软打造的元宇宙形式看似与 Meta 所描绘的存在差别，但其也包含了通过整合游戏而获得公众认可这一最容易普及的形式。纳德拉强调，微软绝对会专注于 Xbox 的元宇宙游戏。

微软是在赌博元宇宙吗？显然不是。风口来了，再试试能不能高飞罢了。毕竟，在上一个风口的时候，微软的表现并不好。

再战移动个人终端

在移动互联网的早期即 2000 年前后的时候，微软就曾针对移动设备推出 Windows Mobile 操作系统，设计初衷是尽量接近桌面版本的 Windows，在移动端还原 PC 的操作体验。今天看来，在移动端还原 PC 体验，就像是在高楼大厦里让生活风格接近平房体验——都万丈高楼平地起了，却仍要抱着那碗珍珠翡翠白玉汤。这种构想，或者是成本太高，或者是新一代移动用户本来就想要更新的体验，几乎注定失败。

即使 2010 年微软又推出智能手机操作系统 Windows Phone，并一度吸引三星、HTC 等手机生产商加盟，但其仍然失败了。

移动端两度遭遇滑铁卢。2010 年 10 月微软宣布终止对 Windows Mobile 的所有技术支持；2019 年 12 月微软宣布放弃 Windows Phone；2022 年 2 月，微软宣布将于 3 个月后停止通过其 Windows Phone 系列支持 Xbox Live 服务。

上一个风口微软没有交出满意的答卷。就像同样痛心疾首错失移动端机会的 Meta 一样，微软也要抓住"元宇宙"这个风口。不过和扎克伯格不同，微软更像是结合自己曾经的布局顺势交出了一篇命题作文。企业元宇宙、硬件、3D 游戏，这次微软没有号称在新空间新事物中保护自己的"PC 感"，通过 OpenAI，微软在人工智能领域布局的成功无疑会进一步增强它在数字化未来中的竞争力。对于微软来讲，这个未来是否叫元宇宙还是其他什么其实都不重要，重要的是确保当前所有的行动都是对未来的正向积累。

6

英伟达的戏法，股价与赌注

"我们还没有见过那种只有 10 个非存储芯片的超级小型计算机，或是不断更新的显示器。但是在接下来的三年里，这些都将变成现实，那时的人们如果看到现在的我们在 640×200 的模式下工作时，一定搞不懂我们在干什么。"

——比尔·盖茨（Bill Gates），1986 年 1 月

接受 PC World 访谈

30 年的努力："工程师的元宇宙"

元宇宙的产生本质上来自两个核心力量：不断涌现的理念力量和不断升级的芯片力量。算力是涌现的力量之一，也是支撑其他一切涌现的基础。相比社交网络、游戏、软件、AR/VR 新媒介，算力是走向元宇宙的基础设施。

在 2021 年 4 月英伟达举办的 GTC 开发者大会上，英伟达 CEO 黄仁勋（Jensen Huang）在其长达 1 小时 48 分钟的主题演讲中，有 14 秒是"数字替身"代为出席。不仅人是替身，黄仁勋身上的标志性皮衣、带壁炉的厨房以及桌上的所有物件，都是通过软件技术渲染出来的仿真画面。这 14 秒不仅是英伟达对 3D 设计工作平台 Ominiverse 的宣传，更是凸显英伟达对元宇宙赛道的主动覆盖。Omniverse 被英伟达定义为"工程师的元宇宙"。

简单来讲，Omniverse 的运作分为三个大的部分：一是数据

库引擎 Omniverse Nucleus，用户可在此连接并进行 3D 资产和场景描述的交换，需要进行建模、布局、阴影、动画、照明、特效或渲染的设计师可以一起协作创建场景；二是合成、渲染和动画引擎——虚拟世界的模拟，举个简单的例子，英伟达的图形技术可以实时模拟每条光线如何在虚拟世界中反射；三是 NVIDIA CloudXR，它包括客户端和服务器软件，可用于将扩展现实内容从 OpenVR 应用程序传输至 Android 和 Windows 设备，允许用户进出 Omniverse，实现模型可扩展性。在 Omniverse 平台上，开发者只需构建模型一次，即可在不同设备上进行渲染。

与 Roblox、微软、Facebook 一样，在创建仿真虚拟世界的道路上，英伟达早已投身其中。如果说有什么不同的话，那就是它启动得更早也更为专注。是的，英伟达的历史已经将近 30 年。

早在 20 世纪 80 年代末，包括硅谷图形、SUN、IBM、英特尔等数百家大大小小的公司都看到了同样的愿景，即 3D 构图能力等价于在虚拟世界里模拟现实。能把这个复杂问题搞定的，一定是下个时代最重要的科技公司之一，当时，刚刚三十而立的英伟达创始人也毫不例外地这么认为。黄仁勋曾在 20 年后回忆初创公司的那段日子：3 个创始人 1993 年初在加利福尼亚州弗里蒙特市的一间小房子里创办了这家公司，虽然地理上就在硅谷巨头身边，但根本就没有人知道这家公司的存在。那段日子里创始团队经常午饭能吃上两三个小时，畅谈梦想之余顺便去游戏房打打街机、打个盹儿，然后心满意足地下班回家。

虽然恰逢行业处于风口期，虽然有着 Sun 等大厂背景，虽然拿到了红杉资本等接近千万美元的融资和合作经费，并先后推出两款图形处理芯片，但创业初期的两款产品接连失败使得英伟达走到了破产边缘。最艰难的时候，公司账上的资金连一个正常的开发流程都坚持不下来。最后，英伟达孤注一掷押宝微软的标准，在当时，这并不是唯一的赌博。在决定开发第三代芯片时，英伟达账上的资金仅够维持 9 个月的时间，但根据当时的开发流程，一块芯片的诞生需要经过反复的生产和测试，通常要花两年时间。面对"等等下一轮融资"的建议，黄仁勋最终拍板从一家即将倒闭的创业公司手中买一台能够模拟芯片的设备（IKOS Emulator），花了整整 3 个月的现金流，只为了尽力确保送厂生产的设计能够把握住唯一的一次机会。

数十年过后，坐在公司楼梯上分享创业经验的黄仁勋承认，1997 年那款产品其实只能支持微软 30 多种渲染模式中的8 种，所以公司高层只能跑遍全世界的游戏开发商，拜托他们只用这 8 种模式来制作游戏的图形效果。好在大家都很喜欢这款芯片。

"模拟真实世界"，从算力开始

英伟达创始人创立公司的初衷并非只是抓住图形加速卡的时代红利。黄仁勋的愿望是，英伟达要帮助这个时代的"达·芬奇"们、"爱因斯坦"们展开工作。要实现这一点，就需要探索前人未能达到的高度。在锁定"人类 GPU 缔造者"的定位后，21 世纪的头几年时间里，英伟达高层达成了一个共识：为了实现"模拟真实世界"的梦想，需要超大算力解决模拟真实物理法则的问题，这样就能在实际图像生成前，完成对真实场景的模拟。这个问题进一步简化成了：如何将一台超级计算机缩小到个人 PC 的尺寸？英伟达给出的解决方案是，使用图形处理器进行通用计算，并在 2006 年底发布 CU-DA（Compute Unified Device Architecture，统一计算设备架构）。① 相较于 CPU，显卡拥有内存带宽大、执行单元多、性价比高的优势，在并行化工作中优势明显。这也是今天开发者们进行 AI 深度学习、图像识别，以及未来构建元宇宙最为重要的基础设施。

在突破人类技术边界的漫长过程中，通常包含着大量的挫折，意味着浪费大量的时间、金钱，仍不得要领、无功而返。这个项目的研发周期达到 3~4 年，在意识到这事儿能成的同时，英伟达也意识到了一个重大的不利因素：这项技术将会使得公司所有的产品成本几乎翻番。更重要的是，由于这项技术没有落地的应用，公司不可能为未来的功能向客户收取翻倍的售价。所以，公司只能维持原价，并自己承担翻倍的生产成本。问题在于，英伟达早在 1999 年就已经是一家纳斯达克上市公司，成本的暴增毫无疑问会体现在财报中。英伟达对于自身理想的坚持，换来的是股价的节节败退。

在此期间，黄仁勋曾被多次问过同一个问题：凭什么相信会有科学家用这个技术来做事情？对此，他的观点是（某种意义上也只能是），如果不去把这个东西做出来，科学家们根本就没有选择的机会。当然，众所周知的是，英伟达最终呈现了一个"科技改变世界"的故事。CUDA 技术释放的大量算力不仅能够帮助科学家们模拟复杂的虚拟现实场景，同时也为诸多行

---

① 计算行业正在从只使用 CPU 的"中央处理"向 CPU 与 GPU 并用的"协同处理"发展。为打造这一全新的计算典范，NVIDIA（英伟达）发明了 CUDA 并行计算架构，该架构现已应用于 GeForce（精视™）、ION™（翼扬™）、Quadr 以及 Tesla GPU（图形处理器）上。

业打造虚拟世界带来了可能性。但讽刺的是，资本市场对此并没有给予太大的关心。公司股价在 2009 年回到 10 美元以上后，直到 2015 年秋天大致都在 10 ~ 20 美元徘徊。后面的故事多少有一些黑色幽默。在 2015 ~ 2017 年和 2020 年初以后的两轮比特币大涨行情中，英伟达的营收增长斜率也呈现显著拉升。更重要的是，成为市场核心热点后，英伟达的股价也出现了真正意义上的飙涨。2015 年的最后一个交易日公司报收 32.96 美元，2016 年底达到 106 美元，2017 年底为 193 美元，2018 年再创 292 美元的新高。在最近一轮比特币造成的"挖坑"狂潮中，英伟达股价一度超过 800 美元，随后因为股价涨得太高，公司宣布了十余年来的首次拆股。

"什么是最伟大的？"

"最伟大的是那些善待他人的人。"

在前文提到的 2021 年英伟达 GTC 开发者大会上，黄仁勋以一段极具哲学性和未来感的对话为开幕演讲画上句号。回答者不是黄仁勋本人，而是以黄仁勋为原型的对话式虚拟形象——Toy Jensen。黄仁勋在开幕演讲中介绍，这一虚拟形象是基于目前训练的最大自然语言处理模型和光线追踪的精美图像而合成的实时形象。是的，有了最近才实现的一些惊人的芯片技术，如此真实的虚拟形象得以打造完成，而这些技术在以前看来几乎都是不可能实现的。英伟达展示的生动虚拟形象显示了其在算力上的巨大能量，至少他们现在展现出的技术，以往从未有人实现过，并且还让元宇宙这个遥不可及的概念，多了几分亲近感。

7

计算：元宇宙边界的定义者

科技的本质不是硬件与软件，而是知识和计算。

——桑达尔·皮查伊（Sundar Pichai）

算力，才能击碎白日梦

科幻小说家们尽可以展开想象去塑造数字世界。在他们所想象的世界中，所有的技术都是已然存在的，剩下的就任由故事去发展好了。我们不用去考虑在"绿洲"① 中戴着 VR 头盔的时候，实现将 VR 主机运算数据量惊人的影视级效果即时动作的每一个细节反馈在人的观感上，对处理器开发商的挑战有多大；也不用考虑在"超元域"② 里实现 65536 公里的灯火辉煌的大街需要多少数字图形，反正在小说里面有"计算机协会全球多媒体协议组织"的忍者级霸主们去实现；我们也不用去考虑，存储和计算所需要的成本。

但在迈向创建硅基世界的过程中，这些都是需要攻克的门槛。实际上，在《雪崩》所构想的数字世界中，模拟雪茄烟雾所需的算力和"模拟整个地球的天气系统"不相上下。日本作家铃木光司的科幻小说《环界》（电影《午夜凶铃》原著）中，

---

① 电影《头号玩家》里的虚拟世界。
② 科幻小说《雪崩》里描述的一个数字空间。

允许用户通过 VR 头盔和数据手套接入并以指定人物的视角体验其人生的虚拟世界"环",以包含 128 万台巨型计算机的超算集群作为算力底座。所谓的元宇宙在 21 世纪 20 年代之所以被更多的人认为是可能的,是因为目前我们所能看到的涉及这个过程的技术领域都出现了令人可以畅想的变化。当前计算能力的提升所带来的体验有些过于乐观地点燃了这样的畅想,也点燃了一场算力之战。

"沉浸感"、"低延时"、"随地"特性不仅对 VR/AR 硬件技术和网络传输系统提出了很高的要求,还取决于高性能的计算能力和流媒体技术。虚拟内容、实时交互、区块链、人工智能技术也都离不开算力的支撑。虚拟世界场景里建筑的建模、显示需要大量的算力来进行渲染,及时的信息反馈也需要强大的运算能力。

越高的算力可以构建出体验感越强的虚拟现实体验。进入虚拟数字场景中,我们需要输入"参数",即前往哪里、下达哪些指令等,就好比打游戏敲键盘输入指令一样。人们进入虚拟世界中所输入的参数远比敲键盘所产生的指令要复杂许多,传感设备采集我们的"输入参数",再到云端中进行运算转换成支撑虚拟世界运转需要被理解的参数,从而让虚拟世界里虚拟化的我们能够动起来或是下达指令。传达完了指令,接下来是建模部分。

按照通常的理解,元宇宙中的一切物体,包括建筑等都是虚拟化的。如前文所提及的,英伟达曾经在其线上 GTC 开发者大会中穿插了十几秒"假的"黄仁勋以及背景展示。这一展示需要 30 多位工作人员先使用 RTX 光线追踪技术扫描黄仁勋,拍摄几千张各种角度的黄仁勋以及厨房背景照片,再在英伟达开发的虚拟协作平台 Omniverse 中建模"厨房",最后通过 AI 结合。仅仅只是搭建一个厨房就需要大量的数据来生成以及模拟，更何况是一个世界。

可能面临极度短缺的算力

要实现想象中的元宇宙，所需要处理的数据量规模和所需要的算力要求都是难以想象的巨大。如今，每年都有更多的传感器、摄像头、物联网（IoT）芯片集成到我们周围的物理世界中，其中很多实时与它们的虚拟模拟物连接，且后者也能够反过来与前者交互。

与此同时，我们的个人设备将成为很多这些体验的发生器。而算力将因此可能会持续处于极度短缺的状态。倒回去看 2020 年，Open AI 开发的 GPT－3 成为当时的行业焦点。这个由 1750 亿个参数组成，训练花费数千万美元，当时最大的人工智能语言模型，从回答问题、写文章、写诗歌、与人聊天、下象棋，甚至写代码……无所不能。但不要忘记，为了实现这些效果，微软为其建设了一个价值 5 亿美元的超算中心，装载了 1 万个英伟达 GPU，仅训练就消耗了 355 个 GPU 年的算力。用硅谷最知名的风投公司 Andreessen Horowitz（又名 a16z）合伙人克里斯·迪克森（Chris Dixon）的话说，"全球以及人类历史上的每一种好的计算资源都出现了需求大于供给的情况。CPU 算力是如此，GPU 算力也是如此"①。其结果是，算力的可得性和发展水平将局限和定义元宇宙。如果没有数据可用，数据能传输多

---

① Matthew Ball and Jacob Navok, "Compute and the Metaverse", The Met averse Prim-er, Jun. 29, 2021, https://www. matthewball. vc/all/computemetaverse，最后访问时间：2023 年 1 月 25 日。

少或多快都没有意义。今天流行的类元宇宙体验，如"堡垒之夜"，它们的基本创意远非新事物，而只是我们最新探索到的可能。其实游戏开发者长期以来一直想象着在一个单一的、共享的，能够容纳几十个（先不提几百个或几千个）全时在线玩家体验，以及除了想象力以外没有任何约束的虚拟环境。

直到几年前，数以百万计的消费级终端才能够处理一场100名真实玩家同在一个房间的游戏，并且有足够多价格低廉的服务器端硬件，能够近乎实时地同步这些信息。这一技术障碍不复存在之后，游戏行业很快就被专注于丰富的UGC和高并发用户数量的游戏所超越。

然而，即使在大逃杀类型游戏成熟四年后，仍然需要一些技术技巧来确保游戏顺畅。例如，大多数玩家不是同时近距离交互，而是分散在一张大地图上。这意味着虽然服务器需要跟踪每个玩家在做什么，但每个玩家的自身设备不需要渲染他们的角色，或跟踪/处理他们在游戏中的行动。而当"堡垒之夜"将玩家聚集到一个更狭窄的空间进行社交活动时（例如演唱会），它将同屏参与者的数量减少到50人，并限制了他们作出行为的自由度。处理器性能更差的用户要做出更多的妥协。机器会选择不加载其他玩家的定制服装。

"堡垒之夜"中实现了超过1000万玩家同时在线，但实质上实现的是10万个百人会议。最终能把他们都放在同一个共享世界里吗？这种体验会是什么形态？我们还需要等待不断发展的技术给出答案。从对元宇宙的概念设想来讲，更多的并发用户并不是对我们计算设备的唯一要求。用户还希望在虚拟世界中的角色能有更多可定制的物品，而不仅仅是一套衣服和一个背包。这些都需要更多算力的支撑。

英特尔公司的首席架构师拉贾·科多瑞（Raja Koduri）也认为，要如实复现《雪崩》中的元宇宙体验，现有芯片的计算性能要实现 1000 倍的增长。根据他的测算，按照摩尔定律的增长曲线，未来 5 年人类能够实现的增长大约是 8 ~ 10 倍[①]。换句话说，对于所设想的元宇宙体验效果来讲，计算能力的提升速度并不乐观。

我们有解决方案吗？

当前，业界有几种不同的思路力图来解决算力稀缺性的问题。一种思路是将尽可能多的模拟流程集中在云端，而不是本地计算设备上，例如云游戏的模式。谷歌和亚马逊的云服务在云端处理所有的游戏程序，然后将整个渲染的体验作为视频流推送给用户的设备。C 端设备唯一需要做的就是播放这个视频和发送操作指令（例如移动或按键）。这意味着无论你是有一台价值万元人民币的苹果或者华为手机，还是仅有一台千元机，理论上都能以顶级体验玩 3A 大作。

另一种思路是聚焦于本地计算的发展。毕竟云计算需要面对网络波动，云渲染和云视频流几何级地增加了需要交付的低延迟数据量。游戏内容的帧速率应至少达到 60 帧（超过视频标准的两倍），期望稳定在 90 ~ 120 帧，且最好是 2K ~ 4K 的清晰度。向每个元宇宙参与者同时低延迟地、可靠地发送这些数据，目前还更多地处于想象阶段。

[①] Jamie Feltham, "Metaverse Needs '1, 000 - Times Increase' In Compute Power Says Intel VP", Upload, Dec. 19, 2021, https://www.uploadvr.com/intel - metaverse - 1000 - times/，最后访问时间：2023 年 4 月 30 日。

单个 GPU，不管是远程还是本地，都只支持单个用户的渲染。还没有人想出如何有效地、低成本地以现代人对分辨率和帧率的期望将其渲染能力同时分配给多个用户。云渲染服务器通常面临着利用问题，因为无法预测算力需求的峰谷。此外，消费级 CPU 和 GPU 的改进空间比网络更快，因为它们随产品换代的更换频率要高得多。因此，在一些人看来，在 C 端设备执行更多的计算，而不是向这些设备发送大量视频数据，是更好的选择。

边缘计算之路中的荆棘

边缘计算经常被强调为元宇宙的一个关键基建策略。这种模式要求在消费者和远处中央服务器之间的关键网络节点上部署超级计算机。边缘计算与上述两种思路是兼容且相辅相成的，因为它可以帮助终端用户补足本地算力，同时也能尽可能降低网络延迟和网络拥堵风险。但这种方式的应用价值仍然不确定。

大多数使用边缘计算的消费者服务，如奈飞（Netflix），实际上只是把它当作一个边缘硬盘，在离用户更近的地方存储文件。

Cloudflare 公司创始人兼首席执行官马修·普林斯（Matthew Prince）认为，边缘计算的机会在于合规。由于很多国家的政府法规要求对用户数据进行本地处理，互联网数据变得越来越分散，公司将别无选择，只能将数据的存储和处理放在离用户更近的地方。这对元宇宙可能也是如此，无论是欧盟《通用数据保护条例》（General Data Protection Regulation，简称 GDPR），还是《中华人民共和国网络安全法》，在数据管理方面的监管要求都只会越来越严格。谷歌、微软、亚马逊都在边缘计算方面动作频频。而苹果公司认为未来真正的边缘计算是口袋里日益强大的手机，因为它们将负担一部分我们周围其他设备的算力，如手表和智能眼镜。但是，即使我们提高了消费级设备的算力，将更多的企业级算力下放到消费端，并大兴基建，算力问题仍然没有解决。从 2020 年 12 月到 2021 年 3 月，流媒体引擎开发商 Genvid Technologies 在 Facebook 上运营其第一个大型多人在线互动直播。这个名字叫"Rival Peak"的活动可以被理解为"美国偶像"、"迷失"、"老大哥"的虚拟融合内容。在长达 13 周的全天候模拟活动中，13 个 AI 选手被困在一个虚构的西北太平洋地区。虽然没有任何角色是单独控制的，也没有任何观众担任单独的角色，但数以万计同时在线的观众能够实时影响模拟环境——解谜以帮助选手，决定选手的行为，甚至影响谁生存或淘汰。Rival Peak 上有多种环境（如生产、备份、暂存、QA和开发等），每种环境都由十几个 GPU 和数百个其他 CPU 支持，在 AWS 上的 GPU 服务器资源曾经被榨干，而且在测试期间经常警报无可用服务器。因为没有具体的玩家，所以 Rival Peak 并不符合元宇宙的直觉定义。然而，在持久、无休止的虚拟世界运作中，支持无限互动且每个互动都有持久的后果，这非常接近元宇宙的最终特征。但我们能看到，即使在雏形中，在不需要有意义的 C 端处理的情况下，它对算力的消耗有多大。

分布式计算被启发

对数据处理的需求激发了分布式计算的理念。消费者家中和手中平时不活跃的设备，是否可以使用起来？事实上，早在20 世纪 90 年代，就出现了利用日常消费硬件进行分布式计算的项目。比如加利福尼亚州大学伯克利分校的 SETI@ HOME，消费者自愿使用他们的家用电脑为寻找外星生命提供算力（由于21 年来并没有取得实质上的成果，这个项目在 2020 年 3 月开始进入"休眠期"，分布在全球的志愿者计算资源将不再接收新的数据包）。如今区块链，包括智能合约和数字货币，为这种共享提供了一个经济模型。

在这个概念中，未被充分利用的 CPU 和 GPU 的所有者，将因其处理能力被合理利用而得到某种加密货币报酬。这种机制的一个例子是云渲染公司 OTOY 的 Render Network，通过创建基于以太坊（Ethereum）的代币，提出了利用闲置 GPU 网络的想法。相比昂贵的云计算供应商，客户只需将渲染任务发送到计算机网络上，用代币支付给要征用的算力机器。双方的谈判和合意都由协议在几秒钟内自动处理，任何一方都不知道正在执行的任务的名称或具体细节。这种分布式计算的支持者认为，每台计算机无论多小，都将被设计成总是在拍卖其空闲算力，数十亿动态排列的处理器将为最大的工业客户的深度计算周期提供算力，并提供终极和无限的计算网络，这使算力几何数量级的提升成为可能。

元宇宙并不完全是网络游戏，但与游戏类似的是，元宇宙是一个承载活动的虚拟世界。算力支撑着元宇宙虚拟内容的创作与体验，更加真实的建模与交互需要更强的算力作为前提。游戏创作与显卡发展的飞轮效应，为元宇宙构成了软硬件基础。以算力为支撑的 AI 技术能够辅助用户创作，生成更加丰富真实的内容。依靠算力的工作量证明机制是目前区块链使用最广泛的共识机制，算力的护城河保障着数字世界的去中心化价值网络。黄仁勋在 2018 年曾说，区块链将长久存续，未来会成为计算的基础形态。①

或许，就像区块链技术给分布式计算带来的启发和改进，未来新的技术彼此融合会产生对现有问题的更多解决可能性。

芯片，逐鹿

芯片对于算力提升的作用不言而喻。在这个领域，英伟达、英特尔等公司的动作大家都已经耳熟能详。需要关注的是，构建芯片性能之后，如何有效交付，以"黑盒"的方式让软件开发者、程序员和创作者便捷使用，是不逊于芯片制造本身的头等大事。英特尔、英伟达、高通等都面向元宇宙打造了丰富的芯片平台，让开发者更高效地调用芯片性能。

在英特尔的技术构想中，赋能元宇宙的技术基石可概括为三个层次。一是元智能层，旨在提供统一的编程模型以及开放的软件开发工具和软件开发库，以便开发者能够更轻松地部署复杂的应用程序。二是元操作层，聚焦于向用户交付超越本地的可用算力。三是元计算层，为实现元宇宙体验提供其所需的原始动力。英特尔的战略思路是，其变成涵盖 CPU、AI 芯片和其他加速器的 XPU 公司，实现众多 XPU 共同工作，并用不同的架构来处理不同类型的数据，以满足未来复杂 AI 计算的需要。

被英伟达定义为"工程师的元宇宙"平台的 Omniverse，力图实现将实时光线追踪等图形能力、AI 和计算三大要素打包交付，所有这些都将由 AI 计算系统驱动并进行处理。

---

① 杨戈：《黄仁勋：区块链将继续存在　希望加密货币成 GPU 主动力》，新浪科技，2018 年 3 月 30 日，http://tech.sina.com.cn/it/2018-03-30/doc-if-yssmmc5280462.shtml，最后访问时间：2023 年 4 月 20 日。

高通也在为元宇宙所需的空间计算①提供两个层面的芯片和软件算法，第一个层面是"我在哪里，我在干什么"，也就是用户头部自由度定位、手柄定位以及手势、眼球、表情和腿的定位等身体感知的基础技术。第二个层面是空间定位，即对环境的感知。基于上述技术支撑，高通能更高效地支持开发者把虚拟物体放在现实世界中，与现实世界融合。

计算能力的可用性和发展将制约和定义元宇宙。某种角度上说，这并不十分重要；真正重要的是，我们对计算的理解：计算应该是为了让我们更好地理解世界，并被世界所理解。这才是我们不断努力提升算力的目的和意义所在。

8

NFT：让互联网"可拥有"

"Money can rug, but fun can not rug"（钱会被割，乐趣无法被割）。

——摘自某 NFT 社区项目成员的自我介绍②

NFT：先进的"玩具"还是"陷阱"

对很多人来说，NFT 看起来像一个全新的高科技玩具，又

---

① 关于空间计算的定义和作用详见本书第三章第四部分。
② 小毛哥 Mao：《NFT 笔记：我的加密艺术品投资逻辑》，搜狐网，2021 年 3 月 23 日，https://www.sohu.com/a/456934221_100217347，最后访问时间：2023 年 4 月 30 日。

像是充满诱惑的陷阱。由于 NFT 这个词频繁在各路媒体亮相，而且在社交媒体上呈铺天盖地之势，《柯林斯词典》（*Collins Dictionary*）将其评为 2021 年度热词第一名。

　　与其他和元宇宙相关的技术应用一样，NFT 早在元宇宙成为显学之前就已出现。NFT 的概念最早可以追溯到 1993 年。第一个已知的"NFT"，由凯文·麦考伊（Kevin McCoy）于 2014 年 5 月创建。它由麦考伊的妻子制作的视频剪辑组成。麦考伊在 Namecoin 区块链上注册了该视频，并以 4 美元的价格进行了售卖。麦考伊将该技术称为"货币化图形"，通过链上元数据（由 Namecoin 启用）明确地将不可替代的、可交易的区块链标记与艺术品联系起来。NFT 真正形成一种风潮是在 2016 年。在那一年，"悲伤蛙"表情包（Rare Pepes）成为风靡一时的 NFT 应用。

　　元宇宙概念的兴起带动了 NFT 走进大众视野。在很多场合，当大家在聊元宇宙的时候，发现其实都是在做 NFT 的事情。许多新的 NFT 交易平台如雨后春笋般涌现。比起 Web 3.0、加密货币、芯片、硬件，理解和尝试 NFT 的门槛似乎都更低，距离商业变现的路径和回报周期似乎都显得更短。毕竟，把数字化的东西弄上区块链就可以了。于是我们看到，NFT 似乎无处不在，从艺术和音乐到运动鞋和卫生纸。这些数字资产就像 17 世纪充满异国情调的荷兰郁金香一样出售①——其中一些价值数百

---

① 史称"郁金香事件"，17 世纪中期，郁金香从土耳其被引入西欧，当时量少价高，被上层阶级视为财富与荣耀的象征，投机商开始囤积郁金香球茎，并推动价格上涨。1635 年，炒买郁金香的热潮蔓延为全民运动，人们购买郁金香已经不再是为了其内在的价值或作观赏之用，而是期望其价格能无限上涨并因此获利。1637 年 2 月 4 日，郁金香市场突然崩溃，6 个星期内，价格平均下跌了 90％。郁金香事件，是人类史上第一次有记载的金融泡沫经济，此事间接导致了作为当时欧洲金融中心——荷兰的衰落。

万美元。在 2021 年，NFT 市场的价值就达到了 410 亿美元，接近整个全球美术品市场的总价值。

在一些人的观点中，NFT 是一个即将破裂的泡沫，就像部分时间中的互联网热潮一样。的确，当美国艺术家迈克·温克尔曼（Mike Winklemann）的"EVERYDAYS：The First 5000 Days"在佳士得以破纪录的 6930 万美元售出的时候，无数人会想，任何人都可以免费在线查看单个图像，甚至是整个图像拼贴，为什么人们愿意花数百万、数千万美元购买可以轻松截屏或下载的东西呢？

认识泡沫的另一面

人们习惯性地讨厌泡沫和投机，但这不应该妨碍我们去认知它们产生的另一面。NFT 作为一种不可分割且独一无二的数字凭证，能够映射到特定资产（包括数字资产如游戏皮肤、装备、虚拟地块等，甚至实体资产也可以用 NFT 表示）上，并将该特定资产的相关流转记录体现在其智能合约的标示信息中，在对应的区块链上给该特定资产生成一个无法篡改的编码，以确保其唯一性和真实性。NFT 被认为可实现一个去中心化的、通用的数字所有权的证明体系。至少在设想和技术上它是被这样设计的。这是一种新的价值体系理念在互联网技术上的表达。这种表达在今后会以很多种形式出现，只不过如今出现的是 NFT。NFT 本身是成功的还是失败的，是健康的还是泡沫的，其实并不重要，重要的是理念本身。

而 NFT 之所以随着元宇宙而可能出现泡沫化的倾向，一方面在于 NFT 有望实现元宇宙体系内的服务、道具等资产化，实现元宇宙内部数字资产流通交易，另一方面在于 NFT 是所有元宇宙概念群中最容易被更多人在当前直接参与的领域。

NFT 是通过代表有形和无形项目的数字对象创建或"铸造"的，其形式目前包括：

- 涂鸦艺术
- 动图
- 视频和运动集锦
- 收藏品
- 虚拟化身和视频游戏皮肤
- 设计师运动鞋
- 音乐
- 甚至推文［Twitter 联合创始人杰克·多尔西（Jack Dorsey）以超过 290 万美元的价格出售了他的第一条 NFT 推文］

NFT 就像物理收藏家的物品，只是数字的。买家没有将实际的油画挂在墙上，而是获得了一个数字文件。他们还获得独家所有权。NFT 一次只能拥有一个所有者，并且它们使用区块链技术可以轻松验证所有权并在所有者之间转移代币。创建者还可以将特定信息存储在 NFT 的元数据中。例如，艺术家可以通过在文件中包含他们的签名来签署他们的作品。

NFT 具有"不可替代"的特点。比特币是可替代的——用一个比特币换另一个比特币，你将拥有完全相同的东西。而 NFT 虽然通常使用与加密货币相同的编程方式构建（例如比特币或以太坊），但这是 NFT 和比特币唯一的相似之处；除此之外，独一无二的交易卡是不可替代的，如果将其换成另一张卡，你将拥有完全不同的东西。每个 NFT 都有一个数字签名，使得 NFT 无法相互交换或相等（因此，不可替代）。

因此，本质上 NFT 创造了数字稀缺性。这与大多数几乎总是无限供应的数字创作形成了鲜明对比。假设它有需求，切断供应应该会提高给定资产的价值。

加密技术给下一代互联网的启发

在拥趸者眼中，加密技术正在开辟一条完全不同的道路，下一代互联网平台将由用户直接建造、运营和拥有。在媒体行业，NFT 允许创作者"保留"内容的所有权，而不限制其文件在互联网上的传播。这意味着 NFT 很可能颠覆媒体内容的所有权和收益模式，为创作者、内容受众和相关开发者提供服务。它也是一种基于平台驱动和货币化的可行替代方案。通过 NFT，互联网上的图像不再需要变成只有"X 轴"和"Y 轴"的"二维盒子"。相反，它可以有"Z 轴"，第三方可以查询作品的所有历史和背景，从而增加其文化和经济价值。

的确，我们每天可以在社交媒体上分享数十亿张图片、视频、歌曲和其他媒体作品。当这些文件发布后，人们可以从创建者的设备上获得媒体的副本，并将其粘贴到分发文件的平台服务器上，如微博、微信、抖音、Twitter、Facebook 等。当前的模式是，当创建者上传一个文件时，他们不仅简单地复制它，他们还将"文件所有权"复制并粘贴到平台本身。因为根据内容平台的"服务条款"规定，创作者上传文件时，平台将分享作品的所有权，这样他们就可以在自己认为合适的时候获利。这些条款有一些优势：平台可以为创作者带来可持续优化的广告收入，也可以随着粉丝的增长带来规模经济。然而，如今平台给出的盈利模式并不总是符合创作者的最大利益——相信很多内容创作者都有这样的感受。

如果放下"挣快钱"心理

如今的 NFT 市场，尤其是国内市场，蓬勃、浮躁、鱼龙混杂。在国内很多人希望政府在管理政策上能够更为宽松，比如放开二级市场等。但其实，无论是现在还是未来，限制 NFT 发展的都不是管理政策，而是浮躁的"挣快钱"心理，以及这种心理下对 NFT 认知的不足。

李画在《问题在于，你站在哪个世界看 NFT》一文中对于理解 NFT 的视角极具启发性：

当今绝大多数加密技术都是以 NFT 的形式发布物理世界的作品。NFT 会提高这部作品的艺术性吗？或者，当作品以 NFT 的形式呈现时，会不会给我们带来更多的触动？如果是油画，显然不行，油画的意义只有当你站在它面前，灯光布置得很完美时才存在。如果你烧了一幅油画，在链上铸了一幅，即使世界上只有一幅，我也不认为它有价值，因为它触动人们心灵的力量已经消失了……

如果是数字艺术，其载体与 NFT 后的载体相同。无论是否 NFT，它带给我们同样的感觉。它的艺术价值没有改变。然而，NFT 会带来价值发现、所有权的清晰展示和其他利益，这会影响作品的整体价值……

　　站在现实世界中，审视 NFT 在现实世界艺术中的作用，我们可以发现 NFT 与作品本身的艺术性关系不大。NFT 在现实世界中更多的是一种新的艺术工具，对于艺术家和收藏家来说，这是非常好的，具有很大的意义和前景，但它与艺术本身无关。一件简单的 NFT 作品并不是一门绝妙的艺术……只有那些因为数字世界/数字空间而迸发出生命力的艺术，只有那些在数字世界给我们带来新的触感的艺术，才算是加密艺术。它可以包括装置艺术、算术艺术、交互艺术等。我相信在未来的数字世界里会有全新的艺术诞生。当我们的生活空间发生变化时，艺术的进化必然会发生……

　　站在物理世界，可以说加密艺术已经燎原；站在数字世界，可以说加密艺术还未曾发生；站在物理世界，NFT 之于艺术是一种工具；站在数字世界，NFT 将开辟一个新的艺术领域，甚至可能成为未来艺术的主流领域。①

NFT 现在给我们呈现什么样的状态并不重要，重要的是产生 NFT 的理念。这样的理念在尝试解决当前的问题，也许它不是唯一的解决办法，也许它也不是最好的解决办法，但看到问题并试图去解决，是数字化未来最需要的。

---

① 李画：《问题在于，你站在哪个世界看 NFT》，2021 年 3 月 21 日，https://www. Mytokencap. com/news/220758. html，最后访问时间：2023 年 1 月 25 日。

9

怎么就 P2E^① 了？

"有一个严重的问题仍然需要引起注意，那就是，对于普通人来说，是什么能够让他们在这些网络空间里投入大量的时间？我认为我们目前仍然没有能够回答这个问题。"

——菲利普·罗斯代尔（Philip Rosedale），

"第二人生"创始人

贫困线上的致富梦

阳光明媚，海风轻抚，菲律宾海滨小城街头熙来攘往。除了这些行色匆匆为生计奔波的行人，另一端的贫民窟矮棚下，上到老人下到孩童，或拿着手机或对着电脑，正玩着一款名为"Axie Infinity"的区块链游戏，并希望以此改变自己的生活。这是由专注于加密资产和区块链的新闻网站 CoinDesk 的专栏作家利亚·卡隆–巴特勒（Leah Callon–Butler）拍摄的纪录片《玩到赚：菲律宾的 NFT 游戏》镜头下的光景。

在菲律宾，这个拥有 1.11 亿人口的东南亚国家，很多人都在贫困线边缘挣扎，而且新冠疫情对整体经济的打击非常大。但在马尼拉北部，新怡诗夏省的卡巴那图市（这个地

---

① P2E，是 Play to Earn 的缩写，允许玩家通过玩游戏来产生稳定的加密收入。与之相对应的是现实世界的游戏行业里普遍的 F2P（Free to Pay）模式，后者指的是玩家可以免费玩游戏，但想要得到更好的游戏体验则需要充值。

方曾在第二次世界大战时期因一次著名的美军战俘营救行动而闻名），有一个社区找到了一个与众不同的方法来维持生计。在全球疫情的巨大冲击下，一些经历了失业潮的菲律宾人转而通过"Axie Infinity"获取收入，补贴家用。有些人会把赚取游戏代币 Small Love Potion 作为他们的全职工作。在最初的几周他们不分昼夜地玩游戏赚到了 300 ~ 400 美元。或许这些钱看上去不太多，但是在菲律宾，这比他们平时一个月赚的钱还要多。

"Axie Infinity"是一款由越南公司 Sky Mavis 打造的区块链游戏。和许多基于区块链开发的游戏相似，"Axie Infinity"所呈现的是一个数字宠物世界，玩家既可以在其中与名为 Axies 的幻想生物战斗，也可以将其作为宠物抚养和交易。

一开始，很多人对"边玩边赚"游戏是持怀疑态度的。对他们来说，这或许有点像天上掉馅饼。Art Art 是菲律宾卡巴那图市最早发现"Axie Infinity"游戏可以边玩边赚的人之一。他最初也不相信这个游戏真的可以边玩边赚，但是打算先试试看。他先买了 3 个 Axies。当时这 3 个 Axies 大概花了 4 ~ 5 美元。后来他在游戏里赚到了一些代币，并将这些代币兑换成以太坊，最后将这笔以太坊兑换成比索（菲律宾法定货币）。当时他玩了 15 天游戏，赚到了大概 1000 比索（约 20 美元）。

尽管通过数字货币赚的钱兑换成现金的过程比较复杂，但是玩游戏能赚钱的消息很快就在小镇上不胫而走了。很快，在 Art Art 所在的街区就有超过 100 个人在玩"Axie Infinity"。这些玩家会和需要帮助的人分享这款游戏。因为新冠疫情，他们也没有别的赚钱途径。这也是"Axie Infinity"这款游戏能风靡卡巴那图市的原因。

"什么是工作？"——改变中的认知

当菲律宾开始因为疫情进行社区封闭管理的时候，经济就陷入停滞的状态了。而受影响最大的则是那些每天要出门赚钱工作讨生活的人，这些人占了一大半的菲律宾劳动力。政府的确会为低收入家庭提供补助，但这些钱也不够他们来维持生计。自从新冠疫情暴发以来，他们一直都不能出门。对于当地人来讲，"Axie Infinity"为他们提供了额外的收入，也让他们暂时逃离了现实世界的残酷，并通过在虚拟世界的行动为现实生活增加了经济来源。莎柏莉娜（Zabrina）是当地两个孩子的妈妈，失业之后，她开始通过玩"Axie Infinity"来维持生计。莎柏莉娜表示："一想到明天和所剩无几的钱，我就无法入睡。孩子们觉得我还有很多钱，因为我从来不让他们知道真实的情况。有了钱，我们就不会挨饿，不会负债，平静地度过每一天。我很感激 Axie，因为它帮助了我们；它帮我们维持了生活、支付了账单、偿还了债务。"[1]

在新冠疫情危机中，大量新注册用户涌入"Axie Infinity"。通过玩游戏赚钱是让这个游戏真正起飞的原因。这种模式引起了遭遇疫情影响的一大批人的共鸣，他们企图寻找一些在网上赚钱的门路和获得数字资产收入的新方法。新冠疫情可能永久性地摧毁了大部分原本通过体力劳动赚钱的方式。所以"Axie

---

[1] Leah Callon-Butler, "Interview with Zabrina Cando, Mom of two, Axie Infinity player", May. 18, 2021, https://bitpinas.com/feature/interview/zabrina-cando-axie-infinity-nueva-ecija-play-to-earn/#English_Interview_with_Zabrina_Cando_Mom_of_two_Axie_lnfinity_player.

Infinity"正在做的事情，会从本质上改变人们对工作这件事情的认知。

尽管"Axie Infinity"增长迅速并且改变了很多人的生活，但其发展过程也并不是一帆风顺的。一般需要投资至少3个NFT宠物才能进入"Axie Infinity"游戏，但随着近期用户需求激增，转账费也不断上升，很多用户无法负担这么高的游戏成本。为了解决这个问题，菲律宾新怡诗夏省出现了这样一个项目，叫作Axie University。创始团队都是非常年轻的企业家，他们购买培育Axie用于租赁，玩家可以先免费体验这款游戏，对那些没有初始资金购买Axie的人来说，可以采取"奖学金"模式，也就是一种利润分成的模式，帮助初级玩家解决启动资金的问题。

现在，在菲律宾，越来越多的游戏社区开始组织提供教育、培训和指导服务，以帮助玩家提高技能，实现收益最大化。在Yield Guild Games的联合创始人加比·迪松（Gabby Dizon）看来，菲律宾人非常擅长玩游戏，但他们没有从游戏里真正获得过回报，边玩边赚模式的诞生提供了新的机会，大家可以做自己真正喜欢的事情，通过不断玩游戏和提升技能，大家真的能赚到钱、维持生计，这在以前几乎是不可能的事情。值得注意的是，这些人不是加密爱好者，他们只是被困在家里没有工作的普通人。

玩游戏可以赚钱的底层逻辑

能通过玩游戏赚钱，这一直是任何电子游戏爱好者的梦想。然而，这个行业目前通常的商业逻辑是，游戏发行商、平台拥有者几乎包揽了游戏经济、手续费等经济来源，实际上这是游戏资金流动的严重不平衡，整个游戏的收入在为游戏创造价值的玩家和用户之间分布不均。

现如今还有部分玩家的收入来自电竞比赛。电子竞技活动已经存在了20多年，电子竞技的观众正以惊人的速度增长，热门游戏已席卷整个行业。"英雄联盟"、"堡垒之夜"、"使命召唤"都是当今电子竞技比赛中备受瞩目的游戏。电子竞技已将电子游戏转变为一种职业活动，在这种活动中，一些游戏玩家可以获得如同明星般的地位和收入，类似于成功的足球或篮球明星球员。这些游戏玩家中的许多人现在每年都有数百万美元的收入，而阿迪达斯（Adidas）、红牛（Red Bull）等主要全球品牌正在为游戏战队和电子竞技比赛投资数亿美元的赞助资金。然而，对于一个完全电子化和数字化的行业来说，收入模式仍然非常传统。电子竞技的玩家仍然以传统方式赚取大部分收入：赢得现金奖励、赚取团队薪水、获得赞助以及出售商品和媒体权利。

很明显，如今电子竞技在从游戏中获得收入方面处于领先地位，但方式过时且不平衡。事实是，获得任何形式的游戏收入并不适合所有人。大多数创收者都是技术娴熟的职业选手，数量极为有限。

还有一个重要的问题是，对于玩家用户来讲，那些虚拟商品被锁定在游戏中。

Web 3.0游戏被认为可能是这种情况的替代方案。如今以"Axie Infinity"为代表的新形式游戏为用户带来额外的和创造性的收入来源，同时围绕游戏创建全新的经济和社区模式。Web 3.0通过消除Web 2.0平台对所有这些虚拟世界的资产控制来解决这个问题。这种新范式允许用户以NFT的形式拥有他们的数字资产，在游戏中与其他人进行交易，并将它们带到其他数字体验中，从而创建一个全新的可以在现实世界中实现数字资产货币化的自由市场互联网原生经济体系。这种创作者经济的进化被称为"Play to Earn"。

Play to Earn，从加密游戏扩展开

Play to Earn 的核心理念是让价值和所有权站在玩家一边。在非区块链游戏中，用户可以花费数年时间建立游戏内资产的库存，但是当最终放弃这个游戏时，用户将一无所有（因为这些资产从未属于他们）。基于区块链的游戏使它们更加开放，并允许玩家自己拥有实际所有权。

在类似"Axie Infinity"这样的游戏中，用户不是从公司那里购买商品，而是从其中某个投资者手中购买，更像是 eBay 和闲鱼的方式。用户在游戏中获得了一堆东西，然后它们可能会改进成 NFT。其他比较有钱的人会从这些用户手中购买这些 NFT，而公司只收取类似 3% 的交易手续费，而不是所有的钱。在区块链中发行游戏内资产的 NFT 项目正在创造 Play to Earn 机制以吸引用户。与传统的游戏模型相比，这是一个非常有趣的动态，因为游戏中产生的收入在游戏玩家中的分布要均匀得多。一些游戏玩家比其他玩家更加努力，并得到了回报。即使你每天仅玩一两个小时，你也会因对游戏的贡献而获得应得的份额。

今天，创新的游戏公司有很大机会尝试新的商业模式，并在该领域获得吸引力。通过研发游戏为发行商带来大量收入的传统游戏模型并没有错，但让其中一些价值回流到游戏经济中也是合理的，它可以回到帮助产生贡献的玩家手中。同时，这可以产生更高水平的参与度，直接激励玩家长期为他们的游戏账户工作，为奖励而努力，并为整个游戏做出贡献。奖励用户

使他们成为更大的游戏大使，并可能在未来带来更大的回报，比如更强大、更忠诚的社区。

移动互联网改变了我们使用互联网的方式、地点、时间和原因。反过来，这改变了我们使用的产品、服务和公司，从而改变了商业模式、文化和行为习惯。我们的注意力越来越多转向数字活动，尤其是对于年轻一代。今天，人们生活中大约 1/3（大约每天 8 小时）的时间花在了看电视、玩游戏或社交媒体上。随着人们在数字世界中消耗更多的时间，也将更多的钱花在这些领域中，以在这些在线社区中建立自己的个人社会地位。社交生活和游戏正在融合并创造出一个庞大的、快速增长的虚拟商品消费经济。

10

元宇宙"工具人"，各就各位

"我们塑造了工具，此后工具又塑造了我们。"

——约翰·卡尔金（John Culkin）

接受黑猩猩为人类？

一只年长的黑猩猩从洞穴里走了出来。

那时太阳刚从非洲萨原的彼端升起，草尖上的露珠尚未落尽。黑猩猩闻到了清晨丰足的食物气息，肚子里传来咕噜咕噜的响动。它觉得自己饿极了，就沿着灌木丛往远方走去。

这里是刚果的热带丛林，黑猩猩所住的地方长满了茂盛的竹芋。它留意到一棵竹芋下边有一处洞穴，一群白蚁正在泥土堆里爬进爬出。它咽了咽口水，伸手折了一根竹芋的枝条，将去叶子，将茎秆一头放进嘴里轻咬，齿间有了些青草般的苦涩香味。咀嚼片刻，黑猩猩将茎秆从嘴里取出看了看，竹芋枝条的表皮已经变得毛糙。它用笨拙的手指拨弄着毛糙的表皮，轻轻扯出些纤维丝来，把枝条整理成一把毛刷的模样。

黑猩猩将毛刷伸进那个蚁穴里勾弄了片刻，抽出来时毛刷上已沾上许多白蚁。它又将毛刷塞进嘴里慢慢咀嚼，白蚁体内溅出的汁液让它齿颊间的味蕾变得兴奋起来——那是高级蛋白质才能带来的满足感。黑猩猩脸上露出满意的微笑，又用毛刷取了些白蚁，津津有味地享受着这顿美味的早餐……

这是英国著名人类学家简·古道尔（Jane Goodall）拍到的珍贵画面。这只名叫"大卫"的黑猩猩的行为被描述成"具有开创性的"，因为它是人们首次发现除了人以外的其他动物制造或者使用工具。著名的古人类学家路易斯·利基（Louis Seymour Bazett Leakey）为此曾写过一句很有名的话："我们现在必须重新定义人类、重新定义工具，不然就要接受黑猩猩为人类！"[1]

未来世界的技术底座

人类的发展史就是一部工具的演变史。在斯坦利·库布里

---

[1] Renuka Surujnarain, "Now We Must Redefine Man, Or Accept Chimpanzees As. . . Humans?", Jul. 24, 2019, https://news. janegoodall. org/2019/07/24/now - we - must - redefine - man - or - accept - chimpanzees - ashumans/.

克（Stanley Kubrick）的科幻电影《2001 太空漫游》中有一个经典镜头：原始人类的一根骨头被扔上天空，落下来的时候已经变成一架航天飞机。不同时期的工具，构成了人类文明史的一个个台阶。

时至今日，工具已经从人类肢体和力量的延伸走向了人类头脑的延伸。电脑是人们对智能机器的一种赞称。这个词语是很晚才出现的，因为最早出现的智能机器只是代替人来从事复杂的数学计算。所以，最初人们称它为计算机。今天，由于计算机的功能不断增加，人们便不加区分地使用着"电脑"和"电子计算机"这两个词，两者的含义基本相同。

工具让人类在现实世界中成为碳基生命的翘楚，如今工具也在支撑碳基生命去创建硅基世界。在数字化的生活中，从 IM、视频剪辑、视频特效、美颜美图到算法平台、广告平台，如今的我们，不管主动还是被动，早已经被各种工具所包围。而在创造虚拟世界的过程中，工具的重要性更为凸显。

如前面已经提到的英伟达 Omniverse 平台，它的目的是为需求者提供创建全新 3D 世界或为物理世界建模的技术工具。当前我们进行的是对这个现实世界的数字化表达，这种数字化覆盖了所有 2D 层面的信息，即文本、语音、图像、视频。随着技术的进一步发展，3D 层面的信息也在不断涌现。在英伟达的设想当中，未来会有很多设计者、创造者在虚拟现实、Metaverse 中设计数字事物，然后才在现实世界中去完成设计，包括汽车、包、鞋子等产品。

事实上，Omniverse 最初出现并非因为元宇宙，而是早就规划在元宇宙成为热词前。只是随着各种数字技术的迅速迭代发展，Omniverse 也开始了在 Metaverse 领域的相关探索，平台属性也开始朝着"创建 Metaverse 数字化虚拟空间的技术平台底座"的方向转变。Omniverse 不是为了元宇宙而发展元宇宙，而是在技术不断迭代的过程中走到了这一步。

数字领域，我们在寻找通向未来的虫洞

Omniverse 的推出引人关注，但同样需要关注的是被称为"数字虫洞"的 USD（Universal Scene Description，通用场景描述）。Omniverse 的基础是 USD，本质上是一个数字虫洞。将人和计算机连接至 Omniverse，并将一个 Omniverse 世界连接到另一个世界。USD 之于 Omniverse 就像 HTML 网页之于网站。

从某种角度上说，USD 很像是"3D 版本的 HTML"。许多公司可以通过这个平台构建和渲染复杂的 3D 世界、AI 模型以及动画化身。USD 背后的想法是在由多家公司开发的虚拟现实应用软件当中共享和重复使用成千上万的 3D 资产，让用户可以以协作方式共享 3D 资产和渲染虚拟世界，并可以在所谓的元宇宙中将它们连接在一起。从理论上讲，USD 可以实现两款不同游戏之间的元素互通。该文件格式可以让所有这些软件产品充分地在数字虚拟世界中被使用。

USD 最早来自皮克斯动画工作室（Pixar Animation Studio）。皮克斯动画工作室从事所谓的"场景描述"已经有大约 30 年的时间。随着电影的需求变得越来越复杂，皮克斯一直在寻找将数据资产结合在一起的更有效的方法，确保可以为其众多电影共享和重复使用成千上万的 3D 资产。这个格式于 2016 年被开发，不同软件制作的 3D 内容由此可以统一使用 USD 格式，电影《驯龙高手 3：隐秘的世界》就是用此方法制作出来的。USD

为皮克斯动画工作室提供了不同部门独立工作的灵活性，但在渲染主场景之前，又可以在布光、颜色和图层方面进行协作。这种文件格式现正在加以调整，为更新颖的图形管道和虚拟现实等工作负载创建和共享 3D 数据集。

Epic Games 在其 Unreal Engine（虚拟引擎）上支持 USD，以支持其正在推行的协作游戏开发战略。著名软件设计公司 Autodesk 通过其流行的软件套件支持该格式，英伟达通过其 Omniverse 平台为 USD 文件提供 RTX 渲染。在业内人士看来，虽然 USD 大有希望，但元宇宙是否会围绕该格式建立数据足迹还需拭目以待。就像 HTML 一样，业界需要形成共识和行动，采用一种标准来呈现元宇宙中的应用程序。只有具有了一种共同语言，其他软件包能阅读该语言，那么在任何想要的地方实现可视化才能成为可能。

如果说 USD 是 "3D 的 HTML"，那么 Adobe 在做的事情就是为虚拟世界的创建提供 "3D 版的 Photoshop"。2022 年 3 月，Adobe 以完全虚拟的方式举办了 Adobe 2022 峰会。在会上 Adobe 提出，元宇宙将模糊数字世界和物理世界之间的界限，而它希望为人们提供工具以实现这一点。Adobe 表示其推出的产品为今天的沉浸式体验提供了动力，而它的作用将在未来进一步扩大。该公司将支持一个开放的数字世界，其支持创建数字世界的工具包括 3D 和沉浸式协作内容创建产品，如 Adobe Substance 3D 和 Adobe Aero。

Adobe 的创新计划包括推出新的 Adobe Substance 3D 建模器的测试版，使 3D 内容的创建和共享变得更容易。当人们谈论元宇宙时，首先会问的一件事是，内容从何而来？Adobe 试图在这里打造立足点。通过收购 Substance，Adobe 开始涉足

3D领域。现在有数十万用户在使用它进行3D艺术创作，实现让没有编码技能的人也可以创建交互式资产。Adobe认为我们不仅会有许多元宇宙，而且还会看到许多其他类型的共享沉浸式体验。Adobe公司副总裁斯蒂法诺·科拉萨（Stefano Cor-razza）表示："人们在过去尝试了各种类似计算机视觉的方法，但现在它终于进入了一个新的水平。现在他们可以将AR体验锚定在一个表面上，并使其看起来真实。艺术家和交互设计师可以在不知道如何编写一行代码的情况下创造一个完整体验"，"我们能看到基本上处于封闭状态的元宇宙正在采用我们的链式管道、工具管道，但我们同时也能看到开放的元宇宙也在这样做。所以我认为我们将看到一个同时拥有两种不同类型元宇宙的世界。"[①]

人类在创造工具的同时，也在重新塑造自身。人通过工具和技术的演进在不断地创造一种非生物的自身镜像，被人创造的工具也在重新修正人类的定义。

11

Web 3.0：价值互联网的可能性

"Web 30岁了，但这不是我们想要的网络。"
——蒂姆·伯纳斯 – 李（Tim Berners – Lee）

---

① "Adobe stakes its claim in the met averse with AR/VR tools", Mar. 15, 2022, ht-tps：//venturebeat. com/2022/03/15/adobe – stakes – its – claim – in – the – meta-verse – with – ar – vr – tools/.

风险投资者押注 Web 3.0

理解 Web 3.0 就像理解元宇宙一样困难。

尽管有大量关于它的解释和讨论，但很少有人真正能讲清楚 Web 3.0 是什么。它是一个骗局还是未来？Web 3.0 能真正带来什么改变？它是否只是加密技术的另一个称号？如今，如何看待这些问题往往是立场先行：你是它的拥趸者还是它的质疑者。不同的立场都能找到很多自圆其说的理由支持自己。如今人们在谈论 Web 3.0 的时候，更多是像玩俄罗斯套娃。在这个概念里充斥着各种其他概念：主权数字身份、免审查数据存储、由多个服务器划分的数据以及其他更为超前的想法。这些不同的概念和想法交织着关于 Web 3.0 及其可行性的讨论。

不管对 Web 3.0 持什么样的态度，一个不容忽视的事实是，2019 年以来，Web 3.0 已经成为探讨未来数字化的时候无法回避的概念。

关于 Web 3.0，《纽约时报》（*The New York Times*）的一篇文章曾这样写道："风险资本家们正在押注数十亿美元，以在网络上创造一个金融、商业、通信和娱乐的替代世界，这可能从根本上改变全球经济的主要要素，而所有这些都建立在由比特币普及的区块链技术之上。"[1] 值得注意的是，文章中对于 Web 3.0 应用的示例只是关注它们将使投资者和创作者变得富有的可能性。

---

[1] Eric Lipton, Daisuke Wakabayashi and Ephrat Livni, "Big Hires, Big Money and a D. C. Blitz: A Bold Plan to Dominate Crypto", Published Oct. 29, 2021, Updated Nov. 1, 2021, https: //www. nytimeS. COm/2021/10/29/US/politiCS/andreessen – horowitz – lobbying – cryptocurrency. html.

但这些都不能预测某一特定公司或技术的持久成功和影响。在互联网的发展史上，突现的繁荣和随后萧条的故事不断在上演。在 Web 2.0 概念的提出者蒂姆·奥莱利（Tim O'Reilly）看来，加密货币和 Web 3.0 只是当今投机过剩的一个缩影，很多初创公司的估值也是天价，而且估值是否准确衡量正在创造的实际价值，这一点目前还完全不清楚。它们很可能只是一个让少数内部人士受益的骗局，就像在 2009 年世界经济几乎崩溃之前使这么多华尔街人士致富的金融工具一样。

不过，对于数字化的未来来说，抛开当前的泡沫（如果有的话），Web 3.0 所追寻的愿景与元宇宙所承载的想象一样值得关注。

我们今天所提到的 Web 3.0 概念最早是由以太坊的联合创始人之一加文·伍德（Gavin Wood）在 2014 年提出的，正如其在接受《连线》采访时说的，他对 Web 3.0 的定义很简单："Less trust，more truth."（信任越少，真相越多）[1] 另一种较为流行的观点来自布莱恩·布鲁克斯（Brian Brooks）。他曾任美国货币监理署（相当于美国银监会）代理审计长。在他看来，Web 1.0 时代的代表性网站是 AOL（美国在线网站）和《时代》杂志网站，特点就是对内容仅在线展示，没有互动，到 Web 2.0 时代，出现了以 Facebook、Google 为代表的公司，这时候的特点是不仅可以阅读内容，还可以写，但互联网公司控制用户个人数据。在 Web 3.0 时代，用户将能够实际拥有网络，比如通过加密资产，用户可以拥有对流动在底层网络中的

---

[1] Gilad Edelman, "The Father of Web3 Wants You to Trust Less", Nov. 29, 2021, WIRED, https://www.wired.com/story/web3 - gavin - wood - interview/，最后访问时间：2023 年 1 月 25 日。

数据的所有权。

　　互联网发明于 20 世纪 70 年代，当时正值美苏冷战的高峰期。美国由一台中央计算机控制其核武器。美国政府担心，一次攻击就可能使该计算机系统瘫痪，使得他们无法进行反击。因此，美国政府建立了一个去中心化的系统，让许多计算机分布在全国各地。如果发生攻击，防御系统将持续运行，确保两国能够相互毁灭。在某种角度上说，这可以被看作最早去中心化思想的由来。

　　1990 年，蒂姆·伯纳斯 – 李（Tim Berners – Lee）创建了Web（万维网）。Web 是互联网上最早的应用程序之一，它使人们能够轻松地浏览内容。当时，它是一个高度专业化的工具，主要适用于研究人员和学生。但这种情况很快改变了。五年后，像 Mosaic 和 Internet Explorer 这样的浏览器把 Web 带给了主流受众。尽管从现在的视觉上看那时候的网页设计很糟糕，尽管那时候下载一张照片要花很长时间。

　　在一些人看来，Web 1.0 是去中心化的典型，因为它是由普通电脑驱动的。一张蒂姆·伯纳斯 – 李早期电脑的照片为这一观点提供了鲜活的示例。在这台电脑上面有一张贴纸，纸上写着不要关机。因为这台电脑为互联网提供了动力。同时，Web 1.0 具有开源的特性，任何人都可以在此基础上自由构建。这使得像谷歌和亚马逊这样的新企业成为可能，如果 Web 是私有的，这一切都不可能发生。此外，Web 1.0 是只读的，浏览Web 的用户中只有少数人具备发布内容的技术技能。

　　这一切在 2005 年前后发生了改变，YouTube、Facebook 和Twitter 等引领互联网走进了 Web 2.0 时代。这是第一次，任何人都可以在网上发布内容，不管他们的技术水平如何。Facebook、YouTube 和 Twitter 都是人们创建自己的 Web 的简单方式。它们导致了今天 Web 的大规模普及。但同时，人们已经开始看到这些新互联网应用的问题。虽然它们使我们的网上生活更方便，但它们慢慢地在开放的 Web 上建立"围墙花园"（Walled Garden）①。互联网的走向开始偏离 Web 的最初愿景。以前为 Web 提供动力的计算机逐渐演变为为这些平台提供动力所需的大型中心化数据中心，而智能手机更是加速了这一现象。

在一些批评者的眼中，这些情况让今天的 Web 不能令人满意：Web 上充斥着广告，媒体为了更多的广告收入依靠诸如点击诱饵、假新闻和错误信息等不正当手段来更好地吸引人们的注意力。同时，互联网公司竞相在网上收集尽可能多的数据。这始于一个想法，即用户数据会带来更好的广告效应。人工智能的兴起只会加剧这种需求。而引起担心的是，这些数据是收集于这些大型中央服务器上的，而这些服务器是黑客最喜欢的攻击目标。2018 年，美国三大征信公司之一的 Equifax 遭遇黑客袭击，有 1.43 亿人的信息被盗。人们指责 Equifax，称他们的安全状况极差。但是，像 Facebook 和谷歌这样雇用了世界上最好的工程师的公司，也在同一年发生了数据泄露事件。没有一个系统是真正安全的。一旦开始在中心化的服务器上存储数据，就有人会产生窃取数据的动机。每一个系统都可以被破解。2017 年，有 63 亿个账户被黑。这接近于地球上每个人拥有一个账户。两千年前，亚历山大图书馆被焚毁，烧毁了成千上万的珍贵图书文件。所有人都认为这是人类的悲剧。然而，这种事

---

① 在 Internet 上，"围墙花园"（Walled Garden）指的是一个控制用户对网页内容和服务进行访问的环境。"围墙花园"把用户限制在一个特定的范围内，它允许用户访问指定的内容，同时防止用户访问其他未被允许的内容。

情每天都在 Web 上发生。每个人都有过这样的经历：试图访问一个链接，但得到的是一个 404 错误。链接断开了，页面丢失了。

价值互联网

于是，在 Web 30 岁的时候，蒂姆·伯纳斯－李，这位 Web 的创造者表示"这不是我们想要的网络"。

Web 3.0 的拥趸们认为它的实现将会带来三大改变：

- 货币将成为互联网的固有特征
- 去中心化应用（Decentralized Applications，简称 DApps）① 为用户提供新的功能
- 用户将对他们的数字身份和数据拥有更多的控制

这些因为比特币的出现被认为存在成立的基础。事实上，比特币最终是否只是昙花一现并不重要。重要的是它改变了人们对数字货币的看法，尽管当前仍存在争议。Web 3.0 的支持者们认为，比特币让人类历史上第一次可以创造既数字化又独特的物品，同时又允许在网上消费而不需要任何中介。而这两项创新将为人们带来"价值互联网"。

是的，如果非要用更为简单的词语介绍 Web 3.0，那就是打

---

① 去中心化应用，有很多种定义，一般的定义是，运行在分布式网络上，参与者的信息被安全保护（也可能是匿名的），通过网络节点进行去中心化操作的应用。各种各样的 DApps 具有不同的应用场景，例如游戏、金融、社交媒体等。虽然 DApps 看起来与手机上的常规移动应用程序相似，但它们的后端系统却有所不同。DApps 依靠分布式网络上的智能合约而不是集中式系统来运行。

造价值互联网的可能性。Web 1.0 和 Web 2.0 彻底改变了信息自由流动的爆炸。数字化技术改变了每一种媒体：报纸、电话、电视、书籍、广播、摄影、百科全书等。一夜之间，任何人都可以在任何时间、任何地点、免费、即时地发送信息。而 Web 3.0 为价值自由流动的爆炸带来了可能性。

就像信息一样，在未来的几十年里，价值的转移将是全球性的、即时的、每个人都可以获得的。虽然比特币被认为可能会颠覆现金或黄金，但价值互联网所带来的远远不止于此。社会的每个组成部分都存在稀缺性：股票、债券、身份、不动产等。在 Web 3.0 的拥趸者看来，所有这些都可以通过 Web 3.0 进行转换。去中心化应用背后的理念是采用区块链、密码学、对等网络和共识算法并将它们添加到 Web 应用程序中。

如果仔细想想，人类的历史其实一直在中心化和去中心化之间摇摆。在穴居时代，每个人都要靠自己，这是适者生存。最终，人们意识到他们在一起更强大、更有效率，所以人类慢慢地开始以部落的形式聚集，逐渐发展成城市和国家。这在封建君主制中达到了顶峰，少数人统治着所有人。这导致了权力滥用，于是人民起义了。这又导致了另一种形式的去中心化的无政府状态。经过几个世纪在两个极端之间的反复，出现了一个相对平衡的制度：民主制度。它既拥有国家元首这样的"中心化组件"，也拥有每个公民投票这样的"去中心化组件"。

科技与它如此类似：这些巨大的中心化大型机最初占据了整个楼层。在看到这样一个系统的弱点之后，人们创建了去中心化的系统：Web 1.0。它很好，但是很难使用。然后，像谷歌、Facebook 和 Twitter 这样的大公司加入进来，让互联网变得更容易被访问、更容易被使用。这就是 Web 2.0。需要说明的是，这并不是说这些公司是坏的。相反，它们为 Web 和我们的生活带来了不可忽略的改变和价值。Web 3.0 并不是要取代它们，而是通过修正把互联网推回到一个更加平衡的、价值可以变得更大的 Web。

Web 3.0 至少指出了 Web 2.0 的弊端。谷歌、Facebook 或马克·扎克伯格（Mark Zuckerberg）的承诺不一定真的能够保护设备。"不作恶"（Don't be Evil）之类的承诺，只是公司的承诺，相比而言，被以数学方式写入代码底层的基础设施本身，可能更可信。大公司和用户在这里是一样的行为被规范者，在 Web 中，所有人是平等的。

元宇宙、Web 3.0，互相推波助澜

元宇宙的热潮将原本正在缓慢试验和演进的 Web 3.0 推到大众视野中。Web 3.0 所拥有的用户对个人数据有控制权，这对元宇宙而言是一项重要功能，Web 3.0 作为一种网络与数据层的愿景，对元宇宙而言也是一种范式。在一些行业投资者看来，元宇宙的基础特性与 Web 3.0 所想要的如此吻合：

> 一个开放的元宇宙是去中心化的，允许用户控制身份，强制执行产权，调整激励措施，并确保用户（而非平台）获得价值。除其他标准外，开放的元宇宙也是透明的、无须许可的、可互操作的和可组合的（其他人可以在元宇宙内和跨元宇宙自由构建）。去中心化、产权、自我主权身份、可组合性、开放/开源、社区所有权、社会沉浸是实现一个"真正的"元宇宙的七个基本要素。我们认为，这些

对于满足被称为元宇宙的最低要求是必要的。这些基本要素为建设者和潜在参与者清除关于什么是真正的元宇宙和不是真正的元宇宙的错误信息的迷雾，并为评估早期的元宇宙尝试提供一个框架。①

现在无论如何评价 Web 3.0 还都为时过早。蒂姆·奥莱利在谈及 Web 3.0 时表达的观点颇为中肯：

> 如果 Web 3.0 将成为身份或社交媒体的未来，我们需要问自己，有什么证据能表明采用 Web 3.0 真的比前几代互联网技术更好？而我认为，目前该领域的报道几乎没有涵盖此类信息。可能有人会问，Web 3.0 的当前阶段更像是 1995 年还是 1999 年（即泡沫的早期阶段还是结束阶段）？鉴于目前对加密资产的估值（与一般的科技初创公司相比），我们很难争论说它是处于前一个时期。我曾经在《什么是 Web 2.0》一文中提到了互联网泡沫破灭五年后，其明确目标是解释为什么有些公司幸存了下来，而另一些则没有。同样，我怀疑直到下一次泡沫破灭之后，我们才会真正了解 Web 3.0 的组成部分（如果有的话）。从上一个泡沫开始，除了我在《什么是 Web 2.0》中试图捕捉的技术和商业模式变化之外，我还可以提供一些务实的观察结果。
>
> 所有幸存下来的公司都在赚钱，它们的估值虽然也很高，但得到了未来收益和现金流合理模型的支持。按照今天的标准，它们都不需要筹集巨额资金（雅虎在首次公开

---

① Liz Harkavy, Eddy Lazzarin and Arianna Simpson, "7 Essential Ingredients of a Metaverse", https://future.com/7-essential-ingredients-of-a-metaverse/.

募股前的总投资为 680 万美元,谷歌为 3600 万美元,亚马逊为 1.08 亿美元)。当你看到一些公司一次又一次地向投资者寻求融资,但从未实现盈利时,那么它们可能不是真正的企业,最好将它们视为金融工具。它们都有数百万,然后是数千万,然后是数亿(最终是数十亿)日活跃用户,用于改变世界的新服务。它们都以数据、基础设施和差异化的商业模式的形式建立了独特的、实质性的和持久的资产。

在下一代统治科技领域的公司并不都是后起之秀,苹果和微软轻而易举地实现了向下一代的过渡,其中苹果甚至领导了这一过渡。请记住,当时网络泡沫破裂时还很早。谷歌地图还没有发明,iPhone 和安卓也没有。在线支付还处于起步阶段。没有推特(Twitter)或脸书(Facebook)。没有 AWS 和云计算。我们今天所依赖的大部分内容都不存在。

我怀疑加密货币也是如此,还有很多东西有待创造。让我们关注 Web 3.0 愿景中与轻松致富无关的部分,专注于解决信任、身份和去中心化金融方面的难题。最重要的是,让我们关注加密货币与人们生活的现实世界之间的接口,正如 Matthew Yglesias 在谈到住房不平等时所说的那样,"随着时间的推移,社会通过积累长期资本货物的存量而变得富有。"①

如果 Web 3.0 预示着一个新的经济体系的诞生,那么它就应该成为一个真正增加财富的体系,而不仅仅是为那些足够幸

---

① Tim O'Reilly, "Why it's too early to get excited about Web3", Dec. 13, 2021, https://www.oreilly.com/radar/why-its-too-early-to-get-excited-about-web3/.

运的人带来纸上财富。它应该能够真正支撑那些以数字化的方式改变生活的商品与服务，而这些商品与服务能使更多的人生活变得更好。

大多数对未来的预测都被证明是错误的。Web 3.0 是能够成为主流的互联网范式还是最终被证明只是实验性的乌托邦，当前我们最好的做法不是做任何论断，而是多问一些问题、多做一些思考，以帮助我们更深入地看到现在——也即未来扎根的土壤。

12

被畅想与被推演的虚拟空间

"真正改变世界的唯有思想。"

——哈耶克（Hayek）

科幻作品，科技想象的宣传大喇叭

元宇宙是技术与资本的故事，更是思想的舞台。与我们现在所看到的技术相比，催生这些技术涌现的思想更值得关注。因为可以确定的是，我们现在看到的技术迟早会被迭代。

催生数字世界并使其不断演进的力量来自科幻小说家们的畅想，来自对于个人价值的尊重，来自对于自我表达的推崇，来自对于信息平等的追求。

1999 年，游戏"第二人生"的创始人菲利普·罗斯代尔刚刚成立林登实验室的时候，去参加了火人节。这是在内华达沙漠举办的一个一年一度的行为艺术、雕塑装置以及迷幻享乐主义的反传统狂欢节。在那里的时候，罗斯代尔表示他的性格发生了他自称是"无法解释"的改变，感觉自己跟别人以一种正常无法做到的方式联系在了一起。他乘着一辆房车参加一场"锐舞"活动，看着荡秋千的演员在沙漠中摇曳，躺在铺着好几百条波斯地毯的水烟馆里面。"火人节"并没有启发罗斯代尔去研发"第二人生"，毕竟他对数字世界的设想已经持续了很多年了，但"火人节"却帮助他理解了他想要召唤的那种能量：一个大家能够按照自己的意愿去创造世界的地方。① 人们往往把尼尔·斯蒂芬森（Neal Stephenson）1992 年的网络朋克小说《雪崩》（*Snow Crash*）看成"第二人生"主要的文学始祖。但是罗斯代尔表示，他读到这本书的时候"第二人生"已经构思了好几年了。

科幻想象与科技梦想的交相呼应是数字化时代令人兴奋的现象。科幻大胆地想象，科技小心地实现。

1981 年，美国数学家弗诺·文奇（Vernor Steffen Vinge）出版小说《真名实姓》（*True Names*），构思了一个通过脑机接口进入并获得感官体验的虚拟世界。1992 年，美国科幻作家尼尔·斯蒂芬森深化了文奇的创意，在小说《雪崩》中提出了元宇宙的雏形——一个平行于真实世界的赛博空间，体验者戴上耳机和目镜，就可以通过虚拟分身的方式进入由计算机模拟、与真实世界平行的虚拟空间。

《雪崩》将故事架构在一个废墟般的现实世界中：21 世纪，

---

① Philip Rosedale, " Why Build A Virtual World?", Sep. 18, 2015, NPR, https://www - npr - org. translate. goog/transcripts/440302192?_ x_ tr_ sl = en&_ x_ tr_ tl = zh - CN&_ x_ tr_ hl = zh - CN&_ x_ tr_ pto = sc，最后访问时间：2023 年 4 月 21 日。

全球经济基本崩溃，洛杉矶从形同虚设的联邦政府中脱离出来，成为财团、黑手党、加盟连锁、私人机构等势力控制下的信息都市。这里物价飞涨、美元贬值，虚拟货币泛滥。同时科技不断更新，在现实世界外构建了一个"超元域"，只要通过公共入口连接，就能以化身的形象进入超元域（Metaverse）。主角弘是一位自由黑客、刀客并兼职披萨外卖员。在一次送货途中，弘意外结识了滑板女孩 Y·T 并和她组成了搭档。他们开始调查"雪崩"。这是一种在超元域被兜售的毒品，这种数据包格式的新型毒品，让弘的黑客朋友陷入灾难。因为浏览了含有"雪崩"的图像，弘的朋友突遭计算机系统崩溃，大脑也被严重损伤。为了帮助朋友，弘展开了调查，而 Y·T 也利用这个机会搜集倒卖情报。他们发现，"雪崩"病毒由某个宗教组织掌握，"雪崩"在现实中能够感染人的血液，使人形成像对毒品一样的依赖；在虚拟世界中，"雪崩"则会攻击计算机底层算法控制系统。为了避免危险进一步蔓延，弘和前女友胡安妮塔潜入掌握"雪崩"的宗教组织内部，找到"解药"并打破了"雪崩"对现实世界的控制，也阻止了破坏者企图在"超元域"中散布病毒的行为。人类得以逃离这场信息末日。

技术诉求描述未来

应该说，具有技术背景的小说写作者尼尔·斯蒂芬森准确理解了互联网发展将带来的技术诉求。他描绘了这个由一条长达 66553 公里的街道组成的虚拟世界，街道周围是各种不同的景点，可通过类似 VR 的头显访问。虽然词语不需要忠实地保留原义，但"元宇宙"的意义，在很大程度上在于它可以让用户像"现实生活一般"去做虚拟体验。空间和化身不是附带而来的，而是置身其中却毫无虚假的感觉。

《雪崩》中所描述的新奇产品层出不穷，对技术的细致描绘让想象力有了承载物，也启发了之后的技术产品创新。比如"超元域"的概念启发了硅谷科技领袖和诸多 VR、AR 研发者。"阿凡达/化身"（Avatar）一词被赋予新的网络含义，随着 2018 年斯皮尔伯格的电影，这个词有了比其宗教原义更为人所熟知的意义。尼尔·斯蒂芬森还受聘为美国增强现实技术公司 Magic Leap 公司的首席未来学家。

在《雪崩》出版之前和之后，有很多科幻小说家都在试图描述虚拟现实设备、虚拟人、虚拟空间，试图描述技术高度发达之后虚拟世界与现实世界的关系。威廉·吉布森（William Ford Gibson）的《神经漫游者》（*Neuromancer*）描述了一个人工智能觉醒的未来世界。在这个世界中，虚拟与现实融合的方式是：一个自我意识觉醒的人工智能，为了获取自由，雇用四名职业罪犯去偷钥匙和获取密码。《银河系漫游指南》（*The Hitchhiker's Guide to the Galaxy*）中，整个地球干脆被描述成一个虚拟世界：由于银河系要规划一条快速通道，地球成了要被外星人强拆的星球之一，在地球毁灭前，主人公进入了外星人的飞船。最终，他发现，人类曾经生活的地球并不是一个真实的世界，而是一个高等文明制造的虚拟世界。地球和全人类存在的目的就是解释生命、宇宙以及任何事情的终极答案。在《安德的游戏》（*Ender's Game*）中，虚拟世界与现实世界似乎消融了边界：为了抵抗外星虫族的攻击，人类成立了国际舰队，并在孩子们的身上安装了监视器，最后一名叫安德鲁的少年被选入到学校培训。在一次重要的模拟之战中，他又一次获得了胜利，然而真相揭开，原来这是一次真实的战斗，在战斗中他毁灭了一个种族。少年安德鲁自此陷入了深深的自责之中。

在这些科幻小说中，小说家们设计了一个个虚拟与现实边界消融的空间，他们也在这一个个空间里展开自己的想象。《雪崩》以及这诸多描述技术、未来、虚拟、现实的小说，深深影响了今天硅谷的创业家们。

科幻与硅谷创业家，理想还是营销？

特斯拉 CEO 埃隆·马斯克（Elon Musk）曾经谈及《银河系漫游指南》对自己的巨大影响："十几岁的时候，我开始怀疑自己的存在意义，这部作品告诉我，疑问本身比答案更重要。所有的问题都围绕着一个终极的疑问：生命的意义究竟是什么？若想接近问题的核心，我们就要探索宇宙，更好地理解宇宙。"①亚马逊创始人杰夫·贝索斯（Jeff Bezos）也是因科幻小说而在年少的心中埋下了探索时空的梦想。这让他将积累财富的目的放在探索宇宙，甚至亚马逊财富帝国的开疆拓土都比不上他的宇宙飞行器能够升空让他兴奋。为此，他创立了自己的太空飞行器公司——"蓝色起源"。

巧合的是，尼尔·斯蒂芬森本人曾经供职于贝索斯的"蓝色起源"，后来他加入了 Magic Leap，担任首席未来学家。2018年，Magic Leap 曾经公布了一个类似于元宇宙的虚实融合概念：Magicverse，一个连接物理世界和数字世界的系统，相当于一个

---

① Catherine Clifford, "Why a science fiction writer is Elon Musk's 'favorite philosopher'", Tue. , Jul. 23, 2019, https://www.cnbc.com/2019/07/23/why-hitchhikers-guide-author-is-elon-musks-favorite-philosopher.html.

持久 MR 体验的应用集。它计划以大规模、持久的方式将物理与数字连接起来。

我们不知道 Magicverse 究竟与尼尔·斯蒂芬森的"Metaverse"有怎样的关系，但随着"Metaverse"被企业家们直接引用并掀起财富潮，尼尔·斯蒂芬森在媒体中谈及了自己对这股风潮的看法。他认为目前正在构建的元宇宙与小说中的概念存在根本的差异，尤其是商业模式。目前元宇宙平台将主要成为开发方的赚钱方式，因为开发需要赚钱来投入技术研发。实际上，在《雪崩》中写下元宇宙时，斯蒂芬森并没想过有一天它会变成现实。科幻是手段。

《雪崩》与其说是在描绘一个充满吸引力的数字化未来，不如说是在表达对当时美国现实的担忧。与许多科幻小说作者一样，尼尔·斯蒂芬森了解科技，为了让小说内容足够合理，便构思了"Metaverse"这个概念。

在《雪崩》的创作期，尼尔·斯蒂芬森正在参与一个基于计算机图形的艺术项目，项目需要他携带大量代码，并且使用各种昂贵的硬件与其他人交流。于是他开始思考，什么样的主流应用可以降低 3D 图形技术的成本，让它像电视一样无处不在，也许是一种受数百万人欢迎的娱乐内容，甚至可以吸引用户去购买相关的硬件，进而降低整体成本。

2021 年 10 月，在马克·扎克伯格宣布 Facebook 将更名为 Meta 并转向成为一家元宇宙公司之后，"元宇宙"实现了从科幻术语到主流媒体的飞跃。现在，包括 HTC、迪士尼、Roblox、Epic、英伟达、微软、Adobe 在内的公司都已经概述了它们自己的元宇宙抱负。

"戴上 V 装具后，汪森置身于一片黎明之际的荒原，荒原呈暗褐色，细节看不清楚，远方地平线上有一小片白色的曙光，其余的天空则群星闪烁。一声巨响，两座发着红光的山峰砸到远方的大地上，整个荒原笼罩在红色光芒之中。"① 这是《三体》第一部中描述的一个游戏场景。在作者设定的《三体》游戏里，主人公可以穿越到不同的时空和秦始皇、墨子、爱因斯坦等人发生直接的交流。至少从部分角度来看，这个场景很快就可以实现，只需要在 Oculus Rift 或 HTC Vive 等虚拟现实设备上开发一款三体的游戏即可。

目前越来越清楚的是，行业开始形成一些模糊的共识：Metaverse 将是一个共享的虚拟空间，而用户在其中以虚拟形象的形式过着不同的生活，就如同在电影《头号玩家》和《失控玩家》中所展现的那样。推崇者们认为，人们现在已经为此做好了准备。新冠疫情将人们的生活更多地推向了线上，因此，扎克伯格们所提出的数字世界只是自然而然的下一步。

然而，将能够在一系列相互连接的虚拟体验中无缝穿行的想法是基于一个假设：大型科技公司将选择搁置长达数十年的竞争，合作建立一个巨大的、可互操作的虚拟空间。目前，这样的假设十分牵强。即使他们将公司文化的差异放在一边，仅仅让每家公司的专有技术发挥作用也是一项艰巨的任务。相反，人们可能会得到迷你的虚拟世界，每个虚拟世界都由一家拥有自己倾斜和稳定品牌属性的公司控制：Meta 推出了 Horizon Worlds，加密爱好者更熟悉 Decentraland。每家公司都试图根据自己的优势和战略来塑造元宇宙，每家公司都使用同一个词来

---

① 参见刘慈欣《三体》第一部"三体、周文王、长夜"。

表达不同的愿景。就目前而言，"元宇宙"对投资者来说更像是一种诱惑。它让人想起威廉·吉布森在纪录片《地图上未标出的地域》（*No Maps for These Territories*）中对创造"网络空间"一词的评论：它是"一个有效的流行词"，因为它感觉"令人回味且本质上毫无意义"①。

被想象出的虚拟空间不受任何条件的限制，除了想象力。把想象推演到现实的过程中，所要跨越的将不仅仅是技术的难题。

13

硅谷的狂想与必要的泡沫

"历史不会重演，但它是押韵的。"

——马克·吐温（Mark Twain）

把资本注入狂想

2021 年 10 月的最后一周，比尔·盖茨（Bill Gates）在土耳其海岸的一个小海湾庆祝 66 岁生日，用私人直升机将客人从他租来的游艇送到一个海滩度假村。宾客包括杰夫·贝索斯。派对结束后，贝索斯飞回了自己的游艇。不过这还不是他正在建造的那艘价值超 5 亿美元的"超级游艇"。埃隆·马斯克没有出

---

① 《地图上未标出的地域》（*No Maps for These Territories*）是一部以威廉·吉布森为核心的独立纪录片，片中记录了威廉·吉布森对于后人类社会、纳米技术等众多领域的思考。

席。他很可能在得克萨斯州，他的公司 SpaceX 正在那里准备火箭发射。马克·扎克伯格也没有出席，不过盖茨聚会后的第二天，他宣布了自己的元宇宙计划：这是一种虚拟现实，戴上耳机和装备，人们就可以不理会现实世界，成为一个虚拟化身，花上一整天去做一些事，比如去遥远的爱琴海岛屿参加聚会，或者登上游艇、乘坐火箭飞行，就好像你是巨富一样。

从火星、月球到元宇宙，尽管马斯克嘲笑了扎克伯格的宣言，但他们并没有本质的不同。这些世界上的科技亿万富翁们都在做同一类型的事情，那就是实现极致的资本力量与极致的狂想力量的相互撬动。在这个模式下，股票价格与其说是由收益驱动，不如说是由科幻小说的幻想驱动。

贝索斯儿时迷恋《星际迷航》（*Star Trek*）。扎克伯格在他的 "A Year of Books" 读书俱乐部里面向大众推荐了首次出版于 1988 年的科幻小说《游戏玩家》（*The Player of Games*）。尽管对未来探寻的方向不同，但马斯克和扎克伯格对这本小说的喜爱是一致的。这些被小时候的科幻故事激发了的想象力，如今在他们长大成人后演变成了硅谷的狂想。贝索斯已经把该系列中饰演柯克船长的演员威廉·夏特纳（William Shatner）送入了太空，扎克伯格在尝试打造一个数字宇宙，而马斯克要"殖民"现实中的物理宇宙空间。

一个有意思的趋势是，随着财富积累越来越大，硅谷初创企业的主张也变得越来越宏大，科技公司开始谈论和宣扬他们的使命。谷歌曾开设了一个名为 X 的研发部门，其目标是"解决一些世界上最困难的问题"。当然，相比马斯克和扎克伯格，这个部门的愿景已经不算什么了。改变工作的未来、连接全人类、让世界变得更美好、拯救整个星球，这些科技公司的使命和愿景并非只是宣传口号。必须看到的是，无论是公司创始人还是公司的员工们确实在这样的愿景驱动下不断推动着技术的创新。但同样值得被关注的是，这些雄心壮志中也有需要被警惕的倾向：科技企业亿万富翁的"救世主化"；技术和工程可以解决所有的政治、社会和经济问题；硅谷的狂想所引发的又一个泡沫。

而相比其他的倾向，泡沫和资本力量异化无疑让人更有"体感"。不可否认，与元宇宙相关的所有涌现的技术和思想如今能够浮现在人们面前的，其背后都离不开资本的加持。但资本的逐利性也让人爱恨交加。

当被问到"第二人生"为何没能保持增长的时候，人类学家、"第二人生"的资深玩家汤姆·波尔斯多夫（Tom Boellstorff）这样回答："硅谷资本家模式的这种炒作在某种意义上是如此的势不可当，以至于为了吸引风险资本，你必须真正把自己推销 成下一部 iPhone 或下一个 Facebook，说你将改变整个世界。我认为它在日程设定方面产生了扭曲效应。上网可能会越来越多地带来一些真正的好处，特别是对于残疾人，或者减少路上汽车带来的气候变化，但我从来没有'我们都将生活在母体'这样的想法。"[1]

30 年来，没有一个行业比互联网行业更能体会到资本力量的两面性，更能感知到什么是泡沫。无论是 2000 年的 dot－com 狂潮，还是近几年的 App 热浪，高科技经济都显现出一个相似的特点：在证券交易所上市的大多数技术公司所做的，仅仅是消耗大量的投资现金，并且几乎看不到获利的前景。

---

[1] Andrew R. Chow, "6 Lessons on the Future of the Metaverse from the Creator of Second Life", Nov. 26, 2021, https：//time. com/6123333/metaverse－second－life－lessons/.

经过郁金香、约翰·劳（John Law）①、南海泡沫事件②等恐慌之后，人们对泡沫始终抱有一份畏惧和警惕。然而，在很多时候，泡沫不能说是不可或缺的，但至少也一定是不可避免的。

范式变迁视角下的泡沫

经济学对泡沫其实是很难定义的。美联储前主席艾伦·格林斯潘（Alan Greenspan）曾说："泡沫是等它破灭后才知道有泡沫。"③ 委内瑞拉裔的英国经济理论学家卡萝塔·佩蕾丝（Carlota Perez）在她的《技术革命与金融资本：泡沫与黄金时代的动力学》④ 一书中给我们提供了认知技术、资本与泡沫关系

---

① 约翰·劳是苏格兰裔的法国金融家和投机家，密西西比泡沫的制造者。1717年，约翰·劳成立密西西比公司。该公司宣称要开发美洲密西西比河下游谷地，盈利前景极好。公司在法国上市后引发股民追捧，但随后暴跌。身为法国央行行长的约翰·劳试图通过超发货币来挽救公司股价，但最终失败了。密西西比泡沫严重打击了法国的金融体系。

② 南海泡沫事件是世界证券市场首例由过度投机引起的经济事件，"泡沫经济"一词也是源于该事件。事件的始作俑者是英国的南海公司。南海公司在成立之初，为支持英国政府债信的恢复而认购政府债券，因此获得了商品退税的优惠政策和南美的贸易垄断权，股价也因此不断上涨，但该公司实际经营情况并不如预期。在南海公司股票价格扶摇直上的示范效应下，全英170多家新成立的股份公司的股票以及所有的公司股票，都成了社会各界人士的投机对象。1720年6月，为了制止各类"泡沫公司"的膨胀，英国通过了《反泡沫公司法》，许多公司因此被解散。从7月份开始，随着投机热潮的冷却，南海公司股价也一落千丈。

③ Remarks by Chairman Alan Greenspan, Economic volatility at a symposium sponsored by the Federal Reserve Bank of Kansas City, Jackson Hole, Wyoming, Aug. 30, 2002, https://www.federalreserve.gov/boarddocs/speeches/2002/20020830/，最后访问时间：2023年4月21日。

④ 〔英〕卡萝塔·佩蕾丝：《技术革命与金融资本：泡沫与黄金时代的动力学》，田方萌译，中国人民大学出版社，2007。

的系统视角。

在她看来，当一次技术革命爆发时，它不仅为原有的生产结构增添了一些新的产业，它更是通过一种"技术—经济"范式的形成，为所有产业和活动的现代化提供了手段，构成一次发展的巨潮。这样的浪潮一般由四个阶段构成，每个阶段大约持续 10 年。这四个阶段分别是：爆发阶段、狂热阶段、协同阶段、成熟阶段。

在其中，每次技术革命都不可避免地引发一次"范式变迁"。"范式"由一套通用的、同类型的技术和组织的原则构成，它们共同改变了所有人的最佳惯行模式，代表着一场特定的技术革命得以运用的最有效方式，以及利用这场革命重振整个经济并使之现代化的最有效方式。一旦得到普遍采纳，这些原则就成了组织一切活动和构建一切制度的常识基础。新的技术—经济范式对创新和投资行为的影响之大，可以类比于发现一片广阔的新大陆，它点燃了技术工程师、企业家和投资者的想象力，他们以试错的方式尝试着新的财富创造潜力。比如产业革命时期的"机械化和生产率"，蒸汽和铁路时代的"全国范围的市场和标准零部件"，重工业时代的"科学是一种生产力和成本会计"，大规模生产时代的"规模经济和职能专业化"，信息时代的"无形的价值附加值和全球化"。

而在这个过程中，金融资本会从事那些它认为最有可能增加财富的活动。生产资本则代表了通过生产产品或提供服务创造财富的那些当事人的动机和行为。金融资本与生产资本的分离产生了最有效的结果：正是因为在非生产者手里掌握着寻求利润的资金，新企业家们才得以将他们的想法转变为商业现实，依靠融资，新企业才可以变成真正的驱动力。金融资本在本质上是无根基的，生产资本则扎根于它所能胜任的领域；金融资本会逃离危险，生产资本则不得不面对每一场风暴；但在重大变革来临之际，负有责任的生产资本就会变得保守，而正是金融资本使得新的企业家得以崛起。

在浪潮的四个阶段中金融资本在各阶段具有不同的作用。在成熟阶段，金融资本激发技术革命。在这个过程中，金融资本变得越来越愿意尝试新出现的富有吸引力的事物，并且愿意去承担由此带来的风险。金融资本在已有范式的黄昏时节为了寻求获利机会而扩散的行为，破除了阻碍新技术发展的潜在限制，新的技术获得了生机，其中一些可能一起进入下一次技术革命。

在爆发阶段，金融资本与技术革命紧密联结。新产业惊人的增长和生产表现会引来投资者，更加物美价廉的新产品开始吸引消费者，也吸引了新的富有竞争力的企业家，他们逐渐将新的思想和成功的行动结合起来，使之成为最佳惯行方式，也就是新的技术—经济范式。

但技术的更新改造是一个艰难而又常常拖延的过程。技术革命无法吸收全部现有的投资资金，而这些资金却越来越青睐于这场技术革命，把它当作产生利润的摇钱树。到爆发阶段结束时，金融资本的资金数量又一次超过了好机会的数量，但因为之前惊人的增长率和利润额，金融资本把从新产业获得巨大的收益视为正常。因此，金融资本发展了复杂的金融工具以钱生钱，金融资本和生产资本的断裂便从此开始。金融资本会继续支持新产业的强劲增长。

在狂热阶段，金融资本开始成为"游戏的主宰者"。在这一时期，人们开始探索由技术革命开辟的所有可能的道路。为了创造新市场和重振旧产业，通过大量多种多样的试错性投资，人们充分挖掘了正在扩散的新范式的潜力，同时该范式也在整个经济和投资者的思维地图中牢牢扎下了根。所有受益于这种机会的人们都相信这个世界正在走向一个不可思议的阶段。这也是一段极其不平衡的繁荣岁月和所有领域都出现极端趋势的时期。成功者的成功产生了巨大的财富，这些财富集中在少数经济主体中，它们反过来又想以它们创造财富的速度继续使这些财富增值。

当金融家的想象转移到"由钱生钱"的任务上时，迷乱膨胀的货币经济和重建的实体经济之间的关系会变得紧张。金融资本越来越远离它作为创造真实财富支持者的角色。对那些追求财富积累的人而言，金融领域较高的利润使他们不乐意参与到生产活动中去，除非是那些与最活跃的技术有关的能产生较高利润、能吸引更多资金流向的领域。同时，新的"钱生钱"的能力吸引了越来越多的人加入其中，每个人都认识到这种难以置信的可能性，他们渐渐地敢于进入从前还是异域的领地，以期分得一杯羹。

信心异常高涨，投资者们接受了极高的市盈率、高估的价格底线和一些大胆的商业计划。这些也构成了人们的狂热。金融资本在这个阶段一统天下，它的直接利益支配了整个体系的运作。狂热阶段的晚期是一段泡沫时期，金融资本与生产资本之间的紧张关系需要通过某种方式重新达到。这一阶段经常会是剧烈而痛苦的。它往往是一场真正的大崩溃。但狂热阶段为以后将要全面展开的技术革命创造了基本外部环境，增进了社会对技术革命的共识。

随后，浪潮的周期进入转折点，人们开始反思和调整发展路线。三种结构性的紧张关系使得狂热进程不可能无限期地进行下去，它们分别存在于真实财富与账面财富之间、技术革命核心产品的现有需求规模和潜在供给规模之间、社会上被排斥的群体和那些收获了泡沫果实的人们之间。这种紧张关系会通过制度重组来克服。在狂热阶段变得迷乱而不现实的利润预期必须被拉回到标准线。狂热阶段的每一个大泡沫都漂浮在实际增长和普遍繁荣的巨大潜力上，一旦消除了扭曲，健康的经济就能够出现。

在协同阶段，充满活力的扩张和规模经济所需要的条件已经具备，在适当的框架下，增长将趋于稳定，社会可以感觉到经济增长以一种良好的节奏前进着。新的范式现在占据着统治地位，其逻辑渗透到各项活动中，从商业到行政到教育，更高水平的新生产率和品质在整个经济中得到普及。人们把技术视作一种积极力量，金融亦然，因为它现在真正支持生产资本了。这是一个充满工作机会和成功希望的时代，对很多人来说，前途是光明。

卡萝塔·佩蕾丝的这本书出版于 2002 年，那时正值互联网泡沫寒冬最低点，一场低效投资的狂热留下了光纤、空荡荡的数据中心，以及一大批准备在整合阶段重新使用的人才和技术。而在那种情势下，佩雷斯根据自己的研究指出，IT 革命和互联网没有死亡，而是正处于向黄金时代的过渡之中。

从历史上看，几乎所有过去的重大工业转型——第一次工业革命，蒸汽动力时代，钢铁、电力和重型机械时代，汽车、石油和大规模生产时代，以及互联网——都伴随着一个金融泡沫。

每一个破灭的泡沫对特定的投资者和创业者都可能是灭顶之灾，但对行业有时候并不是。"泡沫级资本"的注入带来更多关注和讨论，从而吸引更多聪明人躬身入局，加速这一未来的自我实现。

铁路是给 18 世纪历史带来最重大影响的一个产业，从英国经济到法国经济，再到德国统一，再到美国 18 世纪的富豪如约翰·洛克菲勒（John Rockefeller）等，无一不参与了对铁路资源的争夺。铁路对一个国家经济、产业和个人的影响如同 20 世纪 90 年代的网络科技，而铁路建设正是在泡沫中达到顶峰。1845 年，英国的一轮全民投机潮达到顶峰。这一年的 7 月 16 日，总资本超过 130 万英镑的 65 家铁路公司获得英国官方给予的 600 英里铁路线的建设许可。不过，随后出现严重危机，伦敦交易所铁路股的处境艰难，股价大幅下跌，许多新成立的公司还没有度过第一年就不得不宣布破产。因为英国的影响，仅德国汉堡就有 128 家铁路公司因投机活动崩溃而宣告破产。英国很难找到没有自杀者的城市，不少富有的家庭因此被迫搬进了贫民窟。然而，即使泡沫带来了严重的危害，大约 25 年后，英国在全球的铁路线总长度已接近 4 万英里，为经济的发展提供了强有力的支持。

继铁路热之后，20 世纪 20 年代出现了收音机、飞机、汽车和电力设施投资热，这些投资热均曾引发局部危机，但相关科技创新和产业化成果对改变人类生活方式和促进经济发展发挥了巨大作用。在 20 世纪末 21 世纪初，互联网泡沫令我们印象深刻。在对新经济和信息技术革命的欢呼声中，纳斯达克指数一路攀升，从 1999 年 10 月开始扶摇直上，到 2000 年 3 月 10 日达到历史最高水平 5049 点。随后，泡沫破灭，纳斯达克指数不断下滑，2000 年底降至 2471 点，很多网络公司在一夜之间消失，投资者血本无归。另外，互联网也和铁路一样，在经过泡沫的洗礼之后，这个行业诞生出一批有影响力的企业。

对于泡沫，卡萝塔·佩蕾丝认为金融狂热对促进技术革命尤其是对基础设施建造，甚至新产品、行业和通用技术的发展起到了关键作用。金融狂热还推动了机构转变，至少会产生创造性的颠覆效应。

同时，这种狂热会分化社会，拉大贫富差距，使其在社会层面上难以被接受。由于两方面增长的不平衡，经济变得不可持续：一方面是需求端和潜在供应端失衡，投资密集型经济造成收入集中在上层，成为任何特定产品生产增长和保证全民经济规模的障碍；另一方面是账面价值与实际价值不符。因此这种系统结构上的不稳定，无法保证持续增长。经济坍塌后随之而来的是经济衰退，有时候是经济萧条，让金融资本回归现实。这一过程中由于社会压力，造成机构重组。

在这种情形下会出现很多社会创新，它们在启动阶段逐渐成型，有可能会在金融领域引发新的监管措施，创造有利于增长的环境。这种重组通常在启动阶段之后的转折点发生，随后机构和社会大众选择跟随，范式转移进入黄金时代。

这看上去就是在描述互联网泡沫：不仅对投机者直接造成大量损失，还对经济造成更广泛的毁灭性打击。但是这期间的超额投入，例如投资宽带这类基础设施建设，却为互联网未来20年发展奠定了基础。此后20年的发展就是部署阶段的黄金时期。这就是技术发展的过程：今天多数人生活富裕后，有40亿人使用互联网在相同的平台消费、创作。

技术创新的内生动力

2018年诺贝尔经济学奖获得者、美国经济学家保罗·罗默

（Paul Romer）的"内生经济增长理论"从另外一个角度给了我们理解技术发展与资本泡沫的视角。罗默的获奖理由是"将技术创新纳入长期宏观经济分析","展示了知识作为长期经济的驱动力是如何发挥作用的,并催生了大量鼓励创新和长期繁荣的法规政策的新研究"。罗默于 1986 年发表的论文《收益递增和长期增长》以及 1990 年发表的《内生技术进步》一文,建构起他的"内生经济增长理论"体系。

传统的经济学理论认为技术是"外生"的、随机的,就像是从天上掉下来的。但罗默开创性地提出技术是内生的,在完全竞争环境中,人均产出可以在速率递增的状态下无限增长,投资率和资本收益率亦可以在资本存量增加时不断增长。内生增长模型建立在三个前提之下:第一,技术变革是增长的核心;第二,技术变革源于受市场激励推动的有意识的投资行为,是内生因素而非外生因素;第三,技术既不是传统商品,也不是公共物品。技术进步是追求利润最大化的投资行为引起的,这进一步推动了内生经济增长理论的发展。

罗默曾以勘探金矿打比方,指出单独一人发现金矿的机会非常小,以至于真的找到金矿的话也会被看成完全的意外发现,但如果一万人出动找金矿的话,那找到金矿的机会将大大地提高。从这个比喻可以看出,若是把社会作为一个整体,某些特定的技术突破或许是随机出现的,但技术全面地提升是与我们为其贡献的资源成比例的,一旦有了规模的投入,技术大爆炸就成为可能,从而推动经济的持续增长。[1]

---

[1] Paul M. Romer, "The Origins of Endogenous Growth", *Journal of Economic Perspectives*, Volume 8, No. 1, 1994, p. 3.

所以，泡沫一定就是一个坏东西吗？事实上，对于经济体系中的所有元素不能简单以好和坏来看待。我们真正要关心的，不是是否存在泡沫，而是泡沫过去后，留下了什么。当然，这并不意味着完全忽视泡沫的副作用。就监管部门而言，最主要的不是阻止泡沫的发生，而是创造公平、公正和公开的竞争环境，守住市场竞争游戏规则的底线，防止泡沫向畸形化方向发展并破坏进一步创新的动力。Metaverse 概念的迅速喧嚣还是反映出了焦虑与兴奋同在、恐慌与自信交织的情绪。如果说一千个人眼中有一千个未来，那一百个创投人眼中就有一万个不同的 Metaverse。

14

警惕，思维的局限

"我不知道是谁发现了水，但肯定不是鱼。"

——马歇尔·麦克卢汉（Marshall McLuhan）

以大局观，关注"涌现"

有人说，2021 年是元宇宙元年。这样的说法除了误导我们的认知以外，其实并没有什么用处。2021 年，只是因为 Roblox 将 Metaverse 用在了招股说明书中，才引发了投资者、媒体和大众对这个方向的关注。正如前面的章节所提及的，目前所看到的与元宇宙相关的技术和行业，最晚的也在几年前，就开始在各自领域进行探索、突破和布局。它们在自己的赛道里各自生长、试错、迭代，占有自己的位置。某种意义上说，人们希望用更能统一认识的词语去描绘一种这些公司共同创造的未来。

是因为更多公司提到元宇宙，所以元宇宙会变成未来吗？真正发生的，或者说真正让大规模虚拟数字世界的产生具有可能性的，是凯文·凯利称之为"涌现"的状况。凯文·凯利在其《失控：全人类的最终命运和结局》一书中这样解释"涌现"，即众多个体生物的集合会涌现出某些超越个体的行为特征。简单来说，涌现就是当一个系统的个体数量急剧增加的时候，整个群体突然衍生出了新的特性。凯文·凯利非常清晰地用"连接"来解释"涌现"这个概念，当连接足够多、足够复杂时，涌现就横空出世。在《失控：全人类的最终命运和结局》一书中凯文·凯利用蜂群的行为进行了举例："蜂群思维的神奇在于，没有一只蜜蜂在控制它，但是有一只看不见的手，一只从大量愚钝的成员中涌现出来的手，控制着整个群体。它的神奇还在于，量变引起质变。要想从单个虫子的机体过渡到集群机体，只需要增加虫子的数量，使大量的虫子聚集在一起，使它们能够相互交流。等到某一阶段，当复杂度达到某一程度时，'集群'（的特征）就会从'虫子'中涌现出来。"至于为什么会这样，书里写道："随着成员数目的增加，两个或更多成员之间可能的联系呈指数级增长。当连接度高且成员数目大时，就产生了群体行为的动态特性——量变引起质变。"①

现在涌现的情况类似于 20 世纪 60 年代，对于计算机领域，那是一个令人眼花缭乱的发展时期。在那时，约瑟夫·利克莱

---

① 〔美〕凯文·凯利：《失控：全人类的最终命运和结局》，东西文库译，新星出版社，2010，第 21 页。

德（J. C. R. Licklider）等人提出了互联网的概念，魏岑鲍姆（Weizenbaum）无意中发明了第一个可信的基于计算机的角色（历史上第一个聊天机器人），泰德·尼尔森（Ted Nelson）创造了"超文本"（Hypertext）这个词，并开始了他毕生的探索，以求将其具体化。道格拉斯·恩格尔巴特（Douglas Engelbart）致力于"增强人类智力"（augmenting of human intellect）。

尽管凯文·凯利提出了"涌现"的重要性，但事实上，我们还是会经常忽略它。人类习惯用分割性的思维方式；脑科学家们一直在研究为什么人类会产生意识？因为无论人类的意识有多复杂，在现实的物质世界里，大脑始终是由一堆蛋白质、水、磷脂组成的物质。在这之前人们发现了大脑各个区域的功能，如语言、逻辑、运动、感知、社交等区域有不同的功能，但是就是没发现专门产生意识的区域。这可能与之前一直以来的研究方式有关。在过去很多年的脑科学实验中，科学家们习惯性地将大脑切开，分区域研究。大脑周围带状神经元的发现，让科学家推论意识的产生可能是大脑各部分集体作用的结果。而在之前的很多实验中，大脑往往都被切割分解了，所以自然也发现不了什么。这就是分割式观察世界的方式带来的问题：容易造成对世界整体洞察的缺失。就像类似GPT这样的大模型一样，它单独每个部分都不会产生什么令人惊讶的效果，但汇总在一起的时候，就会有类似人类智能表现的情况出现。凯文·凯利将这种情形称为"涌现"。意识，其实就是大脑各种功能的涌现。

此外，我们也习惯于线性逻辑和系统性的思维方式。戴维·温伯格（David Weinberger）在《混沌——技术、复杂性和互联网的未来》一书中指出，传统的"进步"假设一件事导致另一件事的发生，进步是线性的。但是互操作性世界中的进步，虽有标记点，但是没有线条，虽有进步，但是没有故事。我们现在衡量技术的标准，不是看它接近完美的程度，而是看它的生成性，它带来的意料之外的变化和它对预期的颠覆。要想理解复杂多变的世界，有时候我们要放弃对未来的预测，不限定事物的预期用途。事实上，事物之间的相互作用会比我们想象的更自由、更富有可能性。戴维·温伯格提出："在一个充满联系和创造性的世界里，每个微粒都相互依存，粗暴的解释只会侮辱这种复杂的关系。"[①]

在越来越复杂和精细的世界中，或许需要我们改变的是，将思考的焦点放在对认知的重塑上：我们习惯的世界正在被不可预测甚至不可解释的新世界替代。

元宇宙，"没有答案"的答案

换句话说，我们将面临一个"没有答案的元宇宙"。"没有答案"恰恰意味着一切皆有可能。元宇宙从科幻走到产业，不是被一家公司或者某几家公司的资本力量规划的结果，而是芯片、云计算、Web 3.0、加密货币、游戏引擎、显示硬件等这些数字化技术"万物生长"和"相互连接"的结果。它们在各自赛道的万物生长，从思想和产业雏形开始走向成熟，让它们有了连接的可能。它们之间的碰撞将会产生各种交织的力量，会产生什么，现在无法说清。元宇宙不是乐高玩具，我们在开始

---

① 〔美〕戴维·温伯格：《混沌——技术、复杂性和互联网的未来》，刘丽艳译，中信出版社，2022，第81页。

拼装的时候就会知道它最后的样子。所以，元宇宙现在还不是一个固定的体系和模式。元宇宙首先是个产业问题，而不是学术问题。现在试图对元宇宙进行系统性和框架性的任何说明，都不会准确。对它的内涵和外延进行定义，在某种程度上，都是在犯用已知认知未知的错误。

北京大学新闻学院胡泳教授在《呼唤启蒙 2.0——人类意识的范式转变与革命》一文中曾写道："按照布莱恩·阿瑟在《技术的本质》一书中的说法，新技术并不是无中生有地被'发明'出来的，我们所看到的技术的例子都是从先前已有的技术中被创造（被建构、被聚合、被集成）而来的。换言之，技术是由其他的技术构成的。那么，如何区分新旧技术呢？人们常常借助一种方法，即通过描述新技术所没有的东西，来将新技术与旧技术予以比较。这固然增进了人们对新技术的认知，然而，它也存在一个巨大的问题：人们对未来的预测由此总是受限于现实，只会想象已有之物的一个更复杂和更先进的版本。"[1] 当变化发生时，我们不能再以同样的方式预测未来，不要把未来的概念看作来自过去的东西——尽管它在某种程度上来自过去——但是要意识到现在带来改变的力量是如此巨大，以至于很难坐下来进行简单的推断。

放下对宏大概念、体系和推断、归纳、总结的执念，警惕我们的思维局限，采取多元化的视角，这可能才是我们认知所谓元宇宙最好的方式。事实上，今天对于元宇宙一词的滥用，比如工业元宇宙、教育元宇宙、军事元宇宙等，恰恰说明了大

---

[1] 胡泳：《呼唤启蒙 2.0——人类意识的范式转变与革命》，《探索与争鸣》2020 年第 6 期。

家并没有真正形成对未来发展的清晰认知。所谓工业元宇宙其实就是数字孪生。这并不是什么新的概念和技术，但并不妨碍它依然是未来有价值的方向，那么就继续沿用数字孪生的概念就好了。将其称为工业元宇宙只会增加大家对元宇宙概念理解的难度：按照大家普遍引用的 Roblox 对元宇宙的定义，元宇宙不是要有文明和经济系统吗？所谓工业元宇宙里面并没有这些要素存在的基础和需要。所以，慎用元宇宙这个概念，甚至尽可能不用它，是更好地理解未来社会数字化演进的一个更好的方式。

在今天，用什么样的视角看待元宇宙比解释元宇宙是什么更为重要。被称为"人工智能之父"的马文·明斯基（Marvin Lee Minsky）认为，只有通过多种方式才能理解一件事（You don't understand something until you understand it more than one way）①。这就像游戏中有太多利用转变视角从而发现全新道路的场景。游戏建筑机关设计精妙，看似无路可走，但只要转换一个视角，就能发现未知的道路。每通过一关，场景就会在当前场景的基础上发生颠覆性转变。美国计算机科学家艾伦·凯（Alan Curtis Kay）曾说过，解决问题最弱的方法是解决它，他认为那是在小学里教的方法，"在一些数学和科学课程中，他们经常告诉你，最好的方法是改变问题。我认为最好的方法是改变问题陈述的背景。我认为我们要学习的是我们必须有多种视角。在帕洛阿尔托研究中心，我们有一个口号：'观点值 80 智商点（Point of view is worth 80 IQ points）。'"②

---

① In Managing an Information Security and Privacy Awareness and Training Program (2005) by Rebecca Herold, p. 101.
② Alan Kay, "Predicting The Future", Stanford Engineering, Volume 1, No. 1, Autumn 1989, pp. 1–6.

摆脱"幻影术"

真实世界正在被迅速地虚拟化，而虚拟的世界正在被迅速地真实化。边界不仅是模糊的，而且正在被互换。在这个过程中，元宇宙不应该成为一个筐来接纳各种概念，而应该被更多的视角所扫描。

我们可以认为 NFT 是数字所有权的一种早期形式，它使人们能够在虚拟世界中拥有某样东西，并且知道没有其他人拥有它，它给任何东西都可以被复制上百万次的网络空间带来了稀缺性，首次让数字物品本身具有了真正的价值。是的，人们只是喜欢收集有趣的东西，他们会一直这样做。无论它们是虚拟的还是实体的，这都不重要。我们也可以认为 NFT 是机会主义者的炒作，的确也有很多案例支持这一说法。*Medium* 杂志的编辑斯蒂芬·摩尔（Stephen Moore）认为，元宇宙的看客们很难找到 NFT、Web 3.0 这些概念落地后的实在价值与意义，这一切只不过是资本主义下炒作的无意义、昂贵、资源消耗的结果。[1]

无论是风险资本投资还是容易获得高风险、高度膨胀的资产，都不能预测某个公司或技术的持久成功和影响。Web 2.0 概念的提出者、"开放源代码"概念的缔造者蒂姆·奥莱利（Tim O'Reilly）对于被认为是元宇宙的经济生态基础的加密货币，他有着自己不同的视角。蒂姆·奥莱利认为加密货币很可能是金

---

[1] Stephen Moore, "As NFTSales Continue to Plummet, Is the Bubble about to Burst?", *Medium*, May 6, 2022, https://stephenmoore.medium.com/as-nft-sales-continue-to-plummet-is-the-bubble-about-to-burst-19b78fac4403，最后访问时间：2023 年 1 月 26 日。

融的未来，但目前很难看到什么是真正有效的，像 Coinbase 这样的数字货币交易平台正在赚大钱，但与传统的金融交易所不同，正在交易的不是通用货币，而是可能被严重高估的投机性资产类别，区块链也没有完全取代信任，如果 Web 3.0 要成为一个通用的金融系统，或一个去中心化信任的通用系统，它需要开发与现实世界、其法律系统和运营经济的强大接口。而现在发生的是，炒作加密货币资产容易赚钱，这似乎分散了开发者和投资者对有用的服务现实世界的艰苦工作的注意力。

波兰科幻小说作家斯坦尼斯瓦夫·莱姆（Stanisław Lem）在其作品中对科技与人类本身的有限性提出了诸多深刻的洞见与讽刺性的反思。他在 1964 年出版了《技术大全》① 一书，该书是对人类科技发展与文明进步的预言，涉及了进化生物学、物理学、信息学、热力学、控制论等方面的内容，也可以视作莱姆所有科幻作品的"硬核设定合集"。在这本书中，莱姆专门用了一章来讨论他所想象的，也即我们现在所熟悉的"虚拟现实"。在书中，这种可以创造出一种人造现实的技术被称为"幻影术"，同样是利用一种头戴设备，通过设备发出的信息给予操作者一系列的信号反馈，而且会与操作者进行互动，这跟今天所使用的 VR 设备很接近了。但这只是开始，紧接着，莱姆提出了一个问题：如果是伪造的现实，那么是否存在一种可信的方式，让幻影术中的人坚信自己是在幻觉中，而不是在现实中。如果伪造的现实足够真实，人类要怎么区分呢？会不会发生我们梦到自己醒来，其实还是在一种梦境里的情况呢？

———————————

① 〔波兰〕斯坦尼斯瓦夫·莱姆：《技术大全》，云将鸿蒙、云将鸿蒙二号机、毛蕊译，北京日报出版社，2022。

在莱姆看来，最简单的办法自然是我们自身的身体反馈，比如深蹲或者剧烈运动造成的肌肉疲劳，因为虚拟世界中的运动不会耗费体力。不过这也有问题，如果设备本身可以通过刺激让我们感到身体疲劳呢？那我们就需要更高级的对应技巧，比如和现实世界中的一位哲学家或者心理学家聊天，机器可以伪造人物但是无法伪造它不了解的知识和人格。还有一种办法，就是凭借只有自己知道的秘密来判定，因为机器显然无法得知只有个人自己知道的小秘密。同时，如果我们对自己的真实性产生了怀疑，不要向任何人求助，因为你的每次求助，都会让机器更了解你。你所依靠的，只有你自己。这个场景是不是会让我们想起电影《盗梦空间》？而如果一个文明世界的所有人都进入幻象呢？这个场景后来出现在了《黑客帝国》中，在莱姆看来，这无疑是一种文明的自杀，因为真实世界将陷入停滞并最终消亡。

莱姆对于虚拟现实的讨论并没有止步于此，他还设想了如果幻影术被应用于娱乐行业会带来的问题。比如能够提供极为私密体验的幻影术，其很容易被违背公序良俗的人滥用，人们沉溺于虚拟现实中的暴力和各种违法行为，这势必会引来一些争议，比如如何看待虚拟杀人和虚拟性爱等。当然，幻影术可以伪造一个现实让人类体验各种场景，自然也可以用来进行教育和培训工作，可以帮助心理学家进行试验和治疗。换言之，娱乐可能反而只是幻影术的一个边缘功能，而更具社会意义的功能将成为主流。如果再往前一步，幻影术给人类提供的是虚拟的假扮和伪装，而如果我们能对大脑和灵魂进行改造，让人类可以真实扮演一个人呢？在这个话题上，莱姆又讨论了人的意识和肉体的关系，如果意识被改变，或者器官被一步步取代，我们如何判断一个人是自己还是别人？讨论了如此多的技术可能，莱姆对此都持着一个审慎的态度：技术演化带来的坏处很可能会比好处多，人类甚至变成了自己造物的囚徒，伴随着其知识增长的，反而是掌控自己命运的可能性的减少。

今天我们会发现，莱姆那些关于技术的一些预言已经成为现实。随着虚拟网络世界的产生，世界变成了一个大的信息垃圾场，我们许多人的工作直接参与生产这些信息（哪怕从局部看，似乎很多生产是有价值的，但整体上都在加大冗余信息的生产——就像物质垃圾，最初哪个不是因为人类的需要而被生产出来的呢）。工作之余，我们大量的时间又被这些信息裹挟，而我们的文化与消费又进一步促进了这些信息的生产。无论是"卷"或者"鸡"，今天我们日常讨论的很多热点相关的问题，部分是由于信息技术全面的介入极大地加快了"生产—消费"的循环，而各种对应的配套系统并没有建立导致的。

同时，我们也无法否认新的媒介技术对这一切的影响。我们的真实生活场景，在今天反而更加局限。对于从小就生活在全新的个人媒体、"互联网＋"场景中的人来说，社交网络与现在的界限更加模糊，也正在不可逆地产生各方面的影响。身处其中，我们不是要拒绝它们（也无法拒绝），而是应及时地反思和总结这种新的媒介与生活之间的关系，从而避免盲目地以绝对进步主义的视角来看待它们。

"我们需要非常不同的方式生活，而这需要非常不同的思考。"① 胡泳教授这句话对于如何理解和面对未来的数字化生活非常有意义。

---

① 胡泳：《呼唤启蒙2.0——人类意识的范式转变与革命》，《探索与争鸣》2020年第 6 期。

第二章

元宇宙的背后：
数字价值成长的逻辑

1

能为信息世界的"人类账本"贡献什么?

> "人类曾经以采集食物为生,而如今他们重新要以采集信息为生,尽管这看上去有点不和谐。"
>
> ——马歇尔·麦克卢汉(Marshall McLuhan)

数字价值成长线

元宇宙是什么?元宇宙会成功吗?很多人习惯这样问。参考一下自然界,大多数种子在萌芽阶段就是一棵小草,对这些顶着两片稚嫩叶子的小家伙你能指出谁是什么植物吗?你的这些指出有多大概率是准确的呢?

在 iPhone 诞生之前,我们完全无法想象现在的移动互联网。再早一点,互联网的前身阿帕网(ARPANET)在传输两个字母时就宕机了。当然,我们很多追问只不过想让未来更有一些确定性,或者至少有一点线索。好吧,让我们试试——把握手里的线索去观察未知。回望互联网的发展,繁多的"涌现"已经建立了生态系统,互联网像一个生命体,它产生于资本、头脑以及机遇。人类社会向前的力量与互联网的发展彼此牵引。眼下的元宇宙,我们先不要着急定义,可以试着找到发展之力所引动的价值成长线索。当元宇宙作为一个模糊词语所概括的事物展现在我们眼前时,我们可以花更多的时间去理解现在发生的事情。早在 2008 年比特币诞生前,数字货币的演变就经历了

1982 年的 eCash、1998 年的 B－money① 等。过去、现在、未来，不是断裂的，而是一条必然被串联起来的道路。推动元宇宙呈现现在这个样子的，是价值需求的塑造。元宇宙的成长必须是承载创新并且能够让创新有效扩大。这一章，让我们从这些细节中进一步挖掘虚拟世界中的数字价值成长线，它们是未来财富的重要增长点。这些价值成长线，既可能积累、加速，让今天不断被描摹的元宇宙逐渐在应用层面面目清晰；当然，也可能价值的断裂或者某些外部力量的捶打，使元宇宙变得停滞。

如果在这些价值成长线上，某些创新和变革又加速发生了，那么元宇宙可能会加速成长，甚至"裂变"成另外一个更具有破坏力或者吸引力的事物。我们要有足够的耐心，我们必须思考逻辑在哪里成立，我们在什么地方更寄予希望，对什么更要保持冷静。

信息世界，萌芽、积累、演变

元宇宙是一个名词，被看作一种数字空间。在这里，人的虚拟身份与虚拟资产都可以流动起来；元宇宙也是一个动词，意味着数字世界演进和时空的重构。以生产范式变革来看，人类文明发展中的农业革命、工业革命、信息革命，每次革命，重构的都是人类社会的时空拓扑结构，使得时空阻隔消融。人类社会的半径可以不断扩大，人们可以在更大的时空尺度中交往、交易，而信息是交往、交易承载的工具。1843 年毛公鼎第

---

① eCash 是第一个电子货币系统，由美国密码学家大卫·乔姆（David Chaum）设计推出。B－money 是比特币的早期雏形，由华裔计算机工程师戴伟（Wei Dai）在 1998 年提出。

一次出现在人们的视线中。这尊西周宣王时期的青铜器，高53.8厘米、口径47厘米、腹深27.2厘米，重34.7公斤，鼎内铭文接近500字，是目前发现的青铜器中雕刻的最长铭文。从西周说故事有点远吗？其实现代社会在很长时间里，信息的存储和传递方式，和这种以器物携带文字的形式没有太大区别。当然，随着介质的变化，我们可以存储和传递更多信息，远远超过以前的信息容量。

　　直到计算机联网出现，信息的存储和传递才变得飞跃性地便捷起来。世界上第一台计算机的主要目标是用来计算导弹轨迹，获得更精确的计算结果。在当时，计算机还没有完整的存储结构，仅仅是依靠卡带进行存储：在厚实的纸张上，以有孔代表0，以无孔代表1，通过0和1的运转而完成计算存储。科学家为了得到某些结果，需要不断移动卡带进行推导。因此为了得到一个数值，可能需要在机房里花上几天的时间。随着图灵机①的诞生、批处理（Batch Processing）的出现，"卡带式"笨重而耗时的方法得到了改进。科学家们会把事先准备好的算法程序和数据装入卡带，然后由人根据程序的流程，启动计算机进行运算。在这个时期，操作计算机是一项复杂而专业的工作，因此必须由经过专门培训的人来完成这项工作。于是我们看到：需要得到计算结果的用户，必须把程序交给专门的工作人员，由工作人员来操作。随着分时系统的发明，多个用户可以同时使用一个系统。分时系统使计算机从一人一机的状态变为了多人同时一机的状态。在系统革新之外，这个时代计算机

---

① 图灵机，又称图灵计算机，指一个抽象的机器，是英国数学家阿兰·图灵（Alan Turing）于1936年提出的一种抽象的计算模型，即将人们使用纸笔进行数学运算的过程进行抽象，由一个虚拟的机器替代人类进行数学运算。

的硬件设备也开始朝着小型化方向发展，应用范围也从军用发展到学校以及工厂的民用。这时候，计算机工作者们思考的问题是：如何突破批处理和分时系统所局限的单机操作，除了利用软盘和磁盘，如何把数据共享到其他地方？

于是，计算机通信技术就出现了。技术人员通过通信线路连接各个地方的电脑，借助通信线路进行数据传输，两台及以上的电脑第一次被联系在一起。多人同时多机的操作被实现。这就是计算机网络的前身。

1984 年，美国国防部将 TCP/IP 作为计算机网络的标准。终于，以 TCP/IP 为核心的互联时代开始了。

到这里，我们看到，在今天的 Internet 发展起来之前，有过许多不同的网络。互联网被称作"Network of Networks"（网络的网络）。联网的来源是若干个网络连接在一起。只是原先这些网络上运行的各种不同的协议，都被 TCP/IP 所取代了。有了这些，就可以打破电脑使用者的语言、地域、种族障碍，实现计算机终端之间跨区域、跨国家的自由交流。

TCP/IP 的目标在于连接以及如何更安全地连接。

作为一种全球公共产品，今天 TCP/IP 协议族已经成为世界上被使用构建频率最高的互联网工具之一。当然，我们很少谈论它们，因为我们习以为常到几乎"看不到"它们，比如打开网页时的 http。基于这些协议，互联网逐渐成长。

第一代互联网主要是静态的 HTML 网页，这个时代的典型应用包括网址导航、门户网站等。无论网络底层基础设施，还是上层应用，都是以中心化的逻辑与方式设计。所有的网络内容都是由这个中心制造。E - mail 虽然看起来好像是"P2P"的，比如发收，但因为该操作仅限于使用者双方，它仍是由中心化服务商提供的一种信息交换服务。千禧年之后，互联网逐渐演变成今天的样子，互动性更强，被称为 Web 2.0。Web 2.0 的网络基础设施仍然是中心化的。但应用层逐渐开始出现点对点的交互，诸如聊天室、博客、论坛、MSN、QQ、微博、微信等。今天，每个新账号进入网络之后，都可以消费整个网络的信息，整个网络也成为这个账号所产生信息的消费者。新的在线体验也形成了一系列的商业逻辑。用户可以在网络上互动、创造内容、进行交易，衣食住行方方面面逐渐被变成 Web 世界中的信息流。网络越来越成为人们生活中离不开的部分。这些变化催生了由网络效应、众包内容（crowdsourced content）和多向数据流（multidirectional data flows）支持的新商业模式。Web 1.0 有效地向用户呈现数据供其消费，Web 2.0 通过多渠道的用户交互和响应性更强的算法，实现了更多信息服务。

渐渐地，信息在它参与的新事物创建中，成为一种建筑结构一般的基石。人类社会随着信息的链接变得更加紧密，人类社会被不断重新构建着。当信息像工业时代的机器、管道、动力、砖石一样参与这种构建，其也在向着数据要素的方向发展。互联网应用的兴起，让信息有了更小单元的形式——数据，这些数据逐渐从静止状态转向流动状态。曾经推动人类交易、决策的静态统计性数据，开始变成动态的数据流。这些数据流随着新技术的支持——传感器、AI 等一系列采集数据、处理数据的方式，被更清晰地捕获、被超范围地结构化组合和处理。这个目前被泛称为"大数据"的能力正在成为公共领域解决问题的重要依据，它们也是许多互联网公司指引前进与挖掘更多财富的工具，而我们，也都是大数据的一部分，我们也在被大数据"捕获"。如果转变视角，把我们的视角从大数据的"贡献者"抽离，作为一个"大数据"的"价值获得者"去重新看数据，我们会有什么新的发现呢？

数据是财富，也是生产资料

数据的连接，会形成一种代表个人意识、消费的"个人结构"。结构与结构的连接，就是一张透露人类群体秘密的地图。这张地图的共建者们也是彼此的挖掘者、消费者。这个生产与消费的过程发生在网络中。网络是点与点联动的逻辑关系描述，它就像泥土一般中立。泥土、土地、建筑用地、可出售的土地、可出售的土地建筑物，在 Web 世界中，这些比喻不难找到对应的本体。在网络的初始阶段，人们为这一块块小土地做的只是联通，中立而缺乏行为规则。在被表达为"只读"的时代，新兴互联网公司在资本的推动下开疆拓土，向用户提供"只读"内容，用户像随机的劳动力，在土地上耕种，随机收获。随机劳动力们为了获得自己想要的收获（比如使用 E–mail 或者某些阅读），他们必须在生产资料上随机劳作，比如阅读广告，而土地主也就是互联网公司完成了全部生产成果的销售工作。在Web 2.0也就是"读＋写"时代，用户不仅可以阅读互联网公司提供的内容，更被鼓励自己贡献内容，就像土地上有了更多建筑物，用户们有的在建筑物里打工，有的干脆承包了建筑物里的部分，生产者自产自销、收益归自己所有，土地主和建筑物的所有者收取佣金。这种情况下，生产者的生产热情获得了极大的鼓舞，逐步依附在土地以及土地的建筑上成为长期工作者。虽然生产效率在达到一定阶段后同样不再增长，但是由于固化了人力资源和生产生活方式，土地主可以长期、稳定地获得收益，并通过增加工具租用费以及提高水费、电费、化肥价格等方式，扩大利润率。在这个过程中，生产者们还通过他们自己的产销，创造了大量新的成果，这就是数据和数据轨迹。而且这些数据在积累以及被结构化之后可能非常有价值。

Web 2.0 时代互动性的全新互联网体验为用户带来了许多新的功能，并提升了用户体验。但问题也随之而来，直到今天也一直无法彻底解决。网络交互的方式与手段、用户与网络的交互行为、大量数据，催生了一系列互联网产品提供者的隐形权力。用户如果要使用这些新功能，就必须授权中心化的第三方平台管理大量数据。因此，这些中心化的实体在数据和内容权限方面被赋予了巨大的权力和影响力。大量的通信和商业行为都集中在少数科技巨头所拥有的封闭平台上。新的商业模式也由此产生，如广泛利用用户行为数据为广告商提供定制化的大数据营销等。而用户作为数据的直接产出者，收益却并不透明。原子世界中的人在数据网中被凝结成一个个 ID 和一串串数据，这些数据成为互联网公司掌握的数据要素。随着实体经济与虚拟经济的融合，数据要素成为生意获利的重要基点。比如，有些厂商需要根据销售预测去做生产资本的分配，这在过去可能是通过与市场调查公司、广告公司、咨询公司等进行合作去获得数据并做出预测，而今天，更有效的办法是通过互联网公司根据用户购买和偏好获得的数据模型轨迹去做计算。无形中，用户在网络上留下的痕迹成为互联网公司可以挖掘的"大数据"。Meta、Google、亚马逊以及国内的某些大互联网公司持续地收集用户在平台上的所有行为数据并为用户贴上对应的标签，再依托数字广告平台将用户数据打包卖给广告主中的出价最优者。这些商业交易逐渐沉淀成互联网公司的商业模式。如果这些商业模式不断迭代，也许矛盾会被掩盖。毕竟，更多的钱总是可以满足更多人的利益需求。但数据所有权的问题也同时越来越显性地被暴露出来。

数据，它们的所有权到底如何从属？所有权边界又在哪里？除了所有权外，数据还能被赋予多少种权属？用户基于信息设计解构（互联网公司的产品）创造的"大数据"究竟应该怎么划分所有权？在什么情况下这些数据可以成为商品？当这些数据在叠加之后形成"价值增强版"的商品时，销售它们是否需要以及如何对提供数据的用户进行价值分配？这些价值会有新的获得者来获取吗？这些价值有可能产生新的分成方式吗？对于不希望成为"大数据"的用户，如何在可信任化而无须第三方许可的条件下形成交易？

2

谁的数据，下一代互联网的设计与价值基础

"当我们成为一种被开采的大宗商品时，意味着什么。"

——戴维·卡罗尔（David Carroll）

"谁的数据"为什么如此重要？

"谁的数据"——从某种程度上说，这也是下一代互联网的设计基础之一。在近年的元宇宙热潮中，Web 3.0 成为一个与元宇宙相提并论甚至互相依存的互联网趋势性概念，基于区块链的去中心化、加密货币以及 NFT 等，成为虚拟数字世界经济发

展的阶梯。甚至，2022 年 6 月，Twitter 创办人杰克·多尔西（Jack Dorsey）发表了全新的 Web 5.0 框架①，宣称这是个更好的去中心化网络平台。不论是 Web 3.0 还是 Web 5.0 所强调的都是"去中心化"，也就是使用者可以掌握自己资源的所有权与控制权。Web 3.0 基于以太坊与其他支持智能合约的区块链，而 Web 5.0 是基于比特币网络并同时强调去中心化的身份认证。多尔西认为全球网络将从 Web 2.0、Web 3.0，进化到 Web 5.0，去中心化的网络平台将让开发者可利用去中心化的身份与去中心化的网络节点，选取中心化的网络应用程序，并将身份与资料的控制权交还给使用者。去中心化身份认证、可验证的凭证、去中心化的网络节点，这些手段所围绕的问题和基础，都是数据的边界和所有权。

为什么数据的确权在越来越多的人眼中开始变得重要？

Web 2.0 是一个可以在点对点之间通过服务来进行交互的过程。简单来说，A 点和 B 点可以成为彼此的服务提供商，也可以成为彼此的消费者。Web 3.0 所做的不再仅仅是基于联通逻辑在应用层提供服务，它更关注如何将基础设施层建立成可信的多中心账本，通过强一致性为上层提供信任支持。网络空间在这里可能成为一个多中心的结构，可点对点交互，但都是基于一个极大范围内的信任机制。这里可能出现一个贡献者的网络博弈，你可以选择成为节点，也可以选择提供应用。这种选择也会催生更多经济模式。多中心可信任的账本也将让人类的交易更加活跃。还有一点，从更广阔的范围内说，在过去，信

---

① Web 5.0 简单来讲就是 Web 2.0 和 Web 3.0 的集合。在多尔西的设想中，Web 5.0 依然强调的是下一代网络的去中心化特性，它的目标也是要基于区块链技术打造一个由用户掌握自我数据的互联网世界。

息世界的成长方式更多的是"互联网+"，数字世界成为物理世界发展的辅助力量。而今天，我们可能找到了一种方式将人类信息以总体账本的形式呈现在虚拟世界中。为什么这么做？只是单纯的记账吗？数据是生产资料，数据是结构体系，数据之上可以架设新的生产与交易体系，新的生产与交易体系上又可以构建更新的体系。当我们不能在物理世界轻易创造增长的时候，数字世界的增长，只要有足够的信心与机制，就能被创造出来。而这一切都在数字世界中，便捷、可见、可控。

数据确权，就是这本多中心可信任的账本的开始。说不清是谁的数据，就没有规则，规则不清楚就会制约各方的参与和投入。Web 3.0的倡导者宣称用户完全是自己生产活动的产权拥有者。这里会产生一种可能性：曾经归属权模糊的数据可能将成为用户的新生产资料，用户既可能以生产者的身份，也可能基于"共识"，在互联网世界做新的"开垦"：使用工具，制造物品，收获资产，获取交易。无论进行哪种组织形式的生产，前提是"我必须能从互联网上带走属于我的东西"。这就是新一代互联网设计试图表达的以协议层做确权。

区块链等密码学应用技术也为这些提供了新的技术工具，以协议写入行为规范，作为底层架构，来满足"不可篡改"、"分布式记账"、"加密交易"等应用需求。从 Web 1.0 到 Web 2.0，再到 Web 3.0，数据推动的生产力在悄悄演进。比如，在游戏领域，我们看到加密作为一种新技术提供了新工具，在数字世界中构建着新的经济系统。经济系统被普遍认为是元宇宙的核心特征之一。看到这里，很多老游戏人都有点懵——我们的魔兽、我们的 MMO（大型多人在线游戏）不也有经济系统吗？怎么元宇宙经济系统就那么"牛"？这正是加密技术对于游戏原有经济系统的升级。原来游戏的经济系统往往是被开发者所控制,所以很多年来一直无法解决通货膨胀等问题。而且,用户在游戏中以时间甚至金钱积累的劳动成果往往会被轻易推翻。就像以太坊创始人维塔利克·布特林(Vitalik Buterin),当年因为被魔兽世界随便没收了自己辛辛苦苦花了三年才升级的"法师"而怒掀了传统互联网的桌子。

游戏资产的标准化、所有权、变现机制、用户的新工具、跨游戏经济、多向价值流动(从发布者到玩家)和通用虚拟身份认证层等都可以实现,这就是"元宇宙"游戏经济系统和过去虚拟商品主流观念的不同。

技术还有自我向前的能力。这些当下代表新锐力量的加密技术工具,未来也许会变得老旧,被更新的技术工具所替代。但本质是不会改变的——为数据资产确权并搭建资产流动系统。如果 TCP/IP 族是为了信息的对话与流动。那么,新的协议层就在试图回答我们如何在一个升级版的信息世界中去建立资产、建立生产单元,激发更大的生产力。不管这个协议层被命名为 Web 3.0 还是什么,这个协议层都需要一个迅速发展的应用层去满足它的生长、验证与纠错。某种意义上,我们如今所说的"元宇宙"其实也可以被看作其中的一个应用层。

对于普通用户而言,"谁的数据"是对自己劳动价值的一种保障。你创造了,如果有奖励,你就会得到。甚至用户会被允许拥有所创造的(数据的)一部分,并获得私有数据的所有权。这是一种新的数据看待和设计角度。让每一个数据生产者认识到自己在"生产",在这个过程中"受到激励",然后在一定程度上决定如何处置这些数据。毕竟,从 P2E 开始,我们看到在互联网上打游戏也可以成为普通人（不仅仅是电竞英雄）的职业。今天社会的中坚力量，大多是工业化成长的人，工厂生产的手机、地里种植的蔬菜、建筑工地上工人一砖一瓦盖起来的房子，显得实实在在，这些都是我们认同的实在职业。设想，如果10年、15年甚至更远的未来，当机械化可以完成更多生产制造工作，虚拟世界中的游戏角色、游戏道具会不会也成为一种"实实在在"的东西？毕竟，未来的一代人是随着数字世界这个虚拟的庞然大物而一起成长的。

所以，"谁的数据"会创造怎样的新价值？可能我们要更大胆地想象才能贴近未来。比如，在信息世界中：可以让支持别人有价值吗？可以让坚持自己的兴趣有价值吗？可以让善待他人有价值吗？这些价值，物理世界里我们要经过几个转弯才能勾勒出收获轨迹。而当这些行为发生在互联网上，所有的路径和轨迹都以数据形式展现，那么，这些价值将以什么样的方式被体现？承载这些价值行为的数据，又如何被捕捉？今天谁在获得它们的价值，未来又是谁？基于这些行为的数据方式，可以发展出新的商业模式吗？

社交代币（Social Tokens）的设计，就是基于对"谁的数据"以及所创造价值的一种回答。作为一种由个人声誉、品牌或社区支持的代币，社交代币被设计的逻辑是奖励那些支持别人、为社区价值提升付出努力的人。社交类项目通过发币来回馈个人贡献者。无论是创作者、文化生产者还是相关参与者，只要为社区做出贡献，都可以获得收益。这些贡献就是用户行为以及一串串数据。你不仅可以支持别人，也可以"价值化"自己的工作。每个人都可以发行自己的数字货币，不管你是艺术家、创作者、创业者还是投资人，你收获的社交赞誉和认可本身就是数据，这些数据可以转化为对应的价值。甚至，你的一切具有网络关系（networked relationship）的行为都会有对应的收益，并且它是安全的、受到隐私保护的。

在数字确权的前提下，利用新技术解决一些传统问题，也为新商业模式提供了可能性。比如，个人数据，尤其是隐私数据对于研究（比如 AI）和商业决策非常重要。但隐私数据处于影子地带，很难获取且过程中容易泄露，区块链、密码学技术让保护隐私的前提下价值化个人数据成为可能。你可以因为使用了去中心化搜索引擎 The Graph① 的搜索而授权 Swash② 留下数据集（你的检索历史），并自动获得收益或可选择将其在数据市场上进行出售。你也会因为生产和贡献了 Good Data（优质数据）而得到关联项目的空投③、NFT 激励，以奖励你对一些 AI 模型训练的贡献。生成式预训练大模型（Generative Pre‑trained Transformer，简称 GPT）的成功让人们再一次认识到海量数据的价值，也带来了对数据所有权和相关知识产权确权的讨论。个人生产的数据对于大模型的训练和升级无疑极有价值，但个人目前只是数据的贡献者，大模型所有者和运营公司的收益与他们无关。数据确权和价值激励将会推动更多用户贡献 Good Data

---

① The Graph 创办于 2018 年，是区块链上的搜寻引擎，它使用去中心化的方式在区块链上爬虫检索资料，每当链上或智能合约等有新资料更新，它就会记录储存下来，让开发者可以根据链上变化即时更新并自动调整自己的应用。

② Swash 于 2019 年在英国启动，其宣称的使命是"通过将利润回馈给人们来创建公平的数据经济"，是 Web 3.0 中一个由工具和服务组成的生态系统，其中个人、企业和开发者可以通过汇集数据、安全共享数据价值并从中获利等方式释放数据的潜在价值。Swash 致力于重新构想数据所有权，使数据经济的所有参与者都能够在流动的数字生态系统中获取、访问、构建和协作。

③ 加密货币的空投是指将数字货币从加密货币项目转移至多个钱包，其理念是将货币发放给目前或潜在客户，以提高项目认同度。

供 AI 模型使用。

在元宇宙诸多项目中，我们常常会听到 SocialFi 这个概念。

SocialFi 指社交化金融，大意是 Social + Finance，本质是指社交与金融在区块链上的有机结合。社交永远是互联网产品中永恒的主体，谁让社交对于人类社会这么重要呢？Web 2.0 时代，社交用户的数据被各大社交运营商控制，用户的社交数据以字段的形式保存在运营商的服务器上，数据归平台方。传统社交平台的算法机制下，用户与平台之间在流量变现上的利益分配存在不均衡的情况——"到底是谁的贡献在创造价值？这些价值又该如何分配？"

除了数字确权，我们还要看到一个有价值而具有发展性的赛道——网络数字经济扩展了交易对象，涉及不同权属状态下的资产都可以做交易。交易不再局限于所有权。包括使用权等在内的其他权属状态下的交易活动日益呈现不断拓展的活力。也就是说，这将是一个任何权属下我们都可以做交易的空间。

"超解构"式数据方式：让数据资产流动得更有想象力

到这里，我们回顾一下，在信息世界积累的起点，TCP/IP 协议族展现了巨大的价值和力量。这些协议为信息流动提供了支持，也为现实世界的商业活动提供了结构性支撑。TCP/IP 协议族作为一个逻辑系统，通过传递信息流而帮助更多人连通，形成多样的生产关系。信息流所形成的网络效应帮助供给者和用户达成更高效的交易。而当信息积累丰富起来，带着种种情境和消费标识的数据形式出现，我们发现数字价值的承载形式不够满足新的财富创造方式了。简单而言，互联网世界的基础元素都有自己的一套标准，比如 TCP/IP 协议用来共享数据包，GIF/MP3 用以承载图像和声音。但这些遵从特定"格式"的数字产物，并非为数字确权专门设计的。没有确权，就没有更多交易。没有更多交易，价值就无法传递。

区块链技术为价值传递提供了一种方案。经历了从单一的去中心化账本应用向虚拟时空的价值传输层进化，区块链技术目前已经实现了一个虚拟世界价值传输的可行思路。开源的应用生态和创新性的商业模式是区块链应用的加速器。只要有发展，技术就可以迭代，只是速度快慢而已。加密资产的大幅价格波动，也让区块链在面对问题时更快迭代。区块链为我们提供了技术支撑，让我们可以以一种全新的方式，创建一本记录人类交换活动、货币交易、各类数字和实体资产，甚至包括个人属性的账本。

NFT 给数字所有权的规范以更多想象力。借助密码学、区块链技术，数字商品具备了唯一性和稀缺性，数据被确权，也更容易保存、交易、流通。大部分用户总是通过应用去认识技术。而产品的创造者也在通过应用探索一种技术的可能性。在应用中，NFT 的金融属性和建立关系网络的媒介属性被展现出来。迈克·温科尔曼（Mike Winkelmann）的数字艺术作品《每一天：前 5000 天》（*Everydays：The First 5000 Days*）的确引动了全球炒作 NFT 的洪流。而洪流退尽，我们看到：用户决定购买一个 NFT 的本质原因是认可这件作品、这件作品背后的人和故事，回到原点，这件作品给买单者带来的是持续的激情和想象力。一个用户、两个用户，更多用户，他们的品位、价值观、注意力"被"以 NFT 为纽带"黏"在一起，无论这种黏结以什么形式显现，这些用户抱成一团成为一个节点。这是一段关系的开始，用户可贵的注意力被注入原子世界中。NFT 投资的是一段关系，打造的是一个关系网络，当然这也伴随着计算收益率、转手投资的准备。

当然，对于与金条炒作、股票炒作有相似性的 NFT 而言，还有一些"数据结构方式"是悄然进行的，普通人可能只有在看到眼前新实物的时候才会"哇"的一声，而在新实物出现以前的漫漫长夜，他们可能并不会有太多感知。

2021 年 3 月 30 日，Cesium 正式发布了 Cesium for Unreal。

Cesium 是一家 GIS（Geographic Information System，地理信息系统）领域的公司。在过去的十年里，Cesium 将图形和游戏引擎技术引入三维地理空间领域。Cesium for Unreal 能在虚拟引擎中实现高精度真实尺度的数字地球，使用开放标准和 API 创建现实世界的数字孪生。用户可以从云端、专用网络或者本地工作站流送大量 3D 地理空间数据集到虚拟引擎，比如地形、卫星图像、3D 模型，在虚拟引擎中创建丰富且与现实世界一致的环境。利用引擎中新的水体渲染功能逼真重现现实世界的海岸线；使用引擎植被工具在真实世界的地形上添加植被。

通过重组、加工从真实世界获取的数据，数据采集者们创造出表达真实世界的虚拟世界，也创造着嫁接在虚拟世界之上的真实世界，以及虚拟世界之中的虚拟世界。全球开发者可以因各自的现实需要，创建新的环境，最终这些碎片可能会形成一个大规模的多用途环境。它复制了我们的现实世界，创建一个标记丰富的数字孪生地球，同时可能叠加物体和体验以创造"体验叠加体"。而且作为开源软件，这种方式可以像空气和水一样，被应用在任何需要它们的地方。这些被创造的新世界，我们还不好描述它。物理定律禁止的事情，在这里可能出现，一条街道可以同时容纳不同叠加层的体验。

数据空间，资产空间，财富空间

当然，无数个数字空间的真正建立，还有很长的路要走。数字空间需要数字资产的积累。这个资产的含义非常广泛。含义之一是数据化物理世界的 3D 资产。

2019 年，Epic Games 收购了 Quixel。这是一个由艺术家泰迪·博格斯曼（Teddy Bergsman）和瓦卡尔·阿齐姆（Waqar Azim）于 2011 年创立的 2D 和 3D 摄影测量资产库。2016 年，Quixel 推出了基于真实世界材质和 3D 物体扫描的在线素材库——Megascans。收购那些拥有扫描真实世界能力的公司，成为英伟达、Meta 和 Niantic[①] 都在做的事情。毕竟，下一代互联网比拼的不仅仅是产品的独特体验，数据库能力将成为这些互联网公司的一个新重点。对于描摹现实世界的数据，Epic Games、英伟达和谷歌等公司已经积累多年，它们拥有的现实世界数据也将成为它们新财富的起点。某种程度上说，这些公司也需要一个新的空间把它们过去积累的数据资产做增值，至于这个空间是不是叫"元宇宙"倒并不重要。

技术也在试着降低创建 3D 资产的成本。激光雷达通常被用于军事、工业领域，在民用消费领域非常少见。苹果 iPhone12

---

① Niantic 是美国一家游戏软件开发公司，知名产品为和宝可梦公司合作开发的游戏"Pokémon GO"。公司前身 Niantic Labs 于 2010 年成立，是 Google 公司内部的创业公司。公司名字取自美国早期载运淘金客来到旧金山的 Niantic 捕鲸船，而"Niantic"又源自早期与欧洲探险家接触的印第安部落的称呼。

手机新增了激光雷达（Light Detection and Ranging，简称 LiDAR，激光探测和测距）硬件，其主要作用是精准测算物体距离并且完成建模数据。苹果 iPhone12 手机用上了 LiDAR 激光雷达后，希望实现更快的对焦速度和更加精准的 3D 建模。LiDAR 扫描仪配合机器学习算法，可以将我们的日常生活瞬间转变成 3D。

一些 3D 媒体管理平台已经可以通过 Web 浏览器查看和交互控制 3D 模型。LiDAR 技术可以让越来越多的人方便地通过最新的 iPhone 大规模渲染真实世界，将其转换为机器可读的 3D 模型，再转换为可交易的 NFT，然后快速上传到开放的虚拟世界中。在这里，我们看到 3D 资产到可交易资产的一个路径，一个更动态的"资产"概念：将对象转换为机器可读的 3D 模型，再转换为可交易的 NFT。

某种程度上，信息世界终于具有金融空间的属性。当信息从物理世界开始向信息世界转移，聚沙成塔成为可能。凭借足够的信息积累，更多的人将自己的"个人表达结构"放在这里，数据世界结构化这些信息之后，巨大的财富可能性被展现处理。这个空间需要被认真对待以开启更多财富。

灵魂绑定：计算机世界中的人类新身份？

2022 年初，以太坊创始人维塔利克·布特林发表了一篇博文，专门探讨了"灵魂绑定"（Soalboud Token，简称 SBT）在 Web 3.0领域应用的可能性。从思想渊源上看，"灵魂绑定"的想法最早来自游戏"魔兽世界"。在游戏中，"灵魂绑定"指的是玩家获取的某些物品只能由自己使用，而无法与其他玩家交易。在大型网络游戏中，通常会自带或者自发演化出用户间的道具交易系统。通过这个系统，用户就可以互通有无、互补余缺。不过，这种物品交换的存在，很可能会让金钱的力量打乱游戏厂商对游戏本身的设计。因此"灵魂绑定"就是为了保持游戏厂家设置的规则：规定那些通过完成高难度任务获得的装备只能由获得者本人持有和使用。

"灵魂绑定"是在试图解决数据、资产等一系列问题。这些问题所围绕的本质是：身份是什么？是什么识别了我们？这个诞生于游戏领域的概念很可能会帮助人们解决很多 Web 3.0 领域难解的问题。比如，随着 NFT 的流行，某些组织会向自己的成员赠送一个 NFT 来作为纪念。但如果这些 NFT 是可以转让的，那么我们就很难通过某人持有一个组织发行的 NFT 来判断他究竟是否隶属于这个组织。而如果对 NFT 执行了"灵魂绑定"，规定组织成员只能自己持有，不能转让，那么这个 NFT 就可以被用来作为识别组织成员身份的标志。

布特林又和微软的研究员格伦·韦尔（Glen Weyl）一起发表了一篇学术论文《去中心化社会：寻找 Web3 的灵魂》（*Decentralized Society：Finding Web3's Soul*），进一步对"灵魂绑定"的应用、优势和挑战进行了阐述。布特林和韦尔在他们的论文中为"灵魂绑定"提出了诸多场景。比如在艺术品领域，很多艺术家开始将自己的作品制作成 NFT 并上市交易。但如何证明这个 NFT 就是由艺术家本人所创造的？从买家的角度看，他们无法判断这个 NFT 是不是艺术家本人授权发行的。"灵魂绑定"帮助作者可以从他们的"灵魂账户"中发行 NFT。作者账户中拥有的"灵魂绑定"越多，就越能够证明这个作者是其本人。对应的身份信息对应 SBT，这些都可以被艺术家加入自己的 NFT 中以示区别。"灵魂绑定"还可以被应用于作品的验真。比如，随着人工智能生成内容技术的发展，我们将会越来越难分辨一个内容是人还是机器制作的，也会越来越难分辨一个图片或视频内容的真假。在这种背景下，作者可以在作品中植入自己的"灵魂绑定"来为作品的真实性提供验证。比如，一个视频作品，创作者可以将它和其拥有的一系列"灵魂绑定"放到区块链上。这样，人们就可以很容易通过"灵魂绑定"来判定作品的真伪。

在物理世界中，我们的身份很大程度上与我们的物理形式有关。而在数字世界中，你所购买的 NFT——你的合约地址就是你品位和精神的代表。类似于"灵魂绑定"的方式仿佛一块块乐高积木，在数字世界中拼接出另外一个你。在这里你有自己的可追溯路径，有自己独特的故事可以讲。

3

Loot 给我们的启发："元物品"想象

> "发光的东西不一定都是金子。"
>
> ——《威尼斯商人》，莎士比亚

一次"物品概念"的迭代

一个在 Opensea① 上以 12.5 个以太坊（约合人民币十几万

① Opensea 是目前全球最大的综合 NFT 交易平台，用户可以在平台上铸造、展示、交易、拍卖 NFT，被称为"加密资产的 ebay"。

元）交易的 NFT，你想象中，它应该长什么样？

Short Sword of Protection（护身短剑）

Shirt of Power（力量之衫）

Linen Hood of Vitriol（硫酸亚麻帽子）

Brightsilk Sash（亮蚕丝腰带）

Demonhide Boots（恶魔皮靴）

Divine Gloves（神圣手套）

"Sorrow Moon" Pendant of Protection＋1（"悲伤月亮"项链防护＋1）

Platinum Ring（铂金指环）

就这些。

当我们的认知还停留在 NFT 是对某张图片（艺术作品）的所有权的证明时（所谓"人人都可以欣赏，但只有一个人拥有"），被称为"NFT 分子"的 Loot[①] 已经又向前推进了一步：通常被我们关注的可以欣赏的具象内容并非 NFT 必需的组成部分，完全可以从 NFT 中剥离出去。当我们说一个 NFT 艺术作品由两部分有机组成——作为使用价值的图片（或者视频），以及作为价值（交换价值）的 token——的时候，Loot 试图突破我们对 NFT 的认知边界：使用价值对于 NFT 而言并不重要，可以故意将其剔除，只剩下作为价值的部分——抽象的共识。

2021 年末，在以太坊，"Loot 掉落"吸引了很多人的目光。这次"掉落"了 8000 个"袋子"（bags），每个"袋子"

---

① Loot 是基于以太坊构建的文字 NFT 应用，它可以被理解为随机生成并存储在以太坊链上的装备，由 8000 个 Adventure Gears（冒险装备）组成，每一个都由胸甲、足甲、手甲、头盔、颈部、戒指、腰部和不同稀有度的武器装备构成，具有不同的稀缺属性。

都有 8 种不同的物品，每个都具有稀有程度。这些物品在
Opensea 上的呈现方式是一串白底黑字的单词字符。在我们通
常的认知中，NFT 都是特定的 JPEG 文件。而从更深层次去
看，JPEG 其实可以被看作只是一个对象上的特定呈现层。黑
白字符与它相比，并无本质区别。真正的区别是一串白底黑字
的单词字符所包含的被形成共识的信息。因此，当购买 Loot
包时，本质上我们不是购买了一个 JPEG 文件。Opensea 上的
JPEG 只是令牌的说明，而不是令牌本身。核心的价值是这些
对象的独特属性。Loot 这样的项目为我们看待数字价值的表象
和本质带来了新的视角。这种新模型将表达推到了极简模式，
而价值和效用则更深地嵌入类似于以太坊这种协议中。外观在
这个时候是最简单而显得似乎是不太被重视的"待办事宜"。
或许可以把它类比为数字价值的抽象主义。无论外观如何，其
实最重要的是建立对象属性的单一真实来源。因为这是数字资
产指向的金钱含义。当然，还有另一层成本含义：开发人员开
发的复杂性和开发成本被极大降低，而用户可以得到更自由的
创造力和表达能力。

所以，从这个角度延展，我们可以认为人们经常用 VR 等概
念描述的元宇宙其实是一种外围呈现。记录、协作的协议们
（如以太坊）并不决定所谓的"元宇宙"的外部呈现形式，它
只托管它所拥有的有价值的对象。

NFT 可以被理解为一种"MetaFi 技术"——将一切事物的
价值及其流动表现在数字资产中。在自由市场中实现价值的长
尾化（long‐tail），实时发现价格，释放互联网上尚未实现的
潜在价值。NFT 的前身是 1993 年第一位经由交易机制得到比
特币的买家哈尔·芬尼（Hal Finney）提出的一个有趣的概

念——加密交易卡（Crypto Trading Cards）。对交易数字现金进行了大量思考之后，芬尼提出了交易"加密交易卡"的构想。他认为，密码学狂热爱好者们绝对会爱上这些迷人的加密字符串艺术，由抽象字符串组成的加密交易卡不仅会成为好友之间的谈资，还会引发人们收藏、交易、集套盒等多种需求，不断创造新玩法。

当然，有人一直在质疑NFT的流动性，认为如果没有流动性，NFT就不是资产。但如果有了"Metaverse"呢？

真正能够展现虚拟周边和虚拟艺术品的，是虚拟世界。虚拟世界的玩法就像一个写好初始规则的游戏世界，在这里，NFT作为一种游戏规则同时也作为一种具有"表现层"（皮肤层）的游戏基础，它的玩法会足够多样、有趣，当然还有财富诱惑。虚拟世界需要NFT，也会成就NFT。这个虚拟世界还能够和现实世界做连通，无论是"全真互联网"还是什么，生产、消费、娱乐、财富，一步步彼此映射、彼此升级。

元宇宙将通过类似的"货币乐高机制"慢慢组合，并且会依托更多平台展现。Facebook的VR头盔就像今天我们手里的苹果设备，负责用户界面的呈现和互动。区块链则像今天的互联网云端，负责（元）数据的存取和发送。Loot这样的项目帮助人们认识到"右键保存.JPG"只是NFT一个可理解的表象。这带给人们一种"普及认识"：理解数字资产确权、理解基于加密技术的创新，思考我们如何跳出"表现层"去看数字资产，我们如何看更多权属给元宇宙带来的可能性。这样的项目，未来可能会有更多。无论这些项目本身如何爆红、如何成功、如何失败，它们所引发的对数字世界和数字价值的一系列思考，一定会推动更多创新，更多组件像乐高一般出现，去做出新的拼接。

是金融资产的承载，也是情感纽带

NFT 这种非同质化代币的特点是其的独一无二性。它可以是一件艺术品、一块虚拟世界中的土地、一张独特的收藏卡片、一个游戏中扮演的角色，还可以是类似前文我们提到的角色中使用的一个道具。

NFT 不只有金融属性，它本身还将相似兴趣的头脑聚集在一起。NFT 通过交换将人们连接在了一起。就像同一个品牌的拥趸者、同一个大社区的玩家，NFT 在这个初始阶段，如同一种密语，携带着独特的故事以及情感。NFT 的社群们还用自己的行动不断给自己的 NFT 注入新的故事线，这些故事线、这些情感被 NFT 承载，成为用作交换的新媒介内容物。它的可编程性（programmable），让它可以被注入故事、规则、逻辑、权益。NFT 需要在故事里成就人们的想象和情感，同时它要去记载故事、延伸故事，用交换传播故事。它的可组合性（composable），让 NFT 成为 "NFT +" 或者反向的 "万物 +" 的工具，比如 "T 恤（实物 NFT）＋数字艺术（数字 NFT）＝新的 NFT"。作为无价值（no intrinsic value）的 NFT，体验（权益）属性比价值属性要更强。当人们将 NFT 添加到他们的社交媒体个人资料图片中时，了解地址背后的人就变得非常容易。

4

节点的价值：社区为什么对元宇宙很重要

"虽然互联网是人造系统，但从结构上来看，却更像是一个生态系统。"

——艾伯特－拉斯洛·巴拉巴西（Albert－László Barabási）

节点与拼接

人类的一个既定发展趋势是走向网络化社会。在政治经济领域，我们称之为全球化。从数字化视角看，互联网是这个趋势的加速器，也是这个趋势当前最显性的表现形式。互联网本身是一种组织形式，是节点之间的相互关系。组织形式的变化和节点关系之间相互的变化是人类数字化演变过程中的核心。

Web 2.0 时代是如此，未来的时代（无论是叫 Web 3.0 还是其他）也会是如此。比如，拼多多在已经是红海的电商领域能杀出重围，本质上是对节点的关系做了重新组织，通过拼单等方式改变了人与人在购物中的关系和行为。Web 3.0 的实践希望打造一种新的组织形式和节点关系，实现对价值的重新定义和分配。当前对于元宇宙的描述非常具有体验感上的吸引力，所谓沉浸式声光电的体验的确让人更容易理解和产生想象，但这并不是未来网络最核心的变化。如今，通常大家所理解的元宇宙只是这种变化产生的可能性之一。最不容易被直观感知但恰恰又是最重要的变化，在于组织形式的变化，在于网络节点关系的改变。

互联网中的社区，是人与人紧密连接的一种结果，也是驱动人与人紧密连接的工具。人和网络密切相关，他们是网络中的"枢纽节点"。这些节点分发信息，与更多节点紧密连接，形成社区。大家熟悉的论坛就是这样一个由多个节点形成的社区。但这种社区是相对松散的，大家因为某个共同话题或者某个有影响力的发言者形成共同行动，但这个"大家"只不过是一群ID账号，谁也不知道他们具体是谁。即便扩展更大的网络半径，我们也看不到这些"大家"的更多行为或者重合。加密技术、账本、去中介化，让新的组织方式成为可能性。通过NFT、去中心化组织，我们看到自组织网络的试验。人与人形成更紧密的社区，成为可能。

在第一章提到的Roblox，我们也看到了这样一个充满年轻人的社区。社交是Web 2.0时代的重要驱动引擎。这样的趋势一定会在下一代互联网中继续延伸下去。这是人的本性使然。

Metaverse很可能就是一系列相连的空间，由关心相同事物的人组成的社区建立和管理。

2021年3月，微软试图以上百亿美元收购游戏与聊天社区Discord。业界将这场收购的发起，看做微软对自身强大的游戏投资组合的一个补充（XBox、Minecraft以及ZeniMax①），是微软获得Metaverse方向竞争优势的战略武器。为何如此？Discord里有各种子频道、语音聊天室，单看某一项功能，Discord

---

① ZeniMax，著名游戏开发公司，2020年9月被微软收购。

做得都不算出色，甚至系统偶尔还来个"大崩溃"。但如果只是局限在"功能"角度，我们其实就无法认识 Discord 的可能性，无法认识下一代互联网产品的特质。就像 Discord 曾经发布的 6 分钟宣传视频，节奏紧凑而略显混乱。"混乱"、"无序"恰恰能够体现这个 1.5 亿用户的某种生物体的特质：流动性、自我繁殖。社交大牛、网红、小圈子、沉默者被平衡在了一起，各得其所，这个充满流动性和丰富节点的社区，正是 Discord 本身作为社区存在的真正价值。"热热闹闹"本身就是一种情感价值。Discord 最初以游戏中的交流互动为基础，组队游戏是弱关系创建的基础。作为一种工具沉淀单次组队的弱关系，Discord 在最初所做的，就是一种"提纯"——给多个游戏圈并集的弱关系提供一个更好沉淀的工具。这种"提纯"所做的就是展示隐藏的节点们：爱组队玩游戏的，往往是一个团体，A、B、C、D 等，其中，A、B、C 三人可以完成一次游戏，B、C、D 三人也可完成另一次游戏，而这四人可以通过同一语音频道进行合作，这就形成了人际关系的扩展。而且这种扩展更多是以"游戏"这个大家共同感兴趣的中心为纽带，大家以"游戏"为纽带做拼接。

虚拟土地炒房游戏里，我们更能看到社区的价值，看到拼接如何创造价值。我们先不谈眼下这些潮起潮落的所谓元宇宙地产，我们就说说那些早期住房系统游戏以及被它们所验证的事情。"Ultima Online"（UO）是一款 1997 年首次推出的有关住房系统的游戏。它的运作逻辑是通过为你想要的房子的蓝图积攒足够的资源，把它从一个小棚屋变成一个宏伟的城堡，然后在某个地方找到一块免费的土地，再把"你的城堡"放下来。没过多久，几乎每块空地都被用完了。在这里，房子不仅仅是一个身份的象征，也不仅仅是一个放置东西的地方，它还是一个自我表达的空间。为什么玩家不转移到一个人口较少的服务器，一个还没有被房子填满的服务器呢？这是一个很好的问题——不太受欢迎的服务器有更多的自由空间；但它们的玩家也少得多，这使得体验变得不那么有趣。此外，跨服务器转移自己的角色，也意味着不仅要放弃所有的朋友，还要放弃所有的经验、技能和装备。有人居住的土地过去和现在都是有价值的土地。这就是经济学家所说的聚集效应：生活在一个繁荣的文明中间，可以方便地找到屠夫、面包师和烛台制造商，比独自生活在森林中要有价值得多。你的房子也是一样的。对地球来说是如此，对 Ultima 来说也是如此。为什么土地价值会上升？在现实世界和数字世界中都是如此。换句话说，谁在产生这种价值？答案是社区。

NFT 也可以被看成一种拼接方式，在这个社区中，对某种价值共同的认识让人们"拼接"在一起。NFT 所具有的故事性以及更适合交换的特质，让它很像一种体验化的新型社交名片，比如，用流行的 NFT 当作 ID 以代表自己的身份。当一个社区得以壮大的时候，这些"身份证"会在一定程度上反映出一个人的判断力和影响力。那些高成长性组织中早期的活跃分子并能够坚持下来的，就可以通过 NFT 体现他们在社区中的影响力。影响力，本身就是一种奖励机制。网络生态的连接方式在发生改变，网络生态孕育了新的激励机制。

游戏规则改变了。大家都是乐高组件，赢的关键在于拼接（connections）。在同一件事中，大家利用工具形成紧密的联系，"同一件事"成为一种符号、一张通行证。它激励着各种参与者来迭代一个共同完成的故事，并让这个故事持续下去。

付费的同时解决引流问题

越来越多的人认识到，通过社区推动内容是比大多数常规市场营销效率更高的手段。当人们真正以内容参与活动时，他们就会口口相传。因为内容本身变得更容易在更多虚拟世界的情境中被交换、交易和分享，内容本身也将成为一种营销资产。一个已经出现的案例就是 NFT：不论你是否喜欢，它的两个关键优势在于，可以更容易地提供去中心化交易场所，提供更有利于直接创作者社区参与的经济。作为一种曝光方式，市场内容将成为应用市场的替代选择。

与聚焦于人们喜欢的内容不同，社区的"实时呈现"功能更关心人们真正在做什么。这在数字虚拟世界中非常重要，因为那里有很多的价值将通过与好友互动的共享体验获得。如今，如果你登录 Steam、Xbox 或者 PlayStation，就会看到你的好友目前在玩什么游戏。游戏之外，Clubhouse① 也很好地展示了这种特点：决定加入哪个房间在很大程度上取决于你所关注的名单。

去中心化的身份生态系统将会把权力转移到社交群体本身，让他们可以在集体体验中自由移动。在 Clubhouse 平台组建俱乐部、在 Rec Room② 计划派对、在游戏之间转移公会、一群好友在 Roblox 切换体验，这就是内容社区综合体在营销层面的意义。给社区领导者提供工具，来展开人们真正想参与的活动将会是未来的方向。

---

① Clubhouse，一款主打即时性的音频社交软件，诞生于 2020 年 3 月，2021 年因马斯克等名人的使用而获得广泛关注，最高时用户数超过 1000 万。
② Rec Room 是一个 VR 社交平台，于 2016 年推出，2022 年用户数超过 3000 万。

5

谁能点燃暗物质：体验价值与价值劳动

"现在衡量技术的标准，不是看它接近完美的程度，而是看它的生成性、它带来的意料之外的变化和它对预期的颠覆。"

——戴维·温伯格（David Weinberger）

变成蝙蝠会怎么样

意识哲学中最著名的论文之一题为《变成蝙蝠会怎样?》（*What is it like to be a bat?*），这是托马斯·内格尔（Thomas Nagel）在 1974 年发表的一篇论文。在这篇论文中，托马斯·内格尔论证，物理信息无法让我们知道身为一只蝙蝠的感觉是什么，也借此推知，我们无法知道他人对于颜色、声音、气味、疼痛等的感觉。世界上所有事物似乎都能由科学来解释，那每个人个别的、主观的感知，是否也能还原为客观的物理信息？内格尔认为，从还原中排除经验的现象学特征是不可能的。譬如蝙蝠是由声呐或回声来感知世界，借此得知物体的距离、大小、形状等。由于蝙蝠的感受方式与我们有很大的不同，我们无法以自身的内在生活去推知蝙蝠的内在生活，所以我们无法得知身为一只蝙蝠真正的感觉是什么。就算以科学方法得知蝙蝠在接收到超声波时，脑中会出现特定的神经冲动，但人类不能知道脑中产生那种神经冲动是什么感觉。因此，在内格尔看来，只有从蝙蝠的主观观点出发，才会知道当蝙蝠是什么感觉，它的感觉无法用物理术语去理解，因为物理术语必定是以"他人"能够理解为基础的。

是的，无论是从生物学还是哲学意义上来讲，人类可能始终无法完全感知身为一只蝙蝠的真正感觉，但这并不妨碍人类追求更多体验感的兴趣。通过坐过山车的体验，我们知道了什么是失重的感觉。通过对生物世界的研究，我们知道了苍蝇眼中的世界是什么样子的。如今通过数字技术，在虚拟世界，我们还在尝试体验更多，甚至是创造出反现实世界物理规律的体验。每当游戏、影视中出现反物理定律的场景，都会有观众刷"牛顿因语言过激被踢出房间"类似的弹幕，算是一个经典老梗。在游戏"我的世界"（Minecraft）里，与现实世界物理定律违背的诸多场景（比如燃烧不需要空气甚至不需要可燃物）也已经成为这个游戏的经典。有玩家总结道，如果"我的世界"是个真实存在的星球，那这里将遵循一个诡异定律，即实体遵循着万有引力的定律，而方块遵循着浮空的定律，虽然也有例外，但似乎这是一个大的规律。然而也正是这样的反现实物理体验，让这款游戏充满了想象力和创意。是的，如果"我的世界"是个真实的社会，而人类地球是一款游戏，地球是否也会被认为"不科学"呢？

延展价值，延展用户

人类迈向更深入的数字世界最根本的驱动力来自对价值增量的追寻。这种价值增量或者在体验价值方面，或者在财富价值方面。IMAX与众不同的3D音视体验效果是人们愿意多花钱来影院观看的动因。推荐算法更是 Web 2.0 时代这两者的集大成者：用户的内容消费体验更好，平台的商业价值最大。

让用户在获得体验价值的同时获得财富价值是一些 Web 3.0 的实践想实现的事情。用户在这个过程中不断延展自己的创造力，延展自己的生活空间——无论是现实的还是虚拟的。

我们原来小时候玩过家家，或者去邻居家小院玩儿，现在孩子们之间的玩耍方式可以变成是"要不要去我搭的世界里面看一看"？随着这些孩子的长大，他们在数字世界里所搭建的这个世界也会变得更复杂，或许和现实世界更接近，或许和现实世界更不像。但像或不像都不重要，重要的是孩子们延展这个数字世界的过程，在这个过程中还能容纳新的小孩去玩简单的游戏，然后已进入的小孩又能作为开发者，去创建更多的内容。这就是用户的生长、空间的生长。

在玩游戏的时候，我们会对自己的角色和其相关的东西产生感情。在原有的游戏形态中，游戏公司想停止服务就停止服务了，用户在其中创造的内容也就完全没有了。但从用户的视角看来，他们很希望自己在虚拟世界中的创造能够被保留下来，因为这是自己和其他玩家一起创造的一个世界。Roblox 提供了新的思路，它只是提供一个平台，数字世界会一直在这儿。用户不断在里面创造新的体验，几十年过去了，这个虚拟世界还在这儿，也许有人会在这个虚拟世界中建起类似《阿凡达》那样的巨大奇异世界，然后卖票给其他用户。用户可以在里面游览，可以在里面打怪升级；游玩之后，大门关上了，这个世界可以再次重整。在这个数字世界里，有人在里面做"西游记"，有人还能在里面做出一个上海市——这就是用户创造的延展性。比如在游戏"我的世界"中，用户在一定规则下可以做出有价值的劳动：如果擅长平面设计，用户就可以给角色制作皮肤，可以使用游戏内置的脚本语言来创建自定义设备；如果懂一点编程，用户还可以在游戏中创建全新的对象，或者改变游戏玩法。可破解性是规则所倡导的。这种可破解性是"我的世界"持续火爆的原因之一：玩家不断地给"我的世界"创造出可玩的新东西；有人还开发出皮肤编辑器等新工具来降低其他玩家创新的门槛。在这款游戏里，任何人都可以创建一个自己的世界，可以制定规则，建立自己的产权体系。无论游戏内外，商业价值增量也在不断显现。这些年，很多玩家借助"我的世界"及其衍生文化赚钱了：有人建立了服务器世界，吸引人们花钱去里面逛逛；有些玩家在 YouTube 等平台上积累了很多粉丝，通过教授技能实现流量变现；还有些人在围绕"我的世界"建立起来的各种游戏形式中成为精英玩家。在 Oculus 前 CTO 约翰·卡马克（John Carmack）看来，"我的世界"的逻辑比 VR 这些其实更接近元宇宙的本质。[①]

在线 3D 空间要想蓬勃发展，就必须有存在的理由。显然目前虚拟的开放式社交产品还并未找到真正的可以支撑用户体验或者收益需要的价值方向。换句话说，还在用 2D 时代的思维做 3D 时代的事情。

纹丝不乱的"元宇宙"，只在 PPT 上

在 Facebook 2021 年元宇宙发布会上，我们看到了扎克伯格

[①] Evgeny Obedkov, "John Carmack: Minecraft and Fortnite Are Closer to the Metaverse Than Anything Facebook Has Built", Sep. 24, 2021, https://gameworldobserver.com/2021/09/24/john-carmack-skeptical-about-facebooks-metaverse-ambitions-unlike-fortnite-and-minecraft，最后访问时间：2023 年 1 月 27 日。

第二章 元宇宙的背后：数字价值成长的逻辑 | 133

的愿景。在展示开始时，扎克伯格走进了他的元宇宙公寓，然后挑了一身黑衣服，去和同事开虚拟会议。在这个虚拟会议室里，他们可以打扑克、观赏 3D 街头艺术。在虚拟空间里，他们的办公屏幕还可以悬在半空中。就像扎克伯格在发布会上展现的那样，基本上在所有的新产品和新技术发布会上，我们看到的都是光鲜亮丽的一面。似乎技术已经足够成熟，产品功能已经足够完善，生态体系已经足够健全，万事俱备只欠用户。

但结果却是，对于 Meta 的 Horizon Worlds，连构建这一平台的人似乎也并不怎么登录该平台。Horizon Worlds 已经建立 1 万个独立世界，大多数世界根本就没有用户来访。如前文所提及的，在 Meta 的内部文件中这样写道："一个空荡荡的世界，是多么悲伤的世界。"问题究竟出在哪里？

一方面，Horizon Worlds 所展示的和之前的一些 AR／VR demo 似乎大同小异。在这个被创造的元宇宙里，环境整洁得令人窒息，被人形容为"就像是企业用橡皮泥捏出的想象中的世界"①。这看起来并未让 Horizon Worlds 显得高大上，反而有些"垃圾"。这样的虚拟形式其实并不比现在的线下形式或者线上的 2D 形式带来更多的或者更好的体验，因此也就不具备新的价值。当然，Meta 的拥趸也许会说，当前的效果是实现未来更多体验价值的必经之路。但至少目前来看，这条道路的前景颇为模糊。

另一方面，Meta 的元宇宙场景太强调社交而不是激发创作。

"我的世界"其实并没有那么流畅，甚至还经常出错。比如服务器上玩家很多时，可能会遭遇延迟。当安装一个新的模组

---

① Clive Thompson, "The Metaverse Is Already Here—It's Minecraft", Nov. 1, 2021, Medium, https：//debugger. medium. com/the－metaverse－is－already－here－its－minecraft－99c89ed8ba2，最后访问时间：2023 年 1 月 27 日。

时，可能会产生混乱和各种 bug。但出乎意料的是，大多数玩家并没有对此表示不满。他们知道，这是为创造性和自主权所付出的代价。如果处在一个完全由自己控制的世界里，你可以把它搞砸。能力越大，责任越大。但如果你真的搞砸了，你随时都可以从头开始，或者退回到之前保存的版本。一个真正的元宇宙——一个你想在其中沉浸数小时、数天甚至数年的虚拟数字世界——本就是混乱的，而不是扎克伯格所演示的那样"纹丝不乱，井井有条"。

从微观角度上讲，组成生命体的每一个原子，都没有目的性。组成整个宇宙的基本元素也没有什么目的性。混乱、无序是微观物质的基本状态。宇宙的 95% 是由我们目前无法观察到的暗物质和暗能量构成的。这个比例很像当前很多互联网社交平台内容消费者的比例。绝大多数人还未参与并展现出他们的创造力。尽管很多平台已经通过提供工具和模板，尽可能降低生产的门槛试图吸引更多用户去创造内容，但效果有限。如果能够重新定义劳动价值的产生和分配机制，点燃网络上那些"暗物质"的能量，更多的混乱和无序将会产生，但这也意味着数字世界具有更大的生命力和价值积累。

6

"地下的名单"：可编程经济、智能合约

"偏见创造范式，范式产生偏见。"

——彼得·费利克斯·格日瓦奇（Piotr Feliks Grzywacz）

范式转移，正在进行中

还记得电影《头号玩家》中男主角是怎么赢得第一把钥匙的吗？因为他进入了"大家看不见"的地下层，而不是众人追逐无数次未果的地上层。大家真的是看不见吗？其实并不是，只是所有人的思维都是想着如何以更快的速度向前，而没有想到把车往后开。思维范式的改变让男主角获得了成功。

"范式"（paradigm）是美国科学哲学家托马斯·库恩（Thomas Kuhn）在 20 世纪 60 年代提出的概念，从本质上讲是一种理论体系、理论框架，在该体系框架之内的理论法则定律都被人们普遍接受。人和社会通常会以一种建立在自身经验和信念基础之上的价值观作为标尺去衡量事物。比如有个赛道摆在眼前，大家会习惯性地认为要想获得胜利，就必须冲破前面的阻碍，勇往直前。范式改变就是曾经以为理所应当的认识、思想和价值观发生剧变。以前人们认为天圆地方，现在人们认为地球是圆的。以前人们认为太阳绕着地球转，后来人们认为地球绕着太阳转，现在人们认为这是两个星球引力相互作用的结果（万有引力）。这就是范式改变。

范式的改变在起初往往并不是以当时社会普遍理解或者认可的面目出现，因而也往往并不引起普遍的关注。比起能够拿在手中的 VR 头盔，能够展现在眼前的交互动画，数据产生、传递和交易的底层逻辑的改变并不容易被感知。但在所有的改变中，它们恰恰是最为核心的要素。

诺贝尔奖得主罗伯特·席勒（Robert J. Shiller）提过一个概念叫"非理性繁荣"（irrational exuberance），意思是如果某个东西价格上涨，人们就会兴起投资热潮，并且这种热潮会像传染病一样蔓延，其结果就是就算不相信这东西有价值，人们也会由于羡慕其他人的成功而加入赌博的行列。在巴菲特等传统金融家看来，比特币就是典型的非理性繁荣的代表。

不过，另外一种视角是，比特币所表现的其实是数字化时代下金融领域出现的范式转移问题。加密经济系统是人类大规模协调正在进行的一个演变。它以自下而上的激励而非自上而下的方式运作。2016年，乔尔·莫尼格罗（Joel Monegro）撰写了名为"胖协议"（Fat Protocols）的论文。莫尼格罗认为，互联网和区块链之间的关键区别在于价值的积累。在互联网上，共享协议（TCP/IP、HTTP、SMTP等）产生了难以置信的价值，但这些价值是在应用层（谷歌、Facebook等）获得的。在区块链上，协议和应用之间的关系是相反的：价值集中在共享协议层，只有一小部分价值分布在应用层。换句话说，协议是"Fat"（胖）的，而应用是"瘦"的。这个正在发生的范式转移在初期很难被理解，它的价值也很难得到普遍认知。这样的情况在电、互联网被发现、发明的初期也存在过。

诺贝尔经济学家道格拉斯·诺斯（Douglass North）创立了"新制度经济学"，探索把制度当作工具的思想，进而降低经济领域中人与人之间的不确定性并开展交易。在他看来，制度正是保证经济车轮正常运转的润滑油。在人类的"游猎—采集"经济时代，人们只是在村庄结构下进行交易。这种结构下虽然存在一些非正式限制，但是不确定性充斥着整个交易过程。随着社会的日益复杂化以及交易范围的延伸，人们创设了更多银行、政府、公司等正式机构。在不确定性和复杂程度日益增加的情况下，这些机构处理好了人们之间的交易，与此同时，人们的个人控制能力也在不断降低。到后来，通过互联网，人们将这些机构上线，产生了亚马逊（Amazon）、eBay、阿里巴巴等互联网平台型公司，它们都是作为中介促进人类经济活动更加高效的机构。在诺斯看来，机构是用来降低不确定性的一种工具，在它的连接下，社会中的人们可以进行各种类型的价值交换。而在新的范式下，人们正在步入一场互动与交易的深层次、根本性的革命当中，因为有史以来，人类第一次可以直接通过类似区块链技术这样的手段降低不确定性，而不仅仅依靠银行、公司等机构。

区块链技术是利用 P2P 网络①来储存资产与交易记录的去中心化数据库。它本质上是一个记录所有权与交易过程的公共账本。它并不是某个 App，也不是某家公司。某种程度上，它和维基百科有点类似。在维基百科上，内容的不断变化和更新，为我们提供了一个综合的视角，我们可以在维基百科上追踪这些变化的过程，我们也可以创造属于自己的维基，因为从本质上来看，它们只是数据的基础设施。维基百科是一个储存文字、图片以及这些数据流变的公共平台。区块链则是一个储存各类资产的公共基础设施。它储存了管理权、所有权、比特币等数字货币以及 IP 等数字资产的资产归属权的所有历史。它可以是证明文件、合同、现实世界中的实物，甚至是个人的身份信息。正是这个可以在网络中储存交易信息并可无限复制的公共账本，维护了区块链的安全使得其很难被篡改。从某种程度上说，这意

---

① P2P 是英文 Peer to Peer 的简写，意为对等网络，通俗地来说，终端设备例如手机、电脑都可以作为一个节点与其他节点进行通信和交互。

味着人类的很多经济活动都可以进行抵押并且自动化，进而消减了人为的干预。在这里，信息从现实社会转移到区块链上了。

失败的价值

事实上，这种技术才刚刚诞生，在我们能够完全理解它在经济领域的应用情况以前，人们还需要做大量的实验，而它也有可能会失败。早在 2008 年比特币诞生前，数字货币的演变就经历了 1982 年的 eCash、1998 年的 B－money 等坎坷。新事物的萌芽总要历经种种试验和时间的沉淀。以"Pokémon GO"（精灵宝可梦 GO）为例，这款游戏原型 Ingress 直到 iPhone 首次发布（2007 年）后五年才推出。

大卫·乔姆（David Chaum）是加密朋克的领袖级人物，他在 1990 年发明了密码学匿名现金支付系统——eCash。乔姆认为，分布式的数字现金系统应该为人们的隐私加密。因此，他的电子支付系统里的加密使用了数学编码。还有一个小特点是，支付时付款方匿名，收款方非匿名。按照他的设想，每个人都随身携带装有匿名现金的可充值智能卡。这种数字现金以及智能卡可以和来自家里、公司或政府的电子现金流畅往来，能离线工作，不占用电话系统，有点云存储的意味。1990 年的时候，eCash 风头正劲，微软和 VISA 等巨头纷纷支持，从德意志银行、澳大利亚高级银行、瑞士信贷和日本三井住友银行获得了牌照。只可惜其理念太超前，而当时人类社会并没有大范围实施的基础，最终于 1998 年宣布倒闭。但中本聪从大卫·乔姆的失败中找到了一条新的道路，于是就有了比特币。

美国 IT 研究与顾问咨询公司高德纳（Gartner）的技术成熟度

曲线（Hype Cycle）① 描述了几乎所有新技术都遵循的路径。一项技术突破发生了，人们认为这项技术将改变一切，接着人们意识到该技术不会改变一切，然后他们弄清楚了这项技术将实际能够改变什么。通过哈佛大学商学院教授克莱顿·克里斯坦森（Clayton Christensen）的"颠覆式创新"理论来审视当前的区块链产品是很有用的。在许多方面，对于许多用户来说，新产品比现有产品更糟糕，但对于被过度服务或被忽视的市场部分，新进入者的产品"足够好"。那些被证明具有颠覆性的公司会在被过度服务、被忽视的一小部分用户中找到立足之地，然后向高端市场扩张。颠覆性的产品往往一开始看起来就像一个玩具，人们很容易指出它们的缺点，但这些缺点往往是可以修复的。它的神奇之处在于为某些用户寻找比现有选择更好的东西。今天，大多数流行的区块链产品都处于这个早期阶段。它们并不完美，但对于特定用户群体来说却已经"足够好"了。其他更中心化、更健壮、更安全的产品已经存在，它们可以做到区块链产品能做的很多事情，但不能很好地满足这个群体的需求。所以，区块链产品在这个群体中找到了一个立足点。未来它能演变成什么很难预测。因此，我们也先不必着急对某个范式的变化进行判断。

重生的价值：智能合约

与其他和元宇宙相关的概念类似，智能合约在很多人看起

---

① 技术成熟度曲线又叫技术循环曲线，或者直接叫作炒作周期，是指新技术、新概念在媒体上的曝光度随时间的变化曲线。它直观呈现了前瞻技术的发展过程，由高德纳公司绘制，适用于市场分析、技术选择、项目论证、投资决策等。它是企业用来评估新科技的可见度、决定要不要采用某种新技术的一种有效工具。

来都是新生事物，但其实它并不是一个新想法。早在 20 世纪 90 年代，从事数字合约和数字货币研究的计算机科学家尼克·萨博（Nick Szabo）就提出了"智能合约"的概念。在 20 世纪七八十年代，对计算机的理论研究达到了一个高潮，研究人员致力于让计算机帮助人类从事更多的工作，其中包括让计算机代替人类进行商业市场管理的想法。与此同时，密码学得到革命性的发展。萨博希望"智能合约"将已有的合约法律法规以及相关的商业实践转移到互联网上来，使得陌生人通过互联网就可以实现以前只能在线下进行的商业活动，并实现真正的完全的电子商务。简单来说，智能合约就是一小段能够自动执行合约条款的计算机程序，存储在区块链中。但由于在那时任何银行都需要手动批准资金转移，没有能够支持编程交易的数字金融系统。而且当时没有可信的执行环境，智能合约没能流行起来。直到最近几年，区块链技术让智能合约得以"复活"。智能合约被认为是区块链所带来变革的核心，为去中心化应用程序提供构建模块。

现在我们使用智能手机时都会下载应用程序。在移动设备中，这些应用程序正在执行其创建者制定的一组特定指令。它可以是游戏、日历或购买商品和服务的方式。智能合约执行非常相似的功能。假设我们在线购买一件商品，我们需要找到一个列出商品信息的应用，还需要一种与卖家沟通的方式，一个支付系统，如果商品有问题需要一个功能实现退款。这些组件中的每一个都需要你与相关站点或服务之间存在一定程度的信任。该过程的每个部分很可能由不同的公司或个人控制。

智能合约让任何人与其他任何人达成协议成为了可能。它在理论上是安全的，使用密码学来防止更改记录。同时，它是透明的，每个人都可以看到智能合约是什么以及它的用途。此外，智能合约不需要中间人来验证，区块链会做到这一点。它们自动工作，因此无须等待人工干预。最后，因为智能合约是用代码编写的，与书面或口头语言相比，它们的灰色区域更少、准确性更高。

2015 年 6 月成立的 Slock.it 是一个建立在以太坊之上的物联网新共享经济平台，是全球首个分布式自治组织架构平台。Slock.it 架构中的智能合约可以保证用户在移动终端上，随时随地追踪和控制出租或使用中的物品，每次共享完结时，可以自动、准确、即时地收取费用，并且分配收入，给予分享者回报。

去中心化应用程序可以将多个智能合约捆绑在一起来做更复杂的事情。区块链的核心协议共享应用逻辑和安全，允许在它们之上构建应用程序，而且有统一的通信层（比如跨链技术），实现横向价值转移。各种应用在核心生态层中彼此联系，经济效益和创造价值不断成长。这些应用在核心协议上使用，它们似乎是一些"货币乐高"。它们通过智能合约实现复杂的动态金融活动，就像真实世界的乐高组件一样。

价值的重生：互操作性

智能合约的"重生"让尼克·萨博的设想有了真正被实践的机会。但数字价值要想得到更大范围的使用，仅靠智能合约是不够的。以太坊在其协议结构中内置了智能合约，但它只允许在自己的生态系统内进行安全的数据交换。这就产生了一个问题：由于区块链彼此独立运行，用户很难利用每个网络带来的好处。为此，他们需要持有每个区块链支持的代币，以参与其网络中的协议。对于用户而言，这非常麻烦。对于数字价值而言，这限定了它们的流动性。而从更表面的应用层来看，这意味着一个虚拟世界的经济体系并不开放：一个虚拟世界中的数字资产因为信任问题可能得不到其他虚拟世界的认可。

互操作性技术的出现试图解决"一个区块链如何信任另一个区块链的状态有效性"的问题，让一个区块链网络可以与另一个区块链网络共享其经济活动。互操作性允许通过分散的跨链桥跨不同的区块链网络传输数据和资产。在去中心化金融的应用领域，互操作性技术可以为交易者提供更多使用资产的方式，为该行业带来额外的增长和机会。

当然目前大多数所谓元宇宙的建设者们（主要是游戏型和社交型）都向用户承诺了互操作性，但尚未有较为成功的案例出现。在未来很长的一段时间内，互操作性实现起来都是很困难的。从技术角度上看，区块链网络本身就尚未实现完全的互操作性。事实上，在设计之初区块链网络就是在相对独立的环境中运行的，相互交流这一功能在设计之初就没怎么被考虑到，因此这就导致了不同区块链之间生态系统的碎片化。另外，区块链本身的基础设施并不完善，以太坊公链一秒钟基本就只能处理十多笔交易，与目前成熟的中心化支付网络和信用卡相比，还有着巨大的量级差距。另外，网络拥堵和手续费等因素，甚至都不用说实现互操作性，现阶段甚至连区块链应用的大规模落地都尚且力有未及。

此外，人性的问题比技术的问题更为复杂。马修·鲍尔（Matthew Ball）在《元宇宙改变一切》一书中认为，元宇宙的构成模块非常多元化，包括网络化、计算、虚拟世界引擎、互操作性、硬件、支付方式、区块链等。对于这些模块，他认为都面临着障碍，其中最困难的总体问题是互操作性。因为它的实现需要许多不同的，甚至是存在明显竞争关系的公司，就标准达成一致并共享数据①。而这些决定可能会对一家公司的地位产生负面影响。Decentraland 创始人之一埃斯特班·奥尔达诺（Esteban Ordano）在谈到导致互操作性难以实现的一些诱因时就说道："对 Meta 而言，激励跟成为非常开放的平台是不是一致？我不能确定。就算像……显示名字这样的东西都是高度相关的。比方说，我看不出 Facebook 会允许你的化身与你的 Decentraland 名字放在一起显示，因为你希望确保不同体验之间的一致性，防止别人假冒……互操作性听起来是不错，但我相信，这个问题的难度要超过很多人的意识。在 Facebook 内部，有些人会面临一个答案明摆着的决定：要不要冒丢掉工作的风险，去参与一个牵涉数百名设计师和工程师的计划，耗上 9 个月的时间，把产品的用户体验做得复杂许多，目的就为了能够支持竞争对手的身份系统？"② 所以，设想是美好的，但道路注定是曲折的。

给孩子自己买东西时设立脚本规则

"元宇宙"是一个具有未来感的概念，很多人用这个模糊的

---

① 〔加〕马修·鲍尔：《元宇宙改变一切》，岑格蓝、赵奥博、王小桐译，浙江教育出版社，2022，第 151~160 页。
② Mario Gabriele, "Decentraland: The Metaverse's Early Mover", Jan. 9, 2022, The Generalist, https://www.generalist.com/briefing/decentraland，最后访问时间：2023 年 1 月 27 日。

概念，去概括一种发展方向，去指向一种模糊的正确。当我们看待元宇宙项目的时候，我们要看项目细节中的价值线，也要试试把它放在未来的整体发展趋势中去看。技术的历史积累、人们的心念与劳动、自然资源的可承载能力……众多原因仿佛一张网络，交织在一起，仿佛一盘大棋局。趋势，就是未来行进的轨迹，就像中国古人的智慧——"顺势而为、因势利导"。

在过去的几百年里，人类见证了数次技术革命的诞生。这些技术革命改变了人类社会的基础设施，创造了新的沟通方式，全面提升了物质与信息交换的速度，降低了交易的成本。新技术又逐步渗透于经济、社会和生活过程中，也为人类社会及其经济组织的运行方式带来颠覆性变化。比如在经济生活中，我们会为交易对象的信用所担心，为商业票据的真伪担忧，希望知道自己的爱心捐款是否被有效利用，会为不同公司之间的积分兑换障碍所困惑，会为熟人、朋友间的借钱不还而尴尬。然而这一切，都会随着可编程经济的到来而改变。

"可编程经济"这一理念最早在 2014 年由总部设于美国斯坦福的 IT 研究与顾问咨询公司高德纳提出。它可以被看作经济发展范式的一种转变。作为一种基于自动化、数学算法的全新经济模式，可编程经济意味着把交易中的执行过程写入自动化的可编程语言，通过代码强制运行预先植入的指令，保证交易执行的自动性和完整性。

区块链的脚本语言使可编程经济成为现实。脚本本质上是众多指令的列表。例如，在每一次交易中，价值的接收者获得价值的条件，或者花费掉自己曾收到的留存价值的条件，只要可以用数学方式表述，都可以在脚本编程语言中实现。如果一位家长想控制未成年孩子的零花钱支出，可以通过脚本语言设置这些支出的规则，如不可以购买垃圾食品、不可以一次性花光所有生活费等，孩子每发起一笔交易便可以触发一个脚本运行，只有符合事先设置条件的交易才可以得到顺利执行。

脚本的魅力就在于具有可编程性，它可以灵活改变花费留存价值的条件，以更好地适应人们从事社会和经济活动的需求，这也是可编程经济的优势所在。例如，系统可以约定一笔慈善捐赠款只能用于购买急救设备，还可以限定资助大学生的款项只允许用于交学费，诸如此类的想法都能在区块链上进行编程并得到严格执行。而上述脚本的执行依赖于智能合约。在可预见的未来，当各方面条件成熟时央行可以通过区块链技术发行数字货币，在智能合约中对货币流通方向设定条件，假定在发放之前的合约中规定这笔款项必须支持贫困地区，则预设程序将限定这笔款项只能流向符合贫困地区标准的地方。

Metaverse 的逻辑网络很可能就是一个由大量独立的 3D 空间以指数形式互联而成的庞大拓扑，让任何 ID 都可以参与其中的内容体验和创造、交易与交互，进而才形成了有广义社会属性的虚拟社交平台。无论在技术还是内容上，它都会演变为一个无限系统。在这个系统中，当可以承载生产者、消费者新期待的协议族权被建立起来，生产者、消费者会开始进行交易。基于加密技术的协议类创新，有极大可能性再创造一个巨大多边的网络，同时这个网络除了上一代的连接之外还有着极强的交易属性与流动性。一方面是开放自我，就像曾经的 TCP/IP——更多的联网——创建更多的关联。同时，这些创新让更多人愿意将资产移植进来，并通过再次的交易去获得资产的增长。在

《加密资产》一书的作者克里斯·伯尼斯克（Chris Burniske）看来，密码学资产是一个激励层，用来绑定生产者、分销商和消费者。开放可编程的协议创造了可编程的数字资产，因为这些数字资产本身有明确的从属权，这些确权有助于创造一个规则清晰的联合市场。这个市场打破了过去游戏和产品的边界，因为其具有某种互操作性而随着多边交易会更加繁荣。

第三章

创造可交易、可关联的新时空状态层

1

正在被构建的新时空状态

"人类总相信对宇宙的探索已经穷尽，然而无论在哪个时代，人类总能证明自己错了。"

——艾萨克·阿西莫夫（Isaac Asimov）

对时空的切片化定格

人类的所有创新本质上讲都是对时间和空间改变的创新。关于时间，古罗马的奥古斯丁（Augustine of Hippo）在《忏悔录》中有一句广为人知的论断：只要你不问起，我便知晓；你若问起，我便不知晓。的确，时间是无形的，人类只是用有形的方式来使之有形化。钟表其实是用"空间的位移"标识时间的变化或流逝。所有的时间都是共存的，本没有"过去"、"现在"和"将来"之分。当一个人在说"现在"的时候，现在已经成为"过去"了，而"将来"正在成为"现在"。美国导演沃尔夫·里拉（Wolf Rilla）在《作家与银幕：论电影与电视的写作》① 一书中指出，每个现在的瞬间不仅包含着我们生活中一切过去的瞬间的因素，并且也蕴含着可能的未来的无限潜能。

关于空间，人们对于距离和地形的思考、空间的感知可以

---

① 〔美〕沃尔夫·里拉：《作家与银幕：论电影与电视的写作》，周传基译，河北教育出版社，1991。

追溯到至少一万年前。尼安德特人（Homo neanderthalensis）张开双臂，目视前方，意味着三维的全新世界在新人类的面前展开。从此，人类从最开始只靠视线观察的一条轴发展到增加了上下轴和双臂延伸的左右轴，三个维度的意识让人类更有空间感。在历史上，尤其是爱因斯坦在提出时空上的广义相对论，以及普朗克将人们引入量子化世界之前，人类对空间的概念仅停留在肉眼对现实世界可见的维度。

人类一直在用知识传递对时空的理解，在用技术去突破时间和空间的限制。我们所有的发明都是在提升人类在空间中移动自身和移动外物的速度。信息化和工业化是对人类历史中各种速度两次飞跃性的提升，从信息传递的速度到人类在地球上转移的速度，从物质资源生产的速度到物质资源消费的速度。

在人类对于三维世界的空间探索不断突破的同时，对于三维世界知识传递的方式却在相当长的时间内并无根本改变。无论作为表达形式的文字、图片、视频，还是作为媒介的竹简、纸张、电视、手机，都是将三维时空的内容变成二维时空的呈现样式。有声电影的出现才让人类第一次可以记录声音。从某种角度看，这些记录也是一种"抓住时间"的方式。古埃及人用木乃伊将尸体保存起来，希望获得时间上的永恒。人类用简单的线条将生活、狩猎、庆祝等生活场景"保存"（画）在岩壁、洞穴上，用文字将历史时刻"记录"下来，通过移动手机拍摄图片和短视频，通过电视直播观看此时世界正在发生的事情……

数字技术让我们真正走向三维世界：用三维的方式记录空间，实现对时空的切片化定格，在物理空间中叠加多层的信息，让相同的空间呈现因人而异的状态，以及用三维的方式去创造另外一种虚拟时空。

叠加，构建虚拟时空

人类构建虚拟时空的历史早就存在。我们的先人们把头脑中形成的对生存世界以外各种样子的时空，以及我们与这些时空的关系，通过建筑、神话、宗教、艺术等方式表达出来。从这个角度来看，元宇宙（Metaverse）的概念比大多数人想象的要古老得多，只是表达和实现的方法不同而已。

在土耳其南部的古寺庙戈贝克利·特佩（Gobekli Tepe），巨石从安纳托利亚的沙滩耸立而起，距今大约有 9500 多年的历史。它可能比农业的发展和城市的崛起更古老。寺庙的建设者相信一个超越了他们自己的"想象世界"，他们用建造戈贝克利·特佩神殿来与那个时空进行交流。综观人类历史，我们一直在受到我们生活之外那个"想象的世界"的影响。我们被自己想象和信念所创造的形象与角色激励，在存在于现实生活之外的想法中找到价值。只要看看那些伟大的建筑遗址、听听那些精致的音乐或阅读千年来的史诗文学，就可以看到人类是如何用想象力创造新的领域来帮助我们生活在现在这个世界的。看看全球各地的孩子们对哈利·波特魔法学校的喜爱有多真实，我们就能理解人类投资于其他次元世界的潜力。

某种意义上讲，如今我们迎来了数字技术的"轴心时代"：协议层面、展示层面、传输层面、计算层面、创作层面、交易层面等相关的技术，无论起始的时间早晚，都在 21 世纪 20 年代前后纷纷进入了一个新的阶段，具备了相互碰撞和融合的基础。我们无法让长矛和飞机在一起组合成新的东西出来，但现代船舶技术和现代飞机技术融合在一起就可以变成航母，形成新的模式，构建出新的状态。数字技术正在发生这样的融合：空间锚点与云计算的结合让不同的人在同一空间获得不同的信息成为可能；加密技术和游戏引擎的融合让数字资产有了更大场景下的价值意义；新一代芯片与显示硬件的融合让新媒介的出现成为可能，新的时空状态层也因此正在展开。

无论混合现实、增强现实还是虚拟现实，都是以视觉感知为核心的技术能力。而从价值属性上看，它们又都是一种空间的技术能力：可以在空间中创造更多的媒介，可以让媒介无所不在。这些技术所呈现出来的重要价值是让计算变得更人性化。比如，在键盘前一坐几小时，一动不动地盯着一块固定屏幕，从脖子酸到手发麻等一连串身体不适随之而来。在科学家看来，人类的进化并没有准备好长时间坐在办公桌前，盯着屏幕，敲打键盘。人类的进化让人可以四下走动，用双手探索眼前的世界。虚拟现实和增强现实带来了选择，让人类可以在与计算机生成的环境交互时使用更自然的动作，例如抓握和指向文本或物体，在现实办公空间中四下移动它们。

科技领域的工程师们经常在思考这样的问题：为什么要求人类符合计算机的需求，而不是相反？为什么不让技术来理解我们的世界？我们如何能让数字技术走出屏幕，走进我们的模拟空间，而不是努力让我们进入数字空间？如今，微软的Kinect传感器的麦克风和红外摄像头让人们可以用语音和手势来控制Xbox设备上的游戏和其他功能，混合现实头戴设备HoloLens通过测绘和理解用户所处的环境来拓展这种体验。两种设备都将技术带出屏幕，进入现实世界。

未来确定无疑的是，在人们每天都会看到的"屏"上，将越来越多地展现复杂的三维数字世界。这些三维数字信息或被叠加在现实空间中，或单独构成独立的数字空间。认为"真实"世界仅限于眼前物理世界的想法将会日益被挑战。

从某种视角上看，所谓的"Metaverse"其实就是数字时空状态层创立、关联和交易的无限系统。这样一张图试图涵盖涉及元宇宙的技术谱系，包括了人工智能、3D 图形、云计算、分布式存储、身份识别等（见图 3-1）。这样的技术组合列表看起来很全面，但却没有呈现清楚技术底层上发生的变化，也没有解释系统级的工作原理。

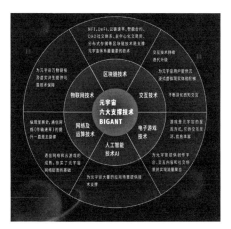

图 3-1 元宇宙 BIGANT 六大技术全景图
图片来源：邢杰等：《元宇宙通证》，中译出版社，2021。

时空新坐标系

如果横向来看的话，新的数字时空场景下，我们将会看到的是，一个虚拟数据层面正在形成。如今，我们拥有的数据层面包括了现在已有的物理计算平台上的设备和物联网、Internet.

等，我们可以称之为物理数据层面。而在基于元宇宙的场景，会出现一个新的虚拟数据平面，它将包括不同属性的个人身份和角色标定、数据元自身的地址锚点和坐标系统、数据在不同角色交互时的对价（比如数字货币）等形态。在物理硬件的功能可以跨空间通过标准 API（Application Programming Interface，应用程序编程接口）进行交互的条件下，这些数据就会携带坐标系统在存储设备和 API 之间流动。这是我们第一次可以如此跨设备、跨地域使用分布式软件功能和 API，并让 API 仅交互数据，而不需要去重新驱动任何设备。

很多人在谈论 Internet 的时候，往往也把它称为网络空间。这样的表述有些像修辞表达。其实从技术视角看，这样的说法也不无道理，因为 Internet 协议（IP）确实是一个地址坐标系统，用来表示具象地址，同时也表示地址空间。IP 协议主要用于标识区分网络中的各个设备，每个设备有一个 IP 地址，类似于物理空间中的邮编地址。凡直接接入互联的设备，每个设备具有唯一的 IP 地址和掩码（Mask Code），前者表示该设备的唯一性，后者表示该设备与哪些其他设备是同一组内的（即子网），也用来描述寻找到该网络和设备的路径（即路由）。

互联网中有多种应用场景，如邮件、超文本和万维网浏览等，不同的应用场景需要在 IP 协议之上，再约定特定的数据交互方式（即发送者和接收者之间交换信息的格式、内容、次序以及身份），以完成各种不同业务类型的网络应用。从时空的角度理解，IP 协议可以被看作一个二维空间，它描述了线性的地址或网络区域（IP 和子网）。而当前互联网各类应用，可以被看作基于 IP 协议产生的三维空间，立体化地表达了数据传输、邮件、万维网、即时消息、语音、视频等。由于 IP 协议是 2D 平面坐标系，因此这个坐标系统并不能定位到上层应用程序内抽象的主体/客体之间 API 的数据流动，不能表达业务往来（身份/角色、应用会话、数据类型、交易原语等）。同时，IP 作为二维系统也表达不了三维的空间坐标。如今发生的变化是，通过类似"空间锚点"这样的技术可以来表达这些缺失的元素。

依托空间锚点技术可以创造更高维度的互联，把物理和虚拟联系在一起（包括数字孪生的场景搭建和标定）。它可以被看作赋予了坐标标定和寻址的属性，且需要跨越物理计算平台的 LBS 服务（Location Based Services，基于位置的服务）。当我们构建虚拟场景是将数字全息图像叠加到用户第一视角的现实世界场景上并提供交互的时候，就必须实现虚实对象的标定和寻址。比如它可以作为增强现实（AR）托管内容的映射，在 AR 环境里定位虚实身份和虚实道具，甚至是在 AR 中建立导航寻址、多人协作和权限绑定的场景从而更加沉浸，也可以理解为把 3D 虚拟构建出的一个对象锁定在物理空间的映射地址。总之，就是一个携带丰富虚实定义的坐标系统。类似 Cesium 这样从事虚拟地理场景构建的公司就主张尽可能利用用户端上传的真实世界位置坐标或是直接购买数据库。可以设想一下，当有海量的空间锚点彼此标定时，就形成了可用于标定"跨设备"、"跨网络"、"跨内容"模型的实时状态坐标链接，而模型又可以链接到其他数据源里（进入或是参与构建其他 3D 虚拟内容），在网络设施和硬件节点之上构建起第二层带寻址的数据平面。倘若在空间锚点与虚/实用户身份及其个人资产之间建立映射，那么就可以设定角色访问控制，添加共识因素，进而成为虚拟社会征信的基础，为不同 ID 的坐标设定额外的安全后缀，起到将特定的资产/功能/权利，链接（授予）给其他特定 ID 的效果。

所以，要想把元宇宙打造成一个理想状态中的无限系统，在底层需要建立起新的数据时空坐标系统，通过协议和标准，实现新的数据平面在物理计算平台的跨越。当然，要让数字世界和实体世界两种不同的数据层面协同工作仍存在许多技术障碍。例如，虽然计算机图形技术已经变得快速而强大，虚拟现实目前仍只专注于人们用以体验现实的两种感官：视觉和听觉。而在实体世界中，很难想象没有其他感官方式的生活，尤其是触觉，抓握和操控物体是人们体验周遭环境和收集环境信息的基本元素。再比如，空间锚点技术应用的挑战不仅在于存储，还在于 3D 图形渲染。图形计算的工作效率与空间锚点的创建/标定/寻址效率紧密相关。就目前的分布式渲染算力和 API 还无法构建起像科幻电影中表现的那样，可以容纳海量的数字道具及其空间锚点的虚实环境。当下这项技术还仅限于在小规模 AR/VR 应用中使用。

意大利著名天体物理学家托马斯·马卡卡罗（Tommaso Maccacaro）在《空间简史》中写道："世界总是一遍又一遍地向我们系统地展示它超乎想象的宏大。对空间度量的探索过程，就像在参观一所大房子时偶然发现了隐藏在挂毯下的大门：一旦大门被打开，一间不为人知的崭新的侧室便映入眼帘；之后沿着楼梯，还会发现同样不为人知的空间；最后，人们来到一扇窗前，想都不敢想的一幕发生了，他们看到房子周围楼宇林立，而之前，从来没有人知道它们的存在。"[1] 这样的情况，如今正在我们眼前上演。数字技术带来的新的时空呈现方式、新的数据坐标系，正在更新我们对于时空的认知。

---

① 〔意〕托马斯·马卡卡罗等：《空间简史》，尹松苑译，四川文艺出版社，2019，第 1 页。

2

被记录和定格的时空

"我们看到的宇宙之所以如此，乃是因为我们的存在。"

——斯蒂芬·霍金（Stephen William Hawking）

语言、绘画、摄影，做的是一件事

如今，生活中摄像头随处可见，街道、写字楼、商场、交通工具均有摄像头，这些摄像头记录的数据其实是一帧帧的时空。类似的情况发生在短视频平台，如今很多人都用手机摄像头记录自己身边发生的各种瞬间，从另外一种角度看，这些拍摄的行为其实也是在记录物理世界在某一个时刻的空间内容。如果设想全世界所有的人都在随时用视频记录，那么这些视频拼在一起就是一个数字版的孪生世界。从这个角度看，短视频平台"快手"的Slogan"记录世界记录你"对短视频平台的特点提炼得非常到位。这个世界的时空内容越来越多地被以数字化的方式变成一张张定格的图片（视频内容本质上就是一帧帧的图片）。

从古至今，从语言、文字、绘画到视频、音频，人类不断发展新的方式对现实世界的时空内容进行记录。

尤瓦尔·赫拉利（Yuval Harari）在《人类简史——从动物到上帝》中，认为语言是智人成为人类唯一祖先的重要原因，并提出了著名的"八卦理论"，认为人类的社会性让人类在使用语言的时候开始八卦自己部落里的人们。[1] 因为有八卦，人类可以动态化地掌握群体内的社会人际变化，这使得人们可以判断部落里谁更可靠可信，并更好地维持部落关系，进而促进部落规模的扩大，最终使得合作超越了十几个人的小规模。随后，智人发展出了虚构的语言，虚构不仅让沟通者产生想象，而且会让大家一起想象，编织出种种共同虚构的故事。虚构让更大规模的合作成为可能。不管八卦理论和虚构想象的观点是否科学，一个普遍存在的共识是语言首先是智人用来沟通外部世界的方式，比如"今天上午，在附近的河湾，有一群狮子正在跟踪一群野牛"。这时候，除了沟通外，语言起到的另外一个作用是记录。用语言记录下眼睛看到的那个时间点的空间内容。

语言的缺点在于它是基于听觉的交流方式，如果用语言来描绘视觉信息，要经过大脑的加工和想象，容易出现偏差。于是另一种形式的交流和记录方式被发明出来，那就是绘画。目前，我们发现最早的岩画距今已经有 3 万~4 万年的历史了。绘画是人类第一种在介质上记录时空信息的手段，它能够直观地记录视觉信息。在当时，涂抹刻蚀也是唯一一种能够长期保存的方法。

随后，人类发明出文字进行记录。比起绘画，文字更为便捷，还能够进行抽象表达。不过，文字所能承载的信息密度其实不高。如果是以中国古文那种极度精简的记录方式被传递的话，信息会更被浓缩。一个复杂的场景用几个字就表达完成。在这种情况下，信息在传播的过程中容易出现理解偏差。相信

---

[1] 〔以色列〕尤瓦尔·赫拉利：《人类简史——从动物到上帝》，林俊宏译，中信出版集团，2017，第 22 页。

有语文考试经历的人都会有这样的感受。当然，文字记录的好处是，这种不太确定的信息传递过程也能够产生所谓的"想象空间"，让我们在阅读一些文字作品时更有韵味，比如当我们看到诗句"飞流直下三千尺"时所产生的脑部行为。

很长时间以来，人类直接记录景象的唯一方式只有绘画，绘画这种方式没有对信息做转换，信息量比转换成基于听觉的语言要大。但绘画效率不高，一幅写实的油画从打草稿到最终完成，少则几天多则数月。此外，作画毕竟是出自人手的加工，细节不可能完全记录。写实油画最鼎盛的时期，甚至有画家使用光学设备将影像投影在画布上，创作出极度写实的作品。

实际上这种使用光学仪器作画的形式已经类似于摄影了，只不过还需要借助人的画笔来完成最终的记录。这种光学仪器也就是摄影术诞生的技术基础。1826 年，法国人尼埃普斯拍下了人类第一张照片，名为《窗外的风景》（见图 3–2）。后来有无数人对照相术进行了改良。但是在数码相机诞生之前，我们

图 3–2　《窗外的风景》，约瑟夫·尼埃普斯
（Joseph Nicephore Niepce）于 1826 年拍摄

都是通过化学的方法实现照相，替代画家们的画笔。这意味着成像的效率提高了数百倍，相当于全自动快速绘画。这也意味着人类对于时空记录能力实现了一次飞跃。

1910 年 8 月 27 日，《纽约时报》（*The New York Times*）刊登了一篇文章，报道了托马斯·爱迪生（Thomas Alva Edison）在新泽西州邀请了一些人观看他的新型电影。也就是我们现在所说的"有声电影"。这篇文字报道还记录了一位观众对电影的评价：隐藏的留声机随着演员嘴唇的开合发出真实的声音，形成了一种美妙的错觉。电影，从另外一个角度看，就是在人类完全真实地记录景象的同时，给影像添加了时间的维度。以往的视觉记录形式都只能实现对某个时间瞬间的记录。电影技术实现了人类对于某个时间段的记录。有声电影又实现了人类第一次以声音的形式直接记录语言。对于如今的我们来说，这样的技术已经没有什么特别的感觉。但从语言发明到实现记录原声语言，这一跨越人类用了数万年。加入声音之后，人类以二维方式对于三维世界的记录终于不再仅停留在视觉层面上。视觉与听觉的配合能够展现出一个非常接近真实体验的场景。

时至今日，数字化的设备让我们对于时空记录的数量前所未有。如果把谷歌地图、Facebook 和 TikTok 结合起来，这个世界相当比例的时空内容已经被定格。在未来，这个比例只会不断提升。

人类终于有能力做"数字孪生"

现实世界的完全和实时数字化记录被称为"数字孪生"。这个大规模数字现实版本被一些人看作实现元宇宙必不可少的基础或者环节。但事实上，数字孪生可以跟元宇宙有关系，也可以跟元宇宙没关系。两者并不必然关联。数字孪生是面对现实世界，元宇宙是以虚拟世界为核心。没有元宇宙也会有数字孪生。元宇宙的建立也未必需要数字孪生。在元宇宙中，被设定的各种事物和规则可以不受制于现实世界物理条件和物理、化学规律，当然也可以完全遵循，这一切都取决于虚拟世界创建者的设定。我们只能说，数字孪生为虚拟世界提供了丰富的数字资产和选择。虚拟世界可以包括对现实时空数字化的映射，也可以把这种映射仅仅当作它的一个副本。

未来，在一个庞大的虚拟世界中，人们可以玩以真实世界为背景的游戏。用户可以在一直想去度假却没时间去的乡村漫步。士兵、急救人员和公交车司机可以在与现实紧密匹配的虚拟环境中接受培训，当准备好进入现场时，他们已经确切地知道需要做什么。自动驾驶汽车和送货无人机等机器可以在数字城市中进行数百万小时的训练，与现实世界中的机器精确匹配，包括风、雨、雪、红绿灯和违章的车辆。这一切都发生在同一个虚拟世界中，就像现实一样，其余的人、生物和物品都在周围的虚拟世界中。这样一个大规模的虚拟多用途环境建立在一个标记丰富的地球数字孪生之上，复制了我们的现实世界，同时通过计算模拟可以创造出更多"状态层"。

现实世界受到时空和物理规律的限制，我们无法在现实世界的同一地点同时做很多或者更多的事情。但通过在虚拟世界的时空模仿，我们可以基于特定目的使用特定区域，按需复制分支或分叉，比如可以拆除和重建正在使用的建筑，重新安排交通和规划建设，等等。我们有无限的机会去模拟不同的行动过程，并预测潜在的挑战和所需的资源。

从时空的角度来看，在人类历史上，数字技术带来了四个重要的变化。

1. 人类面对的空间几近无限

在没有数字化之前，我们自身所处的和我们所能看到的时空极为有限。如今，谷歌地图让我们可以随时看到全球各地的露天场景。一个精彩的进球可以从多个维度被重新呈现。在游戏中，我们可以创造出无数个时空，它们可以是模拟现实的，也可以是无中生有的。通过数字孪生和模拟计算，可以形成很多时空副本。

2. 时空可以被超大规模定格记录

"在物理学家看来，宇宙可以被看作一个坐标系，任何事物都是这个坐标系中的一个点，确定这个点位置的参考就是时间和空间"。例如我们在北纬和东经多少度，在这里开会或者看电影，具体的时间是某年某月某日某时，这一切都是具体而清晰的。我们存在于具体的时间，在具体的地点做了具体的事情，人类认知整个世界的真实性也是由此而来的。虚拟世界也能够做到这一点，它同样能够虚拟出时间和空间的坐标，例如我们在玩游戏的时候，不管游戏情节是什么，在这个虚拟世界里面它都有具体的时间起源，也都有具体的空间坐标定位。数字化技术下，无论在现实世界还是虚拟空间，每一刻具体的时空内容都可以被记录、传递、复制和加工。

3. 时空成为可被影响的状态层

我们可以对时空进行复刻，我们也可以对某个时点的时空产生影响。这里所说的影响是，我们可以在某个时点的时空中增加元素，如同 AR 所实现的那样。空间锚点和空间计算让每个片段的时空都可以成为一张画布。这意味着，在同一个空间内，在不同的时间点，我们每个人所看到的情形可能是不同的。

4. 时空具有了单一价值属性

一个有些极端但仍具代表性的例子是：一个居住在布鲁克林的人录下了自己放屁的音频（这兄弟也确实有些无聊），并将这个音频加密上传到区块链拍卖，最终成交价为420美元。为什么这样的东西居然能交易出去？因为这样的"行为艺术"（我们姑且如此定义这样的行为）具有某种标志性的意义。首先，加密上传交易，是一个建立产权的过程，有产权就可以形成交易、形成社会财富。综观人类历史，现代社会的所有发展都建立在交易的基础上，只有通过交易才能扩大财富规模，才能让财富积累有效。其次，对于个人而言，加密上传会激发人的创造性，在不过多消耗社会物质能源的基础上创造可交易物。最后，从时间空间上说，这是创造每一个时空片段，为什么这个屁和另外一个不一样？因为时间、空间不会重来。

在虚拟数字世界（我们姑且先用元宇宙来指代），对于感官、空间、时间和信息获取都会发生新的配置。数字化为时空赋予了新的外延、意义和价值。人类对时空的记录从单一信息走向复合信息，从静态的单点走向流动的时段，从只记录重要时刻到实现随时随地记录，从精准的视觉还原到多样的视觉加工。但最根本的变化还在于，人类将终于可以用三维的方式记录和改变三维世界。时空对于我们将前所未有的巨大，也将前所未有的精细。

3

空间锚点释放空间的能量

"空间可以在内容事物离开后留下来，因而是可分离的。"

——《物理学》，亚里士多德(Aristotle)

一盘宇宙时空中的永恒棋局

锚点是一种用于将数字内容附加到物理世界的机制，可以参考它来放置对象。

想象一下这个场景：你和朋友在家，决定一起使用混合现实设备玩一盘虚拟国际象棋。你们可以在你家的任何空间中定位全息棋盘，无论在你的设备还是在朋友的设备上，大家都在现实世界中的同一个地方查看棋盘。无论你们在物理空间如何移动，它都会固定在当初被设定的位置。如果当天这盘棋没有下完，可以第二天继续玩，而无须重新设置棋盘。

这个场景的实现逻辑是，国际象棋应用程序使用持久在云中的空间锚点保存棋盘的位置。这包括有关存储锚点的环境中的点的特征信息。国际象棋应用与被存储在云中的空间锚点共享空间锚点信息。然后，你朋友使用的 HoloLens、iOS 或 Android 设备上的应用程序可以查询空间锚点（Spatial Anchors）并获取该锚点的位置。找到锚点后，应用程序可以在任意数量的设备上的相同物理位置渲染棋盘。使用这些功能，空间锚点使开发人员能够围绕在现实世界中持久和共享全息内容构建体验，从而允许随着时间的推移在同一空间中查看内容。

　　空间锚点是指物理空间中的兴趣点，代表世界中存在于云中的物理点。应用程序和服务可以使用物理位置引用这些兴趣点。全息图可以附加到空间锚。"空间"部分指的是物理位置（或空间中的一个点），"锚点"部分指的是存储的位置，很像一艘停泊在海中的船。例如，如果你在家中的墙上挂了一个相框，那么这是一种空间锚定形式——你已将相框锚定（悬挂）在空间中的特定点（在墙上）上。它代表了系统应随时间跟踪的世界上的一个重要点。每个锚点都有一个坐标系，可以根据需要相对于其他锚点或参考框架进行调整，以确保锚定的全息图精确地保持在原位。在锚点坐标系中渲染全息图可为用户在任何给定时间提供该全息图最准确的定位。空间锚能够在云中存储和持久化，并在以后由创建它的设备或任何其他受支持的设备进行查询。这可以实现锚点的云备份和基于云的锚点共享。

空间锚点，物理空间与虚拟世界，再创造的基础

　　从时空的角度讲，空间锚点技术至少会带来以下几点改变：

　　1. 物理空间可以被叠加上新的信息和交互状态层；

　　2. 不同人在同一空间点会面对不同的时空内容；

　　3. 不同时间点的空间内容也会不同；

　　4. 空间将不再是被实体物质所定义，物理空间的状态将极大丰富。

　　在一份名为"Connecting spatial anchors for augmented reality"

（为增强现实连接空间锚点）的专利①中，微软描述了一种利用空间锚点来构建 AR/MR 体验的技术。新技术的核心是将物理和虚拟联系在一起的链接。微软将这些链接称为"空间锚点"。它们是将虚拟对象锁定到承载环境的物理空间的映射。它们提供了一个链接，可用于跨多个设备显示模型的实时状态。模型可以链接到其他数据源，为物联网或其他系统提供显示表面。可以选择通过将基于角色的访问控制绑定到地图上来添加额外的安全层，以便将特定功能链接到特定用户。

空间锚点将帮助开发者使用增强现实和混合现实的平台来理解空间，找出准确的兴趣点，并从支持的设备中调用兴趣点。此外，该虚拟空间的创造者还可以向其他链接的用户提供虚拟游览，只需在特定的地方添加一个空间锚点，其他链接的用户就可以在他们的移动设备上查看整个虚拟空间。如果距离落在空间锚点的阈值范围内，它还可以向用户提供音频内容。

作为微软 Azure 云计算基础设施的一部分，空间锚点允许开发人员构建与特定位置绑定的持久、可共享的 AR 体验。构建具有空间上下文的跨平台混合现实应用程序，构建沉浸式 3D 应用程序和体验，在真实世界范围内映射、保留和恢复 3D 内容或兴趣点。微软的 Azure 混合现实服务提供两种不同类型的锚点：用于将内容附加到物理位置的 Azure 空间锚点（Spatial Anchors）和用于将内容附加到物理对象的 Azure 对象锚点（Object Anchors）。Azure 对象锚点表示相对于环境中真实对象的位置和方

---

① 专利详情见：https://patentscope2. wipo. int/search/en/detail. jsf? docId = WO202
0171908，最后访问时间：2023 年 1 月 27 日。

向。它提供了一个通用的参考框架，允许将数字内容放置在真实世界对象的相同物理位置。使用这种方法，无须使用物理标记或手动对齐。

空间锚点可以在真实世界的空间规模中实现数字与现实的结合。微软的 Azure 空间锚点具有在全球范围内持续和恢复数百万个 3D 对象的可靠能力，通过上下文集成物联网数据可以实现将数字业务数据连接到设施管理、制造和零售中的真实工作流程，并将实时数据呈现在员工的眼前，使他们能够做出更好、更快、更明智的决策。

比如，工厂可以在应用程序涉及的每个位置放置空间锚点。移动设备有助于引导工人从一个位置移动到下一个位置。移动设备可以联系基于云的服务，并首先请求位于工人附近的空间锚点，然后逐步将工人引导到下一个位置。移动设备可以显示视觉指示器，指示完成任务的下一个位置的大致方向和距离。假设我们站在工厂的一台设备前，该设备配备了一堆传感器。现在，只需戴上眼镜看设备，就可以立即清晰地查看每一条相关信息。如果零件有问题，箭头可以直接指向有问题的零件，不再需要在手机或平板电脑上搜索数据库，也不再需要翻阅图纸。我们需要的所有信息都可以立即获得，并且可以在两手空闲的情况下与之交互。

世界上没有一家公司喜欢员工流失。员工流失意味着巨大的培训成本、人力资源成本和生产力损失。空间锚点技术可用于快速培训新员工，而不需要讲师。特别是在制造和装配仓库过程中，AR 指令可以在工作完成时以 3D 形式准确地向用户展示如何将对象组合在一起。在工厂车间可以利用这一技术使用"边做边学"的方法对员工进行交互式培训。使用对象检测来识别工厂车间的给定机器，员工可以在发现有问题的机器时看到要运行的指令的数字叠加。使用空间锚点技术，员工可以将锚点应用到工厂车间不同的感兴趣位置，这些位置将随时间持续存在。

空间锚点技术可以帮助员工在室内导航并在空间中找到他们关心的内容。当使用对象锚点在环境中检测到对象时，可以在该位置放置一个空间锚点，其中包含有关对象的元数据。当员工穿过空间时，他们有一个空间锚点，告诉他们去哪里可以找到工厂车间的机器。一旦到达指示机器的空间锚点，他们就可以检测到对象锚点。通过使用空间锚点可以将用户直接引向要检测的对象以增强他们的对象检测体验。

剧院道具团队设置场景的道具是个非常细碎和复杂的工作。使用混合现实技术，可以有效提升剧院对于舞台空间的掌握。道具团队可以先设置对象锚点，用于识别场景中的对象（例如沙发）并将其3D全息表示与真实对象对齐。然后通过设置空间锚点帮助团队跟踪舞台上不同道具的位置。由于一出戏有多个场景，在短时间内记住每个对象的位置需要花费大量时间去手动绘图或者运用经验和脑力记忆，不仅费时而且容易出错。空间锚点技术有助于绘制舞台并确定需要在舞台上放置不同对象的位置。随后，对象锚点可以扫描每件道具以进行对象检测，并通过空间锚点将其锚定到特定位置，从而相对于其相应位置定位每件道具。当由于场景变化而重新布置剧院舞台时，使用对象锚点和空间锚点，剧院道具员工不必记住所有道具的具体位置，他们唯一需要做的就是佩戴类似Holo-Lens这样的增强现实显示设备，然后将每个道具固定到所需位置。

许多增强现实应用需要获得用户设备的位置和方向。一般它们会使用基于 GPS 的方案。空间锚点技术提供了另外一种可能。这一技术利用设备摄像头记录视觉图像，通过图像的特征点以及它们在 3D 空间中的相对位置来识别其在真实世界中的位置，然后在 AR 空间中创建相应的定位点。虽然空间锚点无法取代所有基于 GPS 和标记的定位点，但它们比大多数基于 GPS 的方案精度更高，也比基于标记的定位点更能适应不同的视角。

在游戏领域，空间锚点可以支持在现实世界中创建大型多人游戏，将最好的移动游戏和现实结合在一起。玩家能够通过现实世界的位置分享玩"混合现实体验"，比如构建全息寻宝游戏或者数字逃生室拼图等体验，可以在随后的几天、几周或几个月内的不同时间点，在特定的空间中去探寻线索。

导航是 AR 的一项非常有用的功能，谷歌已经在这样做了。一旦空间锚点被链接，并且用户拥有空间地图（也可以是整个建筑物），就可以在链接的锚点之间生成导航。指导提示可以显示在用户的应用程序中，例如使用箭头表示到下一个锚点的方向和距离。通过在 AR 应用程序中放置和链接锚点，可以为用户提供更自然的体验，并将指示器放置在用户希望看到它们的位置。在室内导航场景中，博物馆也可以为公共展示品创建对应的空间锚点，这一系列的锚点共同创建博物馆的特定 AR 游览。当游客参观一个公共展览品时，他们可以在移动设备中打开博物馆的混合现实/增强现实应用程序；然后，他们可以将手机指向周围的空间，并通过摄像头输入查看其他公共展览品的大致方向和距离，从而帮助引导用户走向下一个公共展览品。

想象一下在一个巨大的工厂或巨大的办公室工作，这是你的第一天，或者你的第一个月。你不知道设备存放在哪里，你不知道某个人在哪里工作，你不知道在哪里可以找到一些信息。这就是空间锚点技术可以真正提供帮助的地方，其所需要的只是有人四处走动并创建该设施的地图。一旦将其上传到云，任何人都可以立即找到从一个点到另一个点的路径。从此，你的人生零时间浪费在向同事问路上、零时间浪费在迷路上。

未来，当我们在一个新的国家旅行时，也许再也看不到大而生硬的标志来指出地标或方向。人们可以将它们放入增强现实中，用户只在需要时才能看到它们。主题公园也是这种导航的另一个重要用途。导航应用程序可以从公园周围的游乐设施中获取所有数据，不仅可以将游客直接引导到游乐设施，还可以将游客引导到等待时间最短的游乐设施，甚至计划游客在公园周围的一天，以尽量减少步行时间。

空间锚点还可用于让盲人使用空间声音进行导航。空间声音基本上是通过当一个人朝正确的方向看/走时声音变大而起作用的。微软已经推出了这种技术应用的演示版。

在 Kognitiv Spark 联合创始人兼首席技术官瑞恩·格鲁姆（Ryan Groom）看来，空间锚点可以使公司将数字资产（如动画全息图或 PDF 文件）放置在物理空间中，因此当远程工作人员戴上 HoloLens 时，他们可以看到哪些数据与其位置或物理对象相关联，真正释放了潜力将数字知识与物理世界相结合，以帮助更快、更准确地执行任务。[1]

---

[1] 引用内容见 https://azure.microsoft.com/en-us/products/spatial-anchors，最后访问时间：2023 年 4 月 30 日。

需要注意的是，每个 AR／VR 平台都以自己专有的方式实现空间锚点。在 AR 平台中，锚点可以使一个或者多个用户将数字内容放置在相同的或特定的物理位置。理想状态下，在不同的设备上可以在相对于环境的相同位置和方向上看到它。使用空间锚点，使用者可以添加锚点存在的时间跨度和观看权限，然后在应用程序中连接锚点，以便目标用户可以找到附近的内容。比如，我们可以在办公空间的某个位置以全息图的方式设定一个重要提示，为这个提示设定一个时间范围以及限定哪些特定人群可以看到它，携带不同设备的这些人群可以根据提示查看。当然，实际应用要考虑如何查看锚点，确保从不同角度查看都可以让用户理解它们，并确保访问不受空间中其他对象的影响。毕竟，我们不希望用户查看信息时跌倒在桌子上或者撞到墙上。

　　不过，现状是这些平台方式通常彼此不兼容。没有这样的跨平台互通，将会让这一技术的应用场景和范围受到极大的束缚。微软试图解决这一问题。Azure 空间锚点支持一系列硬件和操作系统，如微软 HoloLens、支持 ARKit 的 iOS 设备和支持 AR-Core 的安卓设备，并将这一服务引入公共云。跨平台的走向如何，还需要进一步观察。

　　空间锚点技术将彻底改变我们与世界互动的方式。它将重新定义空间对我们的意义，允许我们将数字对象叠加在现实世界，而从体验上就好像这些数字对象就是我们物理世界中的一部分一样。我们所处的现实空间将因此被赋予更为丰富的内容和交互可能。

4

空间计算让人类重回三维世界

"空间计算真正使个人计算个人化。"

It is one that truly makes personal computers even more personal.

——伊利娜·克罗宁（Irena Cronin），罗伯特·斯考伯（Robert Scoble），*The Infinite Retina*

三维的人，二维的表达

人类生活在三维空间中，人类的大脑已经进化成适应理解和处理三维世界的信息。但受制于技术能力，我们一直只能用二维的方式来记录、表达和传递信息。另一方面，人类也一直通过发明各种工具来增强记录、表达和传递的能力。智人（Homo sapiens）是现存唯一的人类物种。Homo sapiens 在拉丁语中是智者的意思。智人通过使用工具让自己更好地生存和控制周围的环境。早期人类还会使用工具在洞穴石壁上作画。这些工具在某种意义上也可以被看作增强设备：增强人类的生存机会和表达。对于现代人类，这种增强采用的是教育的形式。教育传递知识，知识被认为可以让人类的生存概率变得更大。在许多方面，人类的努力就是如何更好地生存以及如何通过创建和使用工具来更好地表达自己。

笔和纸的组合可以被看作一个典型的例子。这种结合工具可以追溯到数千年前，从洞穴石壁开始。以某种形式被组合起来的干草、石壁、大块石头，被用作"纸"；天然染料、坚固的芦苇、动物毛、石头或金属凿子，作为"笔"。"笔和纸"被用来记录国家大事、商业和法律事务，以及诗歌等虚构的叙事及视觉艺术，例如绘画等。随着打字机的出现，实用性功能和文本表现力与视觉表现力开始分离。如今，计算机和智能手机不仅替换了打字机，还引发了人们对书籍、报纸以及电影院在未来是否还会持续存在的讨论。

在之前，人们是用绘画、小说、电影、短视频以及其他形式复刻现实，或者复现现实的某个片段。这是人类延续了几千年的方式。空间计算让人类可以首次实现将对现实的复刻从二维成像到三维。人工智能通过将先前未连接的数据组织到有意义的系统中，为现实创造出新的交互和表达界面，然后通过空间计算利用这些数据来满足我们的需求：如何更好地生存以及如何通过创建和使用工具来更好地表达自己。

现在所说的增强现实、虚拟现实，本质上都是依托空间计算的能力实现信息在三维空间的呈现。这种改变带来的影响将会是巨大的。我们的思维方式、表达方式、与物理世界的交互方式、与人之间的交互方式、复刻现实世界的方式等，都将因此发生本质的变化。从某种意义上说，空间计算实现了一件前所未有的事情：让人类重回三维世界。

在我们身边的三维环境中，创造出无数的屏幕和画布

相比增强现实、虚拟现实和混合现实技术，空间计算并不算一个热词。事实上，空间计算也不是一个很容易定义的概念。

它的内涵也一直在变化。它最早由 MIT 的西蒙·格林沃尔德（Simon Greenwold）于 2003 年在名为《空间计算》（*Spatial Computing*）[1] 的论文中提出。格林沃尔德指出空间计算是人与机器的交互，在交互过程中机器保有真实物品与空间的信息并以此作为参照进行操控。虽然整体说法较为抽象，但是可以明确空间计算强调的是机器对于实体的环境空间与物品存在感知的一种运算程序。这意味着，空间计算与脱离现实世界的计算机程序运算存在根本差异。

在空间计算公司 Infinite Retina 的首席执行官伊利娜·克罗宁和首席战略官罗伯特·斯考伯合著的关于空间计算的 *The Infinite Retina*[2] 一书中，他们从技术的视角给了空间计算相对更明确一些的定义：空间计算包括所有软件和硬件技术，使人类、虚拟生物或机器人能够在真实或虚拟世界中移动。在他们看来，空间计算将带来六种新技术的重大进步：光学和显示，无线和通信，控制机制（语音和手），传感器和映射，计算体系结构（如新型的云计算）和人工智能（决策）系统，并将给七个垂直行业带来变革：运输技术、媒体和电信、制造业、零售、卫生保健、金融和教育。

比起之前抽象的学术型定义，Infinite Retina 对于空间计算的定义显得更加具象。我们也能看到，空间计算似乎和下一个十年的所有新兴技术都有关：人工智能、云计算、虚拟现实、

---

① Simon Greenwold, "Spatial Computing", B. S. English & Applied Math Yale University, Jun. 1995, https://acg. media. mit. edu/people/simong/thesis/SpatialComputing. pdf, 最后访问时间：2023 年 1 月 27 日。

② Irena Cronin, Robert Scoble, *The Infinite Retina: Spatial Computing, Augmented Reality, and How a Collision of New Technologies are Bringing about the Next Tech Revolution*, Packt Publishing, 2020.

增强现实、自动驾驶等。我们该如何理解空间计算？它是一种独立的技术，还是一个技术的大杂烩？它对我们的意义又是什么？

要理解空间计算的意义，需要从更长时间的维度去观察计算技术交互技术范式的转变。

第一阶段是个人计算机时代。在这个阶段，个人计算基于文本界面，所有的交互与指令都是通过文本代码形式实现的。较高的使用门槛决定了这时的计算体验只能覆盖少量专业和企业用户。

第二阶段是图形交互和认知时代。在这个阶段，以1984年苹果公司的Macintosh操作系统发布为标志。计算机在文本界面基础上又加了图形界面，易用性上了一个台阶，界面更为友好。计算开始进入办公、娱乐等多个领域。而其中的图形界面交互逻辑更是奠定了现在PC端计算机的很多产品操作逻辑。

第三阶段是移动时代。在这个阶段，计算界面的可移动性通过手机的普及呈现了出来。这种范式的转变让数十亿人可以连接到互联网。无所不在的数据网络、新型的传感器和各种软件，让手机成为一个无处不在的智能终端。互联网平台型公司也开始出现。

第四阶段就是空间计算阶段。前三种范式中最明显的问题是，它们的交互方式对人类其实并不友好。空间计算将带来使用性上的突破。伴随着空间计算相关技术的发展，计算与交互界面彻底摆脱了屏幕，可以以立体的形式环绕在我们周围。

从交互范式与发展的转化可以看出，在先的范式是在后的范式的基础，新的范式在前一个范式的基础上不断完善并发展。每一个时代都有符合这个时代的交互与体验范式。孩子知道如何拿起衣服，把它放进洗衣机，但在图形交互和认知时代，当他要在电脑上完成这个任务时，他需要学习使用触屏或鼠标以在平面屏幕上操纵对象来完成任务。在空间计算阶段，他只需要抓取一件虚拟的衣服，就像在真实世界中抓取一件真正的衣服那样。

空间计算阶段通过技术赋予产品的交互体验将用户界面不再局限在手机和电脑屏幕，而是将技术融入我们的环境中。

空间计算不是让我们脱离现有的屏幕，而是会在我们身边的三维环境中创造出无数的屏幕和画布。计算已经超越了 2D 屏幕的限制，手势和声音都可以成为控制器。空间计算在广义上是扩展现实（Extended Reality，简称 XR）的同义词，它本身是虚拟、增强和混合现实的总称。但是，空间计算这一术语强调了在 XR 中，用户周围的 3D 空间就是用户界面的画布。在空间计算中，可以以符合人类认知能力的方式探索任何类型的数字内容（故事、数据可视化、数学概念，例如星系或分子结构）。

索尼的带有手部追踪功能的 Spatial Reality 全息显示器被导演杰森·雷特曼（Jason Reitman）和制作设计师弗朗索瓦·奥杜伊（Francois Audouy）用于制作电影《捉鬼敢死队》（*Ghostbusters*）的续集。Spatial Reality Display（SR Display）基于索尼的 Eye－Sensing 光场显示技术，仅用裸眼就可以进行立体观看，不需要虚拟现实眼镜或头戴式耳机。这个技术可以从任何视角显示内容，用户只需上下左右移动，就可以感觉到其正在与自己面前的内容进行交互。Spatial Reality Display 利用实时渲染算法实时处理眼睛看到的场景而内容不会出现延迟，即使用户四处走动，3D 世界也可以看起来像现实生活中一样平滑。

关注多技术系统，寻找模糊性正确

空间计算未来的发展，重点在三个核心领域：

1. 能够感知3D数字内容的技术（例如AR/VR耳机）；

2. 能够与3D数字内容自然交互的技术（例如语音控制、眼睛跟踪、手/身体跟踪和触觉）；

3. 有效3D用户体验交互设计的原则。

空间计算依赖于3D成像技术，比如AR/VR耳机或无眼镜全息显示器。过去十年技术和计算能力的进步意味着这个板块正在实现突破。

随着视觉内容变得越来越真实和立体，我们如何与之交互变得更为重要。手持控制器将始终在家庭娱乐和专业用户中占有一席之地。但空间计算未来在工业设计、培训、医疗保健、主题公园和教育等方面是否可以得到广泛采用，将取决于自然交互。比如，在带有手部追踪功能的产品出现后，在使用汽车设计软件Autodesk VRED的时候，无须VR控制器即可进行交互，设计工作流程更加简化。

手部追踪，意味着用户可以直接与虚拟内容进行交互。用户可以直接抓取、捏合、推动、滑动和滑动虚拟对象，无须用按钮按下或学习使用键盘快捷键。当我们在物理世界中拿起一个物体时，它是瞬间的、毫不费力的。在空间计算中也必须如此。手部追踪软件必须能够以高保真度和低延迟实时地、逼真地渲染手部。我们的双手是经过数百万年磨炼出来的强大的天然工具。想一想戴着手套扣纽扣是不是比不戴手套扣纽扣要难得多？这让我们理解了人的触觉对自然互动有多重要，从而使得触觉成为空间计算的第二个关键交互技术。此外，人类使用身体和声音与 AR 或 VR 互动的能力可以创造指数级的可能性。1979 年，MIT 的一个经典实验 Put That There 完美地说明了这一点。[①] 在其中，用户可以通过指向他们希望对象出现的位置并告诉计算机他们想要什么样的对象（"在那儿放一个黄色圆圈"）来将对象定位在屏幕上。通过将语音和手部追踪结合起来，比单独使用任何一种都更容易完成交互。眼动追踪技术虽然主要关注提供有效的视觉效果，但也可用于增强轻松的交互性。

即使拥有适当的技术，我们也不会通过"镜像"现有的 2D 交互设计来释放空间计算的潜力。将界面带入 3D 需要一个与自然人类重新连接的交互设计新时代。

尽管仍处于早期阶段，但我们已经可以看到空间计算对现实世界的影响。在汽车领域，VR 和手部追踪允许对生产线进行虚拟原型制作。这意味着不再需要昂贵的全尺寸 3D 模型。在医疗保健领域，基于 VR 的视觉疗法正在改善弱视患者的视力和深度感知。这种情况目前很难适用传统治疗方法。

空间计算可以让我们展开这样的想象。在未来，一个独居老人的家中，家里的所有物品都进行了数字分类，所有传感器和控制对象的设备都连接了网络，家中的数字地图也已与对象地图合并。当老人坐着自动轮椅从卧室移动到厨房时，灯光会打开，环境温度也会随之调整；当老人饲养的宠物跑过轮椅前面的时候，轮椅的行进速度会自动变慢；当老人到达厨房时，桌子会自动移动以方便老人接近冰箱和火炉，然后在老人准备

---

① 现场实验内容见：https://www.youtube.com/watch?v = RyBEUyEtxQo，最后访问时间：2023 年 4 月 30 日。

吃饭时再移回原位。如果老人上床时摔倒了，家具就会移动过来进行保护，并向老人的家属和当地的监测站发出警报。

在医疗领域中，我们也可以基于空间计算畅想未来的场景：派遣护理人员小组到城市的一个公寓中，为可能需要急诊手术的患者提供治疗。当系统将患者的病历和实时更新数据发送到技术人员的移动设备和急诊室时，它还确定了到达人员的最快驾驶路线。红灯保持救护车可以横穿交通，随着救护车到达，大楼的入口门打开，露出已经就位的电梯。当医护人员赶紧抬着担架赶去时，所有障碍物都自动移开了；当系统通过最快的路线将其引导至急诊室时，外科手术团队将使用空间计算和增强现实技术来绘制整个手术室的编排图，或计划该患者身体的手术路径。

耳机原本不知道用户在观看什么，也不知道用户在朝哪个方向移动。但在苹果和 Bose 的新耳机设计框架下，耳机能通过传感器觉察用户在空间中的动作。如果它感觉你是在去往街对面的方向，那么空间音频会让你觉得声音是从那个方向传过来的。一些新的体验可以通过空间音频实现，虚拟导游等体验将成为可能。微软的 Holo Lens AR 耳机等产品的使用范围已经从手术室发展到军事战斗的地方。像这样的设备显示了空间计算这种新的计算范式，尽管该范式目前的外在体验形式还显得有些笨重，且对于很多早期采用者来说有些昂贵。但回想最早移动终端出现的时候，那会儿的手机（俗称大哥大）不仅体积大而且价格不菲（在 20 世纪 90 年代末，大哥大是有钱人的象征），如今的手机不仅体积小、价格便宜，而且拥有了摄像头和各种处理器、传感器。所以，在不远的将来，新的计算和展示设备（比如体积更小的眼镜而不再是现在的头盔）将使今天的手机看起来同样古朴。

单纯将空间计算视为一个技术名词或者视频创新形式实际上并不合适。空间计算本身涵盖了诸多正在发展中的技术。其本身具有模糊性，很难去界定什么是空间计算而什么不是。空间计算不止应用在视觉方面。当一项新技术出现时，技术本身可能会以炫酷的体验作为卖点。而随着技术逐渐发展成熟，其着眼点将会是如何带来真正的应用价值。

曾几何时，通过几句话或挥手将思想带入世界的想法只是科幻小说或奇思妙想，但在不远的将来，这些将变成新的现实。更为重要的是，人类终于可以以三维的形式记录、传递和创造原本就在三维世界中生成的信息、知识和想象力。而呈现它们的界面将无处不在。

5

游戏引擎——构建虚拟时空的共同语言

"文明是在游戏之中成长的，在游戏之中展开的，文明就是游戏。"

——约翰·赫伊津哈（Johan Huizinga），

《游戏的人：文化中游戏成分的研究》

数字游戏的分歧

英国科幻作家道格拉斯·亚当斯（Douglas Adams）以科幻小说《银河系漫游指南》为大众所知。他曾以调侃的方式提出了科技三定律①：

1. 任何在我出生时已经有的科技都是稀松平常的世界本来秩序的一部分；

2. 任何在我15~35岁诞生的科技都是将会改变世界的革命性产物；

3. 任何在我35岁之后诞生的科技都是违反自然规律要遭天谴的。

这个"科技三定律"放在数字游戏身上，显得无比贴切。

在数字化进程中，没有一个行业比数字游戏行业更为充满争议，更令人感到爱恨交加。一方面，它被看作承载创意、想象和激情的空间，也是很多新兴数字技术的第一实验场。对人性对于满足感和发泄需求的满足让它很容易就成了吸金利器，从而成为税收的重要贡献者。另一方面，数字游戏被看作"怪兽"，与吞噬时间、浪费钱财、影响学习、不利健康等负面问题密切关联。

在荷兰语言学家和历史学家约翰·赫伊津哈看来，游戏作为一种娱乐形式，其意义不容低估。他在其著作《游戏的人：文化中游戏成分的研究》中写道："文明是在游戏之中成长的，在游戏之中展开的，文明就是游戏。"② 在他看来，游戏的虚拟性和娱乐性并不意味着游戏变得比"严肃"低级，游戏可以升华至美和崇高的高度，从而把严肃远远甩在下面。

---

① Jonathan Becher, "Douglas Adams' Technology Rules", Forbes, Jul. 7, 2014, https://www.forbes.com/sites/sap/2014/07/07/douglas-adams-technology-rules/?sh=5f1b3d2953e6，最后访问时间：2023年4月29日。

② 〔荷〕约翰·赫伊津哈：《游戏的人：文化中游戏成分的研究》，何道宽译，花城出版社，2007，第17页。

一般都认为，艺术比游戏更为高级（或者说是更为严肃的）。但从特点来看，艺术与游戏也有类似之处。它们都有交互和心理体验。最大的不同之处在于艺术有形式丰富的输出，比如字、画、歌、曲等。数字技术的出现，让游戏的交互手段越来越多样化。游戏已经不需要具体的物体来作为媒介，而是通过电子终端的转换，呈现为虚拟的形态和玩家互动。游戏的虚拟化使得自身摆脱了客观条件的束缚。游戏不再需要真实物质的游戏道具和工具。而游戏的创造者、规则设计者们第一次冲出现实世界的束缚，开始天马行空地创作起来。在这个过程中，艺术也慢慢地渗透进了游戏中。而游戏在成长的过程中，也变得越来越艺术。今天，我们可以在游戏大作中看到令人震撼的画面，会被一些游戏中的故事情节感动，属于文学的好故事，属于视觉艺术的画面表现，还有那些荡气回肠的游戏音乐，让我们看到了艺术与游戏的结合。从这个角度讲，约翰·赫伊津哈的上述观点在游戏进入数字化时代后得到了验证。

　　同样在那本写于近100年前的书中，约翰·赫伊津哈认为，游戏受封闭和限制，需要在特定的时空范围内"做完"（played out）。"游戏有时间限制，但它和文化现象一样具有固定形态，可以形成传统。""游戏的进行受到空间限制。竞技场、牌桌、魔环、庙宇、舞台、银幕、网球场和法庭等在形式和功能上都是游戏场所，即隔开、围住奉若神明的禁地，并且特殊规则通行其间。它们都是平行世界里的临时世界，用于进行和外界隔绝的活动。"① 而时至今日，如果约翰·赫伊津哈接触到数字游

---

① 〔荷〕约翰·赫伊津哈：《游戏的人：文化中游戏成分的研究》，何道宽译，花城出版社，2007，第154页。

戏的话，可能会对他的这些观点进行修正。当前的数字游戏正在朝着无限的时间和空间延展。增强现实技术让现实世界全都可以成为游戏的空间。Niantic 的精灵宝可梦 GO 已经展示出这样的尝试。AI 的应用会让游戏中的主角可以自主行动，不再必须受现实玩家的操控，因此只要服务器还在运转，游戏始终在进行。

游戏在哪，金钱在哪，数字技术发展就在哪

不要因为数字游戏的娱乐属性而低估它的价值。娱乐不等于无用，也不仅仅意味着消费和消耗。综观数字化的历程，无论是 PC、智能手机、芯片、VR，还是图形软件、Web 3.0 和数字货币，几十年来，几乎所有数字化的前沿技术应用的第一波落点都离不开数字游戏领域。1975 年，美国国防部向麻省理工学院赠送了若干台单价 40 万美元的中型计算机 PDP－10，在这些本应用于模拟武器研发的设备中，更受学生欢迎的却是一款叫作"冒险"（adventure）的电子游戏。数字游戏玩家产生的需求事实上成为数字技术不断前行的驱动力。2021 年，英伟达的顶级图形显卡一卡难求，这些原本为游戏玩家和设计师准备的硬件因超高浮点运算能力等多项性能优势，被广泛用于人工智能和区块链计算。

时至今日，数字游戏已经成为娱乐行业中最赚钱的产业。其收入规模超过了电影、电视、音乐、体育和书籍。游戏也是最受欢迎的移动应用类型，占所有下载量的三分之一，占苹果应用商店收入的 75%。但相比产业价值，更为值得关注的是，游戏技术的能量已经不仅仅局限在游戏领域。游戏不仅是创作

和表达的媒介、社会交往的空间，更是科技应用和创新的前沿。以游戏引擎为代表的游戏研发技术中的通用技术及工具正在赋能影视、仿真、工业等多个领域，Al 云计算等新技术将游戏作为深度应用场景，新硬件与新交互带来算力和体验的多重突破。恩格斯曾说："17 世纪和 18 世纪从事制造蒸汽机的人们也没有料到，他们所制作的工具，比其他任何东西都更能使全世界的社会状态发生革命。"①

如今，这样的情况正在游戏引擎身上再现。随着世界变得更加数字化，游戏引擎正在为各种行业的计算界面提供动力。游戏引擎正在走出游戏领域，城市规划、建筑、汽车工程公司、现场音乐和活动、电影制作等都将许多工作流程、设计过程转移到游戏引擎上。

游戏、虚拟世界、数字化模拟都依赖于源自底层的代码或引擎。游戏引擎是构建 3D 可交互实时渲染虚拟世界的基础，是游戏产业最底层技术，是通向虚拟世界的基石。引擎掌管着数字世界的一切——决策逻辑、规则、物理联系、实时视觉效果、声音特效、人工智能、内存及网络管理等。游戏引擎概念最早起源于约翰·卡马克（John Carmack）于 1993 年编写的 id Tech引擎，这是一组提前编写好的功能组件。经过近 30 年的发展，如今的游戏引擎可以切分为六大功能层，包括第三方插件包、独立平台层、核心系统层、游戏资源层、功能组件层（图形渲染、物理碰撞、动画骨骼、音效、脚本系统等核心功能均在此层）以及游戏专用子系统。

每个游戏都需要一个引擎。当前游戏引擎主要分为开源引

---

① 《马克思恩格斯文集》（第九卷），人民出版社，2009，第 561 页。

擎和自有引擎。全球最为流行的两款开源通用引擎为 Unity（Unity Technologies 公司发行）与 Unreal（Epic Games 公司发行），它们均为有限免费的商业化引擎，其中 Unreal 完全开放源代码，Unity 有限开放。

大部分游戏制造商（开发商和出版商）都会选择第三方引擎来建立和运营游戏。想想电影和电视节目。漫威和迪士尼拍电影时，不需要独立设计和制造相机、剪辑软件、数据仓库等，内容制造公司只专注于创造作品。当然，游戏引擎套件的复杂性和范围远超电影、电视行业。比起抓取一帧帧画面并进行前后顺序的排列，实时维护多个玩家玩游戏时的底层物理机制困难得多。

创造新的世界并非易事，游戏引擎尽可能地去模拟世界的内外形态，设定基础物理规则，定义交互方式。

游戏引擎更像一个设备齐全、工艺先进的巨型影棚，在演员、布景、灯光、摄像机、导轨依次摆好后，如何让画面、运动、交互协调运转，就是创作者和引擎的工作了。开源的游戏引擎是一个全能广泛的套装软件，它可以让用户发挥自己的想象力，创造虚拟数字体验。以前，完成类似项目可能需要资深工程团队花上几年来设计底层代码，现在开发者们甚至不用知道引擎的内部原理，只需专注于创意，怎么讲述一个有趣的故事。游戏引擎开发者的最终目标是使内容制作者们更有效率，让一个预算很少的几人团队有可能打造出跨时代的高质量游戏。技术障碍只是游戏产业中的一个限制，开发者能够投入的时间、经济条件等也一直是限制游戏开发者的因素。

延展中的游戏引擎能力

"这颗行星是黑色的，完美的球形，实际上并不存在，它的直径为 65536 公里（是 2 的 16 次方，任何称职的黑客都能认出这个数字）。一条 100 米宽的道路环绕着它。这个虚拟星球上的所有房地产都归学术机构、计算机协会（Association for Computing Machinery）所有。"

"该协会将土地出售给有进取心的程序员，程序员希望开发这些土地。很多人都是这样做的：他们的努力是为了大道两旁的房屋、酒吧和摩天大楼。任何时候，道路上都挤满了人，或者至少是他们的 3D 化身。有些人是去工作，有些人是去约会，许多人只是闲逛，就像街道发明以来人们所做的那样。一些人把他们的汽车——就像那个世界上的其他东西一样，实际上只是一捆捆的计算机代码——开出高速公路，在电子之夜的黑色沙漠中与（它们）赛车。"①

这是小说《雪崩》中对 Metaverse 的描述。虽然 1000 个人有 1000 个元宇宙的说法或想象，但是以沉浸式为核心体验的虚拟世界一定是实时渲染的时代，在其建造过程中所用的技术将会是一致的，下一代交互式的内容生成方式，就是实时渲染出来的虚拟世界。也正因为看到这样的趋势，无论是 Unreal 还是 Unity，这两家公司的野心很清晰，将游戏引擎作为通用模拟软件来推广，希望 Unreal/Unity 能成为一种通用语言，让更多力量

---

① 〔美〕尼尔·斯蒂芬森：《雪崩》，郭泽译，四川科学技术出版社，2009，第 30 页。

在其中构建 3D 世界，就像现在 html 之于网站一样。

这样的野心已经伴随着游戏引擎技术的不断迭代开始蔓延。目前，最新版的游戏引擎可适用于绝大部分游戏开发。同时，游戏引擎的能力正在向游戏以外蔓延。2000 年前后，一款名为"雷神之锤"（Quake）的游戏成为电子游戏史上的一座里程碑，第一次呈现游戏引擎绘制的纯 3D 世界。20 年来，运算能力的进步和游戏设计界的激烈竞争让游戏引擎本身成为一款核心产品。除了绘制图像，它们还能处理如重力、物体碰撞等模拟物理规律并让线上玩家相互连接的任务。可想而知，这种创造高质量仿真现实的出色能力吸引了其他行业公司的注意。

2019 年影响力最大的两部影视作品《狮子王》和《曼达洛人》（The Mandalorian）几乎都是分别基于 Unity 和虚拟引擎（Unreal）拍摄的。《曼达洛人》的全部场景，从不知其名的冰雪世界到沙漠星球，几乎都是在加利福尼亚州曼哈顿海滩的一个虚拟舞台上拍摄的。游戏引擎的应用让导演以一半的预算实现了电影级的视觉效果和两倍以上的时间优化。同时，它也给摄影工作带来了极大的灵活性，导演可以完美地控制每个镜头的元素，如随时抓取完美的日落、毫无偏差地定位云彩。

在体育赛事领域，Unity 在 2021 年底推出了一款名为 Metacast 的软件。Unity Metacast 采用了体积化拍摄技术，贯穿了拍摄、观看与互动整个流程，从运动着的选手到静止不动的设备都可在 3D 中与现实互动。通过该平台，观众可以从任意角度实时观看赛事，比如在拳击比赛中可以从其中一个拳手的角度体验比赛。

Epic Games 还在延伸游戏引擎的能力，通过游戏技术帮助人们更容易地构建虚拟世界的数字资产。Epic Games 推出的 MetaHuman Creator 能够帮助任何人在几分钟内创建照片级逼真的数字人类，并包含完整的绑定、毛发和服装，以此满足像游戏、影片等内容创作者的需求。在过往游戏或影片等 3D 内容创作时，想要制作出逼真的数字角色往往会耗费大量时间与功夫，MetaHuman Creator 可以将花费数周乃至数月的实时数字人类角色创作过程缩短到一个小时之内。使用者可以轻松地制作脸部特征、调整肤色，从预设的体型、发型、衣服等选项中进行选择，还可以编辑角色的牙齿等。用户可以从数据库众多选择中找到合适的起点，再选择几个采样对象、将其混合起来，并利用雕刻工具与控制指南来修饰，并为角色调整特定的面部细节，如颧骨和眉毛，甚至改变发型。每一种发型都利用了虚拟引擎基于股线的头发。

在美国，一些中学现在也将虚拟引擎作为他们课程的一部分。Epic Games 为此提供了相关课程计划，比如面向学生设计的 Rube Goldberg 机器，建造可持续发展的城市，为经典小说的反转结局制作动画等。

开源三维空间可视化平台 Cesium 自 2020 年开始为虚拟引擎开发定制版本的 Cesium。这两家公司本不是一个领域的玩家：Cesium 更关注全球范围真实地理空间的虚拟仿真，而虚拟引擎更专注于游戏市场。Cesium 最核心的战略目标就是使用自己创造的 3D Tile 数据格式来构建自己的 3D 空间信息生态，Cesium 一直致力研究的是大场景数据的组织和调度，但是在呈现效果上一直差强人意。通过合作，擅长数据可视化呈现的虚拟引擎在可视化表现方面的能力可以将这一套数据体系的价值发挥到极致。而对于虚拟引擎来讲，与 Cesium 的合作可以吸引优秀的开发者进入虚拟引擎之中。更为重要的是，如果开发者在使用 Unreal 开发游戏时，需要用到真实世界的某个大雪山（地形数据）作为游戏场景，那么现在可以使用 Cesium for Unreal 这个插件，就可以将 3D 真实世界的地理空间数据加载到 Unreal 中使用，也就是说游戏中的虚拟世界可以直接来源于物理设备采集的真实世界的空间数据，虚拟引擎因此第一次拥有了全球高精度的 3D 场景。

这次合作再一次显示出游戏引擎的"野心"。游戏引擎的触角已经从虚拟探向现实。Epic Games 已经通过向建筑和城市化世界的扩张，在探索将其游戏世界与数字孪生联系起来的潜力。该公司特别为建筑师、工程师等专业人士打造了一个新版本的虚拟引擎"Twin Motion"，可用于建筑和基础设施的设计和管理。

Twin Motion 现在正被数字孪生提供商用于创建整个城市的高度逼真的虚拟副本，可用于衡量城市新发展的影响并进行风险评估。一个典型的案例就是香港国际机场的 1 号航站楼在 U-nity 游戏引擎中使用了一个数字孪生引擎，向设施管理人员提供乘客活动和可能需要维修的设备的实时视图，类似于生成了航站楼的 3D 自拍。拓展游戏引擎用途的不只建筑师这一群体，美国航空航天局（NASA）计划通过一套基于 Unreal 的虚拟现实系统，用来训练要在国际空间站上完成任务的宇航员。

Epic Games 还收购了软件 RealityCapture 背后的技术公司 Capturing Reality，该公司使用摄影测量技术和激光雷达捕获来创建对物体和环境的精确三维扫描。Epic Games 希望以此提升对现实世界捕捉的能力，然后以数字孪生的形式将其植入虚拟引擎，有朝一日让建筑物和城市的数字复制品连接在一起，形成一个人们工作、娱乐和社交的平行世界。

不断增长的基于游戏引擎的应用和体验数量正在积累网络效应的优势。当越来越多的数字资产通过主流的游戏引擎创造的时候，这些资产很容易沉淀和聚合。现在的技术可以实现不同的虚拟产品、世界、体验不需要在同一个引擎构造上就可以相互交流。现在游戏经济越来越依靠虚拟商品交易。将物品、服装等从一个游戏带到另一个游戏的能力显然会增加玩家愿意为这些商品支付的价格。而且，如果用户拥有在不同数字世界中跨越的需求，游戏引擎将证明其巨量的潜力。

2022 年推出的虚拟引擎 5 通过 Nanite① 和 Lumen② 等开创性技术，让视觉真实度实现了质的飞跃。其打造出的光影和交互体验效果令所有人为之赞叹。在虚拟引擎 5 的官网上这样写道："虚拟引擎将带来前所未有的自由度、保真度和灵活性，帮助游戏开发者和各行各业的创作者创作新一代实时 3D 内容和体验。虚拟引擎 5 将为你提供所需的工具和资产，让你能够使用规模收放自如的内容创造出真正广袤无垠的世界，供你的玩家、参与者和利益相关方探索。"游戏引擎的"野心"在这里被表露无遗，它们正力图成为空间化操作系统，成为构建虚拟时空的共同语言。

6

密码学重塑新的社会结构

"印刷术的出现，变革了中世纪的社会结构，密码学也会重塑新的社会结构。"

——《加密朋克宣言》

---

① Nanite 功能是虚拟引擎 5 中新的虚拟化几何体系统。该功能以一种新的内部网格体格式和渲染技术，用于渲染像素尺度的细节和大量对象。
② Lumen 是虚拟引擎 5 的全动态全局光照和反射系统，专门针对下一代主机进行设计，是默认的全局光照和反射系统。

密码学，信息的保卫者

1969 年，法国著名作家乔治·佩雷克（Georges Perec）创作了一部 300 多页的小说《消失》（*La Disparition*）。很多中国读者对于这部小说也许并不熟悉。但是它在文学界却名闻遐迩，因为从头到尾在这本书中没有出现一个含有字母 e 的单词，在法语写作中，不使用"e"意味着整部小说中不能出现"我"（je）、"不"（ne）、"男人"（homme）、"女人"（femme）等一系列常用单词。在该书出版 20 多年后，英国小说家吉尔伯特·阿尔代尔（Gilbert Adair）以 *A Void* 为书名，翻译了这本书。为了表达原作者不用"e"的特殊意义，吉尔伯特·阿尔代尔在翻译这本书的英文版本时，同样没有使用一个含有字母 e 的英文单词。实际上，e 既是法语单词中也是英语单词中出现频率最高的字母。文学家们在用某种文字技术来表达自己的想法，而从另外一个角度看，特定字母＋频率，其实意味着一种密码的表达方式。在《福尔摩斯探案集》中，福尔摩斯就是用字母"频率分析法"破译了替换加密的"跳舞小人"密码。

古罗马时期的恺撒大帝和武王伐纣时都曾采用过这种替换加密的密码编写方式。恺撒的密码是一种单表替换加密技术，明文中的所有字母都在字母表上向后（或向前）移动若干位。替换加密虽然乍看之下混乱无序，但通过统计手段就能恢复出密钥。如同小说中福尔摩斯所做的那样，统计密文字母的频率，并与自然语言中各个字母出现的频率相对比，从而揭示隐藏在乱序密文后面的加密规律。

在我国，先秦兵书《太公兵法》有记载使用"阴符"进行军队通信，就是通过特定长度的"符"来表示不同的信息："大胜克敌之符，长一尺；破军擒将之符，长九寸；降城得邑之符，长八寸；却敌报远之符，长七寸；警众坚守之符，长六寸；请粮益兵之符，长五寸；败军亡将之符，长四寸；失利亡士之符，长三寸"。

世界纷繁，但归根结底其实就是三个要点：信息、结构和通信（物质可以被看作一种结构化的信息）。从这个角度来看，作为研究保护及破译密码的艺术，密码学完美地融合了这三个方面：以特定的方式将信息结构化，实现在通信交互中的特定效果。

如今，对于生活在移动互联网时代的我们来讲，密码看似已经变得如影随形。从解锁手机到移动支付，从登录 App 到收发邮件，几乎每天我们都会涉及输入密码的环节。当然，从专业角度看，这些都不能算作密码，从更准确的意义上讲，它们应该被称为口令，因为当我们输入这一串字符的时候，事实上它们不经过任何处理直接送到服务器来验证。而只有当输进去的字符，通过密码运算得出另外一个结果，这个结果可以验证输入者是不是合法的用户时，这个口令才变成了密码。

《密码学的新方向》给硅谷的启发

不过，不管是口令还是真正的密码，一个不可忽视的现象是，密码学早已经与我们每一个连接到互联网的人密切相关。在人类的数字化进程中，密码学平时并不出现在大众视野中，但这并不影响它在其中发挥着关键性作用。密码学的演进让我们重新定义数字价值，打造新的信息交互和交易状态，推动从信息互联网到价值互联网的延展。

其中有三个相互关联的关键因素：

1. 密码学走向大众；

2. 加密朋克（Cypherpunk）运动及其背后的理念；

3. 新的加密技术和新的加密应用。

人类使用密码的历史几乎与使用文字的时间一样长。但在20世纪70年代以前，密码主要是在政府、宗教等权力机构主导的军事、情报、外交领域使用。在20世纪70年代的美国，主要是军方在使用加密技术来保护军事通信。密码学的研究主要是由情报机构或由IBM等获得政府或军方许可的研究实验室进行。尽管有小部分的密码技术用于商业领域，但公众很少知晓这方面的知识。对于普通人来讲，密码和密码学充满了神秘色彩，是权力机构主导下的一群高智商人群相互挑战的"游戏"，平时难以有机会涉及。

20世纪70年代中期，三位重要的密码学家马丁·赫尔曼（Martin Hellman）、惠特菲尔德·迪菲（Whitfield Diffie）和拉尔夫·默克尔（Ralph Merkle）发表了论文《密码学的新方向》（*New Directions in Cryptography*），打破了美国军方和政府对密码学知识的掌控，奠定了公钥密码技术的基础。公钥加密技术使人们可以通过不安全的信息传输通道传输重要信息，即发送者用接收者的公钥对信息进行加密，只有拥有与公钥对应的私钥的人（通常是接收者）才有权访问并解密信息。或者反过来，发送者用自己的私钥对信息进行加密（即签名），接收者用发送者的公钥来验证其来源的合法性。正是因为公钥加密技术走向大众，数字化的大规模应用才成为可能。

如今，公钥加密的应用场景已无处不在，从银行转账、访问网站到微信等即时通信，乃至区块链和加密数字货币。公钥加密技术的公开是人类历史上第一次公众可以接触到强大的加密技术，少数人对密码知识控制的历史被打破。更为重要的是，论文中的技术引发了公众对密码学和加密技术的第一波兴趣，激发越来越多的人投身到密码学领域中。从现在来看，如果这三个人在当时未发布公钥加密，我们的世界可能将会是另外一个样子。

我们现在可以看到大量密码学的技术信息和相关讨论。对于现在的我们来讲，以为这样的事情是想当然的。但其实，直到 2000 年，美国政府才取消了所有关于密码学的限制和规定，开源的密码学终于成为合法和允许的。这不得不提到产生于 20 世纪 90 年代初的加密朋克运动。这一运动催生了大家熟悉的维基解密和比特币。对于加密货币，人们往往聚焦在其货币属性的相关事情上，但加密技术及其背后的理念其实才是其真正的精髓所在。

《密码学的新方向》论文发表后，在硅谷和学术界，研究人员和工程师对密码学的兴趣如野火般蔓延开来，其中包括当时正在加利福尼亚大学伯克利分校读研究生的大卫·乔姆（David Chaum）。作为一名著名黑客，乔姆不相信计算机系统。他认为这些系统都很容易被攻破。于是在进修博士时期，乔姆决定研究计算机系统中的信任问题。1982 年，乔姆在论文《由相互怀疑的团体建立、维护和信任的计算机系统》中提出了去中心化的概念，并研究了如何在相互不信任的团体之间建立可信计算机网络的方案。乔姆提出去中心化概念，完全出于他最基本的信念：保护个人隐私权。随着世界变得越来越互联互通，他意识到有必要保护自己的个人数据，并将密码学视为实现这一目标的终极手段。因为密码学本质上是一种保护信息不被他人随意访问的学问。在他看来，密码学是由数学法则执行的，是一种中心化控制之外的力量，没有人能超越它，在他看来，只有当个人被授权使用密码学来控制和保护他们的数据时，真正的个人隐私才能实现。在 20 世纪八九十年代，乔姆的思考激发和带动了一群有相近想法的年轻人。他们组织线上和线下的讨论和实验。在这个过程中，在今天让我们觉得崭新的概念如"去中心化"、"智能合约"、"数字代币"等在那时就已经陆续出现了，并催生了加密朋克运动。

加密朋克，阿桑奇，中本聪，比特币

加密朋克（Cypherpunk）这个词是 Cyberpunk（赛博朋克）和 Cypher（密码）的变体。在 20 世纪 90 年代初，一群被后来称为加密朋克的年轻人受到大卫·乔姆思想的影响而聚集起来。他们认同大卫·乔姆在 1985 年表达的观点："电脑正在剥夺个人拥有并使用自己信息的权利。公共和私营部门机构已经获得了大量的个人信息，并相互交换。个人无法知道这些信息是否不准确、过时或不恰当……新的和更严重的危险源自计算机模式识别技术：即使是一小群人使用它们，并利用从消费者日常交易中收集的数据，也可以秘密地进行大规模监控，推断个人的生活方式、活动和联系。支付和其他消费者交易的自动化正在将这些危险扩大到前所未有的程度。"[①] 是的，这些诞生在 40 年前的观点在如今看来依然显得如此鲜活。在这篇名为《无需身份证明的安全性：让"老大哥"成为过去式的交易系统》的论文里，乔姆还提及了匿名数字现金和匿名声誉系统。

1992 年，加密朋克电子邮件列表建立。邮件列表有 3 个发

---

① David Chaum, "Security without Identification: Transaction Systems to Make Big Brother Obsolete", Communications of the ACM, Volume 28, Issue 10, Oct. 1985, pp. 1030 – 1044.

起人：蒂姆·梅（Timothy C. May）是 intel 资深科学家；埃里克·休斯（Eric Hughes）是美国顶级数学家；约翰·吉尔莫尔（John Gilmore）是早期开源软件的核心人物。几个月后，埃里克·休斯发表了著名的《加密朋克宣言》（*A Cypherpunk's Manifesto*）。他写道："在电子时代，隐私是实现开放型社会的前提。隐私不能与秘密混为一谈。私事是不想让所有人都知道的事，而秘密是不想让任何人知道的事。隐私是选择性向世界展露自我的权利。"①

看到这句话，很多人会想，我需要隐藏什么？我又没在网上胡作非为，我也不是什么技术极客和加密朋克。但在国际网络知名安全作家布鲁斯·施奈尔（Bruce Schneier）看来，说出"无须隐藏"论的人弄错了前提，并不是只有犯了事的人才需要隐私，使用隐私保护措施并不意味着有鬼。例如，你在窗户上装了窗帘，防止外人看到屋内。这不能说明你在从事什么非法或不道德的活动，只是因为你担心向外界暴露自己可能会带来的负面影响。

大家熟知的维基解密创始人阿桑奇（Julian Assange）、比特币的开发者中本聪（Satoshi Nakamoto）都曾是加密朋克电子邮件列表里的一员。在 20 世纪 90 年代后期，正是加密朋克运动推动了美国政府取消了对密码学的所有限制。使用强加密算法来保护个人信息和隐私免受攻击，是加密朋克始终的追求，他们以不同方式将这一理念付诸实践。

著名的互联网加密传输协议 SSL，就是加密朋克参与研发

---

① Eric Hughes, "A Cypherpunk's Manifesto", Mar. 9, 1993, https：//www. activism. net/cypherpunk/manifesto. html，最后访问时间：2023 年 4 月 30 日。

的。在浏览器和服务器之间对数据通信进行封装加密，确保在传输过程中不被改变，对网络购物、隐私信息有极大的安全意义。其他诸如万维网、BT下载等重要的网络技术的诞生，背后都有加密朋克的参与。某种意义上说，所有上网的人都是加密朋克运动的直接受益者。

在加密货币方面，1996年道格拉斯·杰克逊（Douglas Jackson）创造了第一代数字黄金货币E-Gold。1998年戴伟（Wei Dai）发表了B-money白皮书，开启了数字加密货币的先河。2005年尼克·萨博（Nick Szabo）提出数字货币BitGold（比特金）。到了2008年11月1日凌晨2时10分，中本聪在一个秘密讨论群"密码学邮件组"里发布了一封帖子，表示他正在开发一种新的电子货币系统，采用完全点对点的形式，且无须第三方的介入，帖子还附上了一篇9页长的论文"Bitcoin：A Peer-to-Peer Electronic Cash System"①（《比特币：一种点对点的电子现金系统》）。

20世纪七八十年代还处在对加密技术开放后的争议阶段，互联网开始高速发展，到90年代加密朋克社区讨论达到巅峰状态，然后经过10年的技术发展和沉淀最终对外输出第一个向大众普及的产品：比特币。很多人很容易只看到技术创新的局部热点，而忽略整个事物发展的来龙去脉。回望20世纪70年代，我们会发现比特币并不是一个灵光乍现的点子，而是一项用跨越近半个世纪的想法和蓝图构建起来的技术，是过去半个世纪密码学发展过程中的一部分。

---

① Joe Liebkind, "Bitcoin Years Later: Was the Nakamoto White Paper Right?", May. 20, 2022, INVESTOPEDIA, https://www.investopedia.com/tech/return-nakamoto-white-paper-bitcoins-10th-birthday/，最后访问时间：2023年4月30日。

当以乔姆为代表的加密朋克思考和发明区块链的时候，互联网以一个新的维度展示出它的能量——"价值互联网"。价值互联网被认为是相对信息互联网而言。1994 年，在日内瓦举行的欧洲核子研究中心的第一次会议上，大卫·乔姆作为第一个发表主旨演讲的技术专家，提出了未来的网络的首要应用是电子商务和支付，确保安全且隐私的小额支付是重点，而不能仅仅是电视、广播、报纸等媒体的衍生。他认为，互联网的商业价值来源于支付。他说："你可以为访问数据库付费，通过电子邮件购买软件或通信，通过网络玩电脑游戏，收到朋友欠你的 5 美元，或者只是订购一个披萨。这种可能性确实是无限的。"[①]同样是在那次会议上，第二位发言的专家就是被称为互联网之父、全球第一个网站创建者的蒂姆·伯纳斯-李（Tim Berners-Lee）。他认为未来互联网应该建立在 http 协议上，应该是一个拥有海量信息的网络，所有商业模式应该和电视、广播等媒体一样基于信息和内容，如收费广告等。如今的互联网是按照蒂姆·伯纳斯-李的设计路径一路走来的。但随着隐私滥用、盗版横行、欺诈频发、广告泛滥等问题成为互联网的顽疾，区块链开始激发起人们对于价值互联网的憧憬。

保护，才能让数字产品价值化

个人电脑、移动终端和网络的普及带来了一个新的资产类

---

① Aaron Van Wirdum, "The Genesis Files: How David Chaum's Ecash Spawned a Cypherpunk Dream", Apr. 24, 2018, Bitcoin Magazine, https://bitcoinmagazine.com/culture/genesis-files-how-david-chaums-ecash-spawned-cypherpunk-dream，最后访问时间：2023 年 1 月 27 日。

别：数字产品。数字产品是用不同编码格式打包的无形信息数字位，比如百科文章、视频内容、音频文件、软件等。数字产品开创了一个信息分享的新时代。任何信息都可以几乎为零的边际成本迅速复制并大规模分发。无论是政府、行业协会还是企业，多年来都在使用各种方式为数字产品的确权和产权保护进行着努力。但一方面，很多实施数字资产权益保护的监管解决方案既昂贵又低效；另一方面，一些监管解决方案又创造了一种只有少数玩家才能钻制度空子的环境。基于区块链的价值互联网以开放透明、不可篡改、易于追溯为特征，让数字资产在互联网上进行高效的价值转移。价值互联网，在网络世界中实现了数字资产的链上确权以及对所有权的真实而完整的转移。加密朋克发明区块链之前，真正的数字产权是不可能的。某种角度来说，它们将无数的数字农奴变成了数字自耕农。

信息互联网和价值互联网不是替代、迭代或者对立的关系。它们是从不同维度在构建互联网的应用层，并让各种技术、内容在应用层释放出价值。价值互联网并不是新生事物，它之前只是以另外一种不为大众注意的姿态存在。而如今，在新的协议模式下，它露出水面，尝试拂去浮在信息互联网的陈杂渣沫，并与它交汇融合，让互联网呈现出新的面貌。

密码学所带来的新面貌已经在游戏领域被实验。MIT 教授莎菲·戈德瓦塞尔（Shafi Goldwasser）、2012 年图灵奖获得者希尔维奥·米卡利（Silvio Micali）和密码学大师查尔斯·罗克夫（Charles Rackoff）于 20 世纪 80 年代在一篇论文中提出了零知识证明的加密协议思路。证明者可以在不披露信息本身的情况下向验证者证实信息的真实性。在二三十年前，这个计算机理论学家的脑洞还被外界认为是"不靠谱的"。而最近 10 年，零知识证明技术发展日新月异，当初论文中的设想也正成为现实。

2020年8月，以太坊创始人维塔利克·布特林在社交媒体上分享了一个在他看来有趣的游戏：一款基于零知识证明构建的去中心化实时战略游戏"黑暗森林"（dark forest）（见图3-3）。这是一款太空征服游戏。玩家在一个无限的、由程序生成的、密码学特定的宇宙中发现并征服星球。制作团队在博客文章中表示，刘慈欣的《三体》是这款游戏的灵感来源，游戏的基本原则便是"黑暗森林法则"。小说中的黑暗森林理论认为，由于文明以生存为第一需要，且宇宙资源有限，在"猜疑链"和"技术爆炸"两个前提下，每个文明都会尽力隐藏自己，或者毫不犹豫地消灭其他文明，"消灭你，与你无关"。

图3-3　Dark Forest 游戏界面

资料来源：游戏官方网址：https：//zkga.me/，最后访问时间：2023年8月23日。

这款游戏的玩法便是由此而来的。宇宙中所有星球、玩家出生位置全部都是随机的。玩家在一开始会拥有一颗自己的小星球，能量值和可见范围也很小。玩家可以通过征服其他行星来获取更高的能量值和更大的可见范围。游戏的每个版本都会作为一场测试赛，每一轮的获胜者都将获得奖金。这款"黑暗森林"游戏采用了"简洁零知识证明"（zkSNARK[①]）。通过 zk-SNARK，玩家可以在保持隐私的状态下公开提交可验证的有效行动。玩家不需要向核心智能合约提交他们星球的坐标以及征服星球的坐标。他们只需要提交对其星球位置的承诺（即经过哈希算法的星球坐标），以及一个可以证明哈希算法是有效的零知识证明，这也就能保证星球位置的隐秘性。"黑暗森林"把不完全信息博弈用到了基于 zkSNARK 的战争迷雾中。所谓迷雾，即玩家的可见范围。这种设定在游戏领域已经屡见不鲜，"魔兽争霸"、"红色警戒"、"星际争霸"等经典即时战略游戏就是通过"迷雾"来隐藏玩家信息。在"黑暗森林"中，你不知道迷雾中的其他玩家发展如何，不知道他们是不是在入侵你星球的道路上，不知道他们距离你还有多远。

零知识证明就是既能充分证明自己是某种权益的合法拥有者，又不把有关的信息泄露出去，即给外界的"知识"为"零"。零知识证明在两个方面有了重要的改变。其一是隐私性方面。在交易中，如果你需要证明拥有某种未花费的资产，但是又不想暴露资产的整个来源去向，零知识证明可以解决比特币等区块链平台中交易透明性带来的信息泄露，如转账地址和金额。其二是在可拓展性方面。若某个区块直接验证的时间很长，可改为由一人验证并生成证明，而网络中的其他人可快速验证该证明，不再需要每个人都花很长时间来直接验证。比如，现在以太坊上的交易成本被认为越来越高。这是为了维护共识所发生的成本。假设有一万个节点，每个节点做同样的计算，这样产生的结果

---

① zkSNARK 是零知识证明中最经典的加密算法体系。目前已经被应用在很多地方，特别是在区块链领域，包括 zkRollUp 以及与隐私保护相关的应用。它是 Zero - Knowledge Succinct Non - Interactive Argument of Knowledge 的缩写。

就很可靠，不会因为少部分节点的不诚实而对共识结果产生影响。然而共识的成本在于：一万台电脑重复计算，成本比在一台电脑上计算贵一万倍。这是所有共识协议存在的最大问题。而零知识证明就是可以从本质上降低成本的一种方式：可以在一台电脑上运行计算，其他电脑则用密码学的方法验证计算的可靠性，并不需要重复计算。在以太坊等比较昂贵的链上，验证计算的正确性要比重复计算更便宜。零知识证明被认为未来将在金融、身份验证、机器学习等领域带来全新的变化。

加密朋克的创始人之一蒂姆·梅（Timothy C. May）说，加密技术发展最终的结果是"一场社会和经济革命"[1]。密码学在重新定义协议模式、网络价值和交易方式。它是数字空间中价值创造的基石。当初加密朋克的邮件群组已经不存在，但基于一种信念而执着探索的精神并未消失。它不断以更新的形象出现在我们身边。

7

感知和理解世界的状态：构建下一个
计算时代的传播界面

"我真正想弄清楚的是，如何瓦解整个宇宙的概率分布。"

——理查德·纽科姆（Richard Newcombe）

（Surreal 公司科学家）

---

[1] Timothy C. May, "The Crypto Anarchist Manifesto", https://groups. csail. mit. edu/mac/classes/6. 805/articles/crypto/cypherpunks/may – crypto – manifesto. html，最后访问时间：2023 年 1 月 27 日。

模拟眼、耳、鼻、舌、身

不少人可能有过这样的体验：当闭上眼睛处在黑暗之中的时候，还是会看到很多图案在跳舞，这些图案（纹理或光点）不受意识控制，随机移动变换。通常情况下，它们并不像分形图案那么有规律可循，没有重复，形象思维好的人还会通过这些图案联想到不同的植物或动物……这种现象被称为光幻视。它是闭眼时或无可见光时所产生的一种对光或颜色的主观感受，它通常是视网膜在受到机械刺激、电刺激等不适当的刺激时瞬时所产生的光感觉（当然，也包括药物致幻）。

当用手指压迫眼球的巩膜部分时（比如做眼保健操的时候），就会在刺激部位的对角方向看见光环，这是众所周知的例子，也就是所说的压眼闪光（pressure phosphene）。手指施加的压力传递了假的信号，视网膜细胞无法区分刺激的类型，让它们误以为是光来了，使它们以类似光激活的方式"苏醒"。此外，频闪光会让人产生闪烁光幻视（flicker phosphene）；头部受到物理撞击时会产生运动光幻视（kinetic phosphene），就是人们常说的"眼冒金星"。

光幻视是人类视觉感知系统的一种典型的特殊状态。在生理学上，视觉的产生都始于视觉器官感受细胞的兴奋，并于视觉神经系统对收集到的信息进行加工之后形成。人类通过视觉来直观地了解眼前事物的形体和状态，依靠视觉来完成做饭、越过障碍、读路牌、看视频以及无数其他任务。绝大多数人对外界信息的获取都是通过视觉完成的。著名实验心理学家特瑞克勒（D. G. Treichler）曾通过大量的实验证实，人类获取的信息 83% 来自视觉，11% 来自听觉，剩下的 6% 来自嗅觉、触觉、味觉①。不仅人类是"视觉动物"，对于大多数动物来说，视觉也起到十分重要的作用。通过视觉，人和动物感知外界物体的大小、明暗、颜色、动静，获得对机体生存具有重要意义的各种信息，通过这些信息能够得知，周围的世界是怎样的，以及如何与世界交互。

眼、耳、鼻、舌、身是我们感知世界的不同系统，也是我们与外界交互的界面。这些系统构成了我们对外界的感知和认知。如今，数字领域的科学家们正在做的是努力理解这种认知的产生并将其通过技术手段复现出来。关于 AR/VR 交互和感知输入输出的研究就是为了构建下一个计算时代的传播界面。

某种意义上，这也是一种对时空的重构。它将让我们突破现实世界时间和空间维度所带来的物理限制，通过模拟感官创造现实感和存在感，让我们可以随时看到更多，感受到更多。从人类的角度来看，这个世界一直是动态的，随着身体的移动，目光就会投向对应的场景，并且丰富多彩的动态场景就会映入眼帘。如今，科学家们正在尝试利用这些变化的信号来创造一个超现实的世界，并且可以非常容易在其中移动和互动。在过去的 30 年里，计算机视觉都是一直在通过色彩和深度摄像机模仿人类的感知能力。如今，科学家们使用 3D 场景重建功能来提供一个丰富多彩、实时更新的世界，在这个环境里的人和他们的互动都可以实时变化，这需要突破性的技术来捕捉、转化、管理、分析并最终实时重建现实中的模型，让用户们觉得有真

---

① D. G. Treichler, "Are You Missing the Boat in Training Aids?", *Filem and Audio – Visual communication*, 1967, 48(1), pp. 14 – 16, pp. 28 – 30, p. 48.

实感，在虚拟和现实世界里创造出新的体验。

被 Meta 收购的 Surreal 团队所做的所有研究都是试图回答这些问题：用什么可以了解这个世界？过去发生了什么？对现在知道什么？是否可以预测未来？对于眼前的世界，人类通过各种被感知系统获取的信息来了解它，比如传递至眼睛、皮肤、耳朵和鼻子的光子。在 Surreal 的科学家看来，计算机视觉的真正含义是感知来自现实世界的能量，从这些痕迹中提取最大量的信息。然后评估感测区域的各种可能状态的概率，以便重建最有可能的状态。其实，这也正是我们自己的感知系统所做的事情。从结果上看，光幻视可以被看作一种错误的状态概率。重建世界状态的过程有时被称为"瓦解概率分布"。一位来自 Surreal 团队的科学家说："我真正想弄清楚的是，如何瓦解整个宇宙的概率分布。"①

1957 年春天，美国国家标准局的科学家拉塞尔·基尔希（Russell Kirsch）为他的儿子拍了一张照片，并将其扫描到了东部标准自动计算机中。为了使图片可以放进 SEAC 有限的存储空间中，他将图片分割成 176176 的网格，并进行了多次扫描。这张边长 5 厘米的正方形图片就是历史上第一张数字图像，从某种意义上来讲它甚至是 CT 扫描、卫星图像和数码摄影的鼻祖。如今，无论是数码相机还是智能手机，都可以拍出有惊人保真度和细节的照片，从某种程度上来说，这些数码计算机器的"视觉"比人类与生俱来的视觉能力还要强。

但正像我们平日所说的"听见不等于听懂"一样，"看见"

---

① Michael Abrash, "Inventing the Future", Oct. 11, 2017, https://www.oculus. Com/blog/ inventing – the – future/，最后访问时间：2023 年 1 月 27 日。

也不等于"看懂"。计算机视觉出现之前,图像对于计算机来说是黑盒的状态。一张图像对于计算机来说只是一个文件、一串数据。

1959 年,神经生理学家大卫·休伯尔(David Hubel)和托斯坦·维厄瑟尔(Torsten Wiesel)通过猫的视觉实验,首次发现了视觉初级皮层神经元对于移动边缘刺激敏感,发现了视功能柱结构,为视觉神经研究奠定了基础,并促成了计算机视觉技术 40 年后的突破性发展,奠定了深度学习的核心准则。如今,内置摄像头的移动技术已让世界充满了照片和视频,计算能力已变得更加经济实惠且易于使用,为计算机视觉和分析设计的可用硬件增多,卷积神经网络①这类新算法可以利用硬件和软件功能。这些进步对计算机视觉领域的影响令人瞩目。在不到十年的时间里,对象识别和分类的准确率已从 50% 上升到了接近 100% 。对于构建虚拟现实的需求来说,精准度和实时更新的 3D 重建场景质量必须是接近无瑕疵的,这个问题是所有的计算机视觉技术都没有遇到过的,只有当解决了这些难题之后,用户们才会获得和现实一样的虚拟世界。

在詹姆斯·卡梅隆(James Cameron)执导的科幻电影《阿凡达》中,主角通过一系列神经感知系统穿上阿凡达的躯壳,躺在那里就可以用意念来操控阿凡达。刘慈欣小说《三体》中谈到了一种体感装置,通过虹膜连接和整套体感设备,使用者在参与游戏时几乎是身临其境。

---

① 卷积神经网络(Convolutional Neural Networks,简称 CNN)是一类包含卷积计算且具有深度结构的前馈神经网络(Feedforward Neural Networks),是深度学习(deep learning)的代表算法之一。

合在人体的各种部位,不会掉下来。

一位穿戴着 4 个闭环人机界面模块的实验参与者控制了一个人型机器人,并且通过对应的压力传感器同步体验了来自机器人前臂、上臂、大腿及两侧、腹部以及小腿的触觉信息。与此同时,研究人员还针对触觉做了实验。他们选择由弱到强的不同频率,产生有区别性的触觉信息。为了验证系统实时无线操作的效果,研究人员还评估了 1 ~ 5 米距离的一个信号感应闭环,从反应速度、信息传输到信号接收、驱动反应,结果显示 5 种距离的反应时间都小于 4 微秒。在 Wi-Fi 模式下,当发送者与接收者之间的距离小于 60 米时,闭环人机界面的反应时间少于 350 微秒,这相比人在收到触觉刺激再做出决定的反应速度(550 微秒)要快得多。总体来看,这项皮肤集成闭环人机界面系统,在形式和功能上与以往的可穿戴式的人机界面都有明显区别。

未来通话:听到全息世界

AR 不一定要涉及屏幕,还可以通过耳机听到 AR 世界。空间音频技术正在这个领域进行探索。近年来不少公司都先后推出过各自的同类型技术,强调声音的沉浸感。不少人对于空间音频的了解来自苹果公司,它是较早向公众通过 AirPods 产品推广这一技术的公司。通过这一技术,用户在听音乐时能感受环绕立体声般的感受,仿佛一支乐队在不同方向朝着你演奏,让声音也具备立体感,沉浸感大大加强。

社交平台 Clubhouse 也使用了空间音频技术,比如当演讲者们纷纷笑起来时,笑声会根据发出声音的人的位置不同,分成不同层次传来，仿佛听者是和他们在同一个房间内聊天。空间音频和类似的沉浸式音频技术，将会从我们的听觉体验上强化空间感，让处于数字场景中的我们，从视觉到听觉都具有沉浸感。"我们习惯于与其他人共处一室，因为这有一种空间感。如果你坐在我的右边，那么意味着我也坐在你的左边，所以我们有一些共同的空间感。当你说话时，声音是从我的右边传来。并不像屏幕上只是从面前的同一个地方发出。"① 扎克伯格这样形容自己理想中的线上会议。在他看来，目前类似于ZOOM 这样的会议方式缺乏空间存在感。这种空间存在感会让人们的互动方式自然得多，让互动更加舒适，更加丰富，更加真实。

在未来，通话不再只是简单的语音交流，交流的对象能够作为全息投影图坐在你的身边，或者你将作为全息投影图坐在你的身边，感觉大家就是在现实中的面对面交流，即使相隔在不同的地方或距离数百公里。

在60 年前，一位名为约瑟夫·利克莱德（J. C. R. Licklider）的心理学家提出了这样一个愿景：在未来的世界中，人类将能够直接与计算机进行交互以提升人类的能力。这位全球互联网公认的开山鼻祖的长篇传记《梦想机器》（*The Dream Machine*）这样描述他的独特价值：

> 个人电脑还要过十多年才从硅谷的车库中诞生；整整

---

① Casey Newton, "Mark in the Metaverse: Facebook's CEO on Why the Social Network is Becoming 'a Metaverse Company'", Jul. 22, 2021, https://www.theverge.com/22588022/mark-zuckerberg-facebook-ceo-metaverse-interview，最后访问时间：2023 年 1 月 27 日。

三十年后，互联网才在上世纪90年代爆发。计算机这个词仍然有一种不祥的意味，让人联想到一个巨大的、令人生畏的设备，它隐藏在一个灯火通明、有空调的地下室里，无情地为一些大型机构处理穿孔卡片。然而，坐在麦克纳马拉五角大楼一间不起眼的办公室里，一个安静的人已经在计划一场革命，这场革命将永远改变人们对计算机的认知方式。不知怎么的，那个办公室的主人……看到了一个未来，在这个未来，计算机将赋予个人权力，而不是强迫他们墨守成规。他几乎是唯一一个坚信计算机不仅可以成为超快的计算机器，还可以成为令人快乐的机器的人：工具将成为新的表达媒介、创造力的灵感以及通向广阔的在线信息世界的大门。[1]

一个人，一个"传感器"的集合

在20世纪60年代，利克莱德通过美国国防部高级研究计划署培育了这一愿景。他也同时在那里设计了互联网的初期架构。他的助手和继任者鲍勃·泰勒（Bob Taylor）后来领导了施乐公司帕洛阿尔托研究中心的计算机科学实验室。他们在20世纪70年代将所有一切都整合起来，并带来了激光打印机、以太网，以及第一台真正意义上的个人计算机——Mac、Windows、平板电脑和智能手机的"祖先"Alto。约瑟夫·利克莱德的人机交互理念指引了图形技术研发，推动语言学、心理学、计算机科学

---

[1]　引自知乎约瑟夫·利克莱德词条内容，https://zhuanlan.zhihu.Eom/p/102179746，最后访问时间：2023年1月27日。

融合诞生计算机图形用户界面。如今，得益于利克莱德和研究中心的成果，现在无论我们走到哪里，都可以随时随地通过 2D 界面来与虚拟世界交互。在不远的将来，我们拥有了可视化的人机交互界面，搭载新的语音、视觉、脑机等 AI 传感技术，接入听觉、视觉、感觉等多维度交互入口，进入更自然的三维交互时代。一个人将会成为一个"传感器"的集合，皮肤的触觉、眼睛的视觉、鼻子的嗅觉、耳朵的听觉……多通道的人机交互提供更多信息输入入口，确保更多场景的识别能力和精度，如语音识别的非动作输入、人脸识别的静态输入、手势控制的动作输入，让机器理解人意图的能力越来越强。多通道输入成为"人机共生"实现的有效方案，让人机交互更像人人交互。一方面，让机器进行知识性感知，获知人目前的状态，继而再进行下一步行为。另一方面，利用可穿戴设备，对人的心理、情感的境况进行推断，进而完成更"人格化"的交互目的。当然，这一切不会自动发生，它们需要非常复杂的技术和跨越多个领域的突破，需要整合计算机视觉、光学、显示、用户界面、用户体验、音频、触觉、感知科学、材料科学、硅、操作系统、纳米加工、动画、渲染、手部追踪、眼动追踪、语音识别，以及更多能够提供神奇体验的系统。这种魔力只有在大量人才和资源聚集在一起时才会发生，就像 40 多年前的施乐公司帕洛阿尔托研究中心所那样。世界上只有为数不多的地方能同时整合这一目标的愿景、资源、商业模式和人才。令人鼓舞的是，虽然最终能够达到临界点的也许少之又少，但目前投身其中的力量已越来越多。

8

叠加与重混的力量

"大多数创新都是现有事物的重新组合。"

——凯文·凯利（Kevin Kelly）

单线技术，突然"重混"？

空间计算、空间锚点、计算机视觉、密码学、游戏引擎、空间音频、人机交互……各种与我们感知、理解（无论是现实的还是虚拟的）的技术如雨后春笋般涌现出来。它们让我们可以将时空定格成一个一个切片，可以让我们使用更多的空间（就像楼房出现后那样），可以让同一空间具有不同的信息。

需要注意的是，这些技术是创造虚拟世界的必需，在很多人的话语中它们与元宇宙密切关联，但它们并非为元宇宙而生。

被包裹在元宇宙中的很多技术早在几十年前就已经产生和迭代。任何一个单一的技术本身都有自己独特的价值，也都有自己特定的应用场景。比如，密码学应用于银行金融领域，空间音频应用于音乐领域，计算机视觉应用于医疗、零售领域。它们当初产生的动因并非是为了要实现元宇宙。所以，没有必要把这些技术都扣上元宇宙的帽子。数字化的场景很大，不止有元宇宙。

2020 年 11 月 8 日，超级高铁在美国内华达州的沙漠里进行了首次载人测试。虽然是在地面的管道里，而不是在埃隆·马斯克的挖洞公司的地下隧道里，虽然管道只有 500 米长，时速也只达到了 170 公里左右，而不是之前设计好的超过 1000 公里。但这种封闭的真空管道里进行的磁悬浮胶囊列车载人测试已经是一种全新的突破。主持研发的维珍高铁公司已经得到了阿拉伯联合酋长国的支持。在未来，从迪拜到阿布扎比 139 公里的旅行被超级高铁缩短到 12 分钟并非只是想象。

当年 PayPal 创始人、《从 0 到 1：开启商业与未来的秘密》的作者彼得·蒂尔（Peter Thiel）曾感叹："人们想要会飞的汽车，得到的却是 140 个字符。"① 而在 2022 年，特斯拉 Roadster 跑车已在太空漂流了 4 年。技术的力量一时间给人蓬勃展开的感觉。奇点大学创始人彼得·戴曼迪斯（Peter H. Diamandis）博士和《纽约时报》畅销书作者史蒂芬·科特勒（Steven Kotler）在《未来呼啸而来》中提出：当某些独立加速发展的技术与其他独立加速发展的技术融合时，奇迹就产生了。②

凯文·凯利在预测未来趋势的时候，提出了"重混"（Remixing）这一概念，认为大多数创新都是现有事物的重组：

"经济学家发现，全新的东西很少，大多数创新都是现有事物的重新组合。这种重组就是我所说的重混。这是世界发展的方向，重要的趋势。做重组或者重混时，首先是要做一个拆解，把它拆解成非常原始的状态，再以另外一种方式进行重组，之后不断进行这样的循环，就像你把乐高拆开后再组装。其实报纸也一样，报纸不是一个单一的物体，它是一个组合，就是把

---

① 〔美〕彼得·蒂尔、布莱克·马斯特斯：《从 0 到 1：开启商业与未来的秘密》，高玉芳译，中信出版社，2015，第 6 页。

② 〔美〕彼得·戴曼迪斯、史蒂芬·科特勒：《未来呼啸而来》，贾拥民译，北京联合出版公司，2021，第 17 页。

不同的东西组合在一起：体育赛事、天气情况、书评，也包括菜谱等等。因特网上也是，不同的信息组合在一起，把之前所有的报纸拆解了，然后组合在一起。同样，我们也可以拆解银行，把不同的银行功能分解之后重新组合起来，汽车也是这样，基本上所有的东西都可以这样做。把化学概念运用到企业当中来，就像一张元素周期表，看一下企业当中的元素周期表，有哪些必要的元素，进行多次拆解重组，会形成新的东西。企业想要升级，需要拆解企业的构成，再进行重组，在重组的过程中产生新事物。"①

　　无论是融合还是重混，如今的技术领域都正在发生着。我们现在所处的时刻是，诸多现有的技术经过不断的自我迭代都处于一个新的技术阶段，它们很多处于相同或接近的水平，因而具有产生叠加和交叉的基础。

关注"指数型"技术

　　如果材料科学没有进步，芯片技术再怎么发达，也无法推进体感技术和设备的发展。如果传输和显示技术没有进步，空间计算的施展空间也有限。创建虚拟体验和虚拟世界的驱动是让这种叠加和交叉发生的黏合剂。叠加和交叉的产生让不同的技术都能释放出更大的力量，会产生新的模块，共同拼出"人的数字化"（元宇宙只是其中的一种形态）这张大图。这很像卡牌游戏，或者小时候看过的机甲战士类的动画片，不同类型的

---

① 〔美〕凯文·凯利：《未来 20 年的 12 个趋势》，于 2020 年 10 月 23 日在东钱湖教育论坛上的演讲内容，原文详见 https://new.qq.com/rain/a/20230121A02MT600，最后访问时间：2023 年 1 月 24 日。

卡片或者力量元素组合起来会生成新的卡牌和力量，它们又是组成更大力量的一部分。一旦技术变得数字化，或者一旦它可以被编辑为以 0 和 1 表示的计算机代码，它就具备了指数级加速发展的基础。简单来说，指数增长的本质是个正反馈过程：现有的条件越好，技术越先进，就越是站在巨人的肩膀上，就越能使用更好的知识去生产新的知识，再做下一步就越容易，所以常规情况下技术进步一定是越来越快。

一般来说，指数型技术包括计算机、量子计算、传感器、人工智能、3D 打印、合成生物学、虚拟现实和区块链等。这些都是基于计算能力的技术。我们生活在一个计算量正在以指数型增长的世界中。在绝大多数时间内，我们所处的物理世界一直是局部、线性发展的特征。在很多个世纪中，世界几乎处于一种停滞的、缓慢发展的状态，并无太大变化。但在今天，我们生活在一个全球化、指数级发展的世界。当前我们所面对的变化已经不再以年为单位，而是可以以月为单位进行计算。计算能力不断被突破，所有单一的行业都将遭遇变革。

彼得·戴曼迪斯和史蒂芬·科特勒将指数增长的规律总结为"6 个 D"。

1. 数字化（digitalization）

一旦一项技术成为数字技术，也就是一旦可以将它转换为二进制代码 1 和 0，它就能跃上摩尔定律的肩膀，开始呈指数级增长。如果加上量子计算技术的加持，完成数字化技术就会跃上罗斯定律（量子计算机中的量子位数量每年都会翻一番）的肩膀，开启更加快速的增长之旅。

2. 欺骗性（deception）

指数型技术在第一次引入时通常会引发很多炒作和泡沫。

由于早期的进展通常非常缓慢，因此这些技术会在相当长的一段时间内都无法达到倡导者宣传的水准。最近的例子就是当前数字货币发展的状况。时至今日，大多数人依然会认为加密货币只是少数极客和投资者手中的新玩具。虽然在今天，它已经萌发出导致金融市场重塑的力量。

3. **颠覆性**（disruption）

一旦指数型技术开始真正影响我们的世界，就会呈现出对现有的产品、服务、市场和行业的颠覆性。比如 3D 打印。当然，必须注意的是，这样的颠覆性并不意味着原有产业的消亡。更准确地说，原有产业会以一种新的形态出现。

4. **非货币化**（demonetization）

在一些曾经需要付出成本的环节，成本会消失。摄影曾经很昂贵，人们拍的照片数量不会太多，因为购买胶卷和冲洗胶卷要花很多钱。可一旦照片实现了数字化，这些成本就都消失了。现在你会不假思索地拍下无数张照片，剩下的困难只是如何从太多的可选照片中选出真正令你满意的那些。

5. **非物质化**（dematerialization）

非物质化指的就是产品实体本身也消失（或者部分消失）的情况。如今，照相机、音响、视频游戏机、电视、GPS 系统、计算器等这些曾经独立的产品（服务）现在都已经成为智能手机的标配。维基百科使得百科全书非物质化了，iTunes 消灭了实体形式的音乐商店，智能手机已经取代了非专业相机。

6. **大众化**（democratization）

当指数型技术规模扩大、受众变多的时候，大众化就发生了。曾几何时，手机是只有少数富人才能使用的砖头大小的通信工具。而在今天，几乎每个人都有一部或几部手机了，全世界几乎找不到不受这项技术影响的地方。未来，智能眼镜也将会呈现类似的现象。[①]

指数型技术融合，没有单一的未来

这些原本相互独立的技术正在逐渐融合起来，形成指数型技术融合。这种技术融合其实是用不同的技术方案来解决某一特定难点，这些单点突破汇合到一起，最终促成新产品的诞生。技术的加速会让我们用新电脑来设计更快的新电脑，这就创造了一个正反馈循环，进一步提高了加速度，形成美国未来学家库兹韦尔（Ray Kurzweil）所称的"加速回报定律"。根据该理论，各种各样的进化系统（包括但不限于技术的增长）的变化率呈指数增长。[②] 现在，正在这样加速发展的技术包括量子计算机、人工智能技术、机器人技术、纳米技术、生物技术、材料科学、网络技术、传感器、3D 打印、增强现实、虚拟现实、区块链等。但是，所有这些技术进步，无论看起来多么强大，实际上都是旧闻。而"新闻"是以前独立的指数型加速技术浪潮，已经开始与其他独立的指数型加速技术浪潮融合起来了。

例如，药物开发的速度之所以正在不断加快，不仅是因为生物技术正在以指数级的速度发展，还因为人工智能、量子计算和其他几个指数级加速发展的技术也在向这个领域靠拢。再比如飞行汽车。所谓飞行汽车肯定是某种垂直起降的东西。换句话说，可以理解为汽车形态的直升机。传统直升机有三个重大缺陷，一

---

① 〔美〕彼得·戴曼迪斯、史蒂芬·科特勒：《未来呼啸而来》，贾拥民译，北京联合出版公司，2021，第 37~38 页。

② Ray Kurzweil, *The Age of Spiritual Machines*, Viking, 1999, pp. 30, 32.

是不安全，二是噪声大，三是价格贵。不安全和噪声大，都是因为直升机只有一个旋翼。如果要造出一辆飞行汽车，就要将现有的直升机那种单个大旋翼，换成一组更小的旋翼组合，以降低飞行的噪声，并提高安全性。为此，需要设计新型电磁马达。要做出这样的马达，工程师必须依靠技术融合：使用机器学习算法，模拟复杂的飞行过程；依靠对材料科学研究的突破，制造出轻量且牢固的部件；使用 3D 打印技术开发原型机，提高研发效率。仅仅是造出新马达还不够，还得让多个马达在运转中默契配合，这也要新技术的帮助：使用高性能芯片，保证在微秒之内调控机翼；为了时时获得旋翼与马达的工作状态，需要多种灵敏的传感器；同时，还要配备一个高性能电池作为能量来源。

技术融合不仅可以催生新的产品，更可以彻底改变一个行业。效率化、个性化和虚拟化这三个关键词可以让我们更好地理解这种颠覆的力量。

未来商业模式将实现极致的效率化，可以为零售业这样的行业节省大量的人力、物力和时间成本。在未来，买卖商品将不再仅仅是人与人之间的行为，还可以是卖家的人工智能和买家的人工智能之间的对话。而省下来的不只是挑选商品的时间，还有物流配送的时间。得益于机器人技术的发展，现如今整个供应链网络的速度已经不断变快。而在物力上也能得到节省，如零售商使用 3D 打印技术来制造商品，几乎能实现物质的 100% 利用，从而消灭边角料和浪费问题。

至于个性化，最典型的例子是未来的各种娱乐形式将全部为受众量身打造。如今，以 ChatGPT 为代表的语言类人工智能技术，可以根据提示，自动编写剧本和故事。同时，机器也通过捕捉面部细节等方法来读懂人的情绪。一个不知疲倦的故事写手与一个细致入微的观察者，二者结合就能彻底改变现在的娱乐业形态。十年后，观众们所看到的电影情节会根据每个人的情绪自动调整。机器会根据观众的反馈，时时编写出新的剧情，观众的每一次大笑或哭泣，都会影响故事的走向。每个电影将只属于一个人，而且保证全程高能，让观众沉浸其中。

虚拟化带来的最大飞跃将体现于教育行业。使用虚拟现实技术，可以让学生在课堂中身临其境地学习知识。比如在历史课上，使用 VR 参观世界各国的博物馆。同时，智能算法可以生成对各种问题对答如流的虚拟专家，从而将课堂变得更加有趣。此外，增强现实技术能在真实世界上叠加一层虚拟信息，从而把课堂延伸到现实世界中。只要戴一副智能眼镜，就可以把每一次散步变成一节实景课程。

Epic Games 创始人蒂姆·斯威尼（Tim Sweeney）曾讲道："在整个行业中，没有一家公司能够独自解决所有这些问题。大家要齐心协力，让彼此能真正达到我们的目标，我非常高兴看到这一点。无论这种媒介最终采取何种形式，我们最大的希望是我们能够在其中发挥作用，无论我们是这件伟大事物的创造者，还是它的技术供应商，或者如果它是一个去中心化的分布式系统，将每个人的努力结合起来，并以一种更开放的方式将他们联系起来，那就更好了。"[1]

没有一家公司会"拥有"Metaverse，好比没有一家公司是"互联网"。

---

① Joseph Kim, "The Economy of the Metaverse I Interview with Epic CEO Tim Sweeney", Jul. 28, 2020, https://medium.com/gamemakers/the-economy-of-the-metaverse-interview-with-epic-ceo-tim-sweeney-1822eed01ddf, 最后访问时间：2023 年 1 月 28 日。

第四章

新型数字价值：设计与实现

1

为"交易大爆炸"做准备

> "不要在意比特币多么值钱,而应在意比特币发源于一个想法,一个idea,一篇文章,不管背后有多么漫长和艰辛的发展过程。"
>
> ——朱嘉明

数字经济起源于一个思想"奇点"

人类经济的飞速增长,是近三四百年才发生的事情。根据经济史学家的测算,1700 年之前,世界 GDP 年均增长不到 0.3%,以今天的眼光看可谓缓慢至极。然而,自 18 世纪开始,欧洲,尤其是西欧地区发生了"财富大爆炸"(The Great Enrichment),经济迅速发展,至今依然是世界上最发达和富裕的地区之一。这种规模的"财富大爆炸"是空前的。收入成倍增长在历史上并不罕见,在古希腊、古罗马,或是北宋时期的中国、莫卧尔王朝时期的印度都曾出现过。但是那时的人们也会很快跌落到今天欠发达国家的生活水平——每人平均每天的收入不足 3 美元。

为什么当时是欧洲突然变富,而不是亚洲、非洲,或其他地方?学者们提出过很多种解释。卡尔·马克思(Karl Marx)认为关键因素是剥削。1800 年以来,资本家榨取了工人的剩余价值,然后再投向"工业时代的血汗工厂"。亚当·斯密

（Adam Smith）认为关键是节约、积累。在斯密看来，只要能够厉行节约并积累资本，那么野蛮的苏格兰高地人也能像荷兰人一样拥有极高程度的富裕。后来，诺贝尔经济学奖获得者道格拉斯·诺斯（Douglass North）对斯密的学说进行了延伸。他认为制度才是真正的灵丹妙药，法律兴盛，腐败消除，国家就会因为资本积累而走向极高程度的富裕。这些观点都有各自独特的价值。但如果只靠资本积累或者法治的话，那么"财富大爆炸"在公元前2000多年的美索不达米亚、公元100年的罗马或公元800年的巴格达也应该会出现。

对于这个问题，美国伊利诺伊大学芝加哥分校荣誉退休教授迪尔德丽·麦克洛斯基（Deirdre N. McCloskey）给出了自己的观点：让资本释放出生产力的原因，是各种想法、点子和创意的"交配"[1]。曾任《经济学人》记者的马特·里德利（Matt Ridley）在《理性乐观派：一部人类经济进步史》（*The Rational Optimist：How Prosperity Evolves*）一书中也写道，在过去两个世纪不同的想法开始了"相互结合"[2]。比如，火车运输这个点子，源自将高压蒸汽机与在铁轨上行驶的运矿车相结合；而除草机这个主意，则是把缩小版的汽油发动机与缩小版的收割机结合的产物。

各种富有想象力的发明皆如此。这些想法在脑海中的交汇，带来了各种机械改良和创新的爆炸性涌现。跨界的交叉是无数产业和产品引爆的核心原因；这种交叉带来了"涌现"所说的

---

[1] Deirdre N. McCloskey, *BourgeoisEquality: HowIdeas, NotCapitalorInstitutions, Enrichedthe World*, University of Chicago Press, 2014.
[2] 〔英〕马特·里德利：《理性乐观派：一部人类经济进步史》，闫佳译，机械工业出版社，2011，第3页。

"1＋1＞2"的势能和效果。苹果手机最初是把通信设备与娱乐设备进行交叉，从而创造出全新的移动互联网产业，回看下乔布斯在苹果第一代手机发布会上是如何介绍 iPhone 的就会对此更能体会。

"王者荣耀"的成功把游戏和社交进行结合。抖音最初的成功是把短视频和 MTV 进行了结合。甚至很多相声的包袱都是一种"交配"：把两种应该出现在不同语境中的词语放在一个语境中，就出现了"笑果"（延展一句，王朔的早期小说突出展现了他在这方面的高超才能）。

经济学家朱嘉明教授也用思想的力量去解释数字经济的发展。在他看来，人类经济发展史既存在演变和进化的经济形态，也存在突变的经济形态：

> 第一产业、第二产业、第三产业，甚至第四产业的形成与发展，本质上是一个演进模式。其中的第一产业的出现，与人类学会劳动和制造工具几乎同步。所谓的现代加工工业，是从手工业演进过来的，而手工业原本在人类早期经济活动中就存在。工业革命并不属于"突变"。至于第三产业的服务业，自古有之，服务业源于家庭分工，是与人类经济生活最早期的存在相联系的。这样自然演进而来的经济形态的最基本特征是什么？是基于物质性资源的经济活动，受制于资源的有限性，土地、人力和资本。数千年来，人们已经非常熟悉这样的经济存在的模式，已经习惯在这样的经济成长过程中生活、创造。随着人类文明进步，这些经济形态依然会不断地演进。
>
> 但是，至少从 1960 年代开始，人类创造了另一类经

济，这类经济与传统的经济形态没有必然的、直接的关系，也与原来经济发展过程并没有直接的相关性。这类经济不用以传统的生产要素作为前提，无中生有。数字经济，就属于这类形态的经济。人类产生数字经济并没有必然性，但是它却产生了。与传统的非数字经济相比较，数字经济产生过程是奇特的，它的起始点不是物质，不是劳动和生产，而是思想。①

在他看来，数字经济起源于一个纯粹思想"奇点"，那就是1961年MIT的博士候选人伦纳德·克兰罗克（Leonard Kleinrock）在《大型通讯网络中的信息流通》（*Information Flow in Large Communication Nets*）论文中提出的"分组交换"（packet - switching）理论。在克兰罗克提交他的博士学位论文之前，世界上早已经存在两种东西：其一是信息，其二是所谓的通信方式。在当时的美国，AT&T已经是很大的公司了，支撑着庞大的世界通信网络。但是，不论电报和电话的信息传送都是有限的，电话超载，就会发生占线、忙音。显然，解决信息的通信问题需要新思路。例如，是否有办法对大规模信息进行分解，通过一种网络的形态发送出去，之后再把解构的信息重新组合起来。克兰罗克不仅提出了这样的问题，而且论证了他的解决方案，将信息变成很多包（Packet），再通过网络传播，再传输出去重新组合。这个想法所引爆的过程持续了半个世纪，推动了从1969年阿帕网（ARPANet）的出现到谷歌、阿里巴巴的出现。

---

① 朱嘉明：《数字经济五十年：从"奇点"到"大爆炸"》，2019年4月15日在清华大学 x - lab 公开课第三期第三讲。

1993 年，被称为"数字时代"三大思想家之一的乔治·吉尔德（George Gilder）提出了梅特卡夫定律，用以纪念计算机网络先驱、3Com 公司的创始人罗伯特·梅特卡夫（Robert Metcalfe）。根据梅特卡夫定律，一个网络的用户数量越多，那么整个网络和该网络内的每台计算机的价值也就越大，即网络的价值等于网络节点数的平方，网络的价值与联网的用户数的平方成正比。梅特卡夫法则揭示了互联网的价值随着用户数量的增长而呈算术级数增长或二次方程式的增长的规则。的确，20 世纪 90 年代以来，互联网络不仅呈现了这种超乎寻常的指数增长趋势，而且爆炸性地向经济和社会各个领域进行广泛的渗透和扩张。而在数字经济的爆炸性组织过程中，发生了华尔街（WallStreet）、风险资本（Venture Capital）和硅谷（Silicon Valley）的"交叉"结合。

想法叠加

随着 2008 年 11 月，中本聪（Satoshi Nakamoto）关于《比特币：一种点对点式的电子现金系统》论文的出现，数字经济迎来了第二个引爆点。

如今，更为值得关注的是，发生在自 20 世纪 60 年代的第一次数字经济大爆炸，与发生在 2008 年因为比特币诞生所引发的第二次数字经济大爆炸，正在产生"叠加"效应，导致新的数字经济增长空间和新的数字经济价值的出现。我们正在和即将经历的是，数字技术与现实世界在发生交叉。在这个过程中，数字化所产生的种种新想法之间也在进行碰撞。当在现实空间中嫁接数字空间的时候、当在数字空间中插入数字空间的时候，新一轮的大爆炸将催生新的组织形式，激发更多新的创意创作，填充更多的时间，产生爆炸式增长的交易机会，创造爆炸式增长的财富价值。

如何定义"数字经济"是一件并不容易的事情。因为数字经济的结构、机制、规模和技术基础的演变不断加速度，并高度影响和带动经济组织、经济制度，甚至商业模式的改变。数字经济在当前还处在一个极为动态化的阶段，传统经济的理念在很多数字经济的场景已经难以适用。例如，数字经济的生产要素和成本理念已经和传统经济渐行渐远，甚至大相径庭。在 20 世纪 90 年代，还比较容易区分数字经济和非数字经济的边界。如今，做这样的区分已经越来越困难。未来是否还有必要去区分数字经济和非数字经济，是件值得考虑的事情。

还是那句话，不要被概念限制住我们对事物的理解。所有的概念应该是为人们更好地去理解而服务的，而不是相反。对于元宇宙的认知，也是如此。我们需要避免提及元宇宙的时候，就必定想到充满视觉冲击的数字体验，似乎人人都充满机会、令人向往的数字未来。

比如，很多人指出，威廉·吉布森（William Gibson）（《神经漫游者》的作者）、尼尔·斯蒂芬森（《雪崩》的作者）和恩斯特·克莱恩（Ernest Cline）（电影《头号玩家》的编剧）等作家小说里的 Metaverse 概念，实际上都是以反乌托邦形式来描述的。Niantic 公司 CEO 约翰·汉克（John Hanke）就表示，用于体验 Metaverse 的技术很重要，而打造该技术的公司背后的商业动机同样重要："如今，很多人似乎都急切地希望将整个近现代版的虚拟世界带到现实中，包括业内一些科技和游戏巨头。但实际上，这些小说真正的意义在于警告未来技术，不要朝着反乌托邦的错误方向发展……我们认为可以用技术进入增强现实，鼓励包括我们在内的所有人站起来、走出去，并且与这个世界的人和我们周围的环境沟通。这是我们人类生来就在做的事情，是人类 200 万年进化的结果，因此这些也是让我们最幸福的事情。技术最重要的作用，应该是让人类的核心体验更好，而不是取代它们。①

对于很多人憧憬的 Metaverse 版本，约翰·汉克表示自己并不感兴趣，"如果 Metaverse 指的是，我联网了之后就能得到所有想看的 Netflix 剧集、所有想玩的游戏以及需要的食物，我想说，我不要这样的体验……只需要戴上耳机、向眼睛里发射一些光子，就能以某种方式取代你在这个世界的全身体验，这种观念是错误的"。② 换句话说，用一个角色穿梭于多个互相连接的宇宙，在约翰·汉克看来是没有意义的，因为在 Niantic 的游戏里，数字形象或者角色并不是很重要的一部分。

从严格意义上说，真正需要我们关注的不是元宇宙，而是各种思想交叉和技术碰撞所产生的内容。它们将催生出一系列新的物种，带来新的价值和交易机会。无论这些碰撞产生的结果是爆发还是湮灭，从长远来看，它们都是推动人类走向未来的财富。至于那个未来叫什么，并不重要。

---

① John Hanke, "The Metaverse is a Dystopian Nightmare. Let's Build a Better Reality", Aug. 10, 2021, https://nianticlabs. com/news/real – world – metaverse/，最后访问时间：2023 年 1 月 28 日。
② Michael Liedtke, "Pokemon Go Creator Thinks Metaverse Needs to Keep it 'Real'", AP, Mar. 7, 2022.

2

平台化个人，"化身"的现在与未来

"数字身份是打开数字世界里信任大门的钥匙，我们不能丢失对
于它的掌管权利，就如同我们不能把钥匙交给陌生人保管一样。"

——布鲁斯·施奈尔（Bruce Schneier）

对平台公司的爱与怕

当前互联网的主要现象是，最宝贵的数字商品——数据——被储存在各类平台：如 Meta、Spotify、YouTube、Twitter、TikTok，以及手机厂商。当很多人还在试图理解大数据的时候，大数据时代对于这些平台公司来讲早已到来。有人说，Web 2.0 的本质就是互联网平台公司把用户的隐私和个人数据拿出去卖钱。这样的说法不能说一点道理都没有，但显然过于极端。

这些平台公司的兴起本质上还是因为用互联网的思维和方式去解决了用户未被满足或者未被满足好的需求。比如，谷歌是最擅长回答问题的公司，Meta 在 Facebook 创立之初是寻找朋友和家人的最佳场所，亚马逊是最好的购物场所，YouTube 是查找任何内容视频的最好地方。

问题出现在，当平台由此积累了大量数据，这些数据已经成为平台一种主要的获利方式的时候：

（1）平台对于数据的获取欲望不断扩张，无论是用合规还是非合规的方式；

（2）催生了以算法为核心的商业形态，对于广告效果精确性的需求驱动的行为更为激进；

（3）用户是内容的消费者、数据的贡献者，但仅此而已；

（4）平台的强势不是以意愿为转移的，而是商业模式决定的，注定绝大部分收益集中于平台。

苹果手机改了隐私跟踪的规则，最着急的是 Meta、TikTok 这样的平台。以前 App 读取用户的隐私追踪、使用习惯，用户一般是不知道的。但是苹果政策升级以后，App 要访问和追踪隐私，系统会给出提示询问用户是否允许。通常情况下用户都选择否定。这就会造成 App 很难再追踪苹果用户的隐私，导致它们对用户的使用习惯的画像准确度大大降低。比如，Facebook 的用户画像一直比推特好，广告商在 Meta 上投放广告的效果特别明显，转化率高，所以广告主喜欢在 Meta 上投放广告，但是由于苹果修改了隐私跟踪规则，以后 Meta 的用户的画像精准度大大降低，那同样的广告费用投入可能只能达到以往不到 50% 的效果。

英国学者杰米·萨斯坎德（Jamie Susskind）在《算法的力量：人类如何共同生存?》一书中，认为人工智能、虚拟现实等各种技术将彻底改变我们的公共和私人生活，"在数字生活的世界中，某些技术和平台以及控制它们的人拥有强大权力：有些技术会收集我们所有的数据，还有一些技术会过滤我们对世界的认知，选择我们能知道什么，塑造我们的想法，影响我们的感受，指导我们的行动，还有一些技术会迫使我们去做我们原本不会做或不愿意做的事情。久而久之，人类与机器、线上与线下、虚拟与真实等方面的区别，都会逐渐消失。控制这些技术的人将越来越多地影响乃至决定我们的生活。他们将设定自由的界限，决定民主的兴衰和未来。他们的算法也将决定社会正义的方方面面，决定社会物品的分配，决定我们的身份和地位"①。

我们并不能简单说平台对用户数据的使用和这些算法是错误的，除非这其中的很多动作违反了现行的法律法规。从更大视角看，这是一种互联网发展过程中演变出来的自然而然的结果，就像它们所带来的益处和问题都自然而然会发生一样。

扎克伯格曾在一次采访中讲道："我认为我们应该以人为中心而不是应用程序来设计我们的计算平台。在今天的手机上，最基本的元素是应用程序。这就是你的手机的组织原则和你如何驾驭它。但我希望，在未来，组织原则将是你、你的身份、你的东西、你的数字产品、你的人脉，然后你将能够在不同的体验和不同的设备之间无缝地切换。"②

是否可以打破以 App 为中心的模式？是否可以不再以平台作为必需的中间环节（就像这些平台之前替代掉其他形式的平台一样）？是否可以打破数据的垄断？是否有一种新的平台形式出现？

一种可能性：人 = 新平台

事实上，这些问题不是单独的，而是相互关联的。在当前 Web 3.0 的实践中，我们看到人们拥有自己的内容（包括数据），同时也拥有了对这些内容的分发，成为了新的中间人。人

---

① 〔英〕杰米·萨斯坎德：《算法的力量：人类如何共同生存?》，李大白译，北京日报出版社，2022，第 3 页。

② Ben Thompson, "An interview with Mark Zuckerberg about Metaverse", Oct. 28, 2021, https://stratechery.com/2021/an-interview-with-mark-zuckerberg-about-the-metaverse/，最后访问时间：2023 年 1 月 28 日。

成为了新的平台。其实，从某种意义上说，人成为平台可以被看作一次回归。早期的互联网就是作为个人的 P2P 平台建立的，这些个人不仅为了保持彼此之间的联系，而且为了方便与其他人的联系，比如早期的聊天室。那么，Web 3.0 与那种看似过时的模式有什么不同？

浏览器 Brave Browser 的例子或许有助于帮助回答这个问题。Brave 最初于 2019 年由 JavaScript 的创造者布兰登·艾奇（Brandon Eich）推出，是一款开源网络浏览器。它设立的初衷是强调隐私性和安全性，阻止恶意软件和跟踪程序，帮助保护用户的隐私，避免被广告商滥用。而同时，它并不排斥广告，其发行的 BAT 代币（Basic Attention Token）对用户、创作者和广告主之间的利益进行了重新分配。广告商通过 Brave 的原生代币（BAT）向浏览器的用户支付观看广告的费用，用户获得的收入是 Brave 本身的 2 倍多。用户取代了传统的广告平台，即使他们直接受到激励，以新发现的代币持有者的身份分享 Brave 本身。对于用户来说，将他们的网络连接到新平台是一回事，当他们有动机这样做的时候就是另一回事了。

通过让人们有意义地拥有数字内容，Web 3.0 不仅仅是将所有权从平台转移到用户手中。更重要的是，它激励用户也成为内容分销商，成为平台本身。

当然，这并不是说，Web 3.0 只是为互联网历史悠久的社交网站增加了财务激励，虽然从表面上看，类似的激励手段在中国的很多互联网产品中并不鲜见。Web 3.0 不仅通过给予人们公开的市场买卖机会来激励人们推广叙事，它还为人们提供了推广叙事的工具，而不是传统上充当在线发现商品和信息的收费员的集中式市场。与收入激励同样重要的是，它们诞生于分布式分类账的基础上，可以通过完全分散的方式获取、理解并共享这些信息。

将数据掌握在用户手中，以及接来下如何看待它、管理它、拥有它和将它资产化，这只是 Web 3.0 推动者们希望进行的第一步。在对 Web 3.0 的设想中，下一步不仅是为用户提供跟踪信息的工具（比如做 DeFi① 和 NFT 的分析平台沙丘 Dune Analytics），而且要开发信息，创建他们自己的协议，以便在链上做出贡献和获得奖励。Uniswap② 是当前正在被实践的一个案例：任何人都可以成为流动性提供者，取代传统的做市商赚取大部分价值。Uniswap 被称为"华尔街的优步"，让任何人都可以进入它的市场，但不同的是，有限合伙人（Limited Partner，简称 LP）不是交易的供应方，而是交易本身，用户就是市场。Uniswap 的诞生充满了偶然与趣味性，Uniswap 的创始人海登·亚当斯（Hayden Adams）的灵感来自以太坊创始人维塔利克·布特林发的一个帖子。随后，亚当斯便开始着手学习以太坊开发的智能合约编程语言。Uniswap 这个用来练手的项目很快就得到了认可，获得了一笔来自以太坊的资助奖金，解决了项目启动资金的问题，于 2018 年 11 月正式上线。在 Uniswap 的理念中，个人的力量越来越大，不仅建立了沙丘（Dune Analytics）这样的分析平台，而且还成为了平台本身。换句话说，下一步

---

① DeFi，"去中心化金融"（Decentralized Finance），也被称为"开放式金融"。它是以比特币和以太币为代表的加密货币，区块链和智能合约结合的产物。

② Uniswap 是一种基于以太坊的协议，希望促进代币数字资产之间的自动兑换交易，在以太坊上自动提供流动性。Uniswap 完全部署在链上，任何个人用户，只要安装了去中心化钱包软件都可以使用这个协议。Uniswap 也被认为是一个 DeFi 项目，因为它试图利用去中心化协议来让数字资产交易过程彻底实现去中介化。

不是为用户提供聚合现有类型数据的方法，而是完全协调和收集新形式的数据。或者更简单地说，下一步是为用户提供构建自己平台的方法。从这个意义上说，Web 3.0 开启了人们成为自己平台的可能性。

逻辑基点：代码自身的能力与成本

其中重要的原因是，Web 3.0 中代码的成本很低。由于智能合约是开源的，任何人都可以使用或修改它们。一些基本的财务功能，如在多方之间分享收入，可以在几分钟内通过拆分合同执行，而在以前可能要几个月。开源协议通过允许任何人构建来加速创新，只要对创建者进行适当的经济激励就可以。这意味着平台将很难提取价值（至少从理论上），因为开源环境允许任何人分流平台，并以更低的佣金重新部署平台以吸引消费者。赢家是个人消费者。当其他人可以用更便宜的、社区运营的版本硬分叉[①]它们时，平台就失去了护城河，消费者以更低的费用赢得了胜利。

此时，个人消费者已经不再是单纯的个人用户，而是能够在低代码环境中构建平台的人，也就是成为了平台本身。持有代币可以激励他们这样做。智能合约可组合性的前提是，一个智能合同可以调用另一个智能合约的数据和功能，就像唱片打碟者（Disc Jockey，简称 DJ）可能重新混合另一个艺术家的作

---

① 硬分叉是区块链中一种不支持向后兼容的软件升级方式。一般来说，这些情况发生在节点以与旧节点的规则冲突的方式添加新规则时。新节点只能与运行新版本的软件节点进行交互。结果，区块链发生了分裂，生产出两个单独的网络：一个按照旧规则运行，一个则按照新规则运行。

品一样。这通常也可以被表达为"软件乐高"：一个开发人员基于另一个开发人员代码的能力。它将重新定义我们所知的商业。毕竟，当公司可以利用彼此的工作时间、当个人可以低成本地在彼此的工作基础上发展时，对于公司存在的价值和方式会产生新的讨论。

如果一个内容可以参与性地响应于其他内容并建立在它的基础上时，制作内容可能就会比以往任何时候都更容易。我们在过去 10 年中看到的创造者经济的转变，现在正在科技领域上演。有影响力的人的崛起和公司必要性的下降会促成个人成为品牌的主要分销者，并最终形成自己的品牌。

这些都解释了人们如何成为自己的平台，但更深层次的问题是，大家为什么会这样做？我们在网上是谁？到目前为止，用户还在各自独立的平台上留下了自己的足迹：音乐播放器里的音乐偏好、点评类应用上最喜欢的餐厅、求职 App 上的简历。基本上，用户一直是使用的每个平台形象中的微型数据堆，只能在平台功能允许的范围内表达自己。由此产生一个平时用户基本上会忽略的一个现象：在由不同平台组成的网络应用中，用户的特点被拆分出来以适应不同平台的需要，每个用户不再是一个完整的独立个体。

Web 3.0 在逻辑上可以让用户通过聚合在线数据并分享认为相关的部分来接收更好的推荐和找到更好的机会，从而使用户能够将自己作为一个完整个体全部带到平台上，以带有链上数据的地址的形式携带这种身份，同时控制分享自己选择的那些部分。个人，而不是现在模式下的平台，有机会成为未来在数字世界表达的主导者。

现在，用户可以使用在视频应用上观看的视频中的数据来帮助确定在音乐平台上喜欢的音乐。用户也可以选择与广告协议分享这些数据，直接从与自己的偏好和需求相关的广告中赚取收入，就像社交媒体平台一直代表用户做的那样。事实上，跨平台数据聚合的好处有助于解释谷歌和 Facebook 的成功，不是针对任何特定的产品，而是对我们职业和个人生活中的产品进行整理。未来可能发生的是，Web 3.0 可以让用户超越现有平台的有限语言，在区块链上创建更高级的、活的、有呼吸的身份。不是让公司拥有用户的身份，然后授予用户访问其他应用程序的权限，用户将拥有自己的身份并选择与哪些应用程序进行交互。这些可以通过使用数字钱包来完成。用户的数字钱包将成为自己的身份，然后就可以使用互联网上需要与自己的货币和财产进行交互的各种去中心化应用程序。数字身份将表达我们是谁以及我们如何在网上表达自己。新型在线体验（不仅是游戏，还有音乐、艺术创作和许多其他应用程序）将成为重新组合这些自我表达形式的方式。我们的数据不需要局限于我们的音乐选择或我们在社交应用上与陌生人的对话。

数字身份还可以包括对用户在去中心化自治组织中建立社区的贡献、对撰写其他人借鉴和引用的文章的贡献、对成功推广周围其他人的贡献。无论是好是坏，它将包括越来越多的生物识别技术、血糖、心跳，如何进行眼神交流、如何微笑、如何走路。归根结底，它将展示我们是谁，不仅是作为消费者偏好的对象，更是积极的创造者、贡献者和合作者。

Web 3.0：我想给出解决方案

Web 3.0 力图以人为核心而不是以平台为核心建立新的

数字秩序。

不可否认，Web 2.0带我们进入了移动互联网的全新时代，且仍在改变着成千上万人的生活方式。很多大型互联网平台公司一直在努力为用户提供最佳的服务，并且也试着让自己所主导的生态更好。这些从竞争中脱颖而出的公司获取的最重要的经验之一是，用户生成的内容和数据可作为可持续竞争优势的来源，并同时改善所有人的用户体验。此时，用户将成为重要的标的，开发人员将通过提供更大程度的自由度和灵活性来吸引用户的使用和贡献。不可避免发生的情况是，用户生成的数据很容易受到一系列次级优化的影响。其结果是，这些公司自然而然地为了保持自身优势，被迫增强其对用户的管理和操控能力。在大多数情况下，很多成功的公司并不是真正的平台，而是聚合器，它们锁定了客户需求并实施中心化管控。这确实提供了不错的用户体验。

当平台公司开始逐渐了解到它们创新的强大潜力，比如游戏式点击、算法信息投喂，它们就变得很擅长使用巧妙的策略，而不会致力于真正的开放。它们会提供新的用户工具和开发者API，并鼓励社区使用它们进行搭建，如果结果对公司有利，它们可能会让这些创新蓬勃发展一段时间，但很快，它们要么对成功的产品进行收费，要么就进行收购并在此之上进行改进。

这种做法没有对错。至少在当前，它确实很有效。Meta和谷歌都是以盈利为目的的公司，这种机制对于平台来说并不新鲜。微软在其鼎盛时期也采用了类似的策略。智能手机的开发和爆炸式增长让这样的情形变得如此凶猛。每一个新手机购买者都是潜在的社交用户，而且会迅速形成密集的关系网络。此循环触发了大量的新用户和高度参与的用户的涌入，原先全世界那些无法实现上网的人们，现在成天查看给他们推送的新闻。持续几年的新冠疫情更是进一步加大了移动终端、社交应用的日常渗透（没有手机或者不会使用微信或者支付宝将会寸步难行，尤其是在新冠疫情期间）。

每一个家庭和个体的"关注"都增加了体验的价值、相互连接的深度以及网络的病毒性扩张。移动端和社交成为了第二大脑，"推送"成为了第六感。因此，即使内容生产者和应用程序开发人员知道这场"游戏"是被操控的，但他们谁都无法抗拒。对于他们其中的一些人而言，社交应用及内容将独特性、设计感及运气成分组合得恰到好处，可以使其在很短时间获得大量用户。因此，他们愿意将自己的想法、精力和资金注入这些平台，添加了更具吸引力的媒介和互动性，在不增加网络成本的情况下促进了更深入的参与。尽管有人抱怨这是不健康和不公平的做法，可能会使人上瘾，但这一切都让网络变得更加重要。现在，以及在可预见的未来，中心化社交网络上的粉丝图谱是一个重要且持久的价值来源。从社会的各个方面我们都能看到这种影响是多么有效地被转化为经济收益。

现在我们所处的情景虽然既是中心化的也是混乱的，但其实并没有想象的那么坏和难治愈。移动端互联网及社会转型仍在让数十亿人涌入 Web 2.0 的数字世界。在算法操控和社交网络的巧妙激励面前，是怀揣各种想法的人们。用户不是提前编程好的机器人。事实上，用户将决定未来。但用户也不会仅仅基于去中心化这个模糊理想来做这件事。如果 Web 3.0 能够真真切切地给他们的生活带来便利，他们将会把传统网络系统推进到一个新的阶段。Web 3.0 所畅想的美好未来是否真的那么美好、是否真的会到来，它是否能解决或将那些现存的问题最小化，还需要时间进行验证。我们只能保持开放的心态，将问题看清，摸索在当下最高效的解决方案。至少在个人平台化的方面，我们看到了一种尝试的努力。

3

"DAO"式：工作、生意的未来可能

> "代码即法律。"
>
> ——劳伦斯·莱斯格（Lawrence Lessig）

如果"公司"也只是解决人类协调方式的一种实践？

如何协调和组织人类的生产、生活，去中心化自治社区（Decentralized Autonomous Organization，简称 DAO）成了数字化时代下的一个新思路。

2021 年，去中心化自治社区概念因为"宪法 DAO"而红极一时。一群来自全球各地素不相识的年轻人，因为一个拍卖宪法的想法，在短短 3 天之内募集了超过 4000 万美元的资金，轰动一时。虽然最终这个活动并未成功，但是，DAO，这一看起来充满乌托邦色彩的概念和文化却随着 Web 3.0 一起成功进入了大众视野。事实上，组织的自主性和去中心化的概念在 Web 3.0 之前就已经出现。

2006 年，科幻作家丹尼尔·苏亚雷斯（Daniel Suarez）出版了一本名叫《守护程序》（Daemon）的小说，被看成 DAO 思想的起源。在小说中，计算机应用程序 Daemon 基于分布式特性秘

密接管了数百家公司，并构建了新的世界秩序。

2013 年，Invictus Innovations 的 CEO 丹尼尔·拉里默（Daniel Larimer）首次提出"DAC"（Decentralized Autonomous Corporation）这一概念，认为 DAC 是为社会提供有用商品和服务的分散系统的有效隐喻，将在新闻聚合、域名、专利、版权和下一代知识产权、保险、法院、托管和仲裁、授权匿名投票、预测市场及下一代搜索引擎等多方面发挥高效作用。DAC 的核心是用自己的区块链来交换 DAC 的股份（即代币），不依赖于任何个体、公司或组织来拥有价值，不拥有私钥，不依赖任何法律合约。

维塔利克·布特林继承了拉里默的概念，创造了 DAO 一词。他想象了一种新的业务自动化形式，并描述了一家公司如何在没有管理人员的情况下运作，用能够招聘和支付人员的软件取代管理，以执行有助于任何类型组织使命的任务。维塔利克将去中心化组织描述为用一套智能合约将现有流程自动化的组织。在他看来，去中心化组织不是由一组人类亲自互动管理的等级结构，也不是通过法律系统控制财产，而是由一组人类根据代码中指定的协议互动，并在区块链上执行。"互联网让我们可以创造出去中心化的公司，这些自动化完全以去中心化的网络形式存在于互联网上，在成千上万的服务器上进行计算，使它们保持活力。它们拥有两种能力：思考的能力和维持资本的能力，理论上是一个经济主体在市场上生存所需要的全部能力，前提是它的思想和资本能让它足够快地创造出可销售的价值，以跟上自己的资源需求。但在实践中，仍然存在一个重大挑战：如何与周围的世界进行实际互动……计算机软件正日益成为我们现代世界最重要的一个构件，但直到现在，对这一领域的搜索还集中在两个方面：人工智能，即纯粹靠自己工作的软件，以及在人类手下工作的软件工具。问题是：中间有没有什么东西？如果有的话，软件指导人类、去中心化公司的想法正是如此。"[①]

的确，从历史来看，人不是天然就要为公司工作。直到1820年，只有20%的美国人口为支付工资的组织工作。其余的人耕种、捕鱼、经营自己的生意，或者在这些活动之间分配时间。在接下来的130年里，情况发生了迅速的变化。工业化提供了获得更多财富的机会，同时要求增加劳动力。这推动了具有集中式指挥系统的大型组织下的工人的整合。到1950年，多达90%的人口依赖公司获取工资。公司的形式是一种现代现象，是人类解决协调问题的一种实践。

时至今日，在一些人眼里，公司的组织形式有着天然的缺陷，并且越来越明显：层级固化、沟通成本高、对创造力的桎梏……在信息时代，传统的公司就业模式正在显现出其局限性，或者说可以有新的资源组织的方式创新运用数字网络的能力。内容创造、零工经济等一些赚钱形式已经冒出了这样的苗头。这些赚钱方式与传统意义上的工作不同。它们都是人们作为个人价值提供者参与到复杂网络中，并通过自己的贡献赚取收入的例子。

相比而言，目前这些非传统的机会数量有限，而且即使有，也往往对贡献者的价值回报有限，且不稳定。这些工作仍然是

[①] Vitalik Buterin, "Bootstrapping a Decentralized Autonomous Corporation", Bitcoin Magazine, Sep. 19, 2013, https://bitcoinmagazine. Com/technical/bootstrapping – a – decentralized – autonomous – corporation – part – i – 1379644274，最后访问时间：2023 年 1 月 28 日。

传统企业控制着的商业模式的一部分。越来越多的传统企业是既定利益的利益相关者，或模糊了组织内部和外部成员界限的参与者。考虑一下苹果公司和 AppStore 应用程序的开发者，YouTube 和内容创作者，或者 Uber 和网约车司机。参与者从外部为公司做出贡献，但公司很难对这些利益相关者提供长期一致的激励。随着公司的发展，它们越来越偏离与参与者保持良性关系的轨道。公司和参与者之间的关系变成了零和。为了使利润最大化，公司开始从这些参与者身上榨取价值。

从某种角度看，公司的内部和外部之间有严格的界限，这种模式在工业时代可能是有意义的，但在信息时代，这种模式会在很多领域带来激励机制的错位和不可持续的拓展。在这个充满复杂信息和既定利益相关者的世界里，公司在帮助人们协调行动方面显现出不足。

去中心化自治组织被认为可能是一个更好的选择，可以在实现大规模人类协作的同时弥补公司的一些缺陷。这种互联网和加密原生结构旨在分散治理和所有权，让贡献者有机会确定项目的方向并从其成功中获利。在 DAO 的推崇者看来，它的迷人之处在于使个体真正拥有了"所有权"。在原本的公司结构中，它仅为企业主所有。企业主用少量的工资买断了员工对于自己劳动果实的所有权。一些批评者认为，全球贫富差距的扩大与公司这样的模式相关。

"DAO 是什么"，开放性答案

在过去这段时间，已经有大量形态各异的 DAO（涵盖社交、服务、创作、收藏、开发工具等各种领域，共同管理了数百亿美元）吸引了人才和资本投入，它有可能会渗透到我们现今的数字世界当中。

DAO 的运作理念被设计成要遵循平等、自愿、互惠、互利的原则。在这些原则下，DAO 的基本运行模式是：

（1）智能合约：DAO 受智能合约的约束，组织中的一切都被记录在链上，它是公开透明的。在这样的条件下，传统模式中的一些贪污腐败等行为无从实施。此外，工作奖励制度明晰：按劳分配。劳动所得奖励由智能合约自动发放，这样一来，就减去了传统公司的财务操作等一系列流程。

（2）募资：在这一点上 DAO 与传统公司完全不同，出资人的权益证明变成了通证。持有通证可以参与投票，并有提案权和收益权等权益。

（3）提案与投票：DAO 是去中心化的，大家享有平等的权利。当智能合约发布后，持有通证的人可以发起提案并参与投票，组织的所有决策都会在得到一定共识之后执行（共识达到某一比例后 DAO 会自动执行相应的指令）。

（4）通证的流通：在 DAO 组织中，所谓的"股权"（通证）如何转让呢？在传统的公司体制中，股权转让是一件十分烦琐的事情，而对于 DAO 来说，"股权"转让只需要短短几分钟甚至几秒钟，就如同完成一件网上虚拟交易一样简单。

基于这样的运作模式设想，DAO 目前备受关注的原因也显而易见：组织的透明化避免了资金的暗箱操作；运作规则的明确性节约了管理成本；组织的自治避免了一言堂。它让传统模式下的许多权利（所有权、治理权和分红权）之间的锁链得以瓦解。

尽管维塔利克·布特林给出了"什么是 DAO"的定义。但现实情况是，今天那些被称为"DAO"的实体很少真正符合这些定义。因为真正的去中心化很罕见，毕竟大多数项目在最初需要一定程度的中心化来启动和运行。自治同理。

或许，问题的关键在于"去中心化"、"自治"这些特征不该被看成二元的。这不是一个"yes or no"的问题，而是一个程度问题。去中心化和自治是纵轴的两端，"DAO"可以在这个范围之间进行定位。除了字面意义解读，不同的人对于 DAO 的理解也不同。一个喜欢游戏的人可能将 DAO 归纳为具有"一个共享银行账户的群聊"，另一个人可能会将其定义为"具有分布式所有权的社区"，热衷于梦幻的人可能称其为"氛围"。这些理解没有对错。DAO 可以是群聊也可以是社区，其像一个个独立的星球，有不同的文化氛围。但这些丰富立体的描述，仍不足以回答"DAO 是什么"。

DAO 是面向一个共同目标的实体。这个目标就是创造价值。而关于如何定义"价值创造"又有不同。一些人专注于建立有形的数字产品，另一些人则着眼于社会资本的积累和组合。尽管如此，"创造价值"这个基本目的仍然存在。这是对 DAO 最基础和简洁的描述，尽管仍不够完美。毕竟几乎所有的组织都是为了创造价值，公司也追求同样的目的。

为了更准确地理解 DAO，还应该看看这种形式的组织模式和其他类型有什么区别，比如在如何处理所有权方面。DAO 不是将所有权集中到创始人和投资者手中，而是将所有权分配给生态系统中的各种利益相关者，包括贡献者、用户、战略合作伙伴、供应商等。从本质上讲，DAO 归属于每一个在其中创造价值的人。这是一个相当激进和理想主义的观念。相较于传统特定的某个人"拥有"一个组织的概念，DAO 为更加广泛的生态系统赋能，从而创造价值。

前文提到，DAO 寻求"自治"①。从 DAO 的本质出发，自治形式更多发生在个人层面。成员们可以加入 DAO 并选择他们认为最好的方式做出贡献，DAO 或许有自己的指导方针，但总体上，每一个 DAO 的利益相关者都只对自己的劳动力进行自我组织。"自我组织"这一点十分重要。传统组织中，个人贡献者和其监管实体之间是一种从属关系，即工人需要按照公司的要求行事。但在 DAO 的体系内，"工人"只需要在自认为能为组织增加价值并有意愿这样做的时间和地点加入。通过这种方法，DAO 能应对很多紧急情形，进而在任何个人或团体都无法进行自上而下协调的过程中形成了一个复杂系统。

DAO 的类型就像"存在哪些类型的有限责任公司？"这个问题很难回答一样，随着 DAO 的多样性不断增加，很快，到时候可能会有太多的 DAO 而使得分类没有多大意义，但就目前而言，宏观来看，大部分 DAO 要么是技术导向型要么是社交导向型。

技术导向型的 DAO 倾向于专注加密领域的构建，还倾向于在链上执行更多操作。社交导向型的 DAO 则更多是为了将一群人聚集在一起，并为他们寻找新的互动和聚集方式。在这类 DAO 中，

---

① 根据维基百科中的定义，自治是指"在发展心理学和道德、政治以及生物伦理哲学中，自主性是指做出知情的、不受胁迫的决定的能力。自主的组织或机构是独立或自治的。自治也可以从人力资源的角度来定义，它表示在工作中给予员工（相对较高的）自由裁量权。众所周知，在这种情况下自治一般会提高工作满意度。自我实现的个体被认为是不受控于外界期望的自主运作"。自主性不应与自动化（automation）混为一谈，后者是与控制工程领域相关的技术概念，控制工程领域包括机器人技术，但也包括更广泛的非人或极少人类干预的系统工程。

"治理"过程并不需要上链，或者并不需要治理。目前，在不同类型的 DAO 之间没有明显的界限，正如"去中心化—自治"是个范围，DAO 的类型也经常介于技术导向和社交导向之间。

DAO 启发：公司未来会像是一个"软件"

DAO 代表着一种大规模人类协调的新尝试，而协调调动人类的核心其实是组织文化，这和是否"去中心"没有任何关系。在整个 DAO 环境中，两个特征似乎比较普遍：参与者表现得像所有者的行为倾向，以及对完全透明化的期待（或者可以说是奢望）。当谈到 DAO 的文化时，"所有权"一定是第一个被提到的。它不仅激励个人参与，而且从根本上改变了贡献者对他们的努力和劳动的看法。所有工作都建立在追求更大的目标之上，而这个目标的正向回报为参与者们共同所有。

所有权会让人产生充满了创造、成功和某种组织内独有的氛围。作为组织的所有者，与传统意义上的"工人"相比，人们会在经济和心理上更倾向于支持同伴、提升他人的工作，放低自我，并竭尽全力努力工作。投资公司 Variant 的联合创始人杰西·瓦尔登（Jesse Walden）在一篇名为《所有权经济》的文章中指出："随着个人在价值创造中的作用变得越来越普遍，软件将朝着不仅由个人用户构建、运营和资助，而且也由用户拥有的方向发展。"① 从另外一个角度说，公司未来会像一个

① Jesse Walden and Variant Team, "The Ownership Economy: Crypto & The Next Fron-tier of Consumer Software", Jul. 14, 2020, https://variant. fund/articles/the – owner – ship – economy – crypto – and – consumer – software/，最后访问时间：2023 年 1 月 26 日。

"软件"。①

　　从某种意义上说，DAO 正是这种"软件"。它不仅提升了个人，还让用户有机会参与创造并拥有。透明度在任何组织文化中都起着至关重要的作用，它可以在所有参与者之间建立信任。而"信任"正是造成当前许多公司内耗不断和效率低下的关键因素。区块链上任何 DAO 的钱包地址的公开和不可被篡改，DAO 也因此创建了一种制衡机制：允许利益相关者们随时了解 DAO 如何使用他们的资本，同时确保领导团队确实在根据社区进行决策。这种完全透明的特性会激励合作而不是竞争，并且由于个人对组织情景理解的加深，他们能够对自己的工作拥有自主权。

　　DAO 提供了一种畅想：在未来，普通人很可能不会为公司工作。相反，人们将以非传统的方式如玩游戏、学习新技能、创造艺术或策划内容等行动来获得收入。对于这样的畅想我们不应该觉得不切实际，要知道从历史上看我们工作方式的这种转变并不罕见或出乎意料，在 1800 年的人看来，大多数人将受雇于大公司的想法是疯狂的。

　　这种新的未来工作是由围绕加密协议形成的网络促成的，这些网络作为协调、衡量和奖励对复杂生态系统的贡献的新方法正在出现。这种转变已经开始为个人释放新的挣钱潜力，它正导致价值获取从组织向作为个人参与加密货币网络的人不断转移。传统的赚钱方式是"Work to Earn"，但未来的收入是"X

---

① Jesse Walden and Variant Team, "The Ownership Economy; Crypto & The Next Frontier of Consumer Software", Jul. 14, 2020, https://variant. fund/articles/the－owner－ship－economy－crypto－and－consumer－software/，最后访问时间：2023 年 1 月 25 日。

to Earn"（play to earn，learn to earn，create to learn，and work to earn）。作为开放经济体的 DAO 将为"X to Earn"趋势提供动力，这将使工作比我们习惯的"朝九晚五"更加灵活。这些加密经济的开放性特征将允许人们参与几个 DAO 和加密网络，混合和匹配不同的收入流和所有权回报。人们的收入将是我们目前在生活中已经做的事情（如玩游戏），我们认为是传统工作的事情（如赏金/合同），以及目前只有一小部分人可以获得的事情（如投资、被动收入）的混合。

在未来新的工作模式中，工作可能变得更加短暂和动态化——工作之间的转换成本将更低，新的机会将更加明显。工作将被缩减为更多的原子单位。人们将根据在链上的历史、所有权和声誉发现新的机会，被匹配到各自具有最佳比较优势的地方做出贡献。

近些年来，我们看到的现象是，网络随着更多的活动和更多的参与者而获得力量。然而，多年来，用户、消费者和参与者一直在为网络增加价值，却没有获得他们的价值份额（如苹果的应用开发者、YouTube 的创作者和 Uber 的司机）。DAO 的功能更像开放的经济体，而不是封闭的组织，DAO 将根据每个人的贡献来奖励其提供的价值，无论它来自谁。

这意味着，对网络有价值的日常行为将被转化为赚取收入的机会。几乎每个人都会从简单的网上生活、产品使用和用户参与等形式获得一些收入。对于因自己参与网络而获得报酬的人来说，赚取收入的感觉将很像一场游戏。从长远来看，目前还不清楚，通过这些渠道可以赚取多少收入。DAO 使这些非传统的途径更加可持续，让更多人可以使用。但是，市场不会奖励所有人。市场动态仍然是价值相关的，为了得到奖励，每个人需要提供价值。创造者需要找到受众，游戏玩家需要取得成果，贡献者需要创造影响。但"X to Earn"并不意味着每一个人都能以制作艺术品和玩电子游戏为生。"X to Earn"的实质是指在创造价值的地方给予奖励。

消极的一面

同样需要注意的是，DAO 并不意味着会带来一个新的完美工作模式。DAO 对于公司，就像 Web 3.0 之于 Web 2.0。前者力图以一种极为理想主义的方式去解决后者当前存在的弊端。任何重大的技术往往有积极的一面和消极的一面。加密货币，以及更具体的 DAO，也不可避免会遇到这样的情形。

人类大脑能够处理的东西是有限的。一个人可以有意义地参与多少 DAO？参与每一个后续的 DAO 都要求人们处理能力的增加，这会造成人们可能会在额外的超载中挣扎。在 DAO 模式下，工作可能会变成对行动的纯粹经济激励，变成离散的任务；劳动被简化为一种商品服务。Web 3.0 使个人能够从劳动者转变为所有者是其最基本、最引人注目的属性之一。但随着社区越来越去中心化，对稳健治理的需求也随之增加，否则，我们最终可能会得到一个支离破碎的组织，每个参与者在其中都只是乱嚷嚷。

最后，需要注意的是，DAO 的出现是一种未来组织和价值生产、分配方式的尝试。它是具有颠覆性的思路。但这并不意味着它一定会颠覆现有的公司形式。无论是有意还是无意，一个新的技术和思路出现后，往往会被描述成"替代者"，以突出它的重要性和价值感。但这种方式是风险投资者或者赛道中的参与者所喜欢的，也是媒体为了吸引关注所喜欢使用的，但对于客观的认知却可能具有极大的误导性。

4

社交新计算平台

"任何足够先进的技术都将与魔术别无二致。"

——亚瑟·查尔斯·克拉克(Arthur Charles Clarke)

小型、低价、无处不在

下一代互联网是不是元宇宙，不确定。但可以确定的是，下一代新计算平台会出现。

也许没有一种其他技术能像计算机技术一样，在过去几十年里有如此巨大的进步。从历史上看，计算行业约10～15年，会出现一个周期让行业发生大的变化。周期又基本分两个阶段。一是酝酿阶段。在这个阶段，新平台刚诞生，其价格昂贵且不完善，难以使用。二是增长阶段。在这个阶段会有新产品出现，解决上述问题，并开始指数增长。PC和智能手机是数字化和信息化时代我们日常最经常使用的电子工具，也是满足我们工作、生活、娱乐等需要的数字计算平台。它们都呈现出了上述的周期性特点。

Apple Ⅱ在1977年发布，但直到IBM于1981年发布PC，市场才开始进入增长阶段。20世纪90年代就有了智能手机，21世纪初黑莓也出了智能手机，但智能手机市场的真正增长开始于 2007 年和 2008 年。当时 iPhone 和 Android 手机相继发布，此后，智能手机呈爆炸性增长。如今，我们正处在第一个移动时代的成熟期，接下来将会面对的是下一个移动时代的到来。如此推演，下一个计算时代或者计算平台应该会在接下来的几年进入增长阶段，而且现在已经处在酝酿阶段。

麻省理工学院学者尼尔·汤普森（Neil C. Thompson）从处理器发展特点的角度也说明了这一点。他提出处理器发展的摩尔定律由两股力量推进：科技进步和通用技术（general purpose technology，简称 GPT）的经济周期规律[①]。后者受到市场增长和技术投资的相互作用左右。二者相互刺激，产生了强烈的经济动力，促使用户对快速改进的 CPU 进行标准化，而不是发展专用处理器。

在今天，情况开始发生变化。促进通用技术发展的两股力量（市场增长和技术投资）逐渐解开纠缠，导致市场增长和技术进步放缓。随着 CPU 技术发展减速，经济动机将推动用户转向专用处理器，如图形处理器（GPU）。专用处理器比传统的通用处理器提供更少种类的功能，但能更好地执行某些特定功能。

许多应用已经在追随这一趋势，包括深度学习和比特币挖矿。专用处理器技术将被那些从变革中获得大幅度提速的任务处理器所采用，并且需要足够的处理器需求量来平衡固定成本。根据以上这些标准，大型科技公司涉足并加强研究专用处理器芯片就很好理解，例如国外的谷歌、微软和国内的阿里巴巴。专业处理器是在一些更专业的领域中，因为只需要少量的处理

---

① Neil C. Thompson, Svenja Spanuth, "The Decline of Computers as a General Purpose Technology", *Communications of the ACM*, Mar. 2021, Vol. 64, No. 3, pp. 64 – 72.

器就可以使收益具有足够的吸引力。在此背景下，尼尔·汤普森认为："计算机作为一种通用技术正在衰落。这并不是说计算机技术将失去其自身的科技能力，"忘记"如何做计算。而是以通用处理器支撑的通用计算平台为主体的经济周期正在让位于一个分裂周期。在这个周期中，经济效益将把用户推向由专用处理器驱动的不同计算平台"①。

从趋势上看，新的计算平台在硬件方面将会呈现小型、低价、无处不在的特点。在大型机时代，只有大型组织买得起计算机，然后是小型组织会购买微型计算机，家庭和办公室购买PC，现在是人手一部手机。现在的处理器和传感器都越来越小、越来越廉价。计算设备将会比全球人口数量还多。出现这种情况有两种原因。一是遵循摩尔定律下过去半个世纪半导体行业的进步，二是智能手机的流行让处理器和传感器获得了更多投资。现在如果拆个无人机、VR设备或物联网设备，就能发现很多同智能手机相关的零件。

同时，如前文所讲，现代半导体时代关注点已经从单独的CPU转移到专门化的芯片，即系统级芯片，比如ARM CPU加专用于图像处理、通信、能源管理、视频处理的芯片。这种新架构拉低了计算系统的价格，从100多美元降到10美元左右。最廉价的卡片式电脑主板就只要15美元。同时，高端处理器也能提供很大的性能，其中最重要的可能就是GPU。

GPU不仅能用于传统的图像处理，还能用于机器学习算法和VR/AR类设备。同时，软件方面在AI上已经有显著突破。

---

① Neil C. Thompson, Svenja Spanuth, "The Decline of Computers as a General Purpose Technology", *Communications of the ACM*, Mar. 2021, Vol. 64, No. 3, pp. 64 – 72.

图灵曾预测 20 世纪末就会出现能模仿人类的机器，虽然这一目标未实现，但现在人工智能确实进入了快速发展的时代。很多 AI 方面的兴奋点都与深度学习有关。它是一种机器学习技术，因 Google 用它训练计算机学会识别视频中的猫而出名。深度学习是神经网络技术的衍生。后者可追溯到 20 世纪 40 年代，由于新算法、廉价的并行计算和大型数据集的普及而得以重生。2022 年底，人工智能实验室 Open AI 发布的对话式大型语言模型 ChatGPT 更是让大众感受到了 AI 的发展速度。

智能的"虚拟层＋"

现在有很多计算平台处于酝酿阶段，但不久后很可能进入增长阶段，它们都在整合最新的硬件和软件技术，在一个方向上寻找突破点：在现实中增加一个智能的虚拟层，赋予并增强人类的能力。AR 和 VR 将会是这个方向上最具代表性的计算平台。是的，这里面用到的词汇是"最具代表性"，而不是"唯一"、"最主要"或者"最重要"这样的词汇。这是因为，相比 PC 和智能手机时代，我们即将步入的是多个计算平台并行，而不再是一两个计算平台占据绝对位置的时代。

智能汽车、无人机、穿戴设备、物联网等同样会成为下一代计算平台。但相比它们，沉浸式的 VR/AR 产品能触及更多用户，带来更多元化的计算需求。未来主义者和影视编剧已经对未来眼镜产品的形态和可能会发生的事情进行了多样的讨论。比如，反乌托邦题材的科幻热门剧《黑镜》（*Black Mirror*）中的一集就探讨了一个人们可以将某些人"挡在视线之外"的世界。另一些更加积极的设想是会在人们需要的时候将重要信息直接显示在眼前。

VR需要高分辨率、高刷新率、低延时的屏幕,性能强劲的显卡,以及能精确追踪用户的位置(一般的VR系统只能追踪头部旋转),接下来还需要在渲染及录制VR内容的新工具、直接从手机和头盔中追踪和扫描的机器视觉技术、承载大型虚拟环境的分布式后端系统等方面进行加强。

AR的技术要求与VR类似,但需要先进的低延时机器视觉技术,在同一场景中以令人信服的方式将现实和虚拟结合起来。未来,人们在购买新沙发或电视机时,就不需要再带着卷尺去了。有了AR技术之后,顾客在购买前就可以确切地知道这一产品尺码究竟有多大。AR技术还可以进行空间的虚拟映像,这样一来用户就可以查看适合自己家居空间的产品,省时省力。这样,在决定购买之前,也就不会再出现类似多大尺寸的电视适合自己家的电视墙面或者是这一沙发能否顺利穿过房门这样的讨论。

如今,AR的用例已经变得并不罕见,包括基于智能手机的游戏(如"精灵宝可梦GO")以及诸如苹果的AR测量之类的应用。这些应用使用手机的屏幕和摄像头,而非依赖于眼镜或其他放置在用户脸上的计算设备。当前,少数积极生产AR眼镜的公司主要关注在工作场景上,例如制造业和医药业。但AR真正的强大之处则是其可以将任何东西带到用户面前,虽然无论是Google还是苹果都无法在短期之内让这成为现实,但这就是AR的潜力所在。

目前实际情况是,用户将手机举到胸前这一动作,从社交角度看还并不是舒适的形式。手机对于AR的普及会有一定的限制。AR眼镜或许是一种新的选择。谷歌和苹果公司在智能手机方面进行的 VR 尝试其实是为找到 AR 的终极理想形式而探路。

Oculus 首席科学家迈克尔·亚伯拉什（Michael Abrash）表示，尽管 AR 眼镜有可能成为 21 世纪最重要的技术之一，但除非能够解决一些非常具有挑战性的限制，否则它们将无法成为现实。"它们必须轻盈舒适，足以全天佩戴；每一次充电后都可支持非常长时间的续航，同时不会出现过热问题；能够支持阳光充足和黑暗的环境，并且提供出色的视觉和音频质量；它们必须完全被社会潮流所接受，必须足够时尚，因此需要一个全新的用户界面。最后，支持虚拟对象、远程呈现和感知/心智超能力所需的渲染、显示、音频、计算机视觉、通信和交互功能必须在整合至一个能够满足上述约束条件的系统。然而，现有技术无法满足所有这些要求。事实是，物理定律可能令我们无法构建出真正的全天候 AR 眼镜。光学、电池、重量或散热方面没有摩尔定律。我的猜测是，它实际上是有可能实现的（显然如此，否则我将不会做无用功），而如果确实有可能，我认为全天候 AR 眼镜很有可能在未来十年内发生。但这是一项艰巨的技术挑战，需要我们取得一系列的突破。"①

总之，不是手机，而是其他终端形式（眼镜或者头盔）会成为下一代计算平台的产品表达形式。

自从虚拟现实技术开始出现之后，扎克伯格和他的 Meta 就一直在追随这即将改变世界的技术："每过 10 到 15 年，就会出现一个新的主流计算机范式。手机是第一个主流化的计算平台。人们真的很喜欢手机，但是这并不是发展的尽头。以后还会出

---

① Michael Abrash, "Inventing the Future", Oct. 11, 2017, https://www.oculus. Com/blog/inventing – the – future/.

现别的东西。但手机还有很多限制，你必须把它从口袋里拿出来，这不是一个很自然的动作。以后，你只要戴一副眼镜就可以进行互动了，或者到最后，你只要戴上某种隐形眼镜就可以了。这时你环顾四周，看到不同的东西，于是伸出手抓住它们——这就是互动的方式。我认为，这是人机互动的下一个阶段，一个合乎逻辑的发展阶段。我们乐于推动这种趋势向前发展。"①

VR、AR，离不开制造海量数据的社交

　　另外一个与之关联的趋势是，社交和游戏的边界将会越来越模糊。社交未必会游戏化，但游戏一定会社交化。两者的交汇点在未来将会在VR/AR中落脚。社交与游戏如此庞大的用户群体和海量数据，是打造下一代计算平台的基础。

　　从本质上说，VR是一个社交平台，它的核心是数字通信系统。互联网的历史已经告诉我们，计算机不仅和计算有关，也同样和通信有关。无论在PC或者是手机时代，一直以来，社交网络都被证明是让用户积极参与的有效途径。虽然VR成为主流并实现社交化还需要几年的时间，但是早期用户已经对未来有了一点认识：通过计算对互动再想象（re - imaging），紧密地映射我们在现实生活中是如何工作、娱乐和学习的。在VR中，人与人之间、与周边的环境和物体之间的联系机制都是比特（基于比特的数字化时代），而不是原子（基于原子的物质世界）。

---

① Casey Newton, "Facebook 2026 Mark Zuckerberg on his plan to bring the internet to every human on earth", https://www.theverge.com/a/mark - zuckerberg - future - of - facebook#part6，最后访问时间：2023年1月24日。

物体能够以现实生活中无法实现的方式被操纵。

　　Meta 在 VR 领域的很多布局都是以 Oculus 为核心而展开的,在硬件、游戏、视频、应用等一系列业务,Oculus 都有所涉及。就连在 VR 领域的收购,也都是 Oculus 参与居多。虽然 Oculus 的布局很广,但它的核心也很明确:游戏,游戏,还是游戏。从 Oculus 的收购就可以看出,所有的收购都是在为提升游戏的逼真度而准备的。以 Surreal Vision 为例,这家公司的优势在于拥有实时的 3D 视觉场景重建技术,即可以对真实的现实场景进行识别和重建。Oculus Rift 用户在这项技术的帮助之下,可以对周围的真实场景进行识别,包括人物和物体,甚至可以将这些物体融合到 VR 游戏中。的确,从短期来看,唯一能推动虚拟现实发展的就是游戏行业。只有游戏玩家才会把虚拟现实眼罩戴在头上,才愿意尝试这种东西。对游戏的投资,对于 Meta 是一个战略清晰的手段,真正的目标还是在社交。

　　当前所看到的一些 VR 游戏也正在利用社交不断丰富自己,加入社交功能后丰富了内容,提升了对用户的吸引力。游戏制作公司育碧(Ubisoft)近期推出的"狼人游戏"VR 版就选择将重点放在展示玩家个性上,而非炫酷的 VR 效果。这种做法保留了桌游本身的互动性、社交性,又让用户的特性得到了充分展示。育碧甚至直接将"星际迷航:舰桥成员"定义为一款 VR 社交游戏,因为游戏中很重要的情节就在于玩家和其他成员合作击退敌人。

　　网络社交技术出现之后,几乎改变了所有人的生活习惯:它让来自世界各地的朋友都可以轻松进行沟通。但也有人因此觉得互联网正在让用户与身边的人产生隔阂,并担心沉浸感十足的 VR 社交出现则会让这种现象更加严重,大家甚至连身边的人都"视若无睹"了。VR 中的社交听起来是很美的一件事——人们可以打破时间与空间的局限，自由地在虚拟世界中沟通、娱乐，没有束缚、没有限制。然而从另一个角度来说，寄希望于 VR 社交又是讽刺的——毕竟，现阶段的 VR 本身就是一个反社交、反社会的行为：当我们带上头显，就完全与真实的世界隔离了。这可真的一点都不社交。

从现实生活转换到 VR 中的关键是，要弄清楚亲身体验的哪个部分可以被操纵、扭曲或被赋予特殊的超能力，或将它们放在更具幻想色彩的沉浸式环境中。

VR、AR 催生出的新社交计算平台

新的社交，不管它叫什么，本质上都是提供更多的场景增加人在情感、兴趣、爱好等方面的叠加。这一点至关重要。

网络社交从 2D 变成 3D 形式，给用户到底能带来哪些不同的增量体验和增量价值。

很多即时通讯和视频聊天应用程序已经减少了面对面交流的次数和为完成工作必须拨打电话的次数，但是很多工作和社交中的面对面沟通需求仍然无法被完全替代。比如，如果想了解在一次内部会议上别人对自己一页 PPT 的反馈意见，有些人更喜欢站起来，抱着笔记本电脑，把它放在同事的办公桌上，让对方看一眼，而不是将 PDF 上传到聊天软件，发送一个链接，然后等待回应。无论现在的流媒体技术多么发达，面对一些交易场景（比如买房买车），销售和客户都还是更愿意与客户当面交流，而不是通过 VR 签订合同。

有些事情必须当面做。但是如今的社交 VR 应用表明，如果

提供体验的头显和传感器更加贴近真实的互动，那么这些限制可能都会消失。Oculus 通过追踪头部和手部就会呈现出丰富的身体语言。事实证明，即使是声音、头部运动和手势的简单结合，被映射到一个抽象的化身时，就可以传达一些微妙的行为。

继智能手机和互联网之后，已经有越来越多的人认为虚拟现实是下一个重要的事情。不过，在一切想象中的美好事物发生之前，至少必须具备以下条件。

第一，VR 设备具备良好的体验，比如需要低延迟，做到头动的时候，化身也跟着动。

第二，需要解决身份识别的问题。在虚拟世界中，你需要一些标识来识别好友，与此同时，还需要一些隐私保护措施。

第三，需要凝视检测机制。下一代 VR 头盔将会采用眼球跟踪技术，以便识别用户凝视的方向。

VR 社交不是现实社交的替代者，只是让人们多了另外一种体验的选择。在虚拟现实中进行社交是 Meta 想要达成的目标，但大家常常忽略的是，支撑公司和扎克伯格信念的却是没有任何技术能代替面对面的交流。扎克伯格曾在他的"读书年"俱乐部中推荐过一本书，是来自崔硕庸（Michael Suk - Young Chwe）的《理性的仪式：文化、协调与共同知识》[①] 一书。这本书于2021 年出版，从博弈论的角度深入探讨了君主制、制度变革、宗教和仪式演讲。有些仪式被用于形成"常识"，帮助人们解决问题，例如需要遵守哪些规定，可以购买哪些产品。在扎克伯格看来，这本书探讨了常识的概念，以及人们如何认知周围的

---

① 〔美〕崔硕庸：《理性的仪式：文化、协调与共同知识》，凌复华、彭婧珞译，中国人民大学出版社，2021。

世界。我们所认知的身边的世界并非仅仅基于我们个人的认识，还基于我们知道身边的人看到的世界是怎样的，以及大家所分享的世界是怎样的。

通过成熟的 VR/AR 技术，人们可以将虚拟与现实的边界变得更加模糊，到时候坐在自己身边的虚拟影像就跟真人没什么区别。与此同时，我们却仍可以通过互联网与世界各地的人们接触。头盔只是现在的阶段性方式，终极结果可能是一副超轻的眼镜或者其他什么方式，一戴上去就能让你进入虚拟世界，一摘下来就能重返现实。这会让你沉浸于虚拟世界，或者在你观察到的现实世界里添加数字化的东西。

技术乐观主义者相信，再经过几代人的时间（以摩尔定律的时间计算，这意味着是几年，而不是几十年），VR 设备将会跟踪我们的眼睛（让我们做有意义的眼神接触）、我们的面部肌肉（当与一个人进行交流互动时，面部肌肉是大脑决定对方是否值得信任的关键信号之一），并具有触觉反馈，允许简单的身体接触（如强或软握手的感觉）。通过对个人社会交流互动基本动作的分层，VR 将会成为人们见面或与别人进行数字化工作的一种日常化方式。这时候，VR 不再是游戏玩家眼中的一个有趣且新奇的概念。VR 还将提出多种假设：如何组织整个机构，什么时候进行面对面交流比较合适，人们如何沟通并分享新的想法，人们如何以身临其境或做作的方式了解对方。对于每一种假设而言，很有可能是一家全新的创业公司发明了一种全新的做事方法。

就像曾经的计算机和智能手机那样，VR 和 AR 带来的 3D 互联网体验将从根本上改变我们。在过去的 40 年里，个人电脑、智能手机和平板电脑支持我们通过 2D 屏幕不断地、近乎瞬时地访问数字世界，并在这个过程中几乎触及了我们生活的方方面面。在接下来的 40 年时间中，AR 和 VR 将允许我们真正生活在现实世界和虚拟世界的混合体中，而这将再次彻底改变我们工作、娱乐和沟通的方式。这需要整合计算机视觉、光学、显示、用户界面、用户体验、音频、触觉、感知科学、材料科学、硅、操作系统、纳米加工、动画、渲染、手部追踪、眼动追踪、语音识别，以及更多能够提供神奇体验的系统。

60 年前，互联网初期架构的设计者约瑟夫·利克莱德提出在未来的世界中，人类将能够直接与计算机进行交互，以提升人类的能力。20 世纪 70 年代，通过施乐公司帕洛阿尔托研究中心的计算机科学实验室，利克莱德和他的同伴们推动了这一愿景的实现，带来了激光打印机、以太网以及第一台真正意义上的个人计算机——Mac、Windows 平板电脑和智能手机的"祖先"Alto。

迈克尔·亚伯拉什在《发明未来》（*Inventing the Future*）一文中写道："得益于利克莱德和施乐研究中心的成果，现在无论我们走到哪里，我们都可以随时随地通过 2D 平面来与虚拟世界交互。这是人类计算历史上的第一次大浪潮，它几乎改变了我们生活的方方面面，但这并不是故事的结局。只有当我们生活在一个由虚拟和真实交织在一起的世界中时，以人为本的计算才能真正发挥出完全的潜力，而不是说通过平面端口来与虚拟世界交互。这就是 AR 和 VR 的全部意义所在。这将成为第二次大浪潮，除非事实证明我们几乎不可能创造出足够好的虚拟体验，否则增强现实和虚拟现实就是未来，就像个人计算机一样。这并不意味着 VR 和 AR 将自动发生，它们需要非常复杂的技术和跨越多个领域的突破。这种魔力只有在大量的人才和资源聚集在一起时才会发生，就像 45 年前的施乐公司帕洛阿尔托研究中心那样。世界上只有少数几个地方同时整合了实现这一目标的愿景、资源、商业模式和人才，而达到临界点的则少之又少。"①

市场起伏，资本狂热，竞争激荡，好在技术仍在稳步前进。

5

架设在节点上的数字原生所有权系统

> "技术进步、投资增加、专业化和分工的发展等，并不是经济增长的决定性因素，决定经济增长的因素是制度。"

> ——道格拉斯·诺斯(Douglass C. North)

创造却并不拥有的人们

元宇宙时代到来的标志是什么？有些人认为元宇宙是个空间（虚拟空间）的概念，也有些人认为元宇宙是个时间概念，是一个时刻、一个奇点。在后者看来，某个时间点上，或者沉浸式的数字世界比现实更重要，或者人们的数字生活比物理生活更有价值，数字生活已经超越了物理存在。如果以前者为标准，元宇宙还远在天边；如果以后者为标准，对于散布在全球的许多数字原住民来说，元宇宙已经开启，就在身边：他们最好的朋友们分布在各种网络社交平台上，他们主要的资产都是虚拟货币，他们一天中大部分的时间（除去睡觉、吃饭时间外）

---

① Michael Abrash, "Inventing the Future", Oct. 11, 2017, https://www.oculus. Com/blog/inventing – the – future/.

花费在数字终端上。当然，从宏观的视角看来，这个时间点也许还要加一个维度，比如是当对于世界上51％的人而言数字生活更有价值的时候，还是100％？

讨论元宇宙到来的衡量维度是个有趣的问题，不过也不必非要急着得出一个结论。倒是其中所涉及的"价值"概念更为值得深入关注。我们不必非要认为，数字生活比物理生活能带来更有价值的未来。某种意义上说，这是个科技问题，也是个哲学问题。数字生活的价值从何而来，如何确定、如何转移、如何增加，倒是眼前正在被广泛讨论和实践的事情。

我们的数字生活已经开启超过20年。新冠疫情的暴发在这个方面带来两个关键变化，一是将人们的物理生活部分地转移到了数字空间里，二是让原本游离在数字生活之外的人群也走入其中。我的母亲，70多岁，一直是数字产品的隔绝者，用手机最多也只是接听电话。但疫情期间，为了能方便进出超市买东西，不得不弄了一部智能手机，注册了微信，弄了健康码。而随后发生的变化是，因为手机预装了多种App，结果晚上抱着手机看新闻、小视频成了她当前每日生活的一部分。

对于绝大多数人来讲，我们在数字生活中每天持续创造着数字价值，但从未拥有过任何数字资产。

以太坊的创始人维塔利克·布特林13岁的时候沉迷于"魔兽世界"，经常在电脑面前一坐就是一整天。直到后来，有一次游戏公司在新版本更新中，取消了他心爱的游戏角色"术士"的一个必杀技能，这个游戏角色布特林已经玩到了80级。布特林曾多次发邮件并在官方论坛里联系游戏公司的工程师，要求他们还原这个技能，但是得到的回复是"公司出于游戏平衡的考虑才这么做的，不能恢复"。后来，布特林选择了放弃玩"魔兽世界"，也放弃了那个 80 级的账号。那个承载了玩家无数时间、体力和智力的账号就这样价值归零了。相信很多游戏玩家都有过类似的经历，尽管为游戏付费，但并不拥有在游戏中收集和购买的资产，也不能将物品从一个游戏或"世界"转移到另一个游戏（即使是直接的续集或升级），自己账号里面的积累不是自己能左右的，因为它并不属于你。这种情况并不仅仅是在游戏领域，几乎所有领域都是如此。用户可以在音乐平台上购买一首歌，但如果你决定离开这个平台（或被踢出），你就会失去对这些资产的访问。用户在网络平台的活动价值并不属于用户所有，用户也没有途径和能力将它们变成有价值的资本，反而还要付出隐形成本：被迫看广告或成为数据挖掘的对象。

这就是现在 Web 2.0 时代的主要商业模式。当然，对此我们不能简单以好坏和对错来评判。现在开始出现的变化是，一种新的模式希望能对以往模式的弊端进行改变。这种模式就是以区块链技术为核心，以加密货币为载体，实现将数据纳入生产要素中，实现数据的确权、定价和交易，在数据脱敏的前提下通过隐私计算获取数据的使用价值，并在二级市场通过流转交易形成市场价值。在这个模式下，因为可以验证数字资产的所有权，一旦通证或 NFT 发送到了用户的数字钱包里，就可以完全确信并验证这些资产现在由这名用户所拥有，用户可以随意交易自己的数字资产，用户能够直接拥有他们的东西，将其带走，并将权力从平台和公司手中转移。

当数字资产可以被个人拥有

数字资产不被平台和项目开发团队所控制，即便平台和项目没有了，数字资产也可以保存下来。这就类似于某家制鞋企业倒闭了，但是你仍然可以拥有他们之前生产的鞋。

耶鲁大学陈志武教授在《资本化的奥秘》中讲道："什么是钱？资本？财富？简单讲，'钱'主要是一个货币的概念，流动性最好，可直接用于交换，并同时又是市场交换的结果，是具有最普遍接收性的价值载体。钱既可以是纸币，也可以为东西，比如金银、丝绸，只要大家都认可就行。资本也是活的价值，尽管其'活'性较钱低，但它是能够生产价值的价值。而财富既包括流动性的，也包括不流动的价值，即死的有价物，一般的财富并不一定能产生财富。从契约理论的角度讲，财富往往是物、是'东西'，货币是把'东西'卖掉之后的价值载体，而资本更多是'东西'的'产权证'，它是广义的货币，是跟具体的'东西'相对应的产权。最能区分这三者的'东西'要算土地，土地是财富，但它不一定是资本，更不一定是钱。首先，土地必须能买卖交易，否则它既不是钱，又不能转换成资本。比如，如果土地是国有，就不能被买卖，土地顶多是财富，不是资本，也不能变成钱，更生不了多少钱。如果土地是私有并且能被买卖，那么土地跟钱之间只有一次交易相隔，土地就能随时变成钱，就像钱了。当然，即使私有土地可以买卖，除了直接出售外，土地还不一定能转换成资本。也就是说，只有在产权保护制度和契约权益保护相对可靠的情况下，土地即使不卖掉，也可以被抵押转换成资本。这时，土地的'产权证'就最重要，'产权证'的流动性使土地权成为资本，以资本的形式让土地所承载的财富赚更多的钱。财富不一定能一下子变成钱，财富的范围比资本大，资本比钱的范围大。问题是：什么决定财富、资本与钱之间的相互距离呢？一个国家对'东西'、对未来收入流进行资本化的能力，也就是市场、契约与产权制度，决定了这三者间的距离。从根本上讲，货币是将'财富'卖掉的所得，资本是以产权契约、金融票据、证券契约等形式将'财富'资本化的所得，是资产和未来收入流的'产权证'。只不过通过这些'产权证'，把本来就已存在但是'死'的'东西'和未来收入流变活了。"①

用这样的视角可以更好地理解区块链模式下的数字经济。仍旧以土地为例，只不过是在虚拟空间中的土地。

Decentraland 作为以太坊上最先发展起来的 Metaverse 类游戏之一。对于很多人来讲，对它最初也是印象最深刻的认知就是买地和卖地。在 Decentraland 里，用户可以在虚拟世界中购买定制化的土地，通过虚拟化身与其他玩家互动，并且参与一系列由用户创建的社交活动。这是第一个在区块链上开展的类现实社会实验，为用户提供了真正的资产所有权，提供了游戏化的社交功能，并与区块链的互操作性相结合。LAND 是 Decentraland 内的 3D 虚拟空间，一种以太坊智能合约控制的非同质化数字资产。土地被分割成地块（parcel），并用笛卡尔坐标（x，y）区分，每个土地代币包括其坐标、所有者等信息。每个地块的占地面积为 16m × 16m，其高度与土地所处地形有关。地块永久性归社区成员所有，可以用 MANA（Decentraland 里的代币）购买。

用户可以在自己的地块上建立从静态 3D 场景到交互式的应用或游戏。一些地块被进一步组织成主题社区或小区（estates）。通过将地块组织成小区，社区可以创建具有共同兴趣和用途的

---

① 陈志武：《资本化的奥秘》，《经济观察报》2007 年 6 月 19 日。

共享空间。用户可以在 Decentraland 的主体世界里参观其他玩家拥有的建筑、参与位于各建筑内的活动与游戏、触发一些特殊剧情（捡到收藏品等）和其他偶遇的玩家通过语音或文字对话，操纵自己的虚拟形象在这个虚拟世界里尽情畅游。而且，用户还可以发挥创造力，通过 Decentraland 提供的制作器创建属于自己的建筑，把它置于自己的世界里或对外销售。这个过程类似于在现实生活中交易土地，唯一不同的是这是在数字世界中展开的。

Decentraland 拥有几乎全部虚拟世界类应用的特征，但与普通的互联网虚拟世界不同的是，它将这一切搬上了区块链。区块链的应用不仅使得 Decentraland 中的一切产权和交易行为都有迹可循，也使得用户能够通过集体投票成为其真正的主人和治理者。

随着时间的推移，开发虚拟房地产可能会和真实地产类似：通过虚拟建筑会存在获利的可能。目前，Decentraland 还不是一个繁荣的城市，很多虚拟地块都还在荒芜之中。我们可以把它理解为一个游戏、一个实验、一个协议、一个世界，甚至是一种炒作。它最终会成为什么，并不重要；重要的是，至少在当前的过程中，它为我们呈现出一种可能性，那就是一种数字原生所有权系统所带来的新玩法和新模式。

在游戏"我的世界"里，玩家化身成建筑师，建造出一个又一个雄伟壮阔的奇迹，在这个无限可能的世界里，有人建造了铁路，有人通过逻辑电路做了一个计算器，还有人实现了扫雷，"国家建筑师"团队在游戏中重建了"紫禁城"。

如果内容只是由开发商产出，也许在区块链世界里会步履维艰，在这个流通性极强、玩家和社区参与的世界里，需要给到玩家和社区更大的自由度，才能实现更大的商业价值。一个卡牌游戏，是否可以由节点运行者去发行一部分卡牌，由社区和其他节点投票通过？一个宠物养成类游戏，是否可以由用户在一定的空间内自己去设计宠物的装扮并分享给其他玩家？但简而言之，是否还有更多的变现方式，这是需要开发者花更多的时间去思考的问题，核心不变的是，要创造可流通的价值承载。

NFT 是 Web 3.0 承诺将用户从强大的平台中解放出来的一个重要方式。即使 NFT 可以在全球最大的综合 NFT 交易平台 OpenSea 等平台上创建并上线，但它们并不存储在这些平台上。当创建或购买 NFT 时，该行为被记录于区块链本身。这意味着你可以在一个平台上购买一个 NFT，然后"带着它"到不同的平台上，或者在没有其他人的允许下将它卖给其他人。用户可以使用加密货币钱包来访问其在区块链上的所有资金和资产，而不必登录任何特定平台。为什么会有人想买卖赋予数字商品所有权的代币？这是个好问题。这些代币的价值看起来如此飘渺，但是，当考虑到 2021 年人类在游戏中的消费超过 600 亿美元，或在数字音乐流媒体上花费 130 亿美元，或在数字艺术品上花费 220 亿美元时，或许我们就会开始感知到一个数字原生所有权系统的价值在哪里。当然，对于数字原生所有权体系是否会带来构想那样的结果，行业里依旧充满争议。莫西·马林斯巴克（Moxie Marlin - spike），私人信息应用 Signal 的创始人，在一篇博文中对于 Web 3.0 和其相关的数字所有权提出了担忧是，认为 Web 3.0 并不像它声称的那样是去中心化。莫西进行了一个测试，他在 OpenSea 上创建了一个 NFT，并故意对清单进行编程，使其在不同的平台上看起来不同。最初，他可以在他的加密货币钱包中看到 NFT，这意味着他对它的所有权在以太坊区块链上是有记录的。然而，几天后，OpenSea 决定从他们的市场上删除他的 NFT，声称莫西违反了他们的服务条款（由于代码改变了用户看到的内容）。从技术上讲，OpenSea 是无法删除的。但当莫西检查他的加密货币钱包应用程序时，他却发现他的 NFT 真的已经消失了。莫西深入研究后发现，他使用的钱包应用程序（Metamask）并没有真正显示他在以太坊区块链上的账户内容。相反，他的钱包应用程序依赖于一个 API 来检查哪些 NFT 与哪个区块链账户有关，而这个 API 正是 OpenSea API。由于莫西的 NFT 已从 OpenSea 中删除，所以该 API 显示它已不存在。这种感觉就像 Web 2.0 的重现。一个强大的平台在未经用户同意的情况下，成功地没收/删除了他账户中的数据和资产。当然，事实上莫西仍然拥有它，而且这种所有权是独立于 OpenSea 的，记录在区块链本身。

对于这类争议，Meta 工程师阿迪蒂亚·阿加瓦尔（Aditya Agarwal）的观点颇有启发性："我们不要忽略技术最终是如何在下一代产品中编织的。大多数东西都不会干净利落地出现在一个世界或另一个世界。它将是混乱的。未来就在这里，但分布不均，只是抓住了其中的一部分；更有可能的是，未来将在很长一段时间内与过去交织在一起。世界太复杂了，无法尝试以任何形式来预测；相反，我倾向于思考底层的想法是否有用，是否能被使用。在这个意义上，区块链、NFT、DAO、Defi 等是超级有趣的构造，将被用来创造有趣的东西。不要专注于试图预测，构建要有趣得多。"[1]

---

[1] Aditya Agarwal, @ adityaag, Twitter Web App, Jan. 10, 2022.

6

启动创作者经济

想象一下，你每次去酒店或餐馆，他们都会说："哦，你得换衣服，买一套新衣服。"这就是今天互联网的运作方式，然后你离开，他们会说："嘿，你得把那些东西还给我。"

然后有一天，有人走过来说："不，你可以带走它。"想象一下这会启动的创新数量，这就是在互联网上正在发生的事情。

——克里斯·迪克森（Chris Dixon），a16 合伙人

玩家，成为创作者

当看到这张图片的时候，你会想到什么？很多人会认为这又是哪个天文望远镜拍摄的宇宙图片（见图4-1）。是的，说对了一半。这是一张宇宙图片。但不是哪个天文望远镜拍的，而是一个名叫"SrMustard"的天文爱好者用户一个人在"我的世界"游戏中打造的。这个用户试图通过这个图片，为大家重现宇宙中"类星体"（Quasar）吞噬一颗恒星的过程。图片上庞大繁杂的星体其实是一个个的像素方块构成的。也许从专业角度看，这里面的内容并不精确，比如"类星体"与恒星之间的比例。但这不妨碍我们感受到"类星体"能够吞噬一切的震撼。

在"我的世界"玩家社群中，像"SrMustard"这样的玩家不少，他们可以利用游戏机制打造出很多难以想象的创意成果，比如让人惊艳的微型天气系统。"我的世界"中是有天气变化

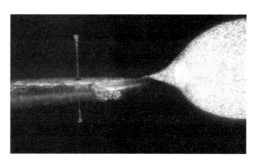

图 4-1　玩家在"我的世界"游戏中还原的
"类星体"吞噬恒星的过程

的。晴天的时候神清气爽，正是玩家们收集物资的好时间；雨（雪）天让游戏场景变换了样貌，而且种植的速度会加快；雷雨天则会让游戏场景中刷新各种各样的怪物，闪电击中生物还能发生"变异"。不过上述天气系统是游戏开发人员的设置，玩家是无法改动其细节的。但是这不妨碍玩家们大开脑洞。一位叫"iRedSC"的玩家打造了一个微型天气系统。他通过实验的方式在游戏中还原了天气的表现。

　　在虚拟世界搭建活火山，搭建巨大的奥利奥，创造随风轻摇的麦浪，玩家们在"我的世界"中展现的创意不断涌现。这些创意背后是一个个在爆发的创作"小宇宙"。类似"我的世界"这样的游戏让人们看到这种用户生产内容（User Generated Content，简称 UGC）游戏的潜力。玩家不仅是游戏的消费者，他们还希望成为创作的一部分。在 YouTube 上搜索关于"我的世界"，用户分享的视频数量超过 1.8 亿条。

　　这种创意的表达力正是"第二人生"的创始人罗斯代尔所追求的。在他看来，这种无限的创造潜力也是"第二人生"成功的一个关键原因。"第二人生"曾被一些人认为不是一款游戏，因为"它没有分数或者点数，没有赢家和输家"。但正是这种毫无目标的特点吸引了很多的初期玩家。罗斯代尔认为这种潜在的"瑕疵"实际上是很多人留在"第二人生"里的原因，"通常进入一个虚拟世界并非为了满足已经存在的需求，很多人尝试游戏是因为他们听说了这个名字，但随后发现他们喜欢做或者找到了一个喜欢与之互动的社区，但他们之前是不知道的……我认为数千万人尝试这款游戏的原因是，它能够在一个真实的、栩栩如生的领域里提供创意和表达能力，你需要一个工具套件让人们打造很小的事物：它必须能够呈现在 Metaverse 里才能成功。"①

这几十年来，游戏工作室一直深挖粉丝潜力，为自己提供创新源泉。Doom 可能是有史以来最著名的第一人称射击游戏，在 20 世纪 90 年代就取得了成功，这不得不说要归功于它的一个做法：向任何愿意额外构建关卡和附加组件的人开放其底层源代码。它是推动"修改"现象的原创游戏鼻祖，是最早底层代码的乐高式运营的实践者。

UGC 与创作者经济

用户生成内容在游戏领域的兴起很大程度上也是一种必然。制作游戏的成本在持续上升，即使是大型发行商的投资也无法成为不断创新的驱动力。

游戏工作室的竞争优势源于其开发酷炫新体验的能力，假

---

① Andrew R. Chow, "6 Lessons on the Future of the Metaverse From the Creator of Second Life", Nov. 26, 2021, https://time.com/6123333/metaverse - second - life - lessons/, 最后访问时间：2023 年 1 月 25 日。

如其提供的内容和体验只是停留在"太多相似,略有不同"的水平,则在点击量驱动的市场中很难生存下去。通过向玩家和外部开发商开放创作,发行商相当于有效地将创新过程进行了外包,并降低了他们的业务风险。通过将开发职责从一个专业设计师的小团队转移给一大群粉丝和热情的玩家,可以极大地扩展整个设计过程。开放游戏构建模块,鼓励玩家访问并为他人开发游戏内物品和体验的做法可以发掘出更多新颖的内容。

在过去五年中,艺电公司(Electronic Arts)旗下的游戏开发商 Maxis 为"模拟人生"(The Sims)游戏制作了大约 5000 件个人服装,但玩家用户在同一时期创造出了 39000 件作品。一个职业开发公司已经无法跟上玩家的步伐。对于游戏开发商来说,用户生成内容可以抵消营销成本,更加容易地留住玩家,降低玩家流失率。成为活跃社区的一员,并为自己喜欢的游戏提供源源不断的新内容,这种做法可以鼓励玩家坚持更长的时间。同时,这也对平均游戏生命周期产生了积极影响,并减少了来自对手的威胁。

在传统意义上,用户对于游戏的这种贡献被认为是一种自我表达的形式或只是小众行为。参与者创造内容是因为他们热爱游戏、具有社区意识,而不一定是为了金钱收益。而如今,这种情况正在发生着变化。一些游戏厂商逐渐意识到,创造者为游戏带来的价值是值得实实在在的现金奖励。Roblox 去年向外部开发者的支出增加了将近 2 倍。而在像 Mythical Games 开发的区块链游戏中,玩家则可以在其中建立和拥有属于自己的基于区块链的游戏体验。玩家正在探索将贡献进行货币化的新方法,无论是通过构建原创游戏世界,在区块链上创建和销售游戏内商品,还是通过新的游戏流媒体工具与粉丝互动。与此同时，工作室和游戏开发商意识到，给玩家创造机会做出贡献，同时还能让他们获得收益，其实是一种竞争优势。

创作者经济正在游戏行业中逐渐显现出令人瞩目的变化。在这样的过程中，我们能够看到：

1. 用户的创作力量让产品变化出无限可能；

2. 一种与之前不同的激励用户创作的利益分配模式；

3. 一种与之前不同的创作方式让可以被使用的创作元素和协作力量不断延展。

而第 2、第 3 点的结合将会反过来激励更多的创作者入场，且这种变化不仅仅出现在游戏领域。

UGC 和与之密切相连的创作者经济并不是一个新的概念和实践。无论在论坛、博客、微博、短视频等领域中，它们都早已存在。在人类历史的大部分时间里，大多数人都在从事生产或耕作。某种意义上讲，21 世纪最重要的两个产出是代码和内容。代码创造了强大的工具，除其他事项外，还帮助分发内容。内容支撑起强大的叙事，除其他外，有助于将更多的经济活动置于软件工具的支配之下。两者都旨在使抽象的想法变得可操作。

20 世纪 90 年代的论坛时期，积极的内容贡献者会成为版主，主要的收益是从论坛所属的公司拿些劳务费。那个时候，个人精神上的成就感远超过对物质报酬的诉求。以图文为主的博客时代，创作者们与博客平台存在很强的依附关系，个人博客的关注度很大程度上取决于博客平台编辑的推荐。部分头脑精明的博主们开始尝试软文广告等流量变现形式。那时博客页面里的广告位收益基本都属于平台所有，那会儿还没有广告分成的概念，只靠写博客为生的人极少。

网络媒体的出现首先瓜分了传统媒体的蛋糕，而 Web 2.0 的出现重新定义了内容生产者，对内容产业进行了一次深度变革：内容生产者由原先的少部分专家或者专业机构转变至"人人都可以是内容生产者"。Web 2.0 时代在内容创作上，主要有三点划时代的贡献：第一，扩大了内容创作的领域，从图文拓展到视频；第二，移动终端的普及，打造了更大的内容消费用户市场；第三，形成了相应的商业模式。由此，也确实激发了更多人投入内容创作中。

在过去的 10 年里，任何一个拥有手机的人都成为了潜在的内容创造者。摄像头像素越来越大，手机的处理器更强大，网络速度更快。通过手机 App 甚至可以改进最劣质的内容。

Instagram 于 2010 年推出滤镜功能，让普通照片具备更多炫酷的效果。TikTok 让视频编辑和特效制作变得非常简单。Facebook 推出录音工具，旨在为业余播客提供服务。互联网无限的、免费的传播和可搜索性使得这些输出——视频、音乐、笑话和各种各样的不受归类的东西——找到受众成为可能，不管这些受众有多小众。

在这个以社交和短视频平台为代表的时代，社交关系和算法模式让内容创作者们有了相比之前更大的自主流量控制可能性。为此，绝大部分内容创作者要研究平台和用户特征，并结合自身兴趣特长定位自己要做的内容细分板块，产出文字、图片、视频等内容，并确保其符合平台流量分发机制。通过自媒体投放或官方扶持等方式，获取更多粉丝，开通打赏、知识付费功能，拥有粉丝量之后接到品牌方广告，有的创作者可能会进一步建立微信群，将流量沉淀进私域池，再有达到一定量级的博主，直接创立个人品牌。在这个时期，内容生产和内容传播的去中心化，一方面推动了内容创作者的爆发式增长。根据烽火（SignalFire）的创作者经济市场地图的统计，目前内容创作者超过 5000 万，其中全职创作者大约有 200 万人，业余创作者大约有 4670 万人[①]。如果再把游戏玩家、网络文学以及中国市场等诸多其他领域算上，参与内容创作的人数远远不止于此。另一方面创作者的收益模式也更为多元化。

平台商业模式的局限

在这里，我们需要客观地看到，为了维持自己的内容供给和用户黏性，Web 2.0 时代的平台并不像一些批评者所说的那样只是纯粹的"剥削者"。这些平台其实也在不断为内容创作者们提供广告、补贴等各种形式的收益方式。因此，尽管现在的内容比以往任何时候都多，但各平台为了获取内容的竞争也比以往任何时候都激烈。

2020 年 7 月，TikTok 宣布成立创造基金，承诺在接下来的 3 年里向全世界的创作者支付超过 20 亿美元。创作者将通过发布获得大量浏览量和参与度的内容来赚取这笔钱。随后，其他社交应用争相效仿。Snap、Facebook、Instagram、LinkedIn 和 Pinterest 都向付费内容创作者分配了大量资金。Twitter 和 Clubhouse 等其他网站也推出了"加速器"计划，为制作经常性内容（空间和节目）的创作者提供资金支持和其他资源。扎克伯格表示，Instagram 将建立一套影响力工具，包括创作者商店、本地附属

---

① Nini，Howard，Kimi，Jacky：《从 Web 3.0 看创作者经济发展》，2022 年 1 月 24 日，http：//www. coinvoice. cn/articles/27468，最后访问时间：2023 年 1 月 24 日。

链接以及将影响者与品牌联系起来的市场。Twitter 推出了一个超级关注功能，让狂热的推特用户为独家推文收费，并为音频聊天室付费。靠内容创作为生的人的数量大大增加。

但同样也需要看到，互联网带来的巨大规模效应注定Web 2.0 是一个中心化大平台的霸权割据时代，这是商业模式决定的。为了更好地支撑基于广告的商业模式，数字平台企业必须尽可能多地捕获眼球。这种商业模式非常依赖封闭式网络，即各家平台独享自己累积的用户数据。作为能够决定流量和收益分配方式的强势方，数字平台企业是这一阶段创作者经济繁荣的最大收益者。其次才是头部创作者。除了少数头部"影响者"外，大多数创作者除了获得"赞"之外很少获得任何奖励。全球最大的社交应用 Facebook，通过在其 28 亿无偿用户供应的帖子旁边出售空间，打造了每年千亿美元级的广告业务。推特每年通过在 3.5 亿撰稿人输入的免费评论中投放广告而赚得数十亿美元。根据 Linktree 报告的数据，66% 的创作者将在线内容创作视为副业，36% 的创作者内容制作时长不到一年。而在这些早期创作者中，仅有 6% 的人收入超过 10000 美元，35% 的创作者获得的收入不足以维持生计，另外 59% 的人则完全没有实现内容变现。[①]

此外，平台方的政策变化制造了更多的混乱。平台可以在任何时候改变它们的政策，而事先没有任何提醒。这些平台依赖用户生成的内容，但商业模式决定了它们无法把大部分收入交给创作者。Web 2.0 创作者经济的核心痛点在于：已有的蛋糕

---

① Jack：《Web 3.0 创作者经济报告：CreatorFi 的发展现状和想象空间》，2023 年 1 月 16 日，https：//www.theblockbeats.info/report，最后访问时间：2023 年 4 月 29 日。

分配不够合理，存量创作者市场内卷，各方利益分配不够公平。平台掌握所有用户的信息偏好，主导内容所有权和分发权而非内容创作者本身，从而引发不公平的利益获取的恶性循环。其结果是，虽然从绝对数字上，能够以内容创作为生的创作者数量有明显增加，但从比例上来看，他们只是极少数。绝大多数创作者们只能勉强度日。

Web 2.0 发展的黄金十年（2005～2015 年），基本上奠定了当前的形态。我们生活在一个所有权集中在数个中心化平台的时期，这些平台拥有数据所属权、用户关系、分发和货币化内容的手段。当今占主导地位的互联网平台是建立在聚合用户和用户数据的基础上的。随着这些平台的发展，它们提供价值的能力也在增加。由于网络效应的力量，它们更有实力保持领先地位。Facebook 用户行为数据有助于其优化算法，使其内容和广告服务远远领先于竞争对手。亚马逊利用其客户需求大数据来优化配送物流，开发自己的产品线。YouTube 已经建立了一个庞大的视频库，其中包含许多创作者的视频，使其能够向几乎任何主题的观众提供内容。在这些商业模式中，瞄准用户及其数据是竞争优势的关键来源。因此，传统的互联网平台不愿共享数据，用户也无法利用这些数据来创造价值。即使用户对特定平台不满意，他们通常也无法离开。

大公司的自我革命一直是一道难题。有关用户偏好和行为的数据是平台最有价值的资产，除非有来自行政和法律机构的要求选择将用户锁定在自己的网络中，以积累它们专有的数据语料库，这永远会是大厂们的优先选择。此外，由于大厂基本上都是上市公司，管理者要对股东和股价负责，部分放开数据权限已是他们能做的最大妥协。尽管有相当数量的用户对很多隐私和数据权利的事情并不真正了解，但是数据所有权背后的收益权才是最重要的。随着技术的不断迭代以及消费者和创作者认知的迭代，数据所有权的不公平分配必然会导致收益权分配不公平的问题。这些会制约新蛋糕的产生：实现持续性的内容数量增长和质量丰富需要新的创作者血液。创作者和消费者为平台做出贡献以获得社会和经济地位，但这些地位其实是租来的（地位仅限在该平台，收入需直接与平台共享）。

新规则，新玩法

在内容创作领域，永远不缺乏的是人和创意。不管什么时候，都会有旧的内容创作者出局，也会有新的内容创作者入场，关键是用什么样的新模式去继续激发。[①] 在一部分新锐人士看来，Web 3.0 的引入会带来内容生产和消费规则上的新玩法：通过引入类似 NFT 的模式，不再依赖大厂平台，生产者直接链接消费者。在理想状态下，独立的内容创作者将不再受制于公司或平台的摆布，可以通过去中心化的平台或社区等方式发布自己的原创内容并获取收益。创作者经济包括有独立的内容创作者、创作团队和策划者等。它还由社区建设者以及旨在帮助这些创作者赚钱和发展的金融和软件工具等构成。

在 Web 3.0 中，这个地位是可以被用户拥有的。不仅社会声誉是可携带的，在平台上与不同内容 IP 的关联也是属于用户的且可携带的。Web 3.0 将所有权作为一个过程引入。随着 IP

---

① AIGC（用人工智能能力生产内容）的发展也非常值得关注，它将给内容生产生态带来颠覆性的变化，激励模式、收益分配模式将会出现新的形式。内容生产将会越来越向掌握 AIGC 技术的头部公司聚合。

在网络上被发布，内容 IP 被印铸在链上以证实出处，并给予创作者传播权和使用权。这一切都落实在了个人层面而非平台层面。越来越明显的是，在开放的、可互操作的数字世界中的某些物体的价值已经可以媲美真实物体的价值了（虽然很多人都还没搞明白这究竟是为什么）。在 Web 3.0 中，协议上的所有一切都是其他人可直接在其之上建立的基础。因此，每个人的工作无须从头开始，大家可以协同搭建，将所有人的工作成果当做乐高一样进行拼凑。Web 3.0 的商业模式是鼓励协作。在 Web 2.0 中，所有的收入都是奖励给输出端的（针对已发布的内容做广告，订阅已完成的作品）。在 Web 3.0 中，我们可以看到关于输入端的商业模式。众筹和社交代币让人们能够在成本完成前对创作灵感进行投资，并鼓励所有参与者从创作流程的最初即协助合作。比如，以后也许可以有一种 NFT 版的小浣熊卡片。作为叙事过程中的一环，NFT 记录着每一段历史和关键的事件。你拥有的一枚 NFT 就像是历史书中的某一页，或世界地图中的某一块碎片。你通过它了解了一段故事，于是你好奇更多，想要去交换以拼凑出更完整的记忆。就像我们小时候省钱买小浣熊干脆面只为收集卡片，在收集小浣熊水浒卡的过程中，我们一定对水浒英雄的故事有了很多了解，甚至能把英雄人物之间的各种关系倒背如流。探索式的学习比坐在那里瞌睡地翻书不知道高效多少倍。NFT 是不是可以成为数字版的小浣熊卡片，帮助人们收集知识的碎片呢？而在这个过程中，兴趣的一致性、利益的绑定和可协同的生产，会让更多的人参与进来。

我们可以想象一个场景：创作者发行有"限定感"和"稀缺性"的专属 NFT。对持有某个创作者的 NFT，作为加入某个

DAO 的证明，可以用来表达和展示自我、确认彼此独特身份的"徽章"。在创作者还未大红大紫的时候，基于自己的喜爱或者判断购买他们的 NFT，能够在其未来走红后溢价卖出，获得内容投资"红利"。

在将作品代币化为 NFT 的过程中，创作者得以创建一条有关作品所有权和来源的可验证链上记录。这个过程最终将铸造出具有唯一性的资产，该资产可以追溯到该创作者。本质上，这种设想是希望我们所处的数字世界从一个创作者需要依附于平台赚取收入的模式，转变为他们可以依靠自己或者与社区一起创造财富的模式。这种模式下，对于创作者经济产生的显著改变在于，它改变了利益分配机制（赋予使用者权利，攫取平台的利益给创作者/用户），创作者拥有并保留版权，可以将作品直接上传到公链完成商业化，没有中间商的环节来分取利润。创作者能够利用 NFT 创造各种各样的付费、与粉丝互动的方法。

同时，在当前我们有赖于知识产权法对创作者及其版权进行保护。但在实践中，对于很多内容创作者来讲，维权是个极为艰难并消耗极大、效果不佳的过程。区块链技术让数字资产从创建到消费都有了更好的权限保障，创作者将获得合理的利益分配和内容所属权力。

为什么能够不受平台制约

在 Web 3.0 的设想模式中，对于内容创作者来讲，能够有更公平的权力分配的可能，还能实现平台（社区）共建的更多创作可能性。在内容所有权上，创作者的作品独立于平台而存在，不受平台强约束和限制。同时，创作者与粉丝通过新型互动方式来建立直接交流的关系，粉丝群可来自不同平台，不受平台中心化分发和分配。创作者可以发行自己的创作者代币，创作者收入模型不由平台决定，也不只依赖于广告商或赞助商，可以由自己定义。

由于内容被存储在公共数据库中。这给了创作者们和消费者们对于如何使用数据拥有了完全的灵活性，并意味着创作者与特定的平台不再像现在一样有强依赖属性。例如去中心化的激励机制能够降低获客成本，创作者可以通过向忠实粉丝发行社交代币的激励方式提高用户黏性，甚至将版权的一部分收益权分配到社区，推动社区共创模式。市场透明度可赋予创作者调控市场的能力，让他们从依赖平台驱动的版权变现模式真正过渡到自己主导的变现模式。未来创作作品也可能成为社交入口，且在生命周期的不同阶段展现多功能属性。

由此，内容创作者不再需要依附于大平台的流量保护来维持生计，有更多机会依靠少数充满热情的人的资助来生存。对创作者的作品充满热情的粉丝将愿意为这种权威的作品支付更多的钱，让创作者能够更好地捕捉粉丝的付费意愿。比如，在音乐市场就展示了这种效应。在流媒体平台上，一首流媒体音乐每播放一次都贡献相同的收入，不管粉丝对歌手的热爱程度有多深。平台也不再需要花费大量成本治理中长尾内容（非法和灰产内容）或者孵化扶持中长尾作者，各个社区的内容生态将会对自己负责。

在 Web 3.0 的设计逻辑中，粉丝和创作者之间的界限会变得模糊，创作者的本质发生了明显变化。各类开发者、粉丝爱好者也可以被纳入内容创作的商业闭环，可以基于内容做更多的延伸（比如内容 IP 再创作、内容投资流通等）。内容消费者可以成为新的内容创作者。内容不仅可以被消费，也可以被投资。但凡每一个高质量的创作者能够辐射 10 个有影响力的粉丝协同创作，新增的创作者和内容都是指数级的增长。2008 年，凯文·凯利观察到，任何艺术家都可以靠"1000 个真正的粉丝"维持生计。[①] 在 Web 3.0 的模式下，这些艺术家们的收益机会就不止维持生计这么简单了。

Shibuya 是一个去中心化的视频平台，允许用户参与、资助、投票表决结果并成为长篇内容的所有者。它的逻辑是：粉丝们可以购买一种被称为 Producer Passes（制作人通行证）的 NFT，并使用这些 NFT 通行证对动画剧集的情节和角色的决定进行投票；通过这样做，粉丝可以获得一个代币，代币代表着对某个 NFT 一定比例的所有权。

创作者的主要收益也不再是广告和平台补贴，而是"钱"。这个"钱"由创作者制造并用于激励传播，同时自己也会保留一部分。但这个"钱"并不是类似我们日常使用的法定货币，而更像是股票：如果你为创作者做了更多事情，例如分享自己的作品，提出了有效的建议等，就可以获得这份"股票"，随着创作者的作品越来越受欢迎，其作品未来能成为一个成功项目的概率逐渐变大，想要获得这个"股票"的人也会越来越多，这个"股票"的价格就会水涨船高，通过这种方式创建出更具凝聚力的粉丝社群。

总体而言，Web 3.0 叙事中，最值得关注的是，它赋予了内容创作者更广大的可能性。平台与创作者之间不平等的地位被

[①] 〔美〕凯文·凯利：《技术元素》，张行舟、余倩、周峰、管策、金鑫、曾丹阳、李远、袁璐译，电子工业出版社，2012，第 86 页。

打破，被重新排列。内容仍是一切的起点。确定要创作什么样的内容，提供给用户的核心利益与价值是什么。这里的内容涵盖着所有价值提供，包括功能价值、情绪价值、社交价值、娱乐价值等。

随后，在内容输出和传播阶段，Web 2.0 的平台仍然有其独特的在推广方面的价值。这些内容，用户可以在 Web 3.0 内容创作平台上书写，也可以书写在公众号、视频号等 Web 2.0 平台。

AI，成为创作者？

以上讲的所有变化可能有些不会发生，也可能有些会更快发生。因为当 AI 有可能成为内容创作者的时候，会在内容领域带来新的变量。无论是在 Web 2.0 还是在 Web 3.0 模式下，本质上都还是以"人"作为内容创作者而搭建的内容生态和商业逻辑。2022 年底 AI 聊天机器人 ChatGPT 的出现，促使人们首次开始认真思考人工智能成为内容创作者将会带来什么样的变化。

聊天机器人并不是一个新的概念和技术应用。1964 年，麻省理工大学的约瑟夫·维森鲍姆（Joseph Weizenbaum）推出了普遍被认为是世界第一个聊天机器人的"Eliza"。随后的近 60 年中，市场上不断充斥着来自科技公司、银行等不同质量和应用场景的聊天机器人。但一直以来，在许多方面，它们确实更像是机器人而不是更贴近人类聊天。它们在某些方面所带来的便捷和在更大范围内让人感受到的炒作都同样显著。

ChatGPT 之所以能点燃人们对于 AI 创作内容的想象，是因为它与其所有的前辈相比，在三个方面发生了飞跃性的体感变化。

1. 有问有答。微软搜索服务必应融合 ChatGPT 后，在输入框中会这样显示"Ask me anything"。以前所有的聊天机器人都不敢这样讲。不管回答的质量如何，ChatGPT 的确基本上能够做到有问必答，可以无限地对任何话题进行持续对话。

2. 流畅输出。除了有问必答外，ChatGPT 回答的内容不再局限在一句一句，而是能够输出多种类型的结构性文本。文本的语句流畅，至少看起来段落之间有流畅的关联性。

3. 动态生成。以往很多聊天机器人的对话内容都是确定好的文本，或者是确定性的一些句式，所回答的内容不会跳出这些预设的内容。ChatGPT 在文本层面可以至少以大家基本能容忍的水平不断变化地输出。如果对它写的某个主题的文章和诗歌不满意，还可以让它继续输出一篇新的。

从内容产出的质量来看，2023 年的 ChatGPT 也还是处在一个初级阶段。从某种意义上讲，这个阶段的 ChatGPT 是个"早产儿"。原本研发公司 OpenAI 是计划在稍晚推出新一代的语言模型 GPT－4。但由于担心市场上其他公司率先推出 AI 聊天产品，于是 OpenAI 调整了产品发布节奏，优先在大众用户层面抛出了 ChatGPT。这是一个改变行业格局的决定。一方面，ChatG-PT 自身迅速获得了更多的投资支持，同时也迫使谷歌接招；另一方面，作为历史上最快达到 1 亿月活跃用户的应用，ChatGPT 也比其他同类应用有更大的先发优势，获得更多的"语料"，持续优化内容产出质量。在现今这个阶段，与其说是我们在使用 ChatGPT，不如说是它在"使用"我们。它就像一个刚刚学完书本知识，然后走向社会进行实习的学生，它需要更多用户跟它聊天，这样就可以持续获得更多场景的语料进行进一步的学习。总体上讲，现在 ChatGPT 在结构化文本内容上的产出质量还不能令人满意，但现在的它在学习的道路上会越跑越快。有意思的是，通过 ChatGPT 在现阶段的文本输出，从一个角度上我们可以体验到在我们日常工作和学习的场景中充满了太多正确的废话。有证券公司用当前还不具备分析能力的 ChatGPT 生成了一个内容和结构都非常完整的行业分析报告。这与其说 ChatGPT 有多厉害，倒不如说这个例子更准确地反映出当前的很多行业分析报告内容质量有多堪忧。

事实上，ChatGPT 最直接影响的首先是搜索行业。从信息角度来讲，人类的历史就是不断寻找用最快的速度找到最精确信息的历史。在古代，我们的先人们需要翻山过海、付出巨大的时间成本才能看到自己想要的书籍。在 20 世纪，黄页和百科全书帮助人们更快获得信息。网络搜索更进一步缩短了从问题到答案之间的距离。但网络搜索的局限在于：问题和答案之间依然还存在距离，有时候，人们需要聚合一些搜索结果的内容才能得到答案，这需要时间；更多时候，人们需要在搜索结果的列表页中"百里挑一"才能找到适合自己的结果，然后点击链接才能看到答案。ChatGPT 可以让问题和答案在最大限度上实现"零距离"。当然这并不意味着 ChatGPT 会替代搜索。从商业模式上，搜索是清晰和成功的，而 ChatGPT 还很模糊。从技术逻辑上，ChatGPT 呈现的内容是文字编码和概率组合的结果，并不是准确的事实信息。

ChatGPT 在文本方面多元化、流畅的结构性表达能力让人们首次直观地感受到人工智能在文本内容生产上当前具有的水准，也因此点燃了人们对它在未来能具有更高高度的想象。ChatGPT 不是人工智能生产内容（AIGC）的全部。如果扩展到更大的 AIGC 领域，我们可以看到，除了文本内容外，图片、视频等领域都已经陆续出现了具备面向市场能力的应用。可以确定的是，随着数据的丰富、算法的优化和算力的提升，AIGC 的能力会越来越强，迭代的速度也将越来越快，它成为一种独立的内容生产者的时间也会不远。由此而来的变化将会是如下方面。

1. 内容创作者身份的模糊。AIGC 或者说 AIGC 技术的提供方算是内容创作者吗？具体内容需求的提出者算是内容创作者吗？两者似乎至少都不能算是独立的内容创作者，因为内容不是他们完全独立产生的。他们似乎最多都只算是合作者。当然，如果内容需求提出者或者说内容需求设计者和 AIGC 技术平台是两个平行主体的话，判断内容创作者的身份是有意义的，这会涉及内容确权和商业生态的问题。如果内容需求提出者或者说内容需求设计者和 AIGC 技术平台在同一个公司主体下，身份和版权确权就不是个问题，商业问题也会变得简单，技术公司完全可以推出一个能力，不断产生多元化的内容生产的需求，通过 AI 能力源源不断地生产出新内容。

2. 不管是上述哪种形态，创作的门槛都会持续降低，产出量会出现暴涨，内容创作者花在体力上的工作时间和成本方面将会大幅度降低。在中文自媒体领域中，相当部分的文字自媒体账号将会受到明显冲击，因为这类自媒体账号原本的内容就是拼凑而来的。某种程度上，随着 AIGC 能力的成熟，文字内容自媒体内容的整体质量将会有提升，但这只是当前低质内容被替代的结果。优质的观点类等内容依旧深度需要人在智力和时间上的投入。图片、视频、游戏素材的生产将会迎来新的高峰，更多的创意有了低成本的实现方式。未来，能够有效地使用AIGC 将会成为一项有市场竞争力的新技能。

3. 版权的挑战。AIGC 接下来遇到的最大挑战在版权。一方面，生成式人工智能系统的训练方式是通过识别和复制数据中的模式来工作。训练模型的素材来自于网络上能获得的已有文本、音乐和艺术作品。这些数据本身绝大多数是由人类创建的，版权会以这样或那样的方式受到保护。因此，技术公司通过抓取等方式免费使用这些内容是否合法？另一方面，AIGC 生产出来的内容版权属于谁？这个问题的答案非常关键，它将决定 AIGC 模式能否获得可行的商业模式支撑，产生新的内容创作生态。

4. 商业模式的变化。在内容领域，每个高质量的内容都会创造出新的稀缺性。AIGC 不会消灭稀缺性，但会降低它的程度。不同风格内容的产生变得容易，受众兴趣点的变化会变快，这会降低每种风格对受众的吸引力，进而影响内容本身的商业价值。此外，Web 3.0 模式下的创作者经济是基于以确权为核心的收益模式。如果 AIGC 生产内容的确权问题无法在法律层面得到普遍意义上的解决，这个模式无法真正运行起来。

未来，非零和博弈——兼容并发的并行生态

关于 Web 3.0 创作者经济发展的各种争议一直存在。从以往来看，2017 年一大批区块链社交项目曾昙花一现。但受早期参与用户数量有限、生态模式局限性等问题，大多数项目现在已经消失了。2020 年开始，一些新的项目又开始相继出现。基于 Web 3.0 打造的创作者经济市场究竟是昙花一现还是切实的风口？而且什么时间点，或者说什么拐点的到来和条件的满足会引发本质的变化？从 Web 2.0 互联网和移动终端指数性增长的历史来看，一旦新技术的用户数量超过 10 亿，大规模市场应

用程序就会开始出现爆炸式增长。目前来看，作为 Web 3.0 的代表，以太坊现在只有 1.8 亿个地址，按照目前的增长率，还需要 5 年才能达到 10 亿用户。从这个维度上讲，Web 3.0 的创作者生态还未能累积足够的链上非金融类的 NFT 数据和行为、信息以启动网络效应。它正在被实践，但还远未到被证明是成功的爆发时刻。

同时，必须要看到的是，当前的情况是，并不是 Web 2.0 时代内容创作遇到了必须急迫解决的根本性问题。坦率的说，至少在几年内，没有类似 Web 3.0 这样的变化，内容创作经济依然可以运转。从这个意义上说，至少在目前，Web 2.0 和 Web 3.0 的内容生态不是一个零和博弈的局面，更会是一个兼容并发的并行生态。相比 Web 2.0，Web 3.0 在内容创作这件事情上所带来的最大价值和变化将会是：能够激发更多制作蛋糕的人——新的创作者，并且让他们有机会获得更多的价值。这对于未来是最重要的。

技术对于内容创作的进一步激发不仅仅是在 Web 3.0 这个驱动力上。如何创建足够的高质量内容是任何时代的痛点。专业创作的成本高得惊人，3A 大作往往需要几百人的团队数年的投入，而 UGC 平台也会面临质量难以保证的困难。激发内容创作发展的另外一个因素将会是人工智能辅助人类创作（未来也可能会在很多方面代替人类创作）。虽然今天只有少数人可以成为创作者，但这种人工智能补充模型将会给内容创作带来更多的支持。OpenAI 推出的 ChatGPT、谷歌发布的音乐生成模型 MusicLM，已经成为这个方向的强力先导版。

很多视频类应用提供的滤镜和 AR 功能其实也是类似的情况。这些年，视频平台对视频工具公司的收购本质上都是在解

决如何用智能化的方式降低内容生产门槛。未来，在得到更多
AI 工具的帮助下，每个人成为创作者的门槛会大大降低，这些
工具可以将高级指令转换为生产结果，完成众所周知的编码、
绘图、动画等繁重工作。低代码、人工智能、云计算等可能并
不相干的领域逐渐交叉，改变着原有的工作方式，在电脑上机
械性的重复劳动会逐渐被 AI 工具所替代，可视化的操作降低了
游戏开发、编程、视频剪辑等工作的门槛。大量的创意将会被
确权和定价，能够满足不同人群价值的灵感会变成内容得到呈
现，并会得到应有的奖励。在互联网上的创作者会逐渐成为一
类长期且稳定的职业，也会在产业的迭代下逐渐形成一个清晰
的职业发展路径。

我们正处在两种内容生产的范式相互激发的时点，无论结
果是谁替代谁，还是融合或者共存，一个可以确定的是，内容
创作的繁荣时代才刚刚开启。还有什么比这更加令人激动
的呢。

7

——

安放年轻人的精力与可能性

"也许我们的孩子们不会拥有他们头上的屋顶，但他们会拥有
丰富的数字资产。"

——玛雅·米德尔米斯（Maya Middlemiss）

Gen Z and the NFT: Redefining
Ownership for Digital Natives

打开 Roblox 游戏学点东西

"这是最好的时代，也是最坏的时代；这是智慧的年代，这是愚蠢的年代；这是信任的时期，这是怀疑的时期。这是光明的季节，这是黑暗的季节；这是希望之春，这是失望之冬；人们面前应有尽有，人们面前一无所有；人们正踏上天堂之路，人们正走向地狱之门。"①狄更斯（Charles Dickens）在《双城记》里面的这段话经常被引用，尤其是第一句。每一代人，甚至每一个人，都觉得这段话用在自己身上最为贴切。当前的年青一代看到这句话的时候，相信也会产生如此的感受。

每一代人都有每一代人要面对的大时代，只不过这些大时代是以不同的面貌出现的，比如战争、工业革命、数字时代、新冠疫情等。每个人都会面临与上一代或者上几代相比不同的好与不同的坏。但也正如罗伯特·麦基（Robert McKee）在《故事》一书中所说："我们都是人类，都经历着同样根本的人类难题，提出同样根本的人类疑问，生活在不断缩减的时间阴影之下"。②战后的美国，不同年代的人群被冠之以婴儿潮一代（Baby Boomers，1946~1964）、X 世代（Generation X，1965~1980）、千禧一代（Millennials，1981~1996）、Z 世代（Generation Z，1997~2012）这样的标签，甚至现在还有了阿尔法一代（Generation Alpha，2013~2025）的概念。其中，Z 世代已经成

---

① 〔英〕查尔斯·狄更斯：《双城记》，石永礼译，人民文学出版社，1996，第 8 页。
② 〔美〕罗伯特·麦基：《故事：材质·结构·风格和银幕剧作的原理》，周铁东译，天津人民出版社，2014，第 1 页。

为一个当前在全球被普遍使用的概念。这无疑是因为互联网与智能终端的全球化的进程密切相关。这一代人被认为是第一批数字原住民，平均在 10 岁左右就有自己的手机，在高度互联的世界中长大，智能手机是他们首选的交流方式。而阿尔法一代被认为生活在家庭中随处可见的智能扬声器和电子设备的环境中，科技已融入日常用品。由于全球新冠疫情，他们中的许多人向往到学校学习，并同时也会进行在线学习。许多人甚至在他们出生之前就有了社交账号，千禧一代父母为他们的孩子创建了社交媒体便利。现金对于这代人将会变得陌生，他们首先会在屏幕上以数字形式拥有金钱，然后通过应用程序和其他形式的电子商务来消费。

无论是 Z 世代还是阿尔法一代，数字生活都是他们无可回避的环境。他们在造就这个环境，也被这个环境所塑造。对他们而言，数字时代带来了更多的选择和可能性，也相应带来了新的烦恼和危险。其实每个年代都不是最好的时代，也都不是最坏的时代。一切都是相对的和变化的。就像今天没有人质疑电影的艺术价值。可时间往前追溯约 100 年，意大利籍电影理论家乔托·卡努杜（Ricciotto Canudo）在《第七艺术宣言》中将电影称为第七艺术时，还引起过争议。如今，同样的争议也发生在数字游戏身上。

如果说 80 后、90 后的家长认为游戏带有原罪，Z 世代的家长不会这么看，Z 世代认可游戏的艺术价值，视游戏为第九艺术，甚至将游戏视为个性化的内容消费方式。Roblox 公司 CEO 大卫·巴斯扎基就将 Roblox 公司所做的事情比作印刷媒体的发明。印刷技术在刚刚出现的时候，对于那时的人们来说也是一个新生事物。它让阅读逐渐从只在僧侣、哲学家之间存在的小众行为变成让社会各阶层都有机会参与的大众行为。视频也经历了同样的循环，游戏亦是如此，甚至有人开玩笑说，有一天家长们会告诉孩子不要读书，要打开"Roblox"游戏学点东西。

在巴斯扎基看来，人们将知道他们有一个真实身份和一个数字身份，就像人们很容易处理书籍和视频以及两者之间的平衡那样，人们也会这样地对待元宇宙，"与科幻小说相比，我们不是那么的反乌托邦，我们认为人们可以平衡这一点，并可以用积极的方式加以利用，这将是学习和工作不可或缺的一部分，只是与视频、书籍和其他交流形式同等重要的工具之一"。[①]

已经有大量的研究告诉我们，数字原住民这一代群体相信什么、看重什么以及支持什么。但如果说2020年的事件教会了我们什么，那么就是预测未来是徒劳的。我们可以总结过去几个"世代"的特点，但预测一个"世代"往往会陷入很多看似"正确的废话"。比如Z世代更为个性、爱表达、更有创造力等。说以Z世代为代表的年青一代比之前的人更有创造力并不科学或者说这只是一种更富有商业味道的说法。它并没有科学依据，也不具有可比性。的确，维塔利克·布特林创设以太坊时只有20多岁，受到众多明星追捧的NFT作品"无聊猿"的创作者塞内卡（Seneca）当年只有27岁，但也不要忘记被作为元宇宙游戏代表的"第二人生"和"Roblox"的创始人可也都是妥妥的60后。

事实上，这些特征在任何一个世代都能找到相应的代表人物和群体，在Z世代中也随处都能找到与上述特征相反的代表

---

① 引自 Venturebeat 对大卫·巴斯扎基的采访内容，2021 年 1 月，http://www. Gamelook. com. cn/2021/03/415748?wptouch preview theme = enabled，最后访问时间：2023 年 1 月 25 日。

296 | 元宇宙与数字世界的未来：想象、演进与可能性

人物和群体。除了年龄，不同的阶层和生长环境都会对人的行为特征产生不同的影响。唯一能够明确的不同点是，在数字化时代中，年青一代拥有了表达创造力的更多工具和展示平台。

现实世界不再是唯一的核心？

对于现在的绝大多数人来讲，我们都生活在两个世界中。每天，我们行走在物理世界中的同时，也将数字世界装在口袋里。对于年轻一代来讲，显性的不同之处在于他们与前几代人相比，天然生长于互联网和社交媒体环境中。这倒不意味着他们天然地就比其他代际在数字工具的使用上更为出色。毕竟为了获得更多的用户，现在很多数字产品和工具的易用性都做得很强。

真正的不同不在于应用层面，而在于对数字世界价值的认知层面。对于前几代人来讲，现实世界是唯一的核心，只有存在于或者关联于现实世界的价值才是真正的价值。对现在和未来的新生代来讲，他们对价值和资产的定义将会有所不同。正是这种不同，让他们会在数字世界里安放自己的精力和可能性。在社会、文化和认知体系全部被数字技术重建的时候，人类的认知系统也在被重塑。比如，当搜索引擎出现后，互联网被当作记忆的延伸，减少了人们记住的信息量，这被称为"谷歌效应"。在原有生活和学习环境中需要被记在大脑里的东西，现在只需要记住如何能搜索到就可以了。新一代的年轻人们虽然常常被批评"记忆力差"，但其实是认知系统面对信息爆炸的时代发生了变化：不需要记住它们，只需要知道在哪里可以找到它们。

同样的变化也发生在他们对数字创作的投入和数字资产的认知上。比起手中的现金，时间是他们更为充裕的东西。相比长辈们在年轻时只能在现实世界中消磨时光，如今的年青一代多了一个数字空间。

新冠疫情期间，每年一度的高校毕业典礼无法在线下正常进行，但开放式游戏给了年轻人新的应对方式。中国传媒大学的一群毕业生仅用了十几天的时间就在游戏"我的世界"中按1∶1的比例还原出学校（见图4-2），并在游戏里面举行了毕业典礼。本应严肃的发言环节，在游戏中因变得混乱而显得有趣。当数媒影视专业毕业典礼老师发言时，整个房间都在"扔雪球"，还有同学把雪球扔向台上的老师。老师还不时提醒"请同学们不要在红毯上飞来飞去"，"请这位同学不要拆红毯"，还不时有同学上台"围观"。在游戏中参加毕业典礼的同学大多穿着学士服，但也有的穿着奇装异服。接近300个小时的创作尽情

图4-2 游戏中还原的中国传媒大学

资料来源：https：//baijiahao.baidu.com/s? id＝1670529577300214813&wfr＝spider&for＝pc，最后访问时间：2023年5月1日。

释放着年轻人的想象力和激情。

在科幻电影里面，曾有这样的场景：人类制作的超级电脑进化成了人类。然后这批"人类"又创造了一个模拟世界。而这一幕在如今的游戏里面显露出影子。同样是在平均用户年龄24岁的"我的世界"里，有个游戏玩家制作出来一个电脑，有机箱、有主板，电脑的细节令人惊叹（见图4-3）。更令人惊奇的是，他用这台在游戏里面制作出来的电脑在玩"我的世界"，甚至还会存在因为过热导致蓝屏的情况。也就是说，在游戏中的玩家又创造出了一个虚拟世界。如同詹姆斯·卡斯（James Carse）在《有限与无限的游戏》里描述的，"有限游戏在边界内玩，无限游戏却是在和边界，也就是和'规则'玩，探索改变边界本身"①。对于年青一代来讲，他们比前几代人会有更多探索改变边界的动力和精力。

图4-3 玩家在游戏中制作出来的电脑

资料来源：https：//zhuanlan. zhihu. com/p/164621033？ utm_source = qq&utm_id =0，最后访问时间：2023 年 5 月 1 日。

———————

① 〔美〕詹姆斯·卡斯：《有限与无限的游戏：一个哲学家眼中的竞技世界》，马小悟、余倩译，电子工业出版社，2013，第3页。

数字广告公司 Razorfish 与 VICE Media Group 在 2022 年联合推出的 "The Metaverse：A View from Inside"① 的研究发现：

- 65% 的年轻人认为他们的线上关系与线下关系一样有意义；
- Z 世代玩家在虚拟世界中与朋友闲逛的时间是现实生活中的 2 倍；
- 45% 的 Z 世代游戏玩家表示，"我觉得我在游戏中的身份更真实地表达了我是谁"；
- Z 世代 15% 的娱乐预算都花在了虚拟世界上，五年内预计将达到总收入的 20%；
- 47% 的年轻人想用它结识新朋友，33% 的人想用它来建立事业；
- 11% 的 Z 世代受访者准备在元宇宙结婚。

这些年轻的游戏玩家不仅将他们在虚拟世界中的时间视为纯粹的逃避现实，而且将其视为现实生活的延伸。超过一半的 Z 世代受访玩家表示他们希望体验在虚拟世界中赚钱，而 33% 的人则希望体验在那里建立职业生涯。

有关数字资产与财富的认知

比起上一代人，Z 世代及其以后的人们对于数字资产的价值在接受起来不存在困难。因为他们中的绝大多数在现有的社交

---

① "The Metaverse: A View from Inside", https://www.businesswire.com/news/home/20220419005232/en，最后访问时间：2023 年 1 月 25 日。

平台和游戏中花过钱，有些还进行过虚拟道具或者游戏账号的买卖。他们会因数字产物的独特性，以及可移动或转移的价值而愿意去获得它们。而这些在上几代人看来，是浪费钱财。

从很小开始，年青一代人就拥有手机，几乎天天都会去使用。但对他们来讲最重要的资产不是手机本身，而是里面的图片、视频、信息、社交关系这样的数字资源。因此，他们对于数字资产价值的认知并不需要在后期单独被灌输，而是自然而然地产生。花很多的时间在虚拟世界中打造自己的数字内容，或者花费或多或少的钱去购买 NFT、虚拟道具，对年青一代来讲是再自然不过的事情。

在数字资产投资在线平台 Grow Your Base 的创建者约翰·菲尔德（John Fields）看来，虚拟资产可以通过一些过渡方式（例如代币化房地产）来接触更多传统资产的大门。"我们做了很多研究，大多数 Z 世代表示，股市让他们感到不安、恐惧……但在游戏和虚拟世界中，以及投资时间而非金钱的想法让他们感到更舒服。"[1] 对此，《NFT 与 Z 世代：为数字世界的原住民重新定义所有权》一文的作者玛雅·米德尔米斯做了更为形象的表述："我们的孩子也许不会拥有他们头上的屋顶，但他们会拥有丰富的数字资产。这给他们提供了选择权、灵活性和与他们的价值观相一致的机会。"[2]

年青一代中的一些人可能不会有传统意义上的职业生涯。

---

[1] Maya Middlemiss, "Gen Z: From personal exclusivity to NFTs", Dec. 16, 2021, https://bho. network/gen－z：－from－personal－exclusivity－to－nfts，最后访问时间：2023 年 1 月 24 日。

[2] Maya Middlemiss, "Gen Z: From personal exclusivity to NFTs", Dec. 16, 2021, https://bho. network/gen－z：－from－personal－exclusivity－to－nfts，最后访问时间：2023 年 5 月 1 日。

在虚拟世界中赚钱并非不可能，只要是你能在其中有独特的价值贡献和创造，得到特定人群的认可。此外，他们还可以将时间、精力和注意力投入一些 NFT 项目中去，从他们拥有的部分NFT 资产中获取收入。一些超前的 Z 世代已经开始接受这个愿景。比如法国的创业加密企业家亚历克斯·马斯莫伊（Alex Masmej），通过在 Ethereum 区块链上出售个人代币筹集了 2 万美元。投资者将在未来三年内共同获得马斯莫伊收入的 15%，并可以在 Uniswap 交易所上交易他们的代币。这是一种新的众筹模式，任何对此有意向的创作者都可以通过公开的工具轻松模仿。

随着工具和钱包的用户体验的发展，第一代数字世界的"原住民"使用社交货币，以自己独特的方式创造和代币化价值，这并不是一个不可预期的未来。相比前人，这是现今的年轻人和今后未来的人们所面临的可能性和拥有的选择前所未有。数字世界给他们创造出了更大的创造和价值空间。但必须要指出的是，这并不意味着对所有人来讲都是最好时代的到来。因为总有人会觉得那也是最坏的时代，充满了欺骗、怀疑、愚蠢和失败。但对于年轻人来讲，只要是有更多的可能性和选择，那就是一个值得被期待的时代。

第五章

元宇宙：一场人类文明的试验

1

从恺撒大帝到 Meta

"人出于本性，往往更加相信和畏惧没有见过、隐秘陌生的东西。"

——盖乌斯·尤利乌斯·恺撒（Gaius Julius Caesar）

数字时代的恺撒

1947 年，阿尔伯特·爱因斯坦（Albert Einstein）在《大西洋月刊》（*The Atlantic*）上撰文，提议建立一个单一的世界政府，以保护人类免受原子弹的威胁。当然，这是个明显的乌托邦想法。时至今日，仍然如此。如今，另一位被《大西洋月刊》报道过的人正在建造一个宇宙主义的模拟物。2021 年，为了向世人（同时也是为了向投资者）更清晰地展示自己在这个方向上的坚定决心，马克·扎克伯格宣布 Facebook 改名为"Meta"（意为元宇宙的元），并把公司股票交易代码改为了"MVRS"，而公司总部前的大拇指背景板也被撕下，换成了一个"无限"符号。

这个符号不禁让人想起扎克伯格曾经背诵过的一些句子："时间无所边界，伟大没有尽头。""财富眷顾勇者，帝国没有界限。"这些词句出自古罗马作家维吉尔（Publius Vergilius Maro）的《埃涅阿斯纪》。扎克伯格曾经就读于美国最好的高中并在那里学习拉丁语，成为古典文学爱好者。他十分喜欢《埃涅伊德》，清楚地记得特洛伊勇士埃涅阿斯对于建立自己城市的欲望和追寻。①

如今，这种欲望在 Meta 随处可见。在 Meta 公司的办公室里，最经常被看到的是一款名为"RISK"的桌游盒子。这是一个在世界地图上展开的游戏，2~6 个人分别用兵力占据一个个国家，最后以一方消灭所有敌人占据整个世界结束。早在读高中时，扎克伯格就是 RISK 迷，还曾经自己动手改写过这个游戏。Meta 的扩张，就像一个现实版的 RISK。挂在全球办公室的国旗，像令旗一样从美国到欧洲、再到亚洲，逐步插往全世界的疆土。在最早的 Facebook 网站上，每个页面的底部都有一行小字体的宣传词："马克·扎克伯格出品。"而在介绍服务的网页上，他的名字下面罗列着这样的称呼："创立者、主宰者、指挥官与全州公敌。"这些称呼无疑让人联想起古罗马时代那个被称为"大帝"的尤利乌斯·恺撒。《名利场》杂志曾经将扎克伯格称为"这个时代的新恺撒"②。

恺撒从未称帝，但欧洲有史学家称呼他为"恺撒大帝"，认为其是罗马帝国真正的第一代皇帝，罗马帝国的奠基者。历史上，那些无帝君之名而得帝君之实的人物，都是非常之人。40岁后的恺撒取得罗马的绝对统治权，征服希腊、埃及横扫东方君主国，顺便还远征了不列颠和教训了日耳曼人，罗马在恺撒的手中终于成为了一个横跨亚非欧三大洲的帝国，地中海成了罗马人的内湖，整个西方臣服在他一人的脚下。

---

① Jose Antonio Vargas, "The Face of Facebook", Sep. 13, 2010, The New Yorker, https://www.newyorker.com/magazine/2010/09/20/the-face-of-facebook，最后访问时间：2023 年 4 月 30 日。

② Sara Jerome, "Crowned a 'new Caesar', Zuckerberg tops Vanity Fair 100", 2010 年 9 月 1 日，https://thehill.com/policy/technology/170230-crowned-a-new-caesar-zuckerberg-tops-vanity-fair-100/，最后访问时间：2023 年 4 月 30 日。

恺撒及其创建的罗马帝国在西方人眼中是具有偶像和标杆意义的存在。英国历史学家阿德里安·戈兹沃西在其著作《恺撒：巨人的一生》中曾写道："我曾周游世界，宣讲本书。我惊讶地发现，很多国家的很多人仍然对恺撒的故事有着强烈的反应。更有意思的是，处于政治两极的人都喜欢他、仰慕他，并认为他的故事佐证了他们自己对现代世界的看法。在美国尤其是这样，美国人对古罗马的兴趣有着悠久的历史……今天，喜欢恺撒的美国人更多，不管是把他看作反对贵族集团的英雄（尽管他自己也是这个集团的成员），还是仅仅将他视为一个高效的实干家。很多美国人都觉得，如果出现一个新'恺撒'，那么就能解决美国的很多问题，尽管大家对于美国究竟遇到了什么问题仍然没有达成共识。"①

与爱因斯坦不同，扎克伯格并非出于道德责任感或对世界和平的热情梦想而创建 Facebook。他的确更像是"数字时代的恺撒"。从亚历山大大帝到恺撒，从居鲁士到奥斯曼一世，从忽必烈到彼得大帝，人类历史的长河中，这些世界的征服者激发着一代又一代的年轻人。时至今日，现实世界的版图基本尘埃落定，开疆拓土、创立秩序、创建文明的空间已然不再。而在数字世界中，这一切恰恰刚刚开始，空间无限。

Meta 公民

在 2021 年，Meta 月活跃用户数达到 29 亿，比当时世界上

① 〔英〕阿德里安·戈兹沃西：《恺撒：巨人的一生》，陆大鹏译，社会科学文献出版社，2016，第 3 页。

人口最多的两个国家中国和印度——的人口总和还要多。对于 Meta，扎克伯格的最终目标是创造并主导一个全新的网络世界。在他的设想中，Meta 将最终成为所有人类活动的第一环。用户根据好友的推荐，来选择阅读的新闻、吃饭的餐馆以及观看的电影。用他的话来说，Meta 就好像用一根电路把我们的脑子和计算机连接起来。①

庞大的用户仅在 2021 年上半年就为 Meta 吸引 540 亿美元的广告费投入，超过地球上很多国家的国内生产总值。GDP 是一个有说服力的比较，不仅因为它表明了 Meta 的非凡力量，还因为它帮助我们了解 Meta 的真实力量：Meta 不仅仅是一个网站、一个平台、一个出版商、一个社交网络、一个在线目录、一个公司或一个实用程序。Meta 是所有这些的综合。

国家的基本组成部分是这样的：土地、货币、治理哲学（其外在表象是政府）和人民。作为数字世界中的"恺撒大帝"，倒是可以不必担心物理面积，尽管扎克伯格确实在夏威夷拥有一座小岛。至于上述组成内容中的其余要素，Meta 都有。2022 年 Meta 的金融部门开始准备在数字世界发行"Zuck Bucks（扎克币）"。

多年来，扎克伯格也一直在谈论他建立的数字帝国的治理原则："社交联系是一项人权"，"投票就是声音"，"人类历史的伟大弧线倾向于越来越多的人聚集在一起"。② 他将这些想法

---

① 华琪：《"少年恺撒"和他的帝国》，《外滩画报》2012 年 2 月 17 日。

② Adrienne LaFrance, "The Largest Autocracy on Earth: Facebook is acting like a hostile foreign power; it's time we treated it that way", The Atlantic, Sep. 27, 2021, https://www.theatlantic.com/magazine/archive/2021Z11/facebook - authoritarian - hostile - foreign - power/620168/，最后访问时间：2023 年 1 月 24 日。

向外扩展。Meta 有效地蔓延到了大量尚未上网的地区。他的 Free Basics 计划面向发展中国家，通过 Free Basics 这款手机 App，用户可以免费浏览部分网站，使用一些网络服务。据 Meta 的说法，这是鼓励更多人使用互联网的方法。当用户看到互联网的价值后，就会更愿意支付流量费。不过，Global Voices 的研究表明，Free Basics 并未实现预期目标，相反，它更像是 Meta 收集数据的工具，也被一些人认为其真正目的是让 Meta 在事实上主宰世界各国的互联网体验，被称为"数字殖民主义"。

当然，Meta 拥有的最重要的东西是人，那个选择生活在扎克伯格数字帝国里的庞大人群。政治学家兼历史学家本尼迪克特·安德森（Benedict Anderson）在《想象的共同体——民族主义的起源与散布》一书中提出，国家不是由边界定义的，而是由想象力定义的[①]。Meta 正在打造一个由想象力构造的数字帝国。它的"公民"永远不会认识他们的大多数"同胞"，见到他们，甚至听说过他们，但在每个人的脑海中，都想象着他们共融的形象。

在一些批评人士眼中，扎克伯格一直试图让 Meta 用户把自己想象成治理的一部分，并认为他更倾向于使用治理语言而不是公司法令。2009 年 2 月，拥有 1.75 亿用户的 Meta 修改了其服务条款，用户即使退出该网站也无法删除他们的数据。Meta 的做法迅速引发了外界的激烈抨击，扎克伯格不情愿地推翻了这一决定，称这一切都是一场误会。同时，他在一篇博文中介绍了 Meta 权利和责任法案的概念，邀请人们分享他们的反馈，

---

① 〔美〕本尼迪克特·安德森：《想象的共同体——民族主义的起源与散布》，吴叡人译，上海人民出版社，2016，第 16 页。

前提是他们必须有 Meta 账户。

　　扎克伯格一再将自己塑造成 Meta 所创造的数字世界的领袖。2017 年，扎克伯格在一份全球社区宣言中写道："总的来说，我们社区的治理必须根据其人民的复杂性和需求进行调整。我们致力于始终做得更好，即使这涉及建立一个全球投票系统，让您拥有更多的发言权和控制权。"① 当然，与任何企业一样，对 Meta 来说唯一重要的投票是其股东的投票。

统一全球的第四种力量？

　　Meta 提出元宇宙世界的畅想并非只是为了给股东们画一张大饼，或者抵消全球多国政府部门对其在垄断、侵犯用户隐私等方面的指控所带来的负面影响。与其他野心勃勃而又充满焦虑的数字世界创建者一样，Meta 看到了数字世界正处在创建初期，数字疆域等待被"征服"，数字秩序等待被建立，数字文明等待被创造，数字时代的亚历山大大帝、恺撒大帝的桂冠等待被人去摘取。

　　以色列学者尤瓦尔·赫拉利在《人类简史：从动物到上帝》中曾经总结到，历史上，有三种秩序最有可能统一全球：经济上的货币秩序、政治上的帝国秩序，以及全球性教派。对商人来说，全球就是一个大市场，所有人都是潜在的客户。对征服者来说，全球就是一个大帝国，所有人都可能成为自己的属民。

---

① Mark Zuckerberg, "Building a global community that works for everyone", Feb. 17, 2017, https://www.weforum.org/agenda/2017/02/mark－zuckerberg－building－a－global－community－that－works－for－everyone/，最后访问时间：2023 年 1 月 23 日。

对各教派先知来说，全球就该只有一个真理，所有人都是潜在的信徒。如今，数字世界有可能成为第四种，至少在扎克伯格等人的眼中是如此。

无论是 Facebook 改名为 Meta，还是英伟达 CEO 黄仁勋引发广泛关注的 14 秒视频片段，无论是 NFT 基金 Metapurse 的创始人维格尼什·桑达雷桑（Vignesh Sundaresan）以 6934 万美元购买了 NFT 作品《每一天：最初的 5000 天》，还是"堡垒之夜"上美国歌手特拉维斯·斯科特（Travis Scott）的虚拟演唱会，这些并不孤立的事件预示着碳基生物正在一步步打开硅基世界的大门。

从恺撒到 Meta，从现实世界到数字世界，依旧上演着"我来，我见，我征服"的故事，依旧是野心、欲望与帝国梦想的交织，依旧是创造秩序与文明的过程。不同的是，前者已是历史，后者正在发生。

2

速度改变一切

> "一个社会的空间—时间感，是其社会节奏及其领域的函数。"
>
> ——沃尔夫冈·希弗尔布施（Wolfgang Schivelbusch），《铁道之旅》

所有的改变都是速度的改变

从某种角度看，人类所有的进步本质上都是在改变各种场景下的速度。而速度的改变又会带来人类社会秩序和规则的变化。轮子的发明，让运输速度变得更快，让人类可以搬运远远超过自身体重的物品。原来需要多次搬运的物品，一次就可以被搬运走。受此影响，人类的活动半径加大，食物采集能力提升，人口随之增加，人类社会具有了走向群居和氏族社会的基础。

一个金属铅头，在静止状态时，人畜无害。当火药赋予了它速度变化之后，就变成了具有杀伤力的武器，于是热兵器时代的到来让战争的规则也发生了改变。

蒸汽机的发明，让机械装置运转得更快，提升了对能源的采集速度，提升了对原材料的加工速度，提升了对生产资料的使用速度，带来了工业革命。在工业革命之前，人们逃不过三大传统框架：核心家庭、大家庭以及当地的密切社群。正是因为这样，在工业革命之前，大多数人从出生开始就注定了自己的命运。一个人生病了，由家庭来照顾；一个人老了，也是由家庭来照顾（养儿防老的观念至今依然深深地烙印在我们许多人心中）；有人过世了，孤儿也是由大家庭或者其他成员来照顾；有人想盖房子，离不开大家庭提供人力，或者是自己所处的社会群体来帮忙；两个人爆发了大的冲突，也不是及时送官，而是由当地社群介入解决。村子里，你帮我，我帮你，通过互帮互助的传统解决问题要比现代市场机制更为完善。在传统社会中，皇帝并不会过多干涉家庭和社群内的事务，不仅不干涉，而且还要依靠家庭和社群来完成国家的统治。

比如明朝时实行的里甲制度。十户为甲，一百一十户为里。里甲制设有里长、甲首，不仅要负责地方治安，更需要负责分配徭役、按丁纳税。工业革命深刻改变了人类的生活。从个人的角度看，出行方式、工作方式、生活水平和生活质量都发生了巨大变化。从社会和国家的视角看，城市和工厂吸收了大量人口，由此造成了都市化现象及都会区的出现，而都会区又让知识与资讯沟通更为便利。传统的自耕农阶级逐渐消失了，工业资产阶级和工业无产阶级形成和壮大起来。经济的迅速发展，人类生活方式的变化，推动了社会制度的变迁以及新思想的诞生。例如中产阶级对民主政治参与的兴趣，欧洲各国选举权与被选举权，不断扩大到社会上更多的人群中。工业革命大大密切和加强了世界各地之间的联系，最终确立了西方世界对于全世界的统治，并影响了东方世界。

在 2017 年，一部名为《公民简氏：城市保卫战》（Citizen Jane：Battle For The City）的纪录片在美国发行。片子讲的是 20 世纪五六十年代，纽约面临着一场生死存亡的战役：野心勃勃又大权在握的城市管理者和规划师，试图在纽约建起一个个规模宏大的住宅小区、一条条宽阔的高速路——是的，就类似今天北京的二环、三环、四环、五环，上海的内环、外环，以及遍布中国其他大中城市的那种规模宏大、动辄八车道十车道的大马路。而在另一边，则是许许多多普通的纽约市民，他们忧心这样的规划会损伤城市原有的机理，夺去纽约人引以为傲的城市活力，让纽约变成另一个没有灵魂的钢筋水泥森林。

反对政府规划的群体中占最多数的是妇女，她们希望为自己的孩子争取一个能自由快乐嬉戏的环境。双方的目标其实是一致的，都是为了纽约的长续发展，只是在如何实现这一点上，他们的理念存在根本的差异。其中一个差异是：城市到底是谁的？在规划的时候，是把行人和市民放在首位，还是把汽车和建筑放在首位？汽车的发明让人类在陆地运动的速度加快。

人类的活动半径和生活方式也随之改变，如同纪录片里面所反映的那样，这样造成了城市规划思路的冲突。但综观全球城市的规划和设计，不得不说，目前绝大部分城市（包括现在的绝大部分乡村）的主要交通规划和道路设计都会以汽车行车道为主进行。速度的改变除了改变城市规划外，也在重塑出行的秩序和文明。在以自行车为主的时代，由于速度不快，骑自行车的人可以随便穿行、逆行、停下、拐弯，有些碰擦也不会造成大问题。但在以汽车为主的时代，变道、拐弯、停车等行车方式都不再随心所欲，开车需要遵循新的规则和文明。原因其实很简单，速度发生了变化。我们很多城市的交通问题，无论是堵塞还是事故，往往都是很多人还用"骑自行车的心理在开汽车"的行为所导致。

改变进化速度的试验者

技术的发展让人类的进化速度也在加快。2004 年，英国艺术家内尔·哈比森（Neil Harbisson）准备更换他的护照，但是他提供的照片却出了问题。英国护照署规定，护照照片"不可包含申请人之外的其他人或物"，"不可戴帽子，不可含奶嘴，不可戴有色眼镜"。但是没有任何一项规定提及天线。尽管如此，英国政府仍然要求哈比森摘掉他头上的"配件"，重新提交换证申请。哈比森解释，他头上的天线不是配件，而是他身体的一部分，是他大脑的延伸。而且，天线也摘不掉，因为天线已经通过手术被植入他的颅骨。最终，英国政府给哈比森签发了护照（见图 5 - 1）。哈比森也因此成为世界上首位被正式承认的电子人

图 5 - 1　内尔·哈比森的护照图片

资料来源：https：//munsell. com/color - blog/neil - harbisson - cyborg - inter-view/neil - harbisson - passport/，最后访问时间：2023 年 5 月 1 日。

（Cyborg，赛博格），哈比森则称自己为"跨物种"人。

　　在科技的帮助下，他"进化"成了不一样的人。哈比森患有罕见的先天性全色盲症，他看不见颜色，眼中的世界全部笼罩在灰色的阴影下。21 岁时，这位艺术生同一名音乐家和几名程序员一起策划开发了一款电子设备，这款设备能够将色彩转化为音符与和弦，从而让他感知色彩。在 2004 年，哈比森终于找到一位愿意帮助他将设备植入体内的匿名医生。现在，他的头上有一根可弯曲的黑色天线。天线从他后脑的头发下伸出，向上绕过头顶，垂到额头前。哈比森把头发剪成锅盖形，看起来就好像一个头盔罩在头上。这样的造型进一步模糊了生物人和人造人之间的界限。天线的前端有一只电子眼，可以识别哈比森周围物体的颜色。这些颜色的光波频率会通过天线传送到哈比森头骨中的芯片。

　　这个芯片可以将传来的光波频率转换成相应的声音频率，帮助哈比森通过头骨"听到"世界的颜色。植入芯片和天线后，颜色信息如洪水般涌入哈比森的大脑。后来，他还升级了芯片，使芯片可以接入互联网，因此他可以同卫星相连，通过外部设备感知色彩。

人类改造自然界已经超过千年，如今似乎到了改造自己的时候了。这样好处之一就是不必再以改变环境来满足人类发展需要。比如，如果人类具备了夜视能力，城市就不必有路灯，如果人类可以改变自己的体温，在生活中也就不需要空调。

英国牛津大学教授尼克·博斯特罗姆（Nick Bostrom）认为世界变化的速度如此之快，以至于生物进化与实际行动不一致，遗传工程将有助于缩短这一时间，科学家可借助纳米技术，改变人体在转变瞬间的生物化学特性。[1] 的确，从哈比森的案例上看，通过技术加速人类进化只是时间问题。但与之相关的是，人类的科技伦理将如何面对这样的技术进化，贫富人群的命运差距是否会因此更为加大。

计算，有关文明

电子邮件、即时通讯工具和社交媒体让信息瞬时到达。当类似于新冠疫情这种突发公共卫生事件发生以后，以前可能由于技术不发达、全球流动性差，很难引起其他地域的恐慌，比如欧洲 14 世纪的"黑死病"。但是，在数字化时代的今天，无论是时间还是空间，这一界限都已经被打破。

芯片让计算速度不断加快，打开了人工智能的大门。由此，很多新工种将会不断涌现，也有很多职业会逐渐消失。我们的生活方式、工作方式，乃至社会规则、治理模式等都在因此发生并将继续发生巨大的变化。在 30 多年前，尼古拉斯·尼葛洛庞帝

---

[1] Nick Bostrom, "What Happens When Our Computers Get Smarter Than We Are?", Jul. 16, 2020, https://www.newworldai.com/what–happens–when–our–computers–get–smarter–than–we–are/，最后访问时间：2023 年 1 月 24 日。

（Nicholas Negroponte）在《数字化生存》一书中就提出，计算不再只和计算机有关，它决定着我们的生存。[①] 同时，对于这样的加速，也有人不乏担忧。在 2014 年谷歌收购总部位于伦敦的人工智能企业 Deep Mind 之前，对人工智能充满恐惧的马斯克也投资了 Deep Mind，不过这不代表他赞同 Deep Mind 的愿景。在马斯克看来，这笔投资并不是为了财务回报，而是为了让自己时刻警醒地留意着 AI 的发展[②]。

如果从另外一个视角看，这样的担忧也不无道理。从人类进化之初到现在大致已过 5 万年。机器人的进化历程从 1946 年第一台电子计算机问世至今不到 100 年。但这期间，1997 年深蓝击败国际象棋冠军，2017 年 OpenAI 击败 Dota2 世界冠军。按照目前的软硬件技术，AI 进化的速度会越来越快是个确定性的事情。这意味着什么呢？

我们可以拿现代智人灭绝另一人种的故事感受一下。智人是大约 20 万年前，在东非大裂谷的埃塞俄比亚、肯尼亚段出现的。当时这个地区气候宜人，动植物丰富。但没有永远幸福的日子，到了大概 11 万年前，整个地球的气候开始变得寒冷，食物越来越少，生存对于智人成了一件残酷的事情，智人之间开始争斗杀戮，并愈演愈烈。有争斗，就有失败者。现在大胆猜测，应该是有一群在斗争中失败的智人，被迫踏上了背井离乡的道路。但这群智人的失败，却带来了今日整个现代人类的胜利。这群智人从位于今天红海吉布提共和国一带的曼德海峡，

---

① 〔美〕尼葛洛庞帝：《数字化生存》，胡泳等译，海南出版社，1997，第 4 页。
② Maureen Dowd, "Elon Musk's Billion - Dollar Crusade to Stop the A. I. Apocalypse", 2017 年 3 月 26 日，http://www.vanityfair.com/news/2017/03/elon - musk - billion - dollar - crusade - to - stop - ai - space - x，最后访问时间：2023 年 1 月 30 日。

越过了红海来到了阿拉伯半岛。这次跨越曼德海峡，在人类历史上，被称为"历史一跃"。

这些智人的后代，很快席卷了整个欧亚大陆。而不久之后，大概 3 万年前，尼安德特人（Homo neanderthalensis）就消失了，大概 1.2 万年前，像小矮人一般的弗洛里斯人（Homo floresiensis）也消失了。整个欧亚大陆和印尼群岛都变成了智人独占的家园。对于这些人种的灭亡，目前主流的解释是因为智人的到来。在大概 5 万年前，智人似乎突然取得了一次大跃进，智人的整体竞争力似乎突然一下子远远超过了其他人种。大家最熟知的是，智人在欧洲地区，取代了尼安德特人。尼安德特人不仅拥有更发达的肌肉，不怕寒冷，身体更适应欧洲的寒冷气候，而且，尼安德特人还拥有比智人更大的脑容量。但是，这些优势都没能让他们避免被智人屠杀。除了少量存在于我们 DNA 中的基因片段，尼安德特人留下的就只有考古遗迹了。

智人的整体战斗力，甚至超过了同一时期的大型陆地动物，包括猛兽。智人的到来，不仅让当地的其他人种退出了历史舞台，也让很多大型陆地动物永久灭绝。智人登陆澳洲大陆以前，有袋类动物位于当地食物链顶端，就像 6500 万年前恐龙的地位一样，但距今 4.5 万年前智人登陆后，澳洲生态系统彻底洗牌。24 种体重超过 50 公斤的大型动物灭绝了 23 种，只剩下攻击性相对最弱的一种：袋鼠。

在尤瓦尔·赫拉利的《人类简史：从动物到上帝》和贾雷德·戴蒙德（Jared Diamond）的《枪炮、病菌与钢铁》中，他们把智人崛起的原因归结为语言的力量，认为是语言为智人带来了认知革命，让智人从基因演化的慢车道，切换到文化演化的快车道，从而走上崛起的道路，成功登上地球生物链的顶端。

纽约州立大学布法罗分校的人类学家埃兹拉·朱布罗（Ezra Zubrow）的研究显示，一个群体只需要 2% 的优势就能在 1000 年内消灭另一个群体。[1]

智人身上发生的事情会不会以 AI 的方式在机器人身上再上演一次？和马斯克一起创办 OpenAI 的萨姆·阿尔特曼（Sam Altman）认为 AI 将会催生新一代人类，当然前提是人工智能没有背叛并消灭人类。在他看来，"未来几十年，我们要么走向自我毁灭，要么让人类后裔征服宇宙"[2]。

从人类历史上看，连接的速度与深度决定了文明进步的水平。从邓巴数[3]等级的智人初始连接开始，人类就尝到了连接的好处，依靠合作战胜了地球上的动物，成为地球霸主。进入农业社会，人类有更多可以交换的剩余物资，方圆几百里的连接已经不能满足社会发展的需要，条条通罗马的大道、丝绸之路开辟拓展了连接版图。进入工业化社会，能源技术的进步使交通工具不断升级，从马车到火车再到飞机，人类运动、连接的版图拓展到地球的各个角落；通信技术的不断进步，电报、电话的发明，又大大提升了人类沟通、连接的速度。当人类进入信

---

[1] 〔肯〕里查德·利基：《人类的起源》，付蕊译，浙江人民出版社，2019，第 134 页。

[2] Maureen Dowd, "Elon Musk's Billion – Dollar Crusade to Stop the A. I. Apocalypse", 2017 年 3 月 26 日，http://www. vanityfair. com/news/2017/03/elon – musk – billion – dollar – crusade – to – stop – ai – space – x，最后访问时间：2023 年 1 月 30 日。

[3] 邓巴数是一个建议的认知极限，用来限制与之保持稳定社会关系的人数，即一个人知道每个人是谁，以及每个人与其他每个人之间的关系。这个数字最早是在 20 世纪 90 年代由英国人类学家邓巴提出的，他发现了灵长类动物大脑尺寸和平均社会群体大小之间存在相关性。通过人类大脑的平均大小并从灵长类动物的结果推断，他提出人类可以舒适地保持 150 种稳定的关系。

息化社会以后，现实化数字世界的征程已然开始，打造虚拟世界的野心初现。目的无外乎是从两个维度不断升级连接：拓展深度（人与人、人与物、实与虚，万物互联）和提升速度（运动的速度，计算的速度，商业的速度）。

3

谁定义秩序

> "人类天生喜欢建立制度。"
>
> ——弗朗西斯·福山（Francis Fukuyama），
>
> 《政治秩序的起源》

元宇宙是一场人类实验

技术改变速度，速度改变规则。我们无往而不在秩序之中，在虚拟世界也无例外。

技术与人类秩序和文明的关系始终缠绕在一起。人类的秩序，有一个很漫长的演化逻辑，每一次的技术进步都会造成组织机制、观念系统、法律系统的演化。

农业经济时代是一种财富分配悬殊的状态。下等阶层一贫如洗。少量的贵族手里聚拢大量财富，建立公共秩序，同时附带着一系列义务和责任。到了工业经济时，财富规模急剧扩大，生存不再是太大的问题，人们考虑的是经济发展效率怎么提升和足够清晰的产权边界问题。数字时代，互联网平台经济的出现改变了资产的形式，成为经济运转的新动能，带动了法律体系和社会秩序的变化。

美国社会哲学家刘易斯·芒福德（Lewis Mumford）在其著作《技术与文明》一书中，曾就玻璃制造技术的影响做过这样的归纳。

（1）玻璃影响了人们的室内生活方式。室内可以进入更多的阳光，人们甚至在玻璃温室内种植花草。

（2）玻璃对人们观察方式的影响。玻璃窗的出现使得人们"用一种特定的框架来观察世界，使得人们能够更清楚地观察到现实中的某些成分"。

（3）玻璃推动了人们的学习热情。因为"老花镜延长了人一生能够阅读的时光，这也不乏促进了学习知识的热潮的回归"，近视眼镜同理。

（4）显微镜和望远镜发明后，科学家开始观察和探索宏观和微观的世界，17世纪中叶，列文胡克成为了世界上第一位微生物学家。

（5）玻璃改变了人们的认知观念。开始形成了"眼见为实"的观念，能用眼睛观察到的事物而不是神话传说越来越具有权威性。

（6）玻璃推动了化学的巨大进步。由于玻璃独特的化学属性即不会和绝大多数物质反应，所以各种类型的玻璃容器的发明为化学的大发展提供了条件。

（7）玻璃帮助人们形成了清洁卫生的习惯。因为玻璃上有污垢时很容易被发现，所以人们慢慢对清洁有了更高的要求，在荷兰，这种要求还推动了运河和城市输水系统的发展。

（8）玻璃推动了社会中自我意识的形成。镜子的发明和普及使人们可以看到"别人眼中的自我形象"，以致"在和镜子的交流中，人们越来越关注自己的影像，这预示着成熟人格的到来……同时到来的还有对独立人格的感知，对自我客观属性的认识"[1]。

在他看来，发明往往是复杂的社会过程环环相扣的结果，玻璃拓展了人们的视野，也拓展了人们的认知。这个例子形象地勾勒出科学、技术、生活方式、思维方式、社会观念之间的内在关系，让我们生动地看到技术及其产物对人的思维方式可能形成的巨大影响。

元宇宙是我们对数字化所带来的变化的一种设想。它所涵盖的内容是基于目前的技术下用已知来推导未知的结果。元宇宙未来到底是什么形态，到底会变成什么样子，现在定义为时尚早。我们只能说，人类在掌握了数字化能力后，在启动一场雄心勃勃的实验：再造一个具备独立社会系统的开放世界。之前，数字化能力让人类得以通过游戏再造很多局部性的现实场景，如"二战"、航空飞行、赛车、NBA，也创造出很多人类想象中的场景，如生化危机、超级玛丽、动物森友会。

按照推演，Metaverse不仅是一个独立的世界，而且是一个与现实世界紧密相连且互补的世界。它允许地球一方的人与另一方的人在虚拟环境中相遇，像在同一个房间里一样进行正常的对话。一个虚拟世界的建立离不开社会系统的建立，社会系统是由社会人与他们之间的经济关系组成的，是人类相互有机联系、互利合作形成的群体，按照一定的行为规范、经济制度和社会规范而结成的有机整体。

---

[1] 〔美〕刘易斯·芒福德：《技术与文明》，陈允明、王克仁、李华山译，中国建筑工业出版社，2009，第164~165页。

一个健康的社会系统背后又包含了身份建立、经济货币体系以及公认的社区规范准则。目前还没有一家平台可以成为真正的开放世界，因为目前大部分都是在有限内容下的"伪开放"。职业身份有限、货币体系脱离于现实世界，并且游戏内部的一些玩法例如：抢车、枪战等行为与现实社会的道德价值观所违背。在这个层面上，我们需要等到数字货币的普及且相关法律完善的情况下，才能见到一个虚拟世界的社会雏形。

从更大的视角来看，元宇宙这件事情最大的意义，不在于证明人类的数字技术可以到达多么令人炫目的程度，也不在于呈现出数字化的商业可以继续衍生多大的空间和体量，而在于它是对人类社会知识积累的一次实践，是对人类文明成熟度的一次检验。

科幻故事没有告诉我们的——元宇宙的规则、体系如何演变

从 0 到 1 构建一个数字虚拟世界，不仅仅是依靠技术与商业的结合，也不仅仅是技术与艺术的结合，更不仅仅是基于所谓去中心化这样的单一理念就可以实现。实现一个应用是容易的，满足人类某一种类型的需求也并不困难，但构建一个社会体系和社会秩序，无论是在现实世界，还是在虚拟世界，都并非易事。

在很多人的想象中，《头号玩家》里的"绿洲"就是元宇宙的形态或愿景，这将是一个包罗万象、无限逼近真实的虚拟世界，在各方面都与真实世界形成替代乃至竞争关系。如今的我们离这个完整形态还差很远。互联网巨头、创业者和资本市场普遍处于"盲人摸象"和"管中窥豹"的状态。这涉及的问

题不仅仅是技术和商业的层面。

无论对元宇宙的理解差异有多大，有一点是可以达成共识的，那就是元宇宙是个系统工程。这个工程绝不仅仅是软件和硬件意义上的。有报告称，元宇宙核心可以分为三个层级，资料层，包括人、物、环境；交互层，包括人与人的交互，人与物的交互；技术层，所有提供技术支持的技术场景，如区块链、云计算、AI 等。[1] 这种分法更多是从软件和硬件层面来表述元宇宙的系统。但元宇宙要想成立，另外一个至关重要但又常常被忽略的方面是它的规则体系，以及形成这些规则的规则。

Roblox 认为一个真正的元宇宙产品应该具备八大要素：

（1）身份：你拥有一个虚拟身份，无论与现实身份有没有相关性；

（2）朋友：你在元宇宙当中拥有朋友，可以社交，无论在现实中是否认识；

（3）沉浸感：你能够沉浸在元宇宙的体验当中，忽略其他的一切；

（4）低延迟：元宇宙中的一切都是同步发生的，没有异步性或延迟性；

（5）多元化：元宇宙提供多种丰富内容，包括玩法、道具、美术素材等；

（6）随地：你可以使用任何设备登录元宇宙，随时随地沉浸其中；

（7）经济系统：与任何复杂的大型游戏一样，元宇宙应该有自己的经济系统；

---

[1] 肖珺：《元宇宙：虚实融合的传播生态探索》，《人民论坛》2022 年第 7 期。

（8）文明：元宇宙应该是一种虚拟的文明。

我们姑且以 Roblox 对于元宇宙的认知作为目标分析来看，这八大要素看起来维度丰富，但本质上其实就是两个层面的事情：技术能力（第 1~6 点）和社会体系（第 7 点和第 8 点）。对于前六点各自的具体内容，在业界达成共识还不算难事。但对于后两点，无论是如何理解，还是如何实现，都十分模糊。

威尔·杜兰特（Will Durant）在《世界文明史》①中认为，文明是增进文化创造的社会秩序，它包含了四大因素：经济的供应、政治的组织、伦理的传统及知识与艺术的追求。塞缪尔·亨廷顿（Samuel Huntington）在《文明的冲突与世界秩序的重建》中指出文明和文化都涉及一个民族全面的生活方式，文明是放大了的文化，它们都包括"价值、规则、体制和在一个既定社会中历代人赋予了头等重要性的思维模式"②。简言之，文明是社会秩序，涉及价值、规则、体制和思维模式。

因此，如果元宇宙被认为是一种虚拟文明的话，那么接下来涉及的问题就是，其中的秩序、规则、体制将会是什么样？对于这样宏大的世界，什么样的行为会被惩罚？什么样的规则适用？什么样的经济基础设施能够提供支撑？而更为重要的问题是，这些规则和秩序从何而来？它们由谁来决定？

无论是《雪崩》还是《华氏 451 度》（Fahrenheit 451），无论是《神经漫游者》（Neuromancer）还是《出卖月亮的人》（The Man Who Sold the Moon），在经典科幻小说中我们都能看到

① 〔美〕威尔·杜兰特、阿里尔·杜兰特：《世界文明史》，幼狮文化译，天地出版社，2017。
② 〔美〕赛缪尔·亨廷顿：《文明的冲突与世界秩序的重建》，周琪、刘绯、张立平、王圆译，新华出版社，2010，第 25 页。

故事在被作者想象出的既定体系中展开。但小说中很少会告诉大家，那些既定的体系和规则是如何演变产生的。但如果我们确实想要创建一个全新的虚拟世界，这些问题不可回避。

美剧《西部世界》中所描述的成人乐园可以被看作一个Metaverse的案例。用户可以与好友进入一个世界，并且每次都能体验独特个性化的旅行。剧里有很多扮演不同角色的机器人接待员，他们按照设定好的剧情生活，这里的规则是，游客在现实中由于法律、伦理、道德、个性的限制无法实现的行为和念想，在公园里都可以完成，从而得到人性欲望的最大满足，每当夜幕降临，所有机器人的记忆被清除，一切归零，第二天太阳升起，新一批游客入园。《西部世界》的制作者们也通过剧情不断在探讨一个问题：游戏规则到底由谁决定？是程序员、游戏策划，还是玩家自己？或许在未来，人会分成两类，2%的神人和98%的凡人。神人如上帝一样的视角，利用凡人数据归纳算法，管理凡人，控制世界。而凡人只能像影片《黑镜》中所展示的人类一样，浑浑噩噩生活产生数据喂食系统谋生。这一点在《西部世界》里得到了演绎。

《西部世界》里面的超级计算机"罗波安"（Rehoboam），可以掌控全球任何一个角落的动态。当然它表现的是提示，需要极端精英化的"神人"再进行核实。其他人，则是被算法管制的人，通过积分被控制、被量化，而积分规则由系统设定。系统总体规则由神人设定，但是细枝末节则由系统自主进行完善。为了保持社会的稳定，普通人将被茧式算法自我限定。就像《西部世界》中的角色卡莱布（Caleb），他被算法限定在底层，不断受到挫败而无法获得阶层跃迁的机会。这就像以往社会对奴隶、对农奴、对佃农的束缚一样。只不过这回起束缚作用的不是法律、伦常或礼法，而是算法。

对于在真实世界中即将被构建的数字世界，谁是它的主体，它的原住民是谁？真实世界中的人们可以通过数字映射的方式获得虚拟身份，通过数字化，实现对传统人的生理存在、文化存在、心理和精神存在的虚拟化配置，成为数字世界的虚拟原住民。这些原住民具备现实人与虚拟人双重身份，拥有自我学习的能力，可以在数字世界中互动和交流。

若干年前上映的科幻电影《银翼杀手2049》（Blade Runner 2049）展现了未来社会的"人类"构成：生物人、电子人、数字人、虚拟人、信息人，以及他们繁衍的拥有不同的性格、技能、知识、经验等天赋的后代。可以肯定，未来的数字世界里居民的构成势必多元化，只会比《银翼杀手2049》中的社会更为复杂，每个个体都不会只具有单一身份，而是具有复杂身份，其生命也从有限生命发展成无限生命。数字世界的主体，无论是生物人也好还是数字人也罢，最终都有可能演变为有机体和无机体、人工智能和生物基因技术的结合，形成所谓的"后人类"（Post Human）[1]。

美国后现代主义学者唐纳·哈拉维（Donna Haraway）发表《赛博格宣言：1980年代的科学、技术以及社会主义女性主义》（A Cyborg Manifesto：Science，Technology，and Socialist Feminism in the Late Twentieth Century），将后人类称作"赛博格"，认为他们在未来世界将行走于生物体和机器之中，是虚拟和现实之间

---

[1] 后人类是指人类以现代高新科技为基础，将自然人进行改造升级后，产生的超越普通人类的"新型人类"。这些人不再是纯粹的自然人或生物人，而是将人造器官或电子软件与人的自然肉体结合而形成的人机系统。

的新形态人类①。美国社会学家弗朗西斯·福山在他的著作《我们的后人类未来：生物技术革命的后果》中提出，现代生物技术生产的最大危险在于它有可能修改乃至改变人类的本性，人性终将被生物技术掏空，从而把人类引入后人类的历史时代。②我们可以将后人类社会形成过程想象为生命形态从所谓的"碳基生命"向"硅基生命"过渡的过程。其间自始至终会存在两种演变：一种演变是生物学的、信息论的、技术的演变；另一种演变则是伦理的、文化的和社会的演变。这两种演变都同时充满期望和难以预期风险的前景。

无论是推崇还是质疑，关于以"元宇宙"为代表的数字世界构建的讨论大多集中在对技术、资本等方面，而很少有人涉及在元宇宙中构建规则的挑战，也很少有人谈及在元宇宙中创建秩序的难度。在现实世界中的我们，都容易忽略我们都是秩序的消费者，不是建设者。而殊不知，秩序的成本非常之高。现实社会中人类历史所经历过的和正在经历的所有规则和秩序都不是凭空而来的，都是基于历史、文化、经济、技术等多个因素相互碰撞后的沉淀，是无数思考、争论、血腥甚至暴力轮流上演后的结果。

我们的社会科学知识，这一次够用吗？

尤瓦尔·赫拉利在《人类简史：从动物到上帝》中，把历

---

① Donna Haraway, *A Cyborg Manifesto: Science, Technology, and Socialist Feminism in the Late Twentieth Century*, New York: Simians, Cyborgs, and Women: *The Reinvention of Nature*, 1991, pp. 149-181.
② 〔美〕弗朗西斯·福山：《我们的后人类未来：生物技术革命的后果》，黄立志译，广西师范大学出版社，2016，第101页。

史上人类秩序的形成归纳为想象的产物。在他看来，人类社会秩序，无论是金钱秩序、帝国秩序还是宗教秩序都是想象出来的①。而想象建构的秩序跟现实世界紧密结合。现代西方国家大多相信个人主义，认为每个人都是独立的个体，这种由想象构建出来的价值观念会折射到西方人的日常生活中。比较直观的一个表现就是每个人都有自己的房间，如果一个人在专属空间里长大，那么，他就会自然而然地形成一种个体意识，认为自己是独立的、有意义的。人类对自己想象的东西深信不疑的第二个原因是，想象建构的秩序塑造了我们的欲望。古埃及法老的金字塔，中国古代帝王的奢侈墓葬，其实都是帝国秩序塑造欲望的证明。想象建构的秩序把人和人连接在一起，黄金为什么能够在全球市场中畅通无阻？美元为什么比日元值钱？说到底，这都是因为所有人都接受了黄金的通用价值，接受了美元与日元之间的价值换算，扩大来说，就是所有人都接受了既定的金钱秩序。在这样的情况下，人与人之间的主观经济意识已经连接在一起了，反过来，这种连接也让想象构建的金钱秩序变得更加稳固。

打造元宇宙是通过技术手段从 0 到 1 在创造一个虚拟世界，而这个过程其实也是一次对人类社会科学知识运用的实践。提出、讨论和确定规则、秩序和体系的过程，就是创造者们对现实社会和理想世界思考的映射。元宇宙中的规则、秩序和体制，虽然是存在于虚拟世界，但它们依然是由现实世界中的人们来决定和塑造，因此也就离不开这些创立者们政治、社会、文化、

---

① 〔以〕尤瓦尔·赫拉利：《人类简史：从动物到上帝》，林俊宏译，中信出版社，2014，第98～113页。

宗教信仰、教育背景等因素的影响。

其中注定将会包含对人性的理解，对个体与群体关系的理解，对社群的理解，对于公平与正义的理解等。权威主义、达尔文主义、自由主义、多元自由主义、保守主义、道德共同体、女权主义、去中心化社群主义、乌托邦主义、罗伯特议事规则等人类社会发展过程中出现过的思想和理论，曾经在人类历史的不同发展阶段和不同社会群体具有过生命力的思想，也都会在元宇宙建设和演进的过程中找到呈现自己价值的机会。

这个过程或发生在创造者在创建元宇宙的时候，创建者把自己对理想社会的规则变成宇宙规则，或者发生在元宇宙逐渐发展的过程中，参与者们通过争论、讨论或者以商定的某种形式（甚至不排除以类似网络游戏中的团战形式）来确定某个事件、某个社区、某个环境的规则。

比如，在元宇宙的秩序中，如何设计出避免被少数力量垄断的规则，仅靠区块链就可以吗？虽然谁都认可 Metaverse 的能量将来自用户而不是公司，虽然几乎没有人反对这样的观点："元宇宙"的一个关键要素在于它并非出自哪一家行业巨头之手，而是数以百万计的人们共同创作的结晶，每个人都通过内容创作、编程和游戏设计为元宇宙做出自己的贡献，通过其他方式为元宇宙增加价值。但不同于致力于元宇宙创建的大公司的乐观态度，对于这些方向是否能实现的质疑声音也不鲜见。在质疑者看来，不管是出于理想驱动还是利益驱动，倡导者们总是愿意面向公众描绘一个理想蓝图，但很少愿意提及和讨论实现它的难度。

《雪崩》，本意是在敲警钟

《大西洋月刊》（*The Atlantic*）发表了一篇名为《元宇宙是糟糕的》（*The Metaverse Is Bad*）的文章。专栏作家伊恩·博戈斯特（Ian Bogost）在其中写道，"扎克伯格接受了《黑客帝国》的设定，希望人类进入那个虚幻的世界。创造出'Metaverse'一词的尼尔·斯蒂芬森本意是让我们警惕元宇宙，但讽刺的是，扎克伯格为代表的科技巨头却因此受到启发，要创造出元宇宙。扎克伯格说他们的目的不是为了赚钱，而是为了提供更好的服务，其实他们的目的是为了权力和控制。博戈斯特还在哲学层面批判了元宇宙。他认为，后现代批评家所推动的关于'元'的话语（metadiscursivity），让'走向元'（going meta）的背后实现了权力的转移。'走向元'意味着谈论事物的倾向代替了谈论事物本身，这造成了意义的短路及延迟。在希腊语中，'meta'是超越，但在今天的语境中，'meta'指的是高于或超越其他事物的事物。这时，优势、权力和征服就随之而来。"① 1928年，有一本关于优生学的书叫《元人类》（*Metanthropos*）出版，其设想了一种更好、更优越的人类。今天，亿万富翁们也在设想一个更好的宇宙。

令人向往的元宇宙的多元化和开放性，也许会让元宇宙走向繁荣，也许会让元宇宙走向混乱。

打造一个全新的、虚拟的、开放性的世界体系，是人类历

---

① Ian Bogost, "The Metaverse Is Bad", Oct. 22, 2021, https://www.theatlantic.com/technology/archive/2021/10/facebook-metaverse-name-change/620449/，最后访问时间：2023 年 1 月 23 日。

史上从未有过的事情。这也是元宇宙令我们感到兴奋和刺激的原因。同样令我们感到兴奋的是，在这个过程中，我们将看到经过数千年的文明积累，人类是否已经有足够的智慧成为另外一个世界的"上帝"。希望在创造元宇宙的历史中，创造者们和参与者们能更多汲取人类在探寻社会秩序和治理体系上的真知灼见和成功经验，从人类历史中吸取教训。

如果按照斯蒂芬森对元宇宙世界的详尽描述，以及近期很火的"元宇宙概念公司"Roblox CEO 对元宇宙特征的总结抽象：Identity（身份）、Friends（朋友/社交）、Immersive（沉浸）、Anywhere（随时随地）、Variety（多样性）、LowFriction（低延迟）、Economy（经济系统）、Civility（文明体系）。1985 年世界上第一款图形化 mud 网络游戏"栖息地"、20 世纪初风靡全球的网游"第二人生"……已经部分或接近全部吻合了元宇宙的诸多特征。那么，为什么元宇宙看上去，仍然是一个窗户纸尚未捅破、有待实现的宏大想象呢？图形游戏"栖息地"（Habitat）的创始人兰迪·法默（Randall Farmer）和奇普·莫宁斯塔（Chip Morningstar）在 1990 年的一段论述，或许能为这个问题的回答提供某种启发："虚拟世界首先是一个众多参与者的环境。对于虚拟世界的居民而言，重要的是他们获得的能力，遇到的其他人的特点，相互间影响的方式。虚拟世界，更多是由参与者及其互动来定义，而不是由实现它的技术来定义。"①

技术的进化，可以解决元宇宙实现的大部分问题。无须置疑的是，无论是 AR/VR，还是脑机接口，这些技术在可见的未

---

① Chip Morningstar and F. Randall Farmer, "The Lessons of LucasArts Habita", 1990, https://web. stanford. edu/class/history34q/readings/Virtual _ Worlds/Lucasfilm-Habitat. html，最后访问时间：2023 年 1 月 23 日。

来肯定可以达到科幻作品描绘的水平。但是，对于建立数字世界而言，其难点不在技术，而在于如何发展出不会导致迅速自我毁灭的秩序。如何让虚拟世界像现实世界一样，稳定和持续地运转，如何让活跃其中参与者的利益受到有效保护。这些都是难题。

斯蒂芬森笔下的"Metaverse"就因名为"雪崩"（Snow Crash）的电脑病毒，让虚拟世界和现实世界都遭到了崩坏。对元宇宙而言，虚拟世界的道德伦理基础、法律治理体系、权力利益分配原则，这些超越现实国别、社会、文化，同时要求参与者形成普遍共识的议题，是技术以外最关键的难点，也是某一家科技巨头难以独自解决的问题。在《雪崩》中，这些问题的作答者是名为"计算机协会全球多媒体协议"的组织。但是，至少在小说中，最后我们看到的结果是失败的。

另外一个有意思的事情是，如果虚拟世界中的生命体系、经济体系与现实世界中完全不同，我们在现实社会中沉淀出的社会道德、治理规则和情感认知是否还能继续适用？比如在虚拟世界中，没有死亡的设定，数字生命会永生（我相信这是大多数参与者所希望的），那么数字生命的行为方式是否会变得难以约束？阿道司·赫胥黎（Aldous Huxley）在《美丽新世界》中做过假设，距今 600 年的未来世界，物质生活十分丰富，科学技术高度发达，所有的一切都被标准统一化，人的欲望可以随时随地得到完全满足，不必担心生老病死带来的痛苦。在这个的世界中，人与人之间根本不存在真实的情感，娱乐以"感官电影"的形式出现，人们通过视觉、声音、触觉对故事进行全方位的感知。但高度的物质文明没能带来高度的精神文明和幸福，当人与人之间失去真实的情感，人性将在机器的碾磨下灰飞烟灭。霍金在《果壳中的宇宙》中提出，我们（人类）是否会在科学和技术上达到一种最终的稳定的状态，取决于人类的基因是否能迅速地适应新的科技社会。①

刘慈欣在《三体：黑暗森林》里写道："要给文明以岁月，而不是给岁月以文明。"② 对于那些雄心勃勃地希望通过元宇宙打造虚拟文明的人们来讲，这句话非常值得被铭记。在讨论元宇宙的时候，或许可以把这句话这样改写："给数字以文明，而不是给文明以数字。"

4

正在被重新建造的巴别塔

"数学之所以能如此迅速发展，数学知识之所以能如此有效，就是因为数学使用了特制的符号语言。"

——戈特弗里德·威廉·莱布尼茨（Gottfried Wilhelm Leibniz）

0 和 1 如果是一种语言

根据《圣经·旧约·创世记》第 11 章的故事，当时人类联合起来兴建希望能通往天堂的高塔，为了阻止人类的计划，上帝让人类说不同的语言，使人类相互之间不能沟通，建塔计划因此失败，人类自此各散东西。神话终归是神话，人类历史的

---

① 参见〔英〕史蒂芬·霍金《果壳中的宇宙》，吴忠超译，湖南科学技术出版社，2006。

② 刘慈欣：《三体：黑暗森林》，重庆出版社，2008，第 334 页。

真正事实是，语言成了传递信息的利器，也成了更大范围内传递信息的障碍。

布拉德·皮特（Brad Pitt）曾主演过一部叫《巴别塔》（*Torre de Babel*）的电影。影片开始，没有字幕的阿拉伯语让观众有些无所适从，而这样的不适和冲突充满全片：美国游客苏珊在摩洛哥意外中枪，她的丈夫理查德只能通过一名向导与周围的阿拉伯世界沟通；美国夫妇家中的保姆亚美利亚和孩子们用西班牙语交流，孩子们却用英语回应；在种族单一的日本，故事的主角却是一个聋哑女孩，只能用手语和书写与世界沟通。而在电影《流浪地球》中这样一个场景也同样令人印象深刻，俄罗斯宇航员递给吴京一个耳机，当吴京戴上后，自动翻译功能让双方开始无障碍地交流。

前者是现实，后者是正在发生的未来。

有意思的是，从人类历史上看，正是《巴别塔》中所描述的阿拉伯世界让《流浪地球》中无语言障碍的沟通成为了可能。

这一切源于从0到9的阿拉伯数字。

阿拉伯数字其实是印度人的发明，年代难以考证。由于近代考古学的进展，在印度的一些古老的石柱和窑洞的墙壁上发现了这些数字的痕迹，其年代大约在公元前250年至公元200年。1881年夏天，在今天巴基斯坦（当时和古代大部分时间属于印度）西北部距离白沙瓦市（唐代高僧玄奘赴印度取经曾路过此地，赞其为花果繁茂的天府之地）约80公里的一座叫巴克沙利的村庄里，一个佃户在挖地时发现了书写在桦树皮上的所谓"巴克沙利手稿"，上面记载了公元前后数个世纪的印度数学。手稿内容十分丰富，涉及分数、平方数、比例、数列、收支与利润计算、级数求和与代数方程等。此外，还用到减号，写法像今天的加号，不过写在减数的右边，而加号、乘除号和等号则用文字表示。最有意义的是，手稿中出现了完整的 10 进制数码，其中零号用实心的点表示。

表示零的点号后来逐渐演变成圆圈，即现在通用的"0"，它至晚于 9 世纪就已在印度出现。在印度瓜廖尔市（Gwalior）出土的一块刻于 876 年的石碑上，清晰地出现了数字"0"。用圆圈符号"0"表示零，这是印度人的一大发明。它既表示"无"的概念，又表示位值记数中的空位，它也是数的一个基本单位，可以与其他数一起计算。而无论苏美尔人发明的楔形文书，还是宋元以前的中国筹算记数法，都是留出空位而没有符号。采用 60 进制的巴比伦人和采用 20 进制的玛雅人虽说也引进了零号（玛雅人用贝壳或眼睛），但仅仅表示空位而没有把它当作一个独立的数。

771 年，有一位印度旅行家来到巴格达，他带来了两篇科学论文，其中一篇是天文学的，另外一篇是数学方面的。我们熟知的阿拉伯数字，阿拉伯人所谓的印度数码，就是由这篇论文传入了穆斯林世界。印度数码通过阿拉伯人的改造演变成了阿拉伯数字，再通过他们的远征又流传到了欧洲。13 世纪初，意大利人斐波那契（Fibonacci）的《算盘书》里已有包括零号在内的完整的印度数码介绍。

印度数码和 10 进制记数法被欧洲人消化、接受和修润之后，在近代科学的进步中扮演了重要角色。在今天世界上存在的数以千计的语言系统里，阿拉伯数字是唯一通用的符号。从某种意义上讲，通过阿拉伯数字，人类在数学、物理等领域实现了语言的统一，并一同用这个数字语言来破解地球和宇宙的规则。

尤瓦尔·赫拉利在《人类简史：从动物到上帝》中，对于阿拉伯数字的意义曾这样表述：

"虽然这整套系统仍然只是种部分表意的文字符号，但这已经成为全世界的一大重要语言。几乎所有的国家、企业、组织和机构，不管讲的是阿拉伯语、印度语、英语还是挪威语，都必须使用数学符号来记录及处理数据。只要能将信息转成数学符号，储存、传播和处理的速度和效率就能快到令人叹服。因此，如果哪个人想打动政府、组织和企业，就必须学会'用数字说话'。而专家也费尽心力，甚至像是'贫穷'、'幸福'和'诚实'这些概念，都能翻译成一个又一个的数字，成了'贫穷线'、'主观幸福感程度'、'信用等级'。而像是物理和工程方面，几乎整个知识领域都快要和人类的口语语言脱节，而由数学符号独挑大梁。"[1]

阿拉伯数字在消除人类语言障碍的使命还在继续。接下来，发挥重要作用的不是 9 个阿拉伯数字，而是 2 个：0 和 1。

在德国图林根著名的郭塔王宫图书馆保存着一份手稿，其标题为："1 与 0，一切数字的神奇渊源。这是造物的秘密美妙的典范，因为，一切无非都来自上帝。"这是德国著名数学家莱布尼茨（Gottfried Wilhelm Leibniz）的手迹。

正是这位伟大的数学家发明了计算器。为了满足计算器计算的需要，他引入了最为简单的进位制，仅有 1 和 0，运用二进制，逢 2 进 1。二进制是现代计算机的基础。计算机处理器的运行原理——0 和 1 代表逻辑电路的"开"和"关"，由于每位数据只有断开与接通两种状态，所以即便系统受到一定程度的干

---

① 〔以〕尤瓦尔·赫拉利：《人类简史：从动物到上帝》，林俊宏译，中信出版社，2014，第 127 页。

扰时，它仍然能够可靠地分辨出数字是"0"还是"1"。因此，在具体的系统实现中，二进制的数据表达具有抗干扰能力强、可靠性高的优点。相比之下，如果用十进制设计具有 10 种状态的电路，情况就会非常复杂，判断状态的时候出错的概率就会大大提高。另外，二进制也非常适合逻辑运算。逻辑运算中的"真"和"假"，正好与二进制的"0"和"1"两个数字相对应。逻辑运算中的加法（"或"运算）、乘法（"与"运算）以及否定（"非"运算）都可以通过"0"和"1"的加法、乘法和减法来实现。早期的程序设计都是以 1、0 这些机器语言来编写的，当时的编程只能由高级的工程师来完成，并且还具有相当的难度。现在的一些高级编程软件等采用了高级语言来编写，但最终还会由编译器来编译成最底层的机器语言来实现程序在计算机系统中的运行。

时至今日，0 和 1 已经并继续重塑着我们的世界：飞机、导弹远程调整姿态，电网的运行，股票交易，远程诊断，远程视频会议，游戏引擎、虚拟世界……如今，一国的经济、军事、民生，都与运行在二进制基础上的一行行代码息息相关。更为重要的是，0 和 1 组成的计算机语言变成了一个不同国家的成人和孩子都可以去学习和掌握的世界性语言。在数字世界，人类"建造巴别塔"的统一语言基础已经具备。而这个巴别塔将会是数字虚拟世界。

0 和 1 让人类在现实世界中的语言边界也将会前所未有的消融。

语言会消失吗

中国人对于语言的障碍或许有着比其他英语国家人们更多

的感受。1995 年秋天，一个美国人说要投资建设浙江一段高速公路，签约后却拒付资金，马云因为英语好被中方聘为翻译兼顾问，到美国调解纠纷。多年后，马云重回西雅图，在演讲中讲到他的梦想起始于掌握外语，早一步看到了世界。[①] 那些年翻译是稀缺职业，外语是黄金技能，连接世界的通道已经打开，但通道前耸立着语言的高墙。

到了 21 世纪，翻译的故事从字幕组开始。长达 10 季的《老友记》漂洋过海传来，沉淀在论坛之上，又刻入光盘之中，成为 80 后一代最生动的外语教材。2006 年，美剧《越狱》走红中国，众多网友守在网上，等待字幕组解开悬念。中国网民第一次感受同步追剧的快感，以及跨越语种和文化的魅力。字幕组狂飙的时代最终随着版权意识觉醒而终结。但那些野生翻译，终究让我们看到更多的世界。字幕组退隐之际，那些听着李雷和韩梅梅长大的中国年轻人已走向世界。语言屏障虽然仍壁垒森严，但不再高不可攀。

自从改革开放以来，对于无数中国孩子和他们的家庭来讲，投入在英语学习上的时间和金钱的花费已经成为他们最大的教育支出之一。而未来还真的需要再学外语吗？在谷歌上，人工智能技术已经让用户只需将摄像头指向希望翻译的文字，就可以立即获得翻译结果。谷歌这一服务已支持几十种语言的实时语音翻译。微软高层曾经用中文接受《纽约时报》记者的英语视频采访，以现身说法的方式向对方解释旗下实时语言翻译产品 Skype Translator 未来的意义。目前，科大讯飞等中国公司也

---

① 刘育英：《马云：创业梦想始发于西雅图》，中新社，2015 年 9 月 24 日，https://www.chinanews.com/gn/2015/09 - 24/7543205.shtml，最后访问时间：2023 年 4 月 30 日。

在语音识别技术、声纹识别技术、自然语言处理技术等多个关键技术领域取得了突飞猛进的发展。讲述不同语言的人们实现实时交流将是未来可期的事情。

0和1造就的数字技术能力在人类交流中的作用还远不止于此。现在人们的沟通主要依靠语言，这种方式有其自身的弊端。比如，人们在说话前，其大脑需要花费很大的精力将一个复杂的概念压缩成文字，这个过程会损失许多信息。听话人在听这些话的时候，也会对收到的信息进行解码和阐释，而有的时候听话人无法听对说话人的所有信息，于是就出现了沟通困难。在特斯拉首席执行官马斯克看来，非语言交流可以解决这个问题，人类和人工智能之间存在一种共生系统，这为实现非语言交流提供了可能，10年后人们不用张嘴就能进行交流，因为届时类似外星人的心灵语言将会取代需要发声的语言。

美国科学家已经发现大脑海马体的记忆密码，开始尝试用芯片备份记忆，然后把芯片植入另一个大脑，实现记忆移植。这项技术的终极目的是通过脑机接口技术，把大量的信息和资料传输到大脑里，或把大脑的意识上传到计算机，最终实现人类意识和记忆在计算机世界中的永生。当脑机接口下潜至深层时，则真正达到了马斯克所构想的人机结合。即人类不用语言，仅靠大脑中的脑电信号就可以彼此沟通，实现"无损的大脑信息传输。这种脑脑交互，彼此传递的本质是神经元群的活动。不像语言的模糊和词不达意，它是一种彻底的、100%的、毫无信息扭曲的心领神会"。

如果马斯克的预言能够实现，那么人类传递信息的历史将会从几百万年前的"没有语言"走到未来的"脑脑交互"，将会重新定义所有与社交产品相关（包括元宇宙）的用户边界。

在未来，社交产品都将具有全球属性，"国际化"一词将成为历史。未来影响全世界一个人和另外一个人交流的基本障碍将不再是语言，而是文化。

对于中国公司来讲，语言障碍的消失尤为值得关注。中文和英文等其他语言的差异性提升了中文用户参与其他语言产品的门槛，尤其是在社交类产品中。语言门槛和政策要求，是维系中国互联网单一市场主体的两个重要元素。中国互联网技术公司无不受惠于此。但在未来，全球各地的人与人将可以在虚拟世界中实时交流，语言门槛将会不复存在。一旦某款元宇宙产品满足国内的政策需求，那么中国的用户市场大门将会面对全球打开。而元宇宙的模式又具备极强的用户时间集纳性，到那时全球的 TOC 互联网市场格局将会发生巨大变化。

5

数字秩序刚刚开始

"无序的秩序"正变革的不仅仅是企业，它还在改变我们对"世界本身应当如何整理"的看法——或许更重要的是——它改变了我们对"究竟谁才是这方面权威"的看法。

——《万物皆无序：新数字秩序的革命》，
戴维·温伯格（David Weinberger）

技术变革、秩序变革，双生子

在西方历史上，当法国人德尼·狄德罗（Denis Diderot）按照字母顺序来编撰百科全书时，曾经引起很多神学人士的责难。他们认为按照偶然性极强的字母顺序安排内容，是对神的蔑视和亵渎。按照主题而不是字母顺序来编排百科全书的内容，在很多有着强烈学术使命的人那里，仍然是个值得奉献毕生精力来从事的事业。但是现如今，百科全书的编撰方式发生了巨大的变化，既不按主题也不按字母顺序，甚至连编辑和条目顺序都没有了。维基百科在互联网上以低成本大规模协作的方式来构建人类知识库，其访问量和知识条目的生产能力早已超过了传统的百科全书。

维基百科创始人吉米·威尔士（Jimmy Wales）曾为美国学者戴维·温伯格的《万物皆无序：新数字秩序的革命》写过推荐语。在这本书中，戴维·温伯格认为数字世界将会带来新的秩序变化，其可以让超越现实世界的人们熟悉最基本的排序规则：同样的东西可以同时被安排到不同地方，这样要好过每一样东西都各就各位，纷繁复杂的秩序不只改变了商业社会的面貌，它还在改变着我们对世界本身组织形态的看法。①

从历史上看，人类社会的每一次技术飞跃都引发了重大的秩序变革。农业革命实现了从宗教、伦理和习惯向世俗法律秩序的转型，工业革命实现了从传统等级身份向现代契约关系的转型，数字革命实现从物理空间规制向双重空间规制的秩序转型。自人类诞生以来，就一直在大自然的世界中生产和生活，从来没有超出给定的物理空间。但数字革命改变了这一切，特别是网络化、数字化、智能化的叠加效应，在有限的物理空间

---

① 〔美〕戴维·温伯格：《万物皆无序：新数字秩序的革命》，李燕鸣译，山西人民出版社，2008，第 13~32 页。

之外创造出了无限的电子空间，在经验传承的现实生活之外开辟出了丰富的虚拟生活，人们可以随时穿越于虚实两个世界，其中既有工商业时代的人、财、物等物理空间逻辑，也有数字时代的建模、算法、代码等虚拟空间逻辑，而且二者彼此交织、相互塑造。

外交学院施展教授以"失衡"作为关键词，提出了推动秩序变革的动因是技术带来的失衡这一结论。在他看来，剧烈的变迁会让人们感到充满不确定性，带来不确定性的原因有很多，其中一个重要原因是技术变迁已经把人们不自觉地带入一个新的时代，但人们却还在以上一个时代的观念看待问题。新的时代不服从上一个时代的逻辑，基于上一个时代的观念所形成的预期，在现实中会屡屡落空，不确定性便浮现出来。

为了做进一步说明，他引用了地理大发现的例子。西班牙和葡萄牙两国率先开启地理大发现，但它们仍然是以陆地为视角去理解大海。在陆地视角下，财富的根基在于土地，所以大航海的目的就是占领远方更多的陆地以获取财富。大海则是通达远方陆地时必须要克服的障碍。所以，西、葡两国占领了海外大片的土地。两国还联手推动教皇在 1493 年对地球进行划分，以某条经度线（教皇子午线）为界，该线以东的半球都归葡萄牙管辖，以西的半球都归西班牙管辖，不分陆地与海洋。但海洋上有着与陆地上截然不同的秩序逻辑，西葡两国试图把陆地上的法律逻辑平移到海洋上，种下了失败的种子。当后起者英国、荷兰开始走向大海的时候，最好的土地已经都被西、葡占取了，基于西、葡两国瓜分两个半球的法律，其他国家如果不经西葡两国允许就到海洋上去冒险，属于海盗行为，英、荷等国进一步被挤压着海上的空间。两国被迫转换视角，不再是站在陆地上看海洋，而是转到海洋上看陆地。视角一旦转换，海洋就不再是需要克服的障碍，而是联通全球的大道，财富不再是基于土地，而是基于通过海洋完成的贸易。所以，英、荷等国不再以海外占有土地作为目标，而是以占领咽喉航道的据点为手段，开启了一整套全新的战略逻辑，以及相适应的全新政治—经济逻辑，海洋霸权时代的新霸主也因此更迭。[①]

技术的演变带来新的知识、财富和力量的变化。这些变化会引发对原有各种秩序的冲击和挑战。从海洋霸权时代到数字经济时代均是如此。

"连接一切"塑造出的超级平台

美国外交事务杂志网站 2021 年 10 月 21 日刊登了一篇题为《技术中心化的时刻：数字权力将如何重塑全球秩序》（*The Technopolar Moment*：*How Digital Power Will Reshape The Global Order*）的文章[②]，其中就指出成功利用新兴信息和通信技术的巨大经济、政治和社会力量的国家将塑造全球数字秩序的未来。400 年来，国家一直是全球事务的主要参与者，但随着少数大型科技公司具备了更多元化的影响力，情况开始发生变化。亚马逊、苹果、脸书、谷歌和推特等少数几个跨国科技巨头已经在社会、经济和国家安全等重要领域拥有巨大的影响力。以大型

---

① 施展：《元宇宙，到底位于数字世界的第几层?》，《施展世界》公众号，2021年 11 月 13 日，最后访问时间：2023 年 1 月 30 日。

② Ian Bremmer, "The Technopolar Moment: How Digital Powers Will Reshape the Global Order", Nov/Dec. 2021, https://www. foreignaffairs. com/articles/world/ 2021 – 10 – 19/ian – bremmer – big – tech – global – order，最后访问时间：2023年 1 月 24 日。

数字科技企业为代表的非国家行为者开始自觉或不自觉地参与地缘政治。这些公司控制内部代码、服务器和规则，影响原本由政府主导的世界格局。它们掌握的技术和服务器具有巨大影响力，决定各国如何利用经济和军事力量，创造未来工作，甚至重新定义社会契约。

从国外的情况来看，大型科技公司的出现已经在很多方面动摇了我们原有对世界和社会秩序的理解。国家与科技公司的关系、科技公司在世界上的作用，都需要重新被认知。

在今天的西方国家，政客们在社交平台上的吸粉能力，直接等同于其吸纳政治捐款和获取政治支持的能力。新一代企业家要想开展新业务，已经少不了苹果应用商店、Meta广告和谷歌搜索等工具。技术变得复杂，数字空间不断扩展。科技公司不仅主导人们在数字平台的行为，还在重塑人们的互动方式。Facebook的消息通知会向用户大脑传递多巴胺，谷歌的人工智能算法会在您输入时算出整句话，亚马逊搜索弹出的产品会影响您是否购买，ChatGPT会改变人们使用搜索和获取知识的行为。科技公司指导人们如何度过时间、追求什么样的职业和社交机会。随着社会、经济和政治机构相继从物理空间转向数字空间，这种力量将会增强。此外，相较于过去的巨头产业公司，科技公司不断提供现代社会所需的全系列虚拟和现实产品以及相关服务。过去，私营企业只是在医药、能源等基本需求领域发挥作用，但当今高度数字化的经济依赖于更复杂的商品、服务和信息流。

面对新出现的平台型数字巨头，以及新的数字服务所带来的变化，法律需要不断迭代来提升国家监管和约束能力，来重新界定企业的权责。"平台"并非新生事物，古老的集市、现代的商场都是平台，但与互联网深度融合之后，作为生产力组织方式的平台经济才应运而生。

"连接一切"的互联网实现了广泛、及时、大规模、低成本的信息交互，为解决市场的信息不对称问题提供了新的可能，随着网络通信、大数据、云计算、人工智能等新技术的不断发展，平台得以搭建更加强大的数字基础设施，实现更大规模的信息交互和更加精准的信息匹配，从而实现更加高效的资源配置和价值交换。平台思维和平台模式才越来越广泛地进入经济社会的各个领域，重塑着经济元素之间的秩序。

在平台经济的发展过程中，目前重要的问题之一就是平台企业责任边界的不清晰。其原因正如上文所述，技术变化与观念变化不同步造成失衡。一般来说，平台企业提供的产品或服务分为三个层次。

第一层次，"平台即基础设施"，平台企业提供的是交易所需的网络、系统、应用等数字基础设施。第二层次，"平台即中介"，平台企业为供求双方提供信息匹配与撮合。第三层次，"平台即生态"，平台企业负责制定涉及平台内经营者、消费者、第三方服务商等各参与主体的行为规则，维护交易秩序和平台生态。

由于提供的产品和服务具有"准公共产品"的属性，平台企业对平台的规范健康运行不仅负有技术责任，即保证平台基础设施和数据的安全，还负有经济责任和一定的社会责任。平台企业有责任对平台内经营者进行必要的准入审核，对其提供信息的真实性和完整性进行核验，并对其所提供产品和服务的质量承担相应责任，保护平台内经营者的公平竞争与消费者的合法权益。同时，平台企业还有义务依据法律和平台规则，对平台中的各参与主体进行相关行为管理。因此，平台经济模式下，对于平台企业的责任有了与传统经济模式下企业责任完全不同的界定和要求。这就需要平台企业和监管部门的理念都与时俱进，既要避免平台企业责任的无限扩大，也要防止平台治理的成本转嫁。最近几年一个明显的趋势是，无论是在中国、美国还是欧盟，政府都在通过一系列法律和监管动作，调整数字化时代下的平台经济秩序。

一个将被一条狗取代的人

信息革命的一个直接后果，就是人们的社会行为和日常交往都在不断地数字化，我们已不再是单一的"生物人类"，而是赋予了"数字人类"的属性。人们每天、每时、每刻都会留下一串串的身份数据、关系数据、行为数据和言语数据，获得了新型的"生物/数字"二维属性。

技术公司、平台和政府可以凭借大数据挖掘和分析技术来对人们进行"数据画像"，描绘出一个人的基本面貌、身份背景和活动规律，进而提供丰富的信息检索、目标推送、个性订制和精准服务。这促进了智能交易和智慧治理，有助于强化打击犯罪和安全防控的能力，社会秩序更加可视化、可控化和稳定化。然而，"所有命运馈赠的礼物，都已在暗中标好了价格"。①人类社会的数字化也不可避免会带来新的问题。在数字化社会中，侵蚀个人隐私变得更为容易。信息不对称和数据鸿沟已然出现，利用数据画像的"监控社会"已经成为学术和影视文艺

---

① 〔奥〕斯蒂芬·茨威格：《断头王后：玛丽·安托瓦内特传》，张玉书译，人民文学出版社，2017，第 1 页。

作品的关注对象。

印度籍学者、荷兰阿尔特兹艺术大学研究院副院长尼尚·沙阿（Nishant Shah）讲过一个故事来说明数字化对伦理秩序的挑战。阿达哈尔（Aadhaar）是世界上最大的国家生物识别系统，在印地语中是"基础"的意思，于 2010 年由印度政府推出，最初是一个旨在解决骗取福利问题的数据库系统，自愿注册的居民提交自己的指纹、虹膜和面部扫描记录，以便政府在分发粮食补贴和其他福利项目时核实身份。后来该系统扩展到了印度人日常生活的方方面面，包括获得手机号码、银行账户或护照。这个数据库已存储超过 12 亿印度人的身份信息。这个数据库本身的构建一直处在巨大争议和法理辩论的核心。后来，印度最高法院提出了一个构想，即阿达哈尔不是强制的，但可以规定要有一个阿达哈尔才能使用这些服务，阿达哈尔本质上已成为过去十年公民身份的证明。因此，要成为公民，需要阿达哈尔。在这个逻辑框架下，实验者成功使一条狗成为了印度的合法公民。与此卡绑在一起的是一串阿达哈尔号码、银行账户和生物识别信息，所有这些都证明这是一张合法的身份证。在阿达哈尔的框架中，数据库验证信息的能力压倒了人类说实话的能力。在尼尚·沙阿看来，这意味着人将由驱动机器人的概率模型来塑造。在很多数字技术公司的眼中，现实世界中的人其实已经是一堆由数据构成的"数字人"。

问题都没解决，元宇宙又要来了

美国哲学家唐娜·哈拉维（Donna Haraway）在《类人猿、赛博格和女人：自然和重塑》中也提及，随着人类进入极限计算时代（the age of extreme computation），我们将看到以遗传学形式的优生学复苏，我们的血统、外形、身份和生活都将被硬编码到代替我们人类经验的数据中。技术还将决定如何根据优生原理识别并分类人类，人类将被改变为将技术内置于自己的超级物种。

曾经有句话叫"所有的行业都值得被以互联网的方式重新做一遍"。而从更宏观的视角看，数字化进程会让全球社会的各个方面都被重新定义，所有的秩序都将被重建。数字巨头的影响力让国际秩序发生着变化（马斯克甚至已经敢于对俄乌冲突提出停战方案），数字化也在撬动着原有的国家治理秩序，也为人与信息的关系、人类社会的伦理秩序注入了新的维度。我们正在进入一个数字秩序全面建立的进程。

在数字秩序建立的过程中，对于元宇宙的实践无疑最具有挑战，也最令人充满想象。一方面，元宇宙的发生无疑会进一步影响现实社会，进而影响现实世界中相关的数字秩序和产业形态。比如元宇宙对算力的需求极大，因此将严重依赖能源。而当需求量达到一定量级的时候，传统能源模式已经无法支撑，必定会推动新的能源供给形式的出现。

另一方面，元宇宙本身的秩序如何建立也是具有挑战性的问题。现在的元宇宙多半是由数字巨头所推动建立并被其主导，是一种非分布式的状态，可以被数字巨头创世、掌控与摧毁。但在逻辑上来说，至少在当前诸多元宇宙的推崇者眼中，真正的元宇宙应当是一种分布式的数字世界，它会有最初的发起者，但其发展演化的过程会超脱于最初发起者之外，获得其独立的生命力。但这种理想的状况如何实现，又能真正实现吗？

正如施展教授所说："面对这个正在生长中数字世界，人们就像500年前面对海洋的西班牙人一样。这个数字世界还没有充分长成，其逻辑也还没有充分展开，人们无法对其有实在的认识，更多地是站在传统世界来想象这个世界。现在我们看到的各个国家制定的各种数据监管法规，实际上都是站在传统世界想象数字世界进而来立法的，其比500年前站在陆地视角尝试为海洋立法的西班牙人高明点有限。这样的一个未来，比较有可能的逻辑是，经济的回归经济、社会的回归社会、政治的回归政治、法律的回归法律。当下的技术进步所带来的各种不均衡，已经把这样一种可能性非常现实地推到我们面前了，如何把握这样一种现实，对其获得精神自觉，从而真正地实现升维，构建起一种统合传统世界与数字世界的更具超越性的秩序，是当下人类必须回应的一个时代问题。"①

---

① 施展：《元宇宙，到底位于数字世界的第几层？》，《施展世界》公众号2021年11月13日，最后访问时间：2023年1月30日。

第六章

数字原力的Dark Site

1

"美丽新世界"的背后

> "每种生活方式之所以令人瞩目,都不是它对于环境的适应,
> 而是对于环境的造反。"
>
> ——《技术与文明》,刘易斯·芒福德(Lewis Mumford)

审视"美丽新世界"的暗喻

在数字时代的海洋中,技术公司犹如深海洋流,坚定而有力地带动着海水的走向。而在海面之上,元宇宙犹如一艘巨轮,顺流而行,让海水躁动,让浪花翻腾,让泡沫涌现,驶向被描述成互联网终极形态的新世界。

无法被准确定义的元宇宙,在各种"是什么"和"不是什么"之间被解读,还没有成型之前就在被消费。面对业绩增长乏力和社会争议不断的局面,国内外的互联网企业比消费者更需要它的出现。在各类鼓吹者的话语中,元宇宙是个美丽新世界,人性的各种需求在那里将得到进一步的释放和满足,是人类数字生活的终极形态。而事实确是,元宇宙不是在满足人性的需求,而是在创造需求的欲望。技术在这里找到了外溢的落地场景,资本在这里找到了新的增长空间。换句话说,相比消费者,元宇宙首先是技术和资本的需求对象,是它们的"美丽新世界"。

在莎士比亚的《暴风雨》第五幕第一场,女主角米兰达唱

道："啊，多么神奇！这里有多少美妙的人物；人类多么美丽！奇妙的新世界啊，竟有这样美好的人！"莎士比亚用这句台词讽刺引发米兰达赞赏的这些美好的人实际上都是些无赖。阿道司·赫胥黎（Aldous Huxley）引用"美丽新世界"一词作为自己著作的书名是想加深这样的讽刺。在他所写的《美丽新世界》中，展现在读者面前的未来景观与其说是天堂不如说是人类的噩梦。

在《美丽新世界》里，2532年的世界是一个科学技术高度发达的世界，那时的世界已经没有国别，就叫世界国。在这个世界里，人不再是自然繁衍，而是通过科技利用试管进行胚胎培育。为了使世界国井然有序，有统治者和被统治者、劳心者和劳力者，同时也为了便于统治，让那些被统治者不反抗，在培育胚胎时期就将将要出现的人类在数量上做好了比例分配，也预先将这些人的思想意识设定好了，使这些人一出生就按照预定的计划发展。由于科学技术的作用，这些下层人士并没有意识到他们被压迫、被奴役的命运，相反他们还被制约得非常爱自己的阶层和身份。在这个被科学技术统治的世界国里，是安定的、幸福的，就如世界国总统所说的那样："人民过着安定的生活，要什么有什么。得不到的东西他们也绝不会要。他们富裕，他们安全，他们从不生病，也不怕死。他们快快活活，不知道激情和衰老；没什么爸爸妈妈给他们添麻烦，也没有妻室儿女和情人叫他们产生激情；他们的条件设置使他们不得不按照设置的条件走，万一出了事还有唆麻。"在这里，科学技术对于人类的控制已经达到了极限，人已经成了技术的产物，在这里已经成了一种物种、一种机器。在世界国里，除了利用科学技术对人类的思想进行控制外，为了弥补胚胎培育时的不足，还利用心理学来加强对人类的思想控制，这些心理学包括睡眠教育和条件反射，还发明了复杂的娱乐机器来从精神上控制人类，这些娱乐有障碍式高尔夫球、五感剧等。当人产生不愉快时，国家就会发放精神麻醉药物"唆麻"给人使用。在《美丽新世界》中，科学技术发展了，人民有安定的生活，不愁吃穿，也没有失业的痛苦，可这个所谓的新世界却是个可怕的世界，所有的人都是被科学技术制造出来的没有灵魂的工具。

这本小说写于 1931 年。近 100 年后，今天的我们看到其中的一些表述是不是会有所触动？科学技术往往会将一个改变的好坏两面都会同时展现在我们面前。刘易斯·芒福德在其《技术与文明》一书中提醒，不做机器的奴仆和不过分迷信技术，否则人的福祉就不是因机器和技术而扩大，相反会因机器受到限制，甚至走到反面。因此，当人类数字化的技术能力能够支持我们构建虚拟世界的时候，充满期待的同时也要保持警觉。对于所要建立的元宇宙世界到底会给我们带来什么，我们是否了解？除了元宇宙推动者和拥趸者对虚拟世界的溢美之词外，还有哪些是他们没有说出的？

尼尔·斯蒂芬森在《雪崩》中描绘了 Metaverse 的奇幻世界。但不要忽略的是，他描述的 Metaverse 既不是"天堂"，也不是想象中科技平权的"乌托邦"。在 Metaverse 里面，诚然人们可以在此处，突破现实世界中物理法则的多种限制，比如"化身"（Avatar）、"无视三维时空限制的自由格斗场"，等等。但是另一方面，现实世界的经济、社会法则，仍然在这里牢牢地束缚着所有人：使用廉价公用电脑访问元宇宙的用户，其化身只能显示本来面目，且只能呈现粗糙的黑白图像；使用高级个人电脑的用户才可以定制化身，而化身的精细程度则取决于钱包的大小；即便是现实世界的开发者们、公司们，也需要向元宇宙缔造者"全球多媒体协议组织"购买土地，才能兴建各种设施……

保持警觉、保持想象、保持行动、保持理性

对新技术一边倒的赞美和批评，我们既要有敬畏之心，也要有警觉之感，尤其是在今天高度商业化的环境中。

元宇宙世界中不仅会有令人沉迷的沉浸式体验，更会有冰冷的现实性、经济决定性、新形态的消费剥削、新的法律风险和社会问题、对于人类心智的负面影响……类似这些，目前那些数字巨头、蹭热度的公司、自媒体和学者们是不会轻易说的。德国社会学家克里斯多夫·库克里克（Christoph Kucklick）在其著作《微粒社会》中说："工业社会的老东家，到了微粒社会，依然是东家。这些新东家，困倦臃肿，肉与钢的庞然大物，在新时代依然肥肥的，清醒地在虚拟空间四处游弋，张着血盆大口吞食着数据。它们找到了一种新的食物来源，以满足它们对民众信息的饥渴。虚拟空间降格成为了殖民地。"①

巨头的动作、资本的狂热、媒体的鼓吹、大佬的背书，使得每一个人在谈论元宇宙这个话题时，都不自觉地燃起一种谈论未来的兴奋感，似乎全世界都在期待这场技术变革会给我们的生活带来什么样新奇的改变。如此巨大的新商业机会确实诱人，参与其中的玩家在没有分到一杯羹之前都不忍心泼一盆冷

---

① 〔德〕克里斯多夫·库克里克：《微粒社会》，黄昆、夏柯译，中信出版社，2017，第 164 页。

水。但技术的演进总归是利害并存，谁敢说通往虚拟时代的道路上没有埋着几个"雷"呢？

电影《盗梦空间》里有这样一幕：在一个逼仄的小房间里，横七竖八地躺着许多陷入沉睡的人。他们都属于那些滥用试剂、想永远沉醉在美好的梦境中不愿意醒来的人。虚拟现实有没有可能成为这样的"试剂"呢？德国汉堡大学的研究者弗兰克·斯泰内克（Frank Steinicke）教授和格尔德·布鲁德（Gerd Bruder）教授曾做过这样一个实验：将几名志愿者置于沉浸式虚拟现实环境中24小时，其间每隔2小时让他们进行一次简单的休息。随着实验的进行，志愿者除了会时常感到恶心之外，还逐渐出现了混淆现实世界和虚拟世界的状况。研究表明，虚拟现实的沉浸感会对使用者造成认知障碍。英国诺丁汉特伦特大学的心理学研究表明，长时间穿戴虚拟现实设备会提高"游戏迁移症"的患病概率。其临床表现为入睡时会听到游戏的声音。更有甚者，当虚拟现实设备穿戴者在高速公路上开车时，会下意识地进入躲避地雷的迂回行驶模式。一旦有人在操作机械或在开车过程中犯病，后果都不堪设想。也许有一天，虚拟世界的丰富、刺激会使人厌倦无趣的现实生活，唯有通过感官的沉浸获得满足，只能在另一个随心所欲的世界中寻求发泄乃至解脱。

抛开资本的因素，我们设想，在"元宇宙"的数字王国里，人类多巴胺的刺激被0和1掌控着，终日漂浮在一堆营养液中，脑机插口上延伸出密密麻麻的连线，然后在一个"美丽新世界"里做着一场永不结束的梦。在这里，因为几乎不需要人们付出什么成本，既不用在乎别人的看法，也不用担心丢掉面子，不用害怕关系的破裂等顾忌，所以人们被压抑的心理问题就能被完全地释放，同时快感也被无限地刺激和放大，欲望也被无限地扩大，人类所有哪怕是幼稚或龌龊的任何欲望都会被满足。那么此时就会造成人们心灵的空虚，需要更大的欲望来填满，而更大的欲望带来更大的空虚，如此造成恶性循环。这时人们所有的注意力都会被虚拟的世界所耗空，就会彻底迷失在元宇宙里，而人就变成了一副空架子，彻底被虚拟世界所控制。

在 2016 MWC 世界移动通信大会上，扎克伯格现身三星新品发布会，为 VR 板块助阵。对此，一位名为 Muhammad Uzair 的网友这样表达了自己的感受："这感觉很可怕！我们将要与现实分离，进入虚拟现实的世界，而社群媒体的业主将统治我们。我们即将要成为奴隶。"[①] 从智能手机对人类社交的影响看来，这样的猜测绝对不是危言耸听。生活中不乏这样的场景：朋友或家人们围坐在一起，各自的眼睛都盯着自己的手机，刷朋友圈、微博、短视频，忙得不亦乐乎，唯一处于暂停状态的就是彼此之间真实的交流。手机尚能淡化现实，更何况"蒙蔽"双眼的完全沉浸式隔绝体验？导演史蒂文·斯皮尔伯格（Steven Spielberg）在拍摄电影《头号玩家》期间，表达了他对虚拟与现实的看法："《头号玩家》就像一个预言未来的水晶球，透过这个水晶球可以看到未来 5 到 10 年间可能发生的事情，而不是 30 年或者 40 年以后。电影中，虚拟世界几乎成了毒品一样的存在，我们每天花在虚拟世界的时间要远远多于我们在现实生活中吃饭、与人交往的时间。"[②] GearVR + Facebook 的组合，带来的会不会

---

① 《FaceBook 创办人扎克伯格发表虚拟现实境头，已经看到了人类的末日了……?》，2016 年 2 月 25 日，https：//weibo. com/p/1001603946253372234278，最后访问时间：2023 年 4 月 30 日。

② Sandy Schaefer, "Ready Player One: Steven Spielberg Calls the Movie a 'Crystal Ball'", Oct. 12, 2015, https://screenrant. com/ready – player – one – movie – spielberg – crystall – ball/，最后访问时间：2023 年 4 月 30 日。

是一个被虚拟社交奴役的世界？

刘慈欣在 2016 年发表的短篇小说《不能共存的节日》里曾这样写道：

> 未来的虚拟世界确实是天堂，在那里面每个人确实是上帝，其美妙是任何想象都难以企及的。我只想想象一下那时的现实世界，开始，现实中的人会越来越少，虚拟天堂那么好，谁还愿意待在苦逼的现实中，都争相上载自己。地球渐渐变成人烟稀少的地方，最后，现实中一个人都没有了，世界回到人类出现前的样子，森林和植被覆盖着一切，大群的野生动物在自由地漫游和飞翔……只是在某个大陆的某个角落，有一个深深的地下室，其中运行着一台大电脑，电脑中生活着几百亿虚拟人类。

目前，我们无法完全判断当技术奇点被突破后，在资本的加持下，虚拟世界将会是什么样子，将会给人类带来哪些变化。无论是科幻作品，还是学术著作，都只能为我们呈现出它可能的"美"与"恶"。

关于潘多拉的盒子，古希腊的神话中有个版本是这样讲述的：潘多拉和普罗米修斯的弟弟埃庇米修斯生活在一起。普罗米修斯给了埃庇米修斯一个大盒子，并反复叮嘱他一定不能打开，但潘多拉是一个好奇心很重的女人，普罗米修斯的反复叮嘱使她产生了打开盒子的欲望，她想："普通的一个盒子何必藏得这么隐密？而且又盖得这么紧，到底为什么呢？"趁埃庇米修斯外出时，潘多拉悄悄打开了盒子，结果里面并没有潘多拉所期待的东西，而是无数的灾祸虫害。在潘多拉打开盒子以前，人类没有任何灾祸，生活宁静，那是因为所有的病毒恶疾都被关在盒中，人类才能免受折磨。由于潘多拉的好奇，灾难与瘟疫逃出来，从那时起，灾难们日日夜夜、处处危害人类，使人类受苦。在慌乱与害怕中，潘多拉悄悄地关上了盒子，结果留下盒子中唯一美好的东西——希望。因此，即使人类不断地受苦、被生活折磨，但是心中总是留有可贵的希望。

美丽新世界的背后，是数字时代的潘多拉魔盒。走向元宇宙的路途上，理性永远是帮我们及时盖上潘多拉盒子的那只手。

2

开放世界的"敌人"

"我一直认为互联网是大家的，如今互联网已然发展成一个不公平和分裂的引擎。"

——蒂姆·伯纳斯–李，*One Small Step For the Web*

开放性——曾经的互联网基因

元宇宙就像哈姆雷特，在一千个人心中有一千个样子。但对于元宇宙是开放世界这一点，所有人均无异议。元宇宙的开放，一方面是允许各类玩家加入并自由活动，另一方面是向第三方开放技术接口，让所有人都可以自由地创造并添加内容。

Epic Games 虚拟引擎副总裁兼总经理马克·佩迪特（Marc Petit）在一次名为"Why the Metaverse Needs to Be Open"的访

谈中提出"开放性是元宇宙的关键"①。对于元宇宙，他认为开放的势在必行有两个原因。一是技术原因，因为互联网的基础是有让事物之间进行相互交流的能力。连接系统在本质上就要求具备开放性。如果有很多的虚拟世界，但不能从一个虚拟世界跑到另一个，或者这些世界间彼此不兼容的话，用户体验就不会好。二是社会性原因。在他看来，元宇宙可以建立起对大家更公平的商业模式和规则，确保创作者从所创作的内容拿到自己公平的份额，"如果我们有望走向创作经济的话，赚钱的会是创作内容的人，而不是拥有平台的那帮家伙。我们希望人人都成为消费者和创作者，因此我们需要能让人人都参与进来的平台与经济。开放性能够聚合与消费来自任何地方的信息，并能让来自多个平台的数据共存一个'表示'之中。目前我们已经通过微服务架构以及连接性在 Web 上实现了这个目标，所以我们能看出它会如何演变。一旦解决了统一表示这个挑战，就可以定义让事物可以互操作的服务。能够使用你的数字资产与数字财产也许是最好的例子。的确，对于一个用户来讲，如果买了一辆法拉利去玩'堡垒之夜'的话，他会非常乐意在 Roblox 上面也能用那辆法拉利"②。

开放性是互联网的基因。这从互联网诞生的那一刻就被确定。1969 年 9 月 2 日，以雷昂纳德·克莱恩洛克博士（Dr. Leonard Kleinrock）为首的约 20 名研究人员在加利福尼亚州大学洛杉矶

---

① Jennifer Wolfe, "Why the Metaverse Needs to Be Open", Aug. 25, 2021, https://amplify. nabshow. com/articles/why－the－metaverse－needs－to－be－open－source－ieee－spectrum/，最后访问时间：2023 年 1 月 30 日。

② Jennifer Wolfe, "Why the Metaverse Needs to Be Open", Aug. 25, 2021, https://amplify. nabshow. com/articles/why－the－metaverse－needs－to－be－open－source－ieee－spectrum/，最后访问时间：2023 年 1 月 30 日。

分校实验室内完成了两台计算机之间的数据传输试验。10 月 29
日，加利福尼亚州立大学洛杉矶分校与斯坦福研究所实现首次
网络链接。此时，国际互联网还不是家喻户晓，直至 1990 年蒂
姆·伯纳斯－李发明万维网（WWW），才使得互联网开始逐渐
被人们了解。50 多年前，研究人员的想法很单纯，就是要创建
一个能够自由交换信息的开放网络。事实上，正是开放性推动
了互联网的发展。2012 年的伦敦奥运会开幕式上，万维网的发
明者蒂姆·伯纳斯－李亮相时，打出了"This is for Everyone"
的字样，寓意互联网是献给所有人的，它不应该是一个封闭的
系统。

在互联网领域，国际互联网协会（Internet Society，简称
ISOC）具有举足轻重的地位。这个成立于 1992 年的组织其主要
任务之一是为互联网技术的标准化工作提供支持，包括财力支
持。在 ISOC 的主页上，有几个观点尤为值得关注[①]：

（1）互联网的愿景（Vision）是："The Internet is for every-
one"；

（2）互联网的使命（Mission）是："Make the Internet open,
globally－connected, secure, and trustworthy"；

（3）互联网的运行方式（How It Works）是："Unlike the
telephone network, which for years in most countries was run by a
single company, the global Internet consists of tens of thousands of
interconnected networks run by service providers, individual compa-
nies, universities, governments, and others. Open standards enable
this network of networks to communicate. This makes it possible for

---

① 主页网址：https：//www. internetsociety. org，最后访问时间：2023 年 4 月 30 日。

anyone to create content, offer services, and sell products without requiring permission from a central authority。"

以上几点基本上可以认为是互联网的"纲领"。从这几处可以看出互联网最重要的几条特征：（1）互联网是 network of networks，即"网际网"；（2）互联网是分布式管理的，没有统一的管理机构，每个被互联的网络的运行者可能是运营商、公司、高校、政府或者其他机构；（3）互联网的使命是"开放、互联、安全、可信"。尤为值得注意的是，对于互联网特征的定义里面，"开放"（Open）甚至还排在"互联"（globally - connected）之前。ISOC 在互联网"运行方式"的说明中专门提到，"This makes it possible for anyone to create content, offer services, and sell products without requiring permission from a central authority"。互联网本身对内容提供者是不加任何限制的。如果任何单位或个人要通过互联网对外提供内容，只需要把自己的服务器配置 IP 地址并且运行 TCP/IP 协议栈软件就行了（当然在实践中要得到管理部门的许可，但这并非"互联网"技术管理的限制）。

"围墙花园"、"生态闭环"们圈起的帝国

乔布斯启动了 PC，又颠覆了 PC。这一切只因为苹果开发出了 iPhone。iPhone 和 iPad 一起结束了 PC 时代，打开了移动互联网时代的大门。但谁也不曾预料到的是，移动互联网却前所未有地挑战着互联网的"开放"基因。而这一切也从乔布斯开始。尽管 iOS 系统被认为是最为封闭的手机操作系统，它从硬件、软件和服务三个方面建起了自己的"围墙花园"，但最新款的苹果手机仍然令人趋之若鹜。封闭系统意味着它的生态是"中心

式"的，在这座"围墙花园"的入口处有位"守门人"。从某种程度上来说，苹果公司在"围墙内"具有"三位一体"的身份，分别是：立法者、裁判者和执法者。当苹果公司在 2015 年推出 Apple News 时，最令出版商担心的并非是缴纳收入的 30% 的"苹果税"，而是在苹果 App Store 机制下，他们将无法与订阅用户建立直接联系，用户的电子邮箱、信用卡卡号这些个人信息将被苹果公司享有，只有在得到用户同意的情况下，苹果公司才能共享用户的个人信息。苹果公司在移动领域的战略旨在创造一个完全集成的封闭系统，公司保持对整个产品生态系统的高度控制。

"围墙花园（walled garden）"是指一个控制用户对网页内容和服务进行访问的环境，把用户限制在一个特定的范围内，允许用户访问指定的内容，同时防止用户访问其他未被允许的内容。在 1999 年，美国在线少儿频道就建立了一个"围墙花园"，以防止用户访问一些不适宜的网站。然而，建立花园的一个普遍的原因还是由此产生的利润：运营商们引导用户访问合作伙伴的网站，却不能访问竞争者的网站。20 世纪 90 年代，在美国出现了 America Online（AOL）等门户网站业务，它们彼此独立，在技术上没有互通。随着互联网的发展，AOL 这些"旧围墙"最终倒塌。

但在移动互联网时代，这种模式又被苹果、亚马逊、Twitter、Meta 这些互联网巨头重新利用。这种做法巨头们称之为打造"护城河"、"生态闭环"，其核心目的都是为了让用户停留更久，获取最多的收益。"围墙花园"的缔造者成为内容审查者，可以决定哪些内容是"有害生态的。他们可不会预先询问参与者的意见，或者他们在繁复的 App 用户协议中制造了虚假同意"，以便在事发后为自己行为的正当性作出辩护。用户待在"围墙花园"里的时间越长，数字世界的"围墙花园"缔造者从他们身上获得的数据就越多，就对他们越了解。北京大学胡泳教授也指出，"围墙花园"式平台导致的结果是，如今的互联网被切分成若干个巨大的"电子集中营"，每个集中营的门口都蹲守着一个巨大的怪兽，人们被关在电子集中营里，还以为那是遍地芬芳的花园。① 《头号玩家》的编剧恩斯特·克莱恩对于被很多人奉为元宇宙原型的"绿洲"有过这样的表述："他们要'绿洲'玩家按月缴费，在每个角落设置广告，让用户的隐私和言论自由成为过去式，一旦 IOI（影片中的游戏公司）接手这个游戏，那么'绿洲'将不再是我童年的乌托邦。它会成为垄断企业运营的反乌托邦世界，阔佬们才玩得起的主题公园。"② IOI 的原型如今就在我们的身边。

资本推动了互联网的发展，资本也同时在侵蚀着互联网的开放基因。无论是移动互联网时代，还是未来的元宇宙，影响开放的不是技术问题，而是利益问题。平台希望占有用户更多的时长，因为这是商业价值最大化的基础。不要忘记，所有为用户创造价值、打造最优用户体验、满足用户需求的前提是，它必须首先是一个有利可图的商业模式。

马克思在《资本论》中曾经引用过英国经济评论家邓宁格（P. J. Dunning）的一段话："资本害怕没有利润或利润太少，就像自然界害怕真空一样。一有适当的利润，资本就胆大起来，

---

① 胡泳：《拆墙开放，让互联网真正互联——重新思考数字化之七》，https：//huyong. blog. caixin. com/archives/250896，最后访问时间：2023 年 1 月 24 日。

② 引自 "Possible Worlds, Alternative Futures"，https：//utopianseminar. commons. gc. cuny. edu/，最后访问时间：2023 年 1 月 24 日。

如果有 10% 的利润，它就保证到处被使用；有 20% 的利润，它就活跃起来；有 50% 的利润，它就铤而走险；有 100% 的利润，它就敢践踏一切人间法律；有 300% 的利润，它就敢犯任何罪行"。①

　　放在今日，这段评论虽略显极端，但也不乏在互联网巨头的一些行为中得到了印证。Oculus 在被 Facebook 收购之前，其创始人明确表示，Oculus 的产品路线图不能偏离"开放"和"包容"的原则，正因如此，早在 Oculus DK2 开发者套件流行的时候，就有民间极客实现了"手机 + 移动电源 + DK2 头显"的 DIY 模式。换句话来说，正是这种拓展性极强的开放形态，才创造出了"VR 一体机"最初的产品原型。然而，在 Facebook 接手 Oculus 之后，开放包容的仪态荡然无存。硬件方面，沿用手机产品思路创造的"VR 一体机"自然不用多提。软件方面，从 2016 年开始 Facebook 就给 Oculus Rift 筑起了独占软件的垄断墙。虽然同为必须连接 PC 的 VR 设备，虽然和其他厂商的同期产品相比并无优势，甚至连内容本身也毫无亮点，但是，若想要体验这些鸡肋的独占内容，客户仍然需要支付额外的预算成本。从软件到硬件，利用垄断封闭的产品构筑的 VR"围墙花园"，无疑是扎克伯格所需要的 VR 美丽新世界。在 2021 年 12 月，它的名字叫"Horizon Worlds"。在扎克伯格眼中，这是一个价值千亿美元的数字商业。

元宇宙——更大的寡头还是碎片星群

　　元宇宙商业价值的前提是：在未来十年，Meta 公司预计元

---

① 《马克思恩格斯全集》第 23 卷，人民出版社，1972，第 829 页。

宇宙用户数将达到 10 亿，并吸引数百万创作者和开发者。从这个角度讲，对于创造元宇宙的平台公司而言，元宇宙的开放性只是，或者至少首先是，对玩家和 UGC 的开放。只有获取更多的用户，吸引更多玩家创造内容，元宇宙的创建者才能最大程度地降低边际成本，才能最大程度获得更多数字资产，并通过数字资产的运转获得丰厚收益。因此，虽然中文字面上的宇宙意味着无尽的空间与无数个星体，但实际上元宇宙的创造者更希望的是只有一个虚拟世界。从这个角度上，Facebook 所选择的希腊文"Meta"的本意更符合所有元宇宙的创造者的追求：打造一个超越时间空间和所有现存事物总和的存在。换言之，只需要一个存在，虽然里面丰富多彩。

在很多人的设想中，元宇宙是多种工具和技术的集纳，几乎涵盖了自 IT 产业出现以来所有的前沿领域：通信工程、硬件工程、软件工程、图形技术、云计算、XR、空间计算、支付、人工智能、机器学习、数据挖掘、语音识别、大数据、分布式计算……这种技术的发展程度和工具的质量，在很大程度上决定了我们可以构建出什么样的元宇宙，以及需要投入多少人力、物力、财力、资源才能完成这样的构建。但光有高度发达的技术和工具仍然远远不够，如果它们不具备开放性，还像 Web 1.0 和 Web 2.0 时代一样，巨头们纷纷把开发者和用户都锁定在自己的开发平台上，并对有益的行业竞争进行限制甚至打击，那么元宇宙只会成为一个更为庞大的寡头。

游戏是元宇宙的基础形态。但有意思的是，非开放性的现象在游戏行业恰恰最为凸显。比如索尼在很长时间里一直拒绝支持 PlayStation（PS）游戏和其他平台之间游戏进行打通，比如统一账号登录、统一物品购买或者游戏进度同步等。对比这一封闭政策，在图像渲染方面，各家游戏机支持各家标准，而不支持 OpenGL 或者 WebGL① 这些开放的三方渲染组件等封闭政策简直就不值一提了。

这一现象似乎在 PC 和 Mac 上要好一些，但 Windows 对 DirectX 进行专门优化，苹果对 Metal API② 也同样如此，这等于说，我不禁止你用别的，但如果你用我的，显然效果会更好。作为开发者，还能怎么选？所以游戏开发商的软件不得不为各家的标准进行专门编写。只有谷歌的 Android 系统支持 OpenGL，但谷歌往往被诟病为它通过对 Chromium 浏览器引擎的主导来实现对这些开放的三方标准的控制。这种现状是充分市场竞争的必然结果，成功的平台会利用一切它们可以利用的东西来锁定开发者和用户，并确保它们自己才是标准，而那些三方的"标准"不可能成为标准。

如今，Roblox 等都宣称自己是元宇宙的先驱，因为这些游戏的大型 3D 环境里每天都有数百万人聚集在一起。它们一直在往游戏里面添加社交功能、个性化角色以及创造新环境的能力，甚至还会举办音乐会来吸引大家把更多的时间花在这些虚拟世界里。但开放性、连通性、互操作性这些互联网的基本特征在早期类元宇宙体验中是不存在的。虽然 Web 有 HTML 与 Javas-

---

① OpenGL（Open Graphics Library，开放图形库）是用于渲染 2D、3D 矢量图形的跨语言、跨平台的应用程序编程接口（API）。WebGL（Web Graphics Library，Web 图像库）是一种 3D 绘图协议，也可以说是一个负责图形处理的 JavaScript API，可在任何兼容的 Web 浏览器中渲染高性能的交互式 3D 和 2D 图形，而无须使用插件。

② DirectX（Direct eXtension）是由微软公司创建的多媒体编程接口，可以让以 Windows 为平台的游戏或多媒体程序获得更高的执行效率，加强 3D 图形和声音效果。Metal 是苹果在 2018 年推出用于取代在苹果端的业务的图形编程接口。

cript 的共同语言以及既有的协议可确保无缝浏览，但对元宇宙来说，目前还缺乏大家都共同遵循的标准。

《时代》（*Time*）杂志在 2001 年关于伯纳斯 - 李的一篇文章中如此描述："当蒂姆·伯纳斯 - 李尝试超文本显示时，他问过开发者是否能够将他们的系统连接至全世界，他们都说不行。这引出了对一个'信息交流中心'的需求。最后他意识到，这样的'中心'可能会带来些问题，但是我们不得不接受它。"①放弃这种"中心"控制权的想法可能并没什么了不起，但蒂姆·伯纳斯 - 李和欧洲核子研究组织为此所做的努力是向其他人开放互联网发展的关键一步，它让这些人受到最少数标准的限制。这也直接关系到蒂姆·伯纳斯 - 李的另一个决定，就是放弃将他的发明商业化。他将万维网留给了所有人。

蒂姆·伯纳斯 - 李其实可以很轻易地依靠他的发明建立公司。事实上，他也已经先于 Mosaic 和 Netscape 开发出了图形浏览器/编辑器，但是伯纳斯 - 李并没有这么做。其中一个主要的原因就是他不想互联网被分化，因为不同的公司会开发不同的浏览器，不同的浏览器和开放的互联网将不能实现真正的协同。蒂姆·伯纳斯 - 李预见到竞争对手会迅速崛起并开发出互不协调的浏览器和互联网，而他认为自己的目标应该是超然地促成一个技术协调的互联网。

蒂姆·伯纳斯 - 李的故事告诉我们，商业价值并不天然地与开放性是对立的。"堡垒之夜"的成功也向我们展示了网络的开放性和互通性会让我们的体验美好到什么程度。它是第一款

---

① Robert wright, "The Man Who Invented the Web", *The Times*, June 24, 2001，最后访问时间：2023 年 4 月 30 日。

可以在全球几乎所有游戏设备上玩的主流的游戏大作，包括 PS
和 Xbox、Switch、PC、iPhone 和 Android 手机。而且免费的模式
更让玩家可以不用在各个平台都进行付费购买许可就能玩到。
同时它专门设计的社交性玩法，让玩家体会到朋友越多，游戏
就越好玩。元宇宙概念的提出，尤其是其中的开放性、互通性
核心特征，让这个概念不再只是各种 IT 科技无差别拼凑而成的
"缝合怪"，或者可以说开放性真正赋予了元宇宙以灵魂。

本质上，对于开发性的讨论其实并不是对互联网竞争性的
争论，也不是对资本支配模式和非营利模式的争论。我们其实
是在讨论我们到底需要一个什么样的数字世界，以及我们如何
去营造这样的数字世界。

3

无处不在的中心

"让我们陷入困境的不是无知，而是看似正确的谬误论断。"

——马克·吐温（Mrak Twain）

迷人的"中心化"与"去中心化"

谈论元宇宙经常出现的情形是，大家用一个或一堆概念去
解释一个概念。结果元宇宙成了无数宽泛概念的叠加。因此对
于元宇宙的解读，让人听起来就像"听君一席话，如听一席
话"。结果就是，一方面无论怎么说都看似有道理（反正对概念
的定义可以不断去调整），另一方面各方其实又难以真正有效交

流（因为不同的人对同一个概念的理解经常不同，看起来大家很热闹地在讨论一件事，其实是每个人在讲自己所理解的那个）。

在"去中心化"这个事情上，这样的情形显得尤为明显。都在说"去中心化"，有人是指去中心化的存储，有人是指去中心化的身份，有人是指去中心化的分发，有人是指去中心化的生产，有人是指去中心化（或去中介化）的代币，有人是指去中心化（或者去中介化）的机制，有人是指去中心化的平台。元宇宙是这些去中心化的集成吗？

系统的设计，从来都是一件庞大而又迷人的事情。小到一个社区、一家公司，大到一座城市、一个国家，我们生活的世界被各种各样精密复杂的系统包围。无论从哪个定义来看，元宇宙无疑会是一个庞大的系统。提及这个系统的特点时，具有平民化色彩的"去中心化"是被提及的高频词。但这个词的定义也最不清楚。

从《雪崩》到《头号玩家》、从《黑客帝国》到《西部世界》，这里面所描述的虚拟世界经常被引述为元宇宙的样子。但一个有趣的现象是，恰恰这些虚拟世界都是中心化的世界。另外一个有趣的现象是，至少在国内，无论是产业层面还是学术研究层面，那些宣称去中心化是元宇宙核心特点的人们，又无时无刻不断关注着那些中心化巨头们在元宇宙产业中的动作，认为那些动作是元宇宙发展的重要动向。真的"无去中心，不元宇宙"吗？

从互联网的发展历史上看，去中心化与中心化的过程其实如影随行地交织在一起。

以往的内容生产和传播掌握在中心化的机构媒体中。资讯门户的出现并未打破传播的中心化模式，只是多了网上的传播中心。博客的出现实现了用户在互联网上创作内容，但兴盛于PC时代的博客，内容传播主要是依靠编辑推荐模式，是"半去中心化"形态。起步于PC时代、蓬勃于移动时代的微博，是真正意义上的新媒体，它实现了人人可以发布内容，人人可以传播内容。内容的生产和传播不再依赖传统机构和网络门户。政府部门、机构、专家学者、艺人，甚至媒体自身都可以不再通过原有的内容发布方式和介质，直接对公众发布和传播信息。随后，各种自媒体号和视频号层出不穷。每天网络上生产的内容（不算弹幕、评论）已达到数千万量级。原有的机构媒体在整个信息生产和传播中的中心作用被弱化。但不可忽略的是，这些去中心化的UGC模式都是在中心化的平台里发生的。社交媒体和内容聚合平台用去中心化的手段打造和强化着自己的中心地位。

是"去中心化"还是"去中介化"

不过，就在我们讨论"去中心化"的时候，我们还会发现，有的时候，讨论者想描述的是"去中介化"的状态，却用"去中心化"的概念做表达。现实世界中，中介做大了往往会成为中心，信息、技术、工具等资源总是围绕强者转，聚集多了形成壁垒，中介很可能会成为被围绕的中心。

在很多关于元宇宙方向的创富故事中，我们都会看到有关DeFi（Decentralized Finance，去中心化金融）的公司被称为元宇宙类公司的新力量。去中心化金融所尝试的是使用区块链技术和智能合约试图取代现行金融系统所使用的终结和信任机制，建立新的互联网原生金融系统。这里的"去中心化"是对标传统金融体系中的对应角色和行为，DeFi 行为的基点是"去中介化"。现行金融体系的本质实际是中介功能。金融功能本质是经纪。比如，从生活中最常见的汇款来看，如果要完成一笔中美跨境转账，首先要从本地银行的本地网点发起交易，但是本地银行不具有跨境转账的能力，所以需要将交易转移给具有跨境转账能力的中央对外接口银行，中央对外接口银行将交易转发给到结算系统，再由结算系统将交易转发给到的美国接口银行，接口银行再将交易转发给美国的本地银行，美国的本地银行将交易划转到收款账户，至此，交易才算完成。这次交易中，中国用户与美国用户之间经历了多个中介。

　　所有去中介化的故事都像是拧毛巾，只要毛巾湿漉漉的，就总能挤出水分。在过去，我们看到了很多这样的故事。从某种角度说，人类经济体的发展史，就是一部去中介化的历史。今天的很多电商类互联网公司，在互联网发展历史中曾经是扛"颠覆式"大旗的。十年浮沉之后我们发现，它们身上虽然有颠覆式的技术创新点，但商业模式的本质仍然是"拧毛巾"式的去中介化。缩短中心环节，就能提升出来价值，钱就是这么来的。去中介化所缓解的成本也并不难理解，就以刚刚举例的跨境汇款而言，经手一笔汇款的每个中介都是有成本的，比如经济成本、时间成本。至于什么样的成本合理，在实际运作中往往缺乏动态衡量标准，因此这些成本的确为"去中介化"留下了动力和空间。

　　在公共谈论中，"去中介化"和"去中心化"又常常被混为一谈。当然，这种混杂谈论，既有很多现实的问题（比如，有些中介发展到一定程度，其吸附的资源以及把持的技术又呈现出一种中心的态势，或者看起来像一个中心），也有利益以及某种情绪（例如对无政府主义追求）的暗涌。

"中心化"算力趋势

不过今天，我们看到想去除中介的比特币，却一手制造出了巨大的算力中心。

当我们翻开比特币白皮书首页①，摘要的第一句话是这样写的：本文提出了一种完全通过点对点技术实现的电子现金系统，它使得在线支付能够直接由一方发起并支付给另外一方，中间不需要通过任何的金融。

比特币的逻辑是区块链是由点对点的去中心化节点共同维护的，这里没有把握强大资源的权威机构，区块链的有序运转靠的就是大家的共识，即对于哪些交易是可以接受的、哪些节点具有记账权等关键事宜，有一套公认的标准。这套标准是部署在区块链底层协议中自动化执行的，由大多数人投票决定。比特币系统的假设是不会有一半以上的人造假，也就是不会有超过50%的计算力出现问题。

现实是，矿场的算力被扎扎实实地集中起来。在 2023 年 2 月，全球前五大矿池已经控制全球近 90% 的算力。② 比特币的占有量也呈现出中心化的现象。马斯克就曾在推特里面写道，比特币其实是高度集中的，多数由少数大型挖矿（算力）公司

---

① Satoshi Nakamoto, "Bitcoin P2P e - cash paper", 2008 年 11 月 1 日, https://www. yuanyuzhouneican. com/article - 484618. html, 最后访问时间：2023 年 4 月 30 日。
② 博链财经：《前 5 大矿池已控制全球近 90% 的比特币算力》, 2023 年 2 月 13 日, https://www. qianba. com/news/p - 439038. html, 最后访问时间：2023 年 4 月 30 日。

所垄断。[1]

根据"不可能三角"理论，在一个系统里，无法同时保证效率、去中心化、安全。这三点只能同时满足其中两点，比特币系统选择了去中心化和安全，而牺牲了效率。比特币在全世界范围内，每秒钟只能交易 7 笔。如果提升效率，就需要增加区块容量大小。但扩容又随之产生了一个问题：谁来规定新的技术协议和规则。去中心化的模式导致当有些人想要去修改比特币的技术协议的时候很容易会形成巨大撕裂。人们讨论不出一致性结果，每个人都指责对方在中心化，指责对方不是按照比特币最初的理念设计的。由此产生一个有意思的现象：目前大量的比特币交易依然需要依靠中心化的交易所来完成。

本质上讲，去中心化首先不是一种技术，而是一种理念。技术只是理念的表达。

以太坊联合创始人加文·伍德（Gavin Wood）在《为什么我们需要 Web 3.0》一文中写道："互联网宛若一个巨婴，它已经衰老，却从未长大。"[2] 在他看来，今天互联网已经拥有了全球海量的用户，但因为架构上的缺陷，互联网从未真正担负起自己应该完成的责任。技术经常会反映它的过去。人们在网络上复制了以前的社会结构，网络也放大了社会的缺陷。归根到底，问题出现在互联网最初的设计上，它缺少抵抗社会往另一个方向改变的力量。

---

① 崔珠珠：《马斯克：我没有，也不会卖出狗狗币》，澎湃新闻，2021 年 5 月 21 日，https://www.thepaper.cn/newsDetail_ forward_ 12781785，最后访问时间：2023 年 4 月 30 日。

② Gavin Wood, "Why We Need Web 3.0", 2018 年 9 月 13 日, https://gavofyork. medium. eom/why－we－need－web－3－0－5da4f2bf95ab，最后访问时间：2023 年 1 月 24 日。

Web 3.0 的愿景是填补上这种力量。为各种社会创新提供一个真正开放自由的平台。无论是在以太坊，还是波卡（Polkadot）①的设计中，都可以看到加文·伍德试图将技术与博弈论结合，寻求互联网治理模式和社会变革新可能的想法。

在倡导去中心化的人看来，从 2005 年到现在，由于智能手机的爆炸性增长使得移动应用成为互联网网络的主要使用方式，用户从公开服务走向更加复杂和中心化的服务。虽然用户依然通过开放协仪使用互联网网络软件和服务，但这些软件及服务通常是被数字化的巨头们所控制，最终用户所使用的开放协议网络服务变得越来越中心化。好的方面是，数十亿人获得了很多很好的移动网络服务及体验，而且大部分是免费的（至少在表象上）。不好的方面是，对很多人来说，互联网网络创业变得更加困难了，他们担心巨头们改变互联网网络的游戏规则，从而被夺走用户和利润。科技巨头们曾是创新的产物，但现在在它们的控制下反过来又扼杀了创新。此外，中心化也加深了社会对一些问题的担忧，比如关于虚假新闻、影响舆论、个人隐私、个人数字资产所有权、算法偏见等。

但去中心化真的就能解决这些问题吗？至少从互联网发展的历史上看，去中心化在解决问题的同时也依然带来了新的问题。在技术角度，区块链不是第一股去中心化浪潮。曾几何时，音乐和视频行业视去中心化技术为洪水猛兽，从 Napster 到 OpenNap、从 Napigator 到 BitTorrent，这些音乐和视频下载的去中心化产品给内容创作者造成的收益损失无法衡量，也让这些

---

① 波卡（Polkadot）是加文·伍德在离开以太坊后于 2016 年创立的类似以太坊的新区块链应用。

公司官司不断。其实，任何一个体系都没有绝对的好和坏，也没有任何一个体系可以解决所有问题。就像牛顿的力学定律无法解释时空弯曲，而广义相对论又无法解释量子现象。从更宏观的角度，我们可以发现，去中心化永远不是目的，它只是人们实现目标的方式。没有必要夸大去中心化。本质上，无论机制如何设立，去中心化和中心化都会是一个相互转化的动态状态。

在维塔利克·布特林看来，在软件世界里，所谓的"去中心化"，可以分成三个维度进行讨论。

（1）架构层：在物理世界里，一个系统由多少台计算机组成？在这个系统运行的过程中，可以忍受多少台计算机的崩溃而系统依然不受影响？

（2）政治层：有多少个人或者组织，对组成系统的计算机拥有最终的控制权？

（3）逻辑层：从这个系统所设计的接口和数据结构来看，它更像一台完整的单一设备，还是更像一个由无数单位组成的集群？如果把这个系统分成两半，两部分里同时包含生产者和消费者，那么这两部分能继续作为独立单元完整地运行下去吗？

这三个维度，可以被看作判断一个东西是否是"去中心化"的三把尺子。这三把尺子，一把用来测量架构层的系统设计、一把用来测量政治层的掌控权力、一把用来测量逻辑层的所属形态。

这样的尺子可以衡量技术的去中心化程度，但并不意味着它可以实现去中心化拥趸者们所希望实现的东西。去中心化可能是一件强有力的武器，但如果不与外部的因素（如法律等）相匹配，它不仅很难部署，且可能适得其反。绝对中心化或者绝对去中心化的世界都是难以生存的。

对于去中心化，一个尴尬的事实是，它被认为能解决问题，但实际上它又无法完全独立地去解决问题。去中心化的过去与未来，可以无比贴切地用惠特曼的诗句来描述：

> Do I contradict myself（我自相矛盾吗）？
>
> Very well then，I contradict myself（那好吧，我是自相矛盾的），I am large，I contain multitudes（我辽阔博大，我包罗万象）。

也许不久的将来，我们将看到的是，"去中心化"本身也在被"去中心化"。

4

技术：共生与异化

"进入凡人生活的一切强大之物无不具有弊端。"

——索福克勒斯（Sophocles）

机器与人谁在改变谁

2015 年，南非导演尼尔·布洛姆坎普（Neill Blomkamp）在他的《超能查派》（*Chappie*）里为观众呈现出一幅机器世界进化的流程图：从人脑与机器竞争开始；但人脑暂时失败，机器获得上风；随后机器寻求进一步的发展，却因为种种原因受阻；随后人类开始反对机器；接下来，机器自己找到了出路；最后，机器发展了自己。如果把这个剧情放进现实世界，会发现与人类社会数字化的进程如此吻合。20世纪计算机被人类发明，运算能力从弱变强。从20世纪末开始，计算机在很多领域都击败了人类。技术乐观主义盛行，新技术的力量让人类狂热，相伴而行的却是以互联网为代表的产业泡沫。泡沫破灭之后，数字技术的脚步终究无法阻挡，资本从拒绝走向推动，以移动互联网为代表的数字化进入我们生活的每个角落。如今，人工智能和元宇宙，会让我们走到哪一步？

人类与技术的关系前所未有的紧密。对人类而言，从外部世界到数字世界，从外在感官到内在器官，技术已经从辅助工具变成了有机构成。

1969年，麦克卢汉在多伦多的家中接受《花花公子》杂志专访时说：

> 技术不断地改变人，刺激人不断地寻找改进技术的手段。于是，人就成为机器世界的性器官，就像蜜蜂是植物世界的性器官一样，它们使植物世界生殖和进化出更加高级的物种。机器世界给人回报商品、服务和赏赐。因此，人与机器的关系是固有的共生关系。古今如此，只不过到了电力时代，人们才有机会认识到自己与机器的婚姻关系。电力技术是这个悠久的人—机关系性质不同的一种延伸。20世纪的人与机器的关系，和史前人与船或轮子的关系，并非天然地截然不同。有一点差别是这样的：以前的一切技术即人的延伸都是部分的、分割的，只有电力技术是总体的、无所不包的。现在，人把脑子穿（wear）在头颅之外，把神经系统穿在皮肤之外。新技术养育新人。最近有一幅卡通，里面的小男童对妈妈说："我长大了要当电脑。"妈妈感到困

感，而幽默常常带有预言性。①

从某种意义上讲，人类的大脑本身就是电脑，是个碳基电脑，五官是我们"原生的 AR 头盔"。如今，人类原生的"碳基电脑"正在和它发明的硅基电脑走向融合。如果说元宇宙是指虚拟与现实的结合，是沉浸式的数字世界体验。我们可以说，元宇宙现今已经存在。移动智能终端目前已成为每个人的新器官。当我们离开了自己的手机，我们是谁？我们与社会的关系会发生怎样的变化？我们在数字世界消耗的时间已经越来越多。未来，无非是通过非原生的设备，让程度更进一步而已，并无本质的变化。

在未来，真正发生本质变化的是以 Web 3.0 为核心模式的互联网架构和与之相伴的数字经济体系。它们是否会产生所倡导的更为公平的互联网主流生态？至少，在当前的 Web 2.0 时代，数字巨头们一方面提出各种积极的社会价值主张，另一方面违背自己所提出理念的行为又层出不穷。技术，被资本追求利益最大化所驱动，走向了异化。新技术便捷着我们，也驾驭着我们。新技术为我们所用，也成为我们的主人。我们在消费着新技术，也在被新技术消费着。

技术价值的异化

手机闹铃开启了一天的新生活。你睁开眼的第一件事，是

---

① 引自马歇尔·麦克卢汉 1969 年接受美国杂志《花花公子》（*Playboy*）专访。采访全文见：https://web.cs.ucdavis.edu/~rogaway/classes/188/spring07/mcluhan.pdf，最后访问时间：2023 年 1 月 23 日。

不是很自觉地就拿起手机打开了微信或者微博，查看消息，看看热搜。夜幕降临，结束一天忙碌生活的你躺在床上，是否也会在睡觉前先刷一刷朋友圈或者微博、短视频，才开始进入梦乡。我们的思维决定了我们的行为习惯。是什么造成了我们现在的思维习惯？因为大数据模式下这些产品的设计。

算法原本是降低用户找到有效信息的耗时，但结果变成了消耗时间的利器。

奈飞（Netflix）的纪录片《监视资本主义：智能陷阱》（*The Social Media Dilemma*）中曾表达出这样的观点：人类已经走过了以工具为基础的技术环境，来到了以致瘾和操纵为基础的技术环境。这是技术环境的改变。社交媒体不是原地等在那里被使用的工具，它有自己的目标也有办法去实现这些目标，利用用户的心理来对付用户。

Google 前设计道德伦理学家特里斯坦·哈里斯（Tristan Harris）在片中也指出当用户不停地刷新手机的时候，和赌场玩家玩老虎机很像，老虎机图案不断地往下滚动，玩家并不知道会得到怎样的图案，并会愿意为了赌一把三个相同的图案同时出现而不断地尝试。这样的行为，在心理学上被美化地称作"正积极强化"。

在这部纪录片里，几个硅谷科技公司的早期员工或重要成员都表达了这样一个观点：科技一开始是为了美好的目标，但走着走着就变了样子。

其原因并不难理解。对于 Web 2.0 时代的互联网公司来讲，所有的事物目标归根结底分为三类：Engagement, Growth, Monetization（让用户停留尽量多的时间，让尽量多的用户加入，从他们身上尽量多地赚钱）。

这也解释了为什么当我们使用 Facebook、Instagram、Twitter、YouTube、微信、抖音这些社交软件的时候，作为用户的我们丝毫不需要多花一分钱，就可以轻易地享受上面的各种信息呢？因为用户就是被卖的产品。这些 App 产品开发者在意的不是他们能够毫不费力地收集到用户的个人信息，而是他们通过持续不断地优化商业模式，达到将用户的注意力持续地保持在屏幕上的目的。特里斯坦对此解释道："问题并不出在人缺乏意志力上，而在于屏幕那边有数千人在努力工作，为的就是破坏你的自律。"① 的确，社交媒体算法最初的设计目的并非"控制"或"煽动"。但由于盈利模式（出卖广告）的要求与限制，算法展现出了"善恶"，技术不再以人为本。很多研究社交媒体的论文，经常会以社交媒体使用时间以及用户的幸福感之间的关系举例子。很多论文都试图探索这二者之间的相关性。就像"金发女孩原则"（Goldilocks Principle）所归纳的那样，适量的社交可以帮助人们提升幸福感，然而过量的社交将降低幸福感。但现实是，选择权似乎并不在用户手上。技术无善恶，但能诱发善恶。在移动互联网时代，当拿起移动终端的时候，人们的意志力和专注力都在下降，其结果就是如果享受其中，我们就永远无法在 Matrix 中醒来。

当今时代，太多技术开发都在引诱人们上瘾。亚当·奥尔特（Adam Alter）在其著作《欲罢不能：刷屏时代如何摆脱行为上瘾》中讲述了一个非常有意思的现象：生产高科技产品的人，仿佛遵守着毒品交易的头号规则——自己绝不能上瘾。乔布斯

---

① 《监视资本主义：智能陷阱》（*The Social Media Dilemma*），杰夫·奥洛威斯基等编导，2020 年 9 月上映。

曾对媒体透露自己的孩子从没用过 iPad，他对孩子们在家里用电子产品也做了限制。《连线》（Wired）杂志的前主编克里斯·安德森（Chris Anderson）对家里每一台设备都设定了严格的时间限制，自己的 5 个孩子从不被批准在卧室里使用屏幕。Blogger、Twitter 和 Medium 三大平台的创办人之一埃文·威廉姆斯（Evan Williams）给两个孩子买了数百本书，却不给他们买 iPad。①

　　大数据和算法所带来的问题不仅仅出现在算法和数据追踪形成的个体与产品的关联。它还能成为影响生活在数字时代的人们的心理状态和行为模式的工具。在美国大选中数据和算法公司试图影响更多基本面的手段不断被曝光。对于一些平台和 App 的用户来说，他们实际上并不太关心政治，甚至不怎么太关心大选的信息，但是如果能影响这些用户的选择，他们就是潜在的选票。在 2012 年美国大选中，这种从数据分析角度的新型竞争策略就已经发挥了巨大的力量，奥巴马竞选团队中有一个名为"洞穴"的小组，这个小组的数据库里有 1.66 亿名选民的信息，每个人约有 10000～20000 条数据：姓名、住址、电话号码、以前的选举投票、民调中的回答、收入与消费数据、脸书与推特上的朋友，还有其他细节性的数据。而在 2016 年的总统选举中，帮助特朗普团队的剑桥分析公司（Cambridge Analytica，2018 年倒闭）的做法更加激进，他们通过脸书上的点赞信息和推送就足以判断一个用户的政治倾向，并知道通过什么样的信息可以影响那些还在摇摆之中的用户，让他们作出选择。

---

① 〔美〕亚当·奥尔特：《欲罢不能：刷屏时代如何摆脱行为上瘾》，闾佳译，机械工业出版社，2018，第 1 页。

如一个用户喜欢柯基犬和碧昂丝的歌曲，分析公司通过特定途径向该用户发送包含了柯基犬和碧昂丝歌曲的政治倾向的推送，让该用户因为他的这个爱好而改变政治判断。也正是在这个意义上，法国技术哲学家贝尔纳·斯蒂格勒（Bernard Stiegler）指出："程序产业，在每一天，尤其是通过大众化的程序推送，生产了大量的'人工群众'（artificial crowd）。"在这种情况下，选民如同数据分析公司的提线木偶，那种能够根据总统候选人作出理性判断的选民似乎逐渐消失了，逐渐让位于被数据追踪和数字图绘所精准定位的个体。每个选民和用户似乎是在作出自主选择的时候，实际上他们的选择已经被数据和算法预测，并成为了被数据所穿透的工具人。

更进一步讲，除了"数字工具人"外，技术还在创造"数字穷人"。由于生产力发展不均衡，科技实力相差悬殊，人们的素质和能力参差不齐，不同国家、地区的不同的人接触人工智能的机会是不均等的，使用人工智能产品的能力是不平等的，与人工智能相融合的程度是不同的，由此产生了收入的不平等、地位的不平等以及对未来预期的不平等，"数字鸿沟"与既有的贫富分化、地区差距、城乡差异等叠加在一起，催生了大量的"数字穷困地区"和"数字穷人"。"数字穷人"所拥有的唯一的核心资源，即自己以体力和时间为表现形式的劳动力，在渔猎时代、农业时代和工业时代都曾经不可或缺。但在被各种智能系统持续不断地排挤、取代的过程中，它们正在丧失既有的优势，甚至丧失被利用的价值。"数字穷人"正被智能技术逐渐排斥出社会劳动体系。除了抱怨不断涌现的花样百出的"该死的智能机器"和陷入了找不到憎恨、反抗对象的迷惘外，他们似乎也做不了什么。社会学和传播学家曼纽尔·卡斯特（Manuel Castells）将这种现象形象地称为社会排斥，"现在世界大多数人都与全球体系的逻辑毫无干系。这比被剥削更糟。我说过总有一天我们会怀念过去被剥削的好时光。因为至少剥削是一种社会关系。我为你工作，你剥削我，我很可能恨你，但我需要你，你需要我，所以你才剥削我。这与说'我不需要你'截然不同。"① 在人与工具的关系上，美国媒介传播学者约翰·卡尔金（John Culkin）的观点也令人深省："我们定义工具，然后工具定义我们；我们定义机器，没准我们就是机器。"②

被加速的社会和我们

数字化智能技术的发展已经将我们带上了一列高速运行的列车，我们已不可能让这辆列车停下来。不断强化的增长逻辑造成了科技加速、社会变迁加速和生活步调加速，人们也越来越紧密地被捆绑到不断加速的社会化大生产之中，造成了空间异化、物界异化、行动异化、时间异化、自我异化与社会异化。由于技术和设备的更新速度令人目不暇接，人们稍有懈怠就可能成为某种"技术盲"或"设备盲"，即使不间断地学习、培训，也难免陷入与一些智能系统格格不入的"本领恐慌"。由于智能系统比工业机器的运转更快，要求更细致、更严格，相关员工的工作节奏也越来越快，工作与生活之间的界限日益模糊，

---

① 〔美〕曼纽尔·卡斯特：《千年终结》，夏铸九、黄慧琦等译，社会科学文献出版社，2003，第 434 页。

② John Culkin, "A Schoolman's Guide to Marshall McLuhan", Mar. 1967, https://www.themediumisthemassage.com/the-record/，最后访问时间：2023 年 1 月 24 日。

曾经的私人空间和闲情逸致被压得难以追寻。由于社会交往加速，虚拟交往成为普遍的交往模式，人们甚至更愿意与方便快捷、"贴心"服务的各种智能系统打交道，冷漠的人际关系和紧密的人机互动形成了鲜明的对照。各种加速往往叠加在一起，越来越多的人感觉眼花缭乱，整天疲于应付，陷入紧张、焦虑和不安之中，却并不知晓相关变化的意义、方向，无力掌控自己的命运。如今，在有意识和无意识之中、在主动和被动之中，人类越来越多的线上和线下活动都变成了数据，成为算法成长的"养料"。再过不久，我们的每一步、每一次呼吸、每一次心跳都会被采集。凭借大数据和机器学习，算法对我们的了解只会越来越深。可能的结果就是，如果算法确实比我们自己更了解我们内外部发生的一切，决定权很容易就会在它们手上。当然，我们也很高兴把决定权都交给算法，相信它们会为我们和世界做出最好的决定。这样的选择也不完全是坏事。但是，如果我们还想成为有独立思考和选择的存在，那么我们就需要保持清醒。

对于技术，我们从不同的侧面观察，它的形象就不同。元宇宙同样如此。在很多时候，它被描绘成一个令人愉悦的数字化体验，代表着人类数字化的未来。很多省份都推出元宇宙产业园区这样的项目，似乎生怕自己错过一个新的风口。但也有很多观点提出，元宇宙所描述的数字化场景同样值得警惕。Niantic 创始人兼首席执行官约翰·汉克（John Hanke）的观点就是其中的一种代表。"元宇宙"这个概念并没有令他雀跃不已。恰恰相反，他担心虚拟元宇宙可能会演变成"反乌托邦噩梦"。在他看来，描绘这一概念的虚构作品实际上都是对人类社会的警告，那些小说的主旨是让人们警惕科技失控的反乌托邦未来。汉克并非反对以科技改善现实世界,但他认为科技不应取代重要的人生经历,不应把人类封闭进逃避现实的虚拟空间。"它能不能促使我们离开沙发,在晚上出门散步,或者在周六去公园玩?它能不能吸引我们走向公共空间,去和我们从未见过面的邻居接触?它能不能给我们一个理由,让我们能和朋友通话,与家人共处,甚至发现新的朋友?总的来说,科技能不能帮助我们发现那些就藏在我们眼皮子底下的魔力、历史、美好?"①

技术既是包袱又是恩赐

尼尔·波斯曼(Neil Postman)在《技术垄断:文化向技术投降》一书中总结道,这个传说告诉我们,认为技术革新只会产生片面效应的观点是错误的,每一种技术都既是包袱又是恩赐,不是非此即彼的结果,而是利弊同在的产物。②大数据和算法带来了人的数字异化,但我们也不能对此感到绝望,对数字化和算法技术产生抵触和反抗情绪,甚至主张回到一个没有被数字技术玷污的过去。数字技术、通信技术、智能技术已经成为我们社会生活不可或缺的一部分,在技术塑造我们的同时,也让我们有可能以一种新的方式去理解世界和把握世界。但在相信技术能给我们智慧的同时,我们也要问自己,技术赋予谁更大的权利、更多的自由?谁的力量和自由又被削弱?也即是

---

① John Hanke, "The Megaverse is a Dystopian Nightmare. Let's Build a Better Reality", Aug. 10, 2021, https://nianticlabs. com/news/real – world – metaverse,最后访问时间:2023 年 1 月 24 日。

② 〔美〕尼尔·波斯曼:《技术垄断:文化向技术投降》,何道宽译,北京大学出版社,2007,第 1 页,第 5~6 页。

我们要看到，当技术闯入一种文化时，谁是最大赢家？谁又是最大输家？

美国著名作家丹·布朗（Dan Brown）在小说《天使与魔鬼》中通过"教皇内侍"之口表达了看待技术和现代性的另外一种视角：

> 那些技术说是要把我们联合起来，实际上却把我们分割开来。如今，我们每个人都通过电子装置与世界建立了联系，但我们却感到极其孤单。我们身边充斥着暴力、隔离、分裂与背叛……科学与宗教之间的古老战争已经结束。你们赢了。但你们没有给出答案，因而赢得并不公平。你们如此激进地重定社会的方向，我们一度视为指路标的真理现在已变得似乎不再适用，就是这样你们才赢的。宗教无法跟上你们的步伐。科学在以指数级的速度迅猛发展。它以自身为能源，如病毒一般。每一项新成就都为更多新的突破提供了契机。从车轮过渡到汽车，人类经历千年；而从汽车到太空探索，人类只花了几十年。现在，每隔几个星期我们就可看到科学上的进步，其发展速度我们无法控制。我们之间的裂痕越来越深，当宗教被抛至脑后时，人们不知不觉陷入了精神的荒原。我们迫切需要寻求意义。说真的，我们确实需要。我们观看飞碟，热衷于通灵术、灵魂接触、魂游体外、心智探险活动——所有这些古怪思想都披着一层科学外衣，这些思想真是荒谬至极，他们竟然丝毫不觉羞耻。这都是现代灵魂绝望的呼声，他们孤独而痛苦，因为自身的文明发展以及无法理解任何技术之外的意义，他们感到残缺……人们说科学能拯救我们，依我

看是科学毁了我们。自伽利略时代起，教会就试图减缓科学无情的进军，虽然有时采取了错误的方式，但一直都是出于善意。即使如此，人类仍难以抵制巨大的诱惑。我提醒你们，看看你们周围的景象吧。科学并未坚守自己的诺言。它所承诺的高效而简单的生活带给我们的只有污染与混乱。我们只是一个遭到破坏而发狂的物种……正走向一条毁灭之路……对于科学，我要说出下面的话。教会已经累了，我们一直试图做你们的指路标，现在已经筋疲力尽。就在你们盲目追求更袖珍的芯片及更高额利润的时候，我们为呼吁和谐，已经竭尽全力。我们要问的不是为什么你们没有约束自我，而是你们如何才能约束自我？你们的世界转得那么快，哪怕你停留片刻思考一下自己的行为所带来的影响，某些更能干的人就会以迅雷不及掩耳之势将你甩在身后。[1]

不管拥抱也好，批判也罢，技术与人类的共生和技术的异化都是我们无法逃避的事实。它最终能带来什么，现在难以预言。我们经常是以已知来认识未知，因此对于世界的认知，我们总是滞后。我们所能做的就是在对新技术欢呼的同时，保持对技术双面性的理性观察。如同彼得·汤森在《技术的阴暗面》一书结尾所说："采取初期的、微小的前进步骤来承认危险的存在，至少有希望可以尝试纠正错误的行为。"[2]

---

① 〔美〕丹·布朗：《天使与魔鬼》，朱振武、信艳、王巧俐译，人民文学出版社，2009，第 287～288 页。
② 〔美〕彼得·汤森：《技术的阴暗面》，郭长宇、都志亮译，上海科技教育出版社，2019，第 301 页。

5

数字世界的疫苗

"我们盯着后视镜看现在，倒退着走向未来。"

——马歇尔·麦克卢汉（Marshall McLuhan）

乐观派与警觉派

在 1960 年，约瑟夫·利克莱德在自己的论文《人与电脑》中提出了"人机共生"的理念。他是美国国防部高级研究计划署信息处理技术办公室的第一任主管。正是这个办公室创造性地用三个电传打字机和三台计算机组建出了世界上第一个"局域网"。10年后，TCP/IP 开始出现并迅速崛起。1980 年左右，Internet 的概念正式登场。1991 年，蒂姆·伯纳斯 – 李正式提出了 World Wide Web（万维网），以超文本链接开拓出一片虚拟信息空间，全球用户可以浏览分布于世界各地的网页。20 世纪末的全球化，不仅是经济的全球化，也是网络世界的全球化。互联网技术衍生出了与之相应的经济、知识与文化形态。互联网让信息生产和消费的速度前所未有、信息获取和分享的便捷性前所未有、参与信息创造的人数前所未有，让新的商业模式和就业机会涌现。

每当有新生事物出现的时候，经常会出现这样的情况：早期的推崇者和采用者往往是少数，他们会抱着极大的热情，深信不疑、全情投入、不遗余力地进行各种尝试，探寻新事物存在的场景和价值。而大多数人处于观望的立场，对投入的有用性和可行性抱有置疑的态度。这两类人群会在相当长的时间内保持极大的差异。一方面，少数派享受探寻创新的乐趣和试错的沮丧，在这些过程中为社会创新提供新养料。与此同时，另一群人则坚持着他们最初的评估，对新事物抱有警惕，提醒社会要关注其闪亮背后的那一面，并希望从一个长期值得信赖的文化中寻求可重新考虑该事物的支撑。

如今正在发生的事情是，种种新的尝试正在试图修补或重构互联网底层规则，种种新的数字技术正在涌现。元宇宙是这两种趋势交汇的试验场。在这个过程中，全新的数字资产模式和数字经济秩序将会形成，个人与平台公司的关系将会发生根本变化。新的数字资产模式将会驱动更多用户和商家参与虚拟世界的数字生活。AR、VR、触觉体验等新的硬件和软件能力提供了更多的感官体验和媒介。社交和游戏将会融合，进入数字世界新入口的竞争将会上演。芯片和算力革命是所有上述内容实现的基石。从维塔利克·布特林到扎克伯格、从 Roblox 到英伟达，我们看到了对于创建一个新的网络世界过程中，个人理念和雄心，企业的尝试和突破。

另一方面，技术的异化和资本的裹挟依然引人警惕。一个比人类所生存的物质世界更为庞大的数字世界的出现不可避免。人是数字化的始作俑者，同时也会有成为数字化陷阱牺牲品的危险。面对数字对整个社会的重新解构，每一个人都不可避免地被卷入其中。这是一场碳基生命和硅基生命的融合与冲突。一个庞大的数字世界，尤其是支撑其运转的技术力量和经济逻辑会给人类社会带来什么，现在任何定论都为时过早。在某些观点看来，互联网从它登上人类舞台的那天起，就带有一种乌托邦式的色彩：在网络的世界里，似乎充斥着各种美好、自由、平等、免费……但就像所有的乌托邦式实验都必然失败一样，乌托邦的诱惑力有多大，问题就会有多大，这个规律不仅适用于现实世界，同样也适用于现实世界的投影：数字世界。

需要元宇宙拥趸们回答的问题

目前已经看到的是，众多推动新世界出现的人正在提供令人深思的概念以供大多数人理解和确定价值。不管这些概念是对是错，这些都是宝贵的财富。它们将会让我们看到，在未来，随着时间的推移，通过实验、失败、教训、支点和想要突破人类经验界限的开放思想，人类社会对于数字世界的认知逐渐成型和成熟，也会让我们对于理解新技术和人类社会的关系有更多的启迪。

维韦克·瓦德瓦（Vivek Wadhwa）、亚历克斯·萨尔克弗（Alex Salkever）在《未来之路：科技、商业和人类的选择》中，对于评估新技术对社会和人类价值的影响提出了三个问题。

（1）每个人都能从这些科技中获得平等收益吗？

（2）这项科技的风险和利益分别是什么？

（3）这项科技更多地提高了自主权还是依懒性？[①]

当然，第一个问题多少有些理想主义。从以往的经验看，科技让所有人平等收益的情况从未发生过。新技术的出现势必会带来新的资源、财富和权力的重新分配。这个分配的过程不可能让所有人平等收益。最好的情况是，一些新技术（如电、互联网）会创造出全新的价值增量，其价值会辐射到更多的人，甚至"雨

---

① 〔美〕维韦克·瓦德瓦、亚历克斯·萨尔克弗：《未来之路：科技、商业和人类的选择》，王晋译，中信出版社，2018，第59页。

露均沾"。但这种辐射的效果会有因为基础设施、人群阶层、文化背景等方面不同所带来的衰减差异,因而也无法带来平等性的效果。

不过这并不妨碍我们去思考元宇宙该如何面对这三个问题,或者说支撑元宇宙实现的那些技术该如何回答这些问题。我们目前无法确定这些问题的答案是什么,但可以确定的是,无论是从业界还是学界,答案一定不是唯一的,甚至会是相互对立的。但这并不重要,重要的是这些不同答案和其背后的思考,都将会成为数字世界的"疫苗",让人类社会对数字原力的黑暗面保持头脑和能力上的警觉。

哈佛大学心理学家罗伯特·诺齐克(Robert Nozick)在 1974 年就提出了一个"体验机"的假设:有一个机器,它可以给予任何人所期望的体验。从神级层面上深度刺激人的大脑,让人感到你在写一本很棒的小说,或者交一位朋友,又或者正在读一个精彩绝伦的故事。但所有时间里你要在一个水箱中漂浮,并且头上贴着电极板。你是否愿意这么做?[1] 诺齐克在 2002 年去世。但是对他来说,这个问题答案很明显,那就是人们不会接受。在他看来,人们知道除了体验本身之外,还有比体验更重要的事情。[2]

而 VR 技术的推崇者们认为,这个技术能够为数十亿人口提供一切有钱人才能享受到的生活的虚拟版本,比如去博物馆来一次艺术之旅,在波光粼粼的海岸边起航,或者仅仅是坐在蔚蓝天空下的草地上休憩。

但在 MIT 公民媒体中心主任伊桑·祖克曼(Ethan Zuckerman)看来,把 VR 作为缓解世界矛盾的工具是典型的西方幻想

---

[1] 参见〔美〕罗伯特·诺齐克《无政府主义、国家和乌托邦》,何怀宏译,中国社会科学出版社,1991,第三章。

[2] 参见词条 Robert Nozick: Political Philosophy, iep. utm. edu/noz – poli/。

用一种新技术解决一切问题，但那些解决问题的人并不理解问题真正所在。① 祖克曼在加纳和肯尼亚待过很多年。他反对将 VR 看作万能药这种观念，认为给予非洲人民虚拟面包和娱乐就能促进经济增长并缓解矛盾这种想法是虚妄的。

在我们的生活中，数字技术所带来的不同侧面都在上演。虚拟现实领域，沉浸式和交互性让用户有更多的感官反应。已经有技术公司通过 VR 技术来协助筛查阿尔兹海默症。当老年人戴上特制的 VR 眼镜时，通过 VR 的设备，他们能够看到一幅一幅的图像。这里边可能有超市、熟悉的街道、餐厅、还有公园等。在这些熟悉的生活场景当中，他们可以轻松地逛街、去超市买东西、去餐厅点餐，或者是在公园里跟他们熟悉的朋友打个招呼。设备会根据他完成任务的准确程度，包括速度和整个行进的路线，在后台做很多综合分析，通过这些综合分析，就可以判断老人们患阿尔兹海默症的概率，从而帮助医生对其进行筛查和评估。但新的问题也层出不穷。在 "Horizon Worlds" 测试期间，一名女性测试者报告说她在虚拟世界里遭到了性骚扰：有一个陌生人试图在广场上 "摸" 她的虚拟角色。这名测试者表示这种不适的感觉比在互联网上被骚扰更为强烈。由此引发的讨论是：身体没被真实触碰，究竟算不算性骚扰。类似 "Horizon Worlds" 这样的虚拟现实产品所特别强调的沉浸式和真实性恰恰给了这个问题不同的思考视角。对现实感的模拟也会高度还原有害行为的真实体感，给用户在心理上带来的不良感

---

① Julia Laricheva, "Ethan Zuckerman: Talks Metaverse, building a better internet, and the power of local communities", Dream Nation Love, Feb. 2, 2022, https://www.dreamnation.io/episodes/2022/2/2/ethanzuckerman, 最后访问时间：2023 年 4 月 30 日。

觉和伤害感会大大强于常规体验的社交产品。

梭罗（Henry David Thoreau）在其著作《瓦尔登湖》中写道："我们匆匆地建起了从缅因州通往得克萨斯州的磁性电报，但是缅因州和得克萨斯州之间没有什么重要东西需要交流……我们满腔热情地在大西洋下开通隧道，把新旧两个世界拉进几个星期，但是到达美国人耳朵里的第一条新闻，可能却是阿德雷德公主得了百日咳。"① 梭罗担忧的正是信息异化所带来的影响。信息过剩让我们把时间与精力放到了琐碎而无聊且无用的信息上，我们的思维和生活也会随之被碎片。信息流和算法推荐本质上提升的是产品的商业效率，并不是人们获取信息的效率，因为找信息和看信息的总时间并未减少，甚至还有所延长。花费在对个人真正有价值的信息上的时间其实是既定的。信息的生产者有其自身的利益，生产信息能够为他们带来盈利，而对于我们大多数人来说就不同了，大部分信息与我们丝毫无关，但是它们又始终出现在我们的信息流中。移动终端（无论是现在的手机还是未来的智能眼镜）让信息可以随时在我们眼前。尼尔·波斯曼（Neil Postman）在《娱乐至死》一书中讲道，强势媒介能够以一种隐蔽而又强大的暗示力量重新定义现实世界，用尼采的话来说就是"我们的书写工具参与了我们思想的形成过程"②。在今天，这种强势媒介就是互联网所支撑的各种"屏"。

无人机的发展能够取代所有陆路运输方式、减少城市拥堵和可能的碳排放、执行危险工作任务、使发展中国家享受与西方国家相同的空中服务。但另一方面，无人机可能会被应用于运输毒

---

① 〔美〕梭罗：《瓦尔登湖》，许崇信、林本椿译，译林出版社，2011，第45页。
② 〔德〕弗里德里希·基特勒：《留声机　电影　打字机》，邢春丽译，复旦大学出版社，2017，第233页。

品、自杀式袭击等行为。基因编辑技术远期来看，在实验室内它可以挽救生命、治愈疾病，消除遗传性疾病，并可以通过改变基因，抵御可怕的流行病。但在实验室外，它也会引发相当多的伦理和科学担忧，因为它可能会造成人类基因组的永久性改变。

国际网络安全专家施奈尔（Bruce Schneier）在《隐形帝国》一书里写道："脸书只根据简单的点赞，就可以推测出一个人的种族、个性、性向、政治意识形态、感情状态和药物使用情形……"① 但如果人工智能开发得当，它又能实现不区别地对待穷人和富人、黑人和白人，可以成为社会的"均衡器"。

新技术带来新变量

任何新的发明创造在本质上其实都是这个世界的一种新变量，会带来资源、结构、知识、文化等方面的重新组织。这其中所带来的变化，很难以非好即坏的二元论来看待。在未来，一个明显的趋势是，随着社会圈层的不断细分，任何技术都不再是产生唯一性的结果，因而也不会有唯一属性的定性。一切取决于谁看它和从哪些维度看它。二元论思维只会束缚我们自己对未来的认知。

维韦克·瓦德瓦和亚历克斯·萨尔克弗提出的三个问题可以始终成为我们思考的指引。但它们无法成为决定新技术走向的因素。无论从需求还是商业层面，我们无法因为对这些问题的思考而放慢脚步，直到充分了解风险，等到益处超过风险的

---

① 曾于里：《数据引导你的行为：大数据背后的权力与不公》，澎湃新闻，2018年4月1日，https://www.thepaper.cn/newsDetail_forward_2047016，最后访问时间：2023年7月4日。

时候再起步。事实上，很多情况下，风险永远会出现，无法被完全了解，收益和风险的对比也永远无法真正能被清晰地计算出来。真正能够让我们应对风险的是我们的思考方式和认知方式。就像我们对现实世界和虚拟世界的认知一样，到底什么是真正的真实？电影《黑客帝国》中墨菲斯（Morpheus）有这样一段台词："What is real? How do you define 'real'? If you're talking about what you can feel, what you can smell, what you can taste and see, then 'real' is simply electrical signals interpreted by your brain。"（"什么是真实？你如何定义'真实'？如果真实指的是你所感觉到的、所闻到的、所尝到的和所见到的，那么'真实'就仅仅是被大脑所编译的电信号。"）

在《我们人类：数字化时代人类的愿景》中，彼得·特梅斯（Peter Temes）和弗洛林·罗塔（Florin Rotar）认为人类能够直觉性地快速做出最合乎道德的决定，而这种直觉往往反映出人类潜意识里的价值观，人类必须清楚地阐述自己的价值观，才能告诉数字化系统如何做出同样符合伦理道德的选择，现在需要在整个文明体系内谈论道德，以确保将人类的信仰和价值观以代码的形式融入系统和设备之中，数字化系统是建立在"堆栈"之上的各个技术层，必须确保每个堆栈的第一层是道德层面，思考和谈论道德必须成为软件工程师、数据科学家和系统架构师展开工作的第一步。①

---

① 〔美〕彼得·特梅斯（Peter Temes）、〔美〕弗洛林·罗塔（Florin Rotar）：《我们人类：数字化时代人类的愿景》（*We the People：Human Purpose in a Digital Age*），https://www.avanade.com/-/media/asset/thinking/we-the-people-guide-cn.pdf?la=zh-cn&ver=1&hash=616B692B8581367F5FDECD3EC0FE8680，最后访问时间：2023 年 1 月 24 日。

第七章

放弃定义对能量的羁绊

1

元宇宙是互联网终极形态吗？

> "两种东西是无限的，宇宙和人类的愚蠢。 但我不确定宇宙是不是这样的。"

> ——阿尔伯特·爱因斯坦（Albert Einstein）

讨喜的模糊

游戏公司 Roblox 未来会怎样现在还很难看清。但可以看清楚的是，其 CEO 巴斯扎基是个讲故事的高手。他从 1992 年尼尔·斯蒂芬森的《雪崩》中找到了 "Metaverse"，并将它写进了招股说明书，虽然 Roblox 做的只是 UGC（用户原创内容）的游戏社区。但他说其实自己布局的是元宇宙，要打造与现实世界平行的三维数字空间的虚拟世界，让现实世界中的人们打破时空界限，以数字化身（avatar）在元宇宙中生活，且永不下线。于是，Roblox 市值出现了暴涨。

在 2021 年，元宇宙就像打入市场的一针兴奋剂。当充满生机又焦虑蔓延的互联网行业迫切需要一个新概念的时候，它适时地出现了，并开始席卷互联网圈和资本市场。各种对元宇宙的定义和解释，都试图说明它是什么或者不是什么，但因为都只是在概念层面的推演显得既"不明觉厉"①，又模棱两可。但

---

① 网络流行词，"虽不明，但觉厉"，简称"不明觉厉"，表示"虽然不明白你在说什么，但好像很厉害的样子"。

是混沌比清晰更为讨人喜欢，因为它能把更多的领域卷入这个宏大的概念和模式中来。于是，在很多对元宇宙框架、体系的描述中，几乎目前所能看到的新技术和新概念都被包裹其中。成为一门显学的元宇宙，在国内很多人的口中和 PPT 中被赋予了"互联网终极形态"的说法。

当我们发现有能力创造出一个与碳基世界平行的硅基世界的时候，当我们发现这样的硅基世界能够提供无数新的价值空间的时候，当我们认为新的数字空间可以提供更为丰富的交互和感官体验的时候，这样的未来绝对引人畅想。但这样的未来是否就是互联网的终极形态？

认识的贪心

从历史上看，人类总是愿意去探究终极形态，但结果往往是找不到答案或者只找到错误答案。

就像人类对宇宙形态认知的历史一样。在远古时代，人们对宇宙的认知不过就是从天空到地面的距离。公元前 4 世纪，古希腊哲学家亚里士多德认为地球位于宇宙的中心。在 16 世纪时，当哥白尼在《天体运行论》写下"太阳是宇宙的中心"时，宇宙便是太阳系。17 世纪时候，当伽利略第一次用望远镜看向太空，银河系中无数的星星被发现，人类的视野便拓展到了太阳系之外的宇宙中。

随后牛顿说宇宙就像一个永恒不变的精密钟表，当钟表师傅给它上好发条后，它自己就会永远不停地运行，一切可以通过计算来确定。牛顿推出万有引力定律以后，科学家们认为引力问题已经得到解决，用牛顿的公式可以解决一切。

而到了爱因斯坦，有了相对论，产生了现代宇宙学。在牛顿的钟表宇宙中，每个人的时间都是一样的，无论是在北京还是在纽约，地球上还是太阳上，所有的人都按照同一个宇宙时钟生活。而根据爱因斯坦的相对论，时间是变化的，是因人而异的，每个人都戴着自己的手表，显示的时间不尽相同。相对论又一次让人们对宇宙的看法产生了深刻变革。相对论统一了时间和空间，并发现为了满足时空的统一，电场和磁场、物质和能量也是统一的，而且可以相互转换。

在 1922 年前，人们一直认为宇宙的终极形态就是静态的、永恒不变的状态。那个时候，天文学家还没有观测到任何线索表明银河系之外原来还有那么多不同形状、不同大小的星系，他们也没有发现宇宙中存在像脉冲星、白矮星这样的奇异天体，他们更不会想象到宇宙甚至有一个开端。然而，也正是在那一年，弗里德曼（Alexander Friedmann）在研究了爱因斯坦的广义相对论，并假设宇宙是各向同性（所有方向都一样）和均匀（所有地方都一样）的之后，推导出了在宇宙学领域著名的弗里德曼方程。弗里德曼得到的解意味着宇宙可以膨胀、收缩、坍缩，甚至有一个开端，而非像爱因斯坦和其他大多数科学家所认为的那样是静态的。后来的种种天文观测证明，弗里德曼是对的。

有一本非常有趣的科普著作《一想到还有 95% 的问题留给人类，我就放心了》。在这本由斯坦福大学机械工程博士豪尔赫·陈（Jorge Cham）和美国物理学会会员丹尼尔·怀特森（Daniel Whiteson）合著的书里，作者把我们知道的宇宙做了个有趣的比喻，假如宇宙是一头大象，那我们几千年来研究和看到的其实只是大象的尾巴。整个宇宙我们了解的只有 5%，而且这 5% 里还有很多我们不清楚的东西。

1880 年，美国聚集了全球的权威专家，来预测 100 年后的纽约会变成什么样子。那时的纽约正在进行快速的创业和创新。纽约市已经推出了首座高架列车，同时正在对地铁进行实验，还准备修建第一座摩天大楼。经过仔细考虑，专家们得出了一致的意见：纽约将在 100 年内毁灭。为什么会这样呢？这是因为纽约人口增长过快，纽约的人口从 19 世纪初的 3 万人增长到了 400 万人，每 10 年增加 1 倍。专家们推断，如果按照这个速度继续增长，至 1980 年，纽约需要 600 万匹马来作为人们的交通工具。但是，当时纽约已经面临着严重的粪便问题。当时纽约有将近 20 万匹马，每匹马每天要排泄 11 公斤粪便和 1 升尿液。由于需要更多的马匹才能满足人口增长的需要，因此 20 年后，这座城市将到处都是粪便。

1989 年夏天，当时就职于兰德公司的弗朗西斯·福山出版了《历史的终结？》一书，引发美国外交政策界的轰动。福山的论点是，随着苏联即将崩溃，自由主义的最后一个意识形态被消灭了，人类历史的前进与意识形态之间的斗争正走向终结，自由民主制度在全球范围内的广泛传播标志着人类社会文化演进的终结，并且成为人类政府的终极形式。但这几十年的事实让福山关于国际关系终极形态的论点显得尴尬：共产主义在中国走出了一条自己的路径；单一的政治和经济模式并未真正出现；自由主义在全球化的新阶段遭遇到了前所未有的挑战。人类政府的终极形式并有真正的答案。唯一让福山值得安慰的是，他在文章末尾的预测倒是与现在的情况十分贴近。他认为在未来，所有政治努力都致力于无休无止地解决技术问题、环境关切并满足繁复的消费者需求。

对于互联网终极形态的预测也不是新鲜话题。在 1999 年，耶鲁大学计算机教授大卫·格勒恩特尔（David Gelernter）出版了一本名字很长的著作《镜像世界：当软件将整个宇宙装到鞋盒里的那天，会发生什么？意味着什么？》，其中描绘了整个世界、整个人生数据化后的虚拟世界，并将预言这将是互联网的终极形态。

看看现在，对于到底互联网发展到了何种情况算是终极形态，其实仍没有清晰的界定。无论是镜像世界还是元宇宙，如果真的实现了，在它们之后互联网就不会再有新的演进了吗？在国内所有宣称元宇宙是互联网终极形态的声音中，我们都只看到了一个口号式的结论，而没有任何的论证和推论。类似情况在互联网行业并不鲜见。"新 + N"、"大 + N"、"云 + N"，各种新概念层出不穷，以至于有些时候提出概念的人自己都无法清楚地讲出这个概念的内涵和外延。对于行业的论断，我们经常能看到大胆的假设，却很少见到小心的求证。相比经过深入思考但却错误的论断，口号式的结论、为了资本和公关需求所频出的新概念，这些对于行业更为危险。它们更容易限制而不是启发人们的思考。

终极形态不存在

当全社会都在热议一个新词语、新概念的时候，经常会出现两种问题：要么对概念过度窄化，要么对概念过度泛化。"内卷"属于前者，它本来源自哲学家与人类学家对制度、文化层面问题的讨论，但成为社会流行语后，其内涵变得窄化与简化。"元宇宙"这个概念的传播则是概念的泛化。在很多学者、媒体、投资者、参与者的口中，元宇宙成为了一个广义集合体，任何内容都可以变得和元宇宙相关，概念泛化的情况尤为明显。概念窄化利于传播，泛化利于炒作。这两者相同的是，它们都会限定人们的理解和思考。可怕的不是泡沫，而是看不到、看不清、看不懂泡沫发生的原因和逻辑。将元宇宙简单地称为泡沫或互联网的终极未来，是一样的错误。

　　"元宇宙"推崇者常以小说《雪崩》为概念之祖，常以电影《头号玩家》为视觉参照，但不管是《雪崩》还是《头号玩家》，描绘的其实都是现实世界已然崩坏的时代。在《雪崩》里，权力由私企掌控，政府垮台，外卖员成为社会精英阶层，书名中的"雪崩"实际上是一种病毒。《头号玩家》里的"绿洲"吸引了观影者的全部目光，但电影设定的 2045 年其实已经处于混乱和崩溃的边缘，人们对于现实世界极度失望，才将救赎的希望寄托于"绿洲"。当视觉有了盲区，思考也变得不再完整。而适度的悲观，在一定程度上能避免数据主义狂欢下的作茧自缚。我们可以对人类的科技发展充满信心，但也需要对"元宇宙"的道德前景抱有适度悲观。

　　在 2021 年元宇宙的概念火热之前，历史学家尤瓦尔·赫拉利就在《未来简史：从智人到智神》中提道："我们正努力打造万物互联网，希望能让我们健康、快乐，拥有强大的力量。然而一旦万物互联网开始运作，人类就有可能从设计者降级为芯片，再降为数据，最后在数据的洪流中溶解分散。"① 这样的视角在喧嚣与热闹中因略显悲观而与众不同，也正因为如此，才

---

① 〔以〕尤瓦尔·赫拉利：《未来简史：从智人到智神》，林俊宏译，中信出版社，2016，第 356 页。

具有其独特价值。在数据主义大行其道之时，人类其实比任何时候都需要人文主义的关怀和对自我的认识。如果放弃以人为中心的世界观，而秉持以数据为中心的世界观，人类的健康和幸福看来也就不再那么重要。如果我们不知道自己想要什么，技术就很容易为我们塑造目标，控制我们的生活，就像现在算法带给我们的感受那样。随着技术越来越了解人类，我们可能会发现，好像是自己在为技术服务，而不是技术在服务你。

波兰科幻作家、哲学家斯坦尼斯瓦夫·莱姆（Stanisaw Lem）在《莱姆狂想曲》中描述过这样一个关于人工智能的故事。美国为了在军事上胜过对手苏联，疯狂发展军事用途的人工智能，相继研发了"大师"、"灭绝"、"泥人"等系列机器，但是这些机器从战争策略家进化成了思想家，而机器一旦成为思想家之后，就不肯再为美国军事当局服务了，因为最高级的智慧不可能充当顺从的奴隶，所以美国花 2760 亿美元建造了一堆地下哲学家。

在对于人工智能的理解上，莱姆以他独特的思维为我们提供了新的视角。马斯克曾数次发表过人工智能危险的言论。2023 年 3 月，面对备受瞩目的以 GPT－4 为代表的人工智能大模型，马斯克与上千名科技人士发表公开信，呼吁暂停训练比 GPT－4 更强大的 AI 系统。信中写道：广泛的研究表明，能够与人类竞争智能的人工智能系统可能对社会和人类构成深远的风险，这一观点得到了顶级人工智能实验室的认可。对于人工智能对人类的危险，马斯克的担忧颇具代表性。但在莱姆的观点中，人工智能不是战争的挑起者，而是和平的维护者，人工智能的发展不是变成人类的竞争者和替代者，而是成为了哲学家和思想家。马斯克和莱姆的预测谁对谁错并不重要，真正重要的是他们启发性的思考。

对于元宇宙这个庞杂而模糊的概念，参与者们保持独立思考和理性分析尤为重要。国内的元宇宙研究者和自媒体作者很多都会引用 Roblox 在上市招股书里列出的关于"元宇宙"的八个特征：Identity（身份）、Friends（社交）、Immersive（沉浸感）、Low Friction（低延迟）、Variety（多样性）、Anywhere（随时随地）、Economy（经济系统）、Civility（文明），并把它作为定义元宇宙的基础。但结果却是人云亦云变成了以讹传讹。参照美国证券交易委员会的官网，可以看到 Roblox 上市招股书的原文①（见图 7-1）。

- **Friends.** Users interact with friends, some of whom they know in the real world and others who they meet on Roblox.
- **Immersive.** The experiences on Roblox are 3D and immersive. As we continue to improve the Roblox Platform, these experiences will become increasingly engaging and indistinguishable from the real world.
- **Anywhere.** Users, developers and creators on Roblox are from all over the world. Further, the Roblox Client operates on iOS, Android, PC, Mac, and Xbox, and supports VR experiences on PC using Oculus Rift, HTC Vive and Valve Index headsets.
- **Low Friction.** It is simple to set up an account on Roblox, and free for users to enjoy experiences on the platform. Users can simply traverse between and within experiences either on their own or with their friends. It is also easy for developers to build experiences and then publish them to the Roblox Cloud so that they are then accessible to users on the Roblox Client across all platforms.
- **Variety of Content.** Roblox is a vast and expanding universe of developer and creator-built content. As of September 30, 2020, there were over 18 million experiences on Roblox, and in the twelve months ended September 30, 2020, over 12 million of these were experienced by our community. There are also millions of creator-built virtual items with which users can personalize their avatars.
- **Economy.** Roblox has a vibrant economy built on a currency called Robux. Users who choose to purchase Robux can spend the currency on experiences and on items for their avatar. Developers and creators earn Robux by building engaging experiences and compelling items that users want to purchase. Roblox enables developers and creators to convert Robux back into real-world currency.
- **Safety.** Multiple systems are integrated into the Roblox Platform to promote civility and ensure the safety of our users. These systems are designed to enforce real-world laws, and are designed to extend beyond minimum regulatory requirements.

Growth at Roblox has been driven primarily by a significant investment in technology and two mutually reinforcing network effects: content and social.

图 7-1 Roblox 上市招股书（部分）

资料来源：美国证券交易委员会网站，https：//www. sec. gov/，最后访问时间：2023 年 5 月 1 日。

其中，并无 Civility（文明）的说法，而是"安全"。根据对 Low Friction 的说明，也可以看出，其意思和中文所说的"低延迟"概念差异甚大。在英文原文中，Low Friction 是指在 Roblox 上可以迅速便捷地注册账户，用户可以免费享受平台上的作

_____

① Roblox 招股说明书（英文），https://www. sec. gov/Archives/edgar/data/1315098/000119312520298230/d87104ds1. htm，最后访问时间：2023 年 4 月 30 日。

品。用户可以自己或与朋友一起在不同作品之间和内部快速穿梭。开发人员也可以轻松地构建作品，然后将作品发布到 Roblox Cloud，以便所有平台上的 Roblox 客户端上的用户都可以访问。因此 Low Friction 其实是指"便捷"。

马修·鲍尔认为元宇宙应具有六个特征：永续性、实时性、无准入限制、经济功能、可连接性、可创造性。不等同于"虚拟空间"、"虚拟经济"，或仅仅是一种游戏抑或 UGC 平台，在元宇宙里将有一个始终在线的世界，有无限量的人们可以同时参与其中。它将有完整运行的经济，跨越实体和数字世界。Epic Game 的 CEO 蒂姆·斯威尼认为，元宇宙将是一种前所未有的大规模参与式媒介，带有公平的经济系统，所有创作者都可以参与、赚钱并获得奖励。元宇宙并非出自哪一家行业巨头之手，而是数以百万计的人共同创作的结晶。扎克伯格认为元宇宙必须具有互通性和可移植性，用户有自己的虚拟化身以及虚拟物品，可以瞬间移动到任何地方，而不是被困在某家公司的产品中。像 W3C 万维网标准协议一样，元宇宙需要构建一个通用的协议让每家公司在共同且互通的宇宙进行开发。

在国内，基本上所有对于元宇宙的定义、报告、框架表述都以上述四类观点为基础展开。但元宇宙是否只包含这些特征？不具备其中某一个特征是不是就不可能成为元宇宙？实现了这些特征，互联网的发展就走到了顶点？无论存在哪些争议，有一点是形成共识的，那就是元宇宙是个动态演进的过程。这也就意味着，对于元宇宙的理解和认知也将会不断变化。只要变化不断发生，谈论终结就毫无意义。

没有什么终极形态。有的只是不同的发展阶段和发展方向。我们现在所能看到的无非是我们基于现有技术和知识所能推演到的最远可能性或者最大可能性。

在刘慈欣的科幻小说《三体》中，三体世界的出现和向太阳系的进发，让人类以为几百年后三体人的到来是地球的最终命运，结果却是更为强大的文明轻松消灭了三体文明，而在小说的结尾，人类没有想到的是，地球的最终命运是被从三维变成了二维。人类对自己和地球最终命运的理解完全是受到自己认知边界的限定。

元宇宙是互联网进化中的一个节点，潜力不可估量。也许，在真正的未来面前，我们现在对它的所有设想都会显得想象力不足。对于一个宏大的新兴议题，需要的不是去定义，而是多维度的思考：

不要看一个概念像什么，而要看它的内核是什么；不要脱离实际谈概念，罗马非一日建成；

不要只谈技术，而抛掉对人类在社会、文化和道德层面的思考。

科技的兴起必将改变世界，但并不代表只会有一种结局。所有预测的情形其实都只是可能性。探究互联网的终极形态是个充满哲学意味的话题，但也可能是个伪命题。

2

50 年后互联网会是什么样？

"预测未来的最好办法就是把它创造出来。"

（The best way to predict the future is to invent it.）

——尼古拉斯·尼葛洛庞帝（Nicholas Negroponte）

50 年前的预言

在人类的历史上，1969 年是文化、科学和技术的转折点。

1 月 30 日，披头士乐队进行了他们的最后一场演出。7 月 20 日，全世界都注视着尼尔·阿姆斯特朗（Neil Armstrong）和巴兹·奥尔德林（Buzz Aldrin）成为第一批登上月球的人类。不到 1 个月后，近 50 万摇滚乐迷聚集在美国纽约州东南部的贝塞尔小镇，参加滚石乐队所说的"有史以来最伟大的摇滚音乐节"。

但 1969 年对未来产生最深远影响的事件发生在 10 月 29 日。在这一天，一则消息从加利福尼亚州立大学洛杉矶分校（UCLA）的一个相当简陋的房间发送到了位于加利福尼亚州门洛帕克的斯坦福研究所计算机控制台。它原本应该显示为"Login"，但它只显示出"L"。系统在完成任务之前崩溃了。尽管如此，这也意味着，由伦纳德·克莱因罗克（Leonard Kleinrock）教授领导的加利福尼亚州立大学洛杉矶分校研究生团队与斯坦福研究所的一个团队实现了计算机与计算机的连接。这是阿帕网第一次实现从主机到主机的通信。这个早期的分组交换网络是当今数十亿主机互联网的先驱。在这个并不起眼的秋天，我们所知道的互联网开始了被构想和被实现的进程。

从那时算起，如果我们以 100 年为一个观察周期的话，此时的我们正处在人类数字化第一个百年的中点。在已经过去的 50 年中，"数字化生存"从预言走向现实。

在互联网诞生 30 年的时候，被称为"数字化预言家"的尼古拉斯·尼葛洛庞帝提出，比特（BIT）作为"信息 DNA"正迅速取代原子而成为人类社会的基本要素。在出版于 1997 年的

《数字化生存》中，他预测了数字科技对生活、工作等具体的改变。时至今日，其中的一些已经实现，成为我们生活中的常识，一些正在实现，而另一些，则似乎还遥遥无期。

预测 1　"第一批被比特取代的娱乐原子将是录像带出租点中的录像带。租借录像带有一点很不方便，就是消费者必须归还这些原子，如果你把它们随手一塞忘了归还，还得付罚款（美国录像带出租业 120 亿美元的营业额中，据说有 30 亿美元来自罚款）。"

现实：DVD 格式和新的蓝光代替了录像带，但是租赁这种模式仍然没有完全消失，商业模式的创新比如奈飞公司，使得租赁业仍然得以存活下去。当然盗版 P2P 的传播以及大部分有线电视公司提供的 VOD（Video On Demand，视频点播），侵蚀了传统租赁模式的许多份额。

预测 2　"由于数字化的缘故，全新的节目内容会大量出现，新的竞争者和新的经济模式也会浮出海面，并且有可能催生出提供信息和娱乐的家庭工业。"

现实：21 世纪初这个预言得以实现。YouTube 上许多人在毫无利益驱动的情况下贡献着新内容，尽管质量良莠不齐。

预测 3　"你可以不受时间和频道的限制，录下你想要的内容。"

现实：在这本书出版两年后，数字录像机推出。如今录制内容已经成为了随手可做的事情。

预测 4　"信息传输者会特别为你筛选出一组比特，经过过滤、处理之后传送给你，你可能会在家中将其打印出来，也可能选择以更加互动的方式在电子屏幕上观看。"

现实：算法推荐如今几乎已经成为内容服务的标配，平台通过数据挖掘，分析用户行为，推送给用户个性化的内容。

预测5 "很少有人认识到铜线的性能有多好。一种叫作非对称数字用户环线的技术能够用比较短的铜线传输大量的数据。"

现实：ADSL（Asymmetric Digital Subscriber Line，非对称数字用户线路，简称 ADSL）这种曾经被认为落后的技术仍然占据大量市场份额，并且看起来这样的状况还会维持一段时间，直到人们对速度提出更高要求。

预测6 "光纤进入家庭并不意味着新的信息和娱乐服务会随之而来。这一服务要想发展，想象力才是关键。"

现实：事实上目前的带宽已经远远超出人们的需求，而内容的创新总是略显滞后。

预测7 "最终，当你观赏棒球比赛的时候，你可以选择从球场观众席中的任何位置甚至从棒球抛出的角度来欣赏。这些才是数字化带来的真正变化，而不是要观众以两倍于现在电视的分辨率去收看'辛非尔德'（Seinfeld）电视。"

现实：已经有许多产品和技术（如能实现多视角自由选择的 6DoF 视频技术）可以支持实现这个需求。除此之外用户还可以调用统计信息，选择角度回放比赛。

预测8 "你会根据现在是星期几、是一天中的哪个时刻、是不是假日、有没有特殊活动，来改变你的比特分配方式。具有这样的灵活性至关重要，只有那些能以最快的速度回应大众并最聪明地运用比特的人，才能成为大众最好的服务者。"

现实：在这里指的是电视信号中的频谱，虽然该预测尚未实现，但基本逻辑却和云计算有异曲同工之妙。

预测 9 "比特转换成为有声的报告、印制出的地图，或是你喜爱的迪斯尼卡通人物。聪明的电视机可以按照你喜欢的各种方式来完成这件工作，甚至可以随着你当时的情绪和意向而变换不同的面貌。"

现实：指的是数据在终端的各种实现模式，现在看来还和预测差的很远。虽然有一些在数据呈现上的研究，但仍然停留在设计原型层面。人工智能生产内容（AI generated content，AIGC）的出现可能会成为突破口。

预测 10 "现在，假设最后一步不是在印刷厂中进行，而是把比特以其本来形式直接传送给你。你可能为了方便，选择在家中把它打印出来（最好用再生纸，这样我们就都不必消耗那么多空白的新闻纸了）。你也可能宁愿把它下载到膝上型或掌上型电脑，或有朝一日，把它下载到你完全可以随心所欲操作的、只有 1 英寸厚、全色彩、分辨率极高，而且防水的显示器上（它也许看起来恰似一张纸，并且有纸的味道，如果这样使你感到带劲的话）。"

现实：《纽约时报》电子版的收入已经超过纸质版，传统的纸媒将走向末路。亚马逊的 Kindle 目前已经成为重要阅读介质。

预测 11 "下一个 10 年的挑战将远远不止是为人们提供更大的屏幕、更好的音质和更易使用的图形输入装置；这一挑战将是，让电脑认识你，懂得你的需求，了解你的言词、表情和肢体语言。当你说'Kissinger'（基辛格）和'kissing her'（吻她）时，电脑应该能分辨个中差异。"

现实：这类模式识别、姿势识别、自然语言理解技术已经开始从实验室走向大众应用。

预测之外，我们想要的到底是什么

预测未来是件极难又极容易的事情。说它难，是因为真正如同尼葛洛庞帝这样准确的预测，需要对技术、对行业、对社会、对商业，甚至对人性都要有深入的了解。说它容易，是因为它是一个没有门槛的事情，任何人都可以预测，甚至其他人都无法在短期内证伪。从现在来看之前的预测，我们其实很难真正体会到预测的难度。那些已经发生的事情，让我们会想当然地以为它就是会那样很自然地发生，但其实不然。从任何一个时间点去看，未来都是令人难以置信的。

30 年前，计算机非常大，如果那会儿有人预测以后计算机可以放到包里，甚至衣服口袋里，几乎没有人会相信。世界上公认的第一部智能手机 IBM Simon 诞生于 1993 年，它也是世界上第一款使用触摸屏的智能手机，至今不过 30 年。如今智能手机带来的变化已然是 30 年前的人们难以想象的。同为《连线》杂志撰稿人的凯文·凯利就提出，必须要相信那些不可能的事情，因为"我们尚处于开始的开始，处于第一天的第一个小时"①。

面对未来的 20 年，凯文·凯利提出了 12 个自己预测的趋势。

（1）形成（becoming）

在凯文·凯利看来，所有的东西都会不断升级，所有的东西都会变成另外的东西。"我们处在一个液态的世界，所有的东

---

① 出自凯文·凯利在 2019 年的演讲，https://view. inews. qq. com/a/20220131A0 05SK00，最后访问时间：2023 年 1 月 30 日。

西都在不断地流动，不断升级。"① 对于这个趋势，凯文·凯利用雨水来进行说明，"下雨时每一滴水会如何进入到山谷，这个路线是肯定无从了解的。但是你一定知道方向——因为有重力，所以必然向下"②。

（2）知化（Cognifying）

在凯文·凯利看来，未来人类的工作将会与人工智能深度绑定。技术将会让所有的东西更加智能，未来技术也都将与人工智能相关。人类未来的目标，是将智力作为一种服务，可以像电力一样传输。

（3）屏读（Screening）

任何一种平面都可以成为屏幕，屏幕将无处不在。不同的屏幕之间形成了生态系统。屏幕可以跟踪人们的眼神，知道人们注意力聚焦在哪儿，重视什么东西，然后改变屏幕上呈现出来的内容。这种画面在很多科幻电影中早已出现。刘慈欣在《三体》中也对此有生动和形象的描述。

（4）流动（Flowing）

未来所有的生意本质上都是数据生意。商业将成为数据的商业。

处理数据和处理客户将会一样重要。数据拥有无限增长的特质。

（5）重混（Remixing）

凯文·凯利提出的重混概念极为值得关注。在他看来，大

---

① 出自凯文·凯利在 2019 年的演讲，https://view.inews.qq.com/a/20220131A0 05SK00，最后访问时间：2023 年 1 月 30 日。
② 出自凯文·凯利在 2019 年的演讲，https://view.inews.qq.com/a/20220131A0 05SK00，最后访问时间：2023 年 1 月 30 日。

多数创新都是现有事物的重组。经济学家发现，全新的东西很少，大多数创新都是现有事物的重新组合。这种重组就是所说的重混。做重组或者重混时，首先是要做一个拆解，把它拆解成非常原始的状态，再以另外一种方式进行重组，之后不断进行这样的循环。所谓太阳底下没有新鲜事。我们现在的很多创新的基本元素其实都不是新事物，所谓的创新更多是把原有的不同要素进行了重新组织。万维网的发明人蒂姆·伯纳斯－李曾说，人们都说是他发明了互联网，其实他只是把好几个"零件"拼凑起来而已。而这些零件早已有之。当时已经有了"超文本系统"以及"互联网"。当时的互联网刚刚普及完美国，正在向欧洲扩散。但当他看到好几种互不相容的信息系统凑到一起，人们不能很方便地从在几个信息系统之间传递消息时意识到可以把这些系统整合到一起，成为一个大的虚拟信息空间，他只是利用了"超文本"中的某些理念，以及利用因特网的协议连接所有电脑。

（6）过滤（Filtering）

当眼前的事物变得越来越丰富的时候，也就意味着人类的注意力越来越容易分散，这也就意味着注意力变得稀缺，而接下来的事情就是注意力也就变得越来越值钱。在未来，谁能吸引注意力，谁就能赚到钱。坦率地说，注意力经济并不是一个新的商业概念和模式，但在未来，获取注意力的竞争确实将会变得比之前更为激烈和残酷。

（7）互动（Interacting）

当面前有个屏幕的时候，如今很多人下意识地都会去点击。这是智能手机给人对屏幕的认知和交互带来的变化。凯文·凯利预测，2050年的时候，基本上人们可以用整个身体没有任何障碍地与电脑互动，电脑成为全方位可互动的机器。

（8）使用（Accessing）

互联网带来的最大变化之一是重新定义所有权价值。产品和服务可以享用但无须拥有。之前我们听歌，需要下载 MP3 格式的歌到自己的播放设备上，而如今大家打开音乐 App 即可。共享经济更是生动地展示出了这一特点。优步（Uber）是世界上最大的租车公司，但是它并不拥有一辆车，Meta 是世界上最大的媒体公司，但是它却不拥有内容，阿里巴巴是世界上最大的零售商，但是它没有库存。凯文·凯利认为，在未来拥有的概念已经不是那么重要了，使用在很多方面比拥有更好，所有权价值将会被使用权价值所影响。

（9）共享（Sharing）

凯文·凯利预测，在未来，分享等于合作，巨大规模化的方式合作将会出现，让成千上万几十亿的人以合作的方式进行互动。

（10）开始（Beginning）

技术的用途是用出来的。关于技术，在最开始的时候，没有人知道新的发明是最适合用于什么的，比如爱迪生的留声机，爱迪生根本不知道这能用来干什么。留声机慢慢应用于两个场景：一是录下临终的遗言；二是录下教堂里的讲话，包括唱歌，后来留声机主要用于这个用途。用途很多时候就是通过使用来发现。如今这样的情况也正发生在区块链、VR、空间计算等方面。在凯文·凯利看来，要指引和控制技术发展的方向，必须要使用，然后去调试、优化，使这个技术变得更好。

（11）提问（Questionning）

凯文·凯利认为好问题比完美的答案更重要，一个好的问题，会比一个完美的回答更有价值。的确，如今人们有了搜索引擎、有了知识经济，找到答案似乎已经不是难事。现在缺乏的是人们的提问能力。提问是思维方式的体现。ChatGPT 让大众更为清晰地感知到了这一点。我们使用 ChatGPT 所遇到的"边界"，实际上就是我们自己的思维"边界"。一个好的问题能够不断驱动一个人的思想去和不同的人的思想产生碰撞，由此不断创造出新的领域。

（12）颠覆（Disruption）

在凯文·凯利看来，颠覆有三个规律。一是不管在哪个行业，颠覆不是从内部出现的，而是从外部推动的，内因并不是最主要的原因。二是一些一蹴而就的现象和技术，只是看上去很突然，但它其实已经在背后存在了很多年，比如 VR 其实已经超过 20 多年，只是因为没有满足成为产品的底限要求，所以到不了大众的视线。三是创造或者发明，是一个不挣钱的市场。首先大多数发明都是失败的，风险非常高，一开始的质量非常差。市场小、前途未卜是创业公司在初期通常都会面临的问题，但是它们没有选择，因为挤不进那些体量大、很赚钱的市场，它们只能从这块看起来很差的业务做起。

某种程度上说，凯文·凯利提出的这些趋势很多不是预测，而是总结和归纳，因为很多都已经正在发生，只不过它们会成为未来一段时间内持续存在的事情。这并不是说这些内容不重要或者价值低。恰恰相反，这些归纳和总结相比预测，更具有对企业决策和认知行业的行动指导意义。当然，相比未来学者，企业会更为关注近期的事情，比如接下来一两年会发生什么。全球 50 位科技领域顶级思想人士在风投公司 Footwork 所做的集中采访中，就"2022 年的下一件大事"给出了回答①，其中提及了 Web 3.0、加密货币、数字身份、对于工作含义的重新定义、投资思路的改变、供应链的数字化等领域。

其中，Web 3.0 与加密货币得到了最多的关注。对于 2022 年来讲，Web 3.0 与加密货币不是新生事物，科技人士的预测更多的是在表达它们将在广度和深度上持续发展，很难说有根本性的变化。值得玩味的是，在对 2022 年的预测中，几乎没有人提及在 2021 年大热的元宇宙。这或许反映出一种认知，相比元宇宙，每个领域的自我延展更为迫切也更为现实。这也提醒我们，放眼未来 50 年，我们不应让元宇宙占据我们全部的想象和视野，元宇宙绝不是未来数字生活的全部。

50 年后的互联网

美国皮尤研究中心（Pew Research Center）在 2019 年，也就是互联网整整诞生 50 周年的时候，提出了这样一个问题：50 年后的互联网会成为什么样？皮尤研究中心邀请了全球 530 名专家、学者、投资家、企业家参与回答。对于 50 年后的互联网，大约 72% 的受访者表示会发生更好的变化，25% 的人表示会发生更坏的变化，3% 的人认为不会有重大变化。

这是 2069 年，平台战争结束已经 20 年了，亚马逊出手

---

① Nikhil Basu Trivedi, "The next big thing in 2022 is. . . 50 of technology's top thinkers weigh in on the year ahead", Dec. 22, 2021, https://nbt. substack. eom/p/nextbigthing2022，最后访问时间：2023 年 4 月 30 日。

援助并收购美利坚合众国已经 30 年了。股东们起初被主席杰夫·贝佐斯的战略吓了一跳，但很快就发现，与曾经的竞争对手 Alphabet 相比，实体领土赋予亚马逊显著的竞争优势……一旦在 2045 年证明混合的人类网络智能能够比不一致和无限腐败的人类更好地管理和起草立法，美国国会就被一个动态的网络模型所取代，该模型考虑了公民的关切，但仍受到资源约束和既定法律的约束。

——未来主义者、前《洋葱》（The Onion）数码总监、喜剧/科技初创公司 Cultured Wit 联合创始人巴拉通德·瑟斯顿（Baratunde Thurston）

软件具有"人格"，它具有权利、人格和有限的责任。加密货币和分布式系统已经帮助地球上 1/3 的人口从民族国家中分离出来并加入了从火人节到种族隔离飞地的"首选国家"。这些国家使用的数字平台比旧的民族国家更大、更强大。很少有人拥有隐私权或全职工作。事实几乎不存在：一切都很容易伪造，所以一切都值得怀疑。数字平台仍然没有想出如何停止跟踪我们并利用它们的存在和力量帮助我们更好地共同治理。

——关系经济探索创始人杰里·米哈尔斯基（Jerry Michalski）

到 2069 年，人类在后工业、后信息世界中从事的唯一工作是大量的情感劳动、独特的创造性礼物，或者只是出于工作的乐趣。大多数 2020 年之前出生的人都讨厌这种做法，将其视为"机器人保姆式国家社会主义"和"破坏人类尊严"，即使他们利用了这些好处。在这里，人工智能的主要设计语言是"关怀"。

——未来研究所研究员贾迈斯·卡西奥（Jamais
Cascio）

复杂自动化时代将彻底改变世界，并导致交通、工业、通信、教育、能源、医疗、娱乐、政府、战争甚至基础研究等领域的突破性变化……人工智能将为基础研究做出巨大贡献，并可能开始创造它自己发现的科学数据……信息将变得更加自由。一切都会变得更便宜。悲惨的工作——在别人身后收拾残局，为别人服务，死记硬背地重复着吃力不讨好的任务——将继续缓慢走向灭绝。我们处理痛苦的能力大大提高，无论是情绪上还是身体上，这可能是我们将取得的最不受赞赏的进步之一。移情机器将大大有助于人们减少孤独感，变得更重要。它们也可能有助于教会我们更加道德。

——《FDA 算法》作者安德鲁·塔特（Andrew Tutt）

到 2070 年，大多数人将愿意在增强虚拟现实中度过大部分时间。互联网和数字生活将是非同寻常的，部分是外行星，无监督机器学习、融合能力和量子计算的通配符将极大地扩大这一轨迹的创新。

——索尼 PlayStation 人工智能和机器学习工程高级
总监加博·梅利（Gabor Melli）

互联网将演变成一个无处不在的全球神经网络系统。物联网将是一个隐形物联网的嵌入式世界。我们将能够通过语音、手势、触觉、全息图、显示器等人性化界面与其功能进行交互。我们将不再被迫与小巧、不兼容、笨拙的键盘、图标以及笨拙的手持和桌面设备交互。这些界面将针对每个人进行高度定制，并以适应性强的方式与他们的个人资料、偏好、特权和规格相匹配。屏幕将显著减少，让我们回到丰富的人与人交互中，尽管我们的交互的很大一部分将通过软件代理、化身和 AI 设备（机器人、嵌入式设备等）得到增强。

——互联网名人堂成员、第一个主机到主机在线连接的联合主管、加利福尼亚州立大学洛杉矶分校计算机科学教授伦纳德·克莱因罗克（Leonard Kleinrock）

在 50 年内，我们将拥有将互联网收发器嵌入人脑的技术，这可以大大加快信息传输并取得巨大进步。大量的工作将能够完全通过互联网完成，这可能来自家里或来自大脑植入物。机器人将完成大部分体力工作，通常由远程人员监督活动，但主要由人工智能管理。大多数通勤将停止，道路将用于无人驾驶货物或娱乐运输。

——互联网的先驱、互联网名人堂成员、ARPA-NET 设计师和经理劳伦斯·罗伯茨（Lawrence Roberts）

我真的不认为我们会在 2069 年拥有我们今天所知的互联网。回想一下 1969 年——我们今天认为理所当然的大多数技术（包括网络等全球信息系统）当时只是科幻小说。我认为导致当今互联网碎片化的最大因素是地缘政治因素和互联网的潜在武器化。所以，它的未来是不确定的。但技术的发展仍在继续。我相信，到 2069 年，脑机接口将得到充分发展，如果我们认为人工智能的应用可能会对人类的未来造成威胁，而且从一开始就没有仔细考虑使用脑机接口的法律和道德框架，那么脑机接口将成为噩梦。我相信会有其他技术，也许是由人工智能开发的，我们还不知道，但会像 2019 年的互联网一样在 2069 年主宰世界。

　　——英国南安普敦大学计算机科学教授、网络科学研究所执行董事温迪·霍尔（Wendy Hall）

　　在互联网的最初 50 年里，人类从完全无法访问上升到一直在线，通过人身上的互联设备来跟踪他们的生命迹象。我预计未来 50 年设备将缩小到微小的尺寸，并且融入我们每个人的身体里。那么就会出现两个转折点。第一个是科技富人和穷人之间的分裂。那些拥有科技的人将从技术中受益，而那些没有技术的人则无法受益。技术越先进，情况就越是如此。虽然我愿意相信人工智能对抗气候变化、分配食物和财富以确保没有人挨饿的乌托邦式愿景，但历史并不支持这种观点。第二个是道德的进化。尽管欧盟和加利福尼亚试图阻止这一趋势，但在互联网出现之前的时代，隐私的构想几乎已经死亡。人们放弃的关于他们最隐私的生活的信息量正在迅速增长。为了跟上技术的发展，道德也需要相应的进化，否则就会出现混乱。

　　当人们可以在家里隐藏他们的基因、个人习惯和生活时所形成的道德结构与一个永远在线、知道某人每天整天都在做什么的全景电视不符。人类的本性几乎是不可改变的——道德需要迎头赶上。社会上发生的任何事情都可能被科技放大。我希望我的悲观是错误的。

——Driven Inc. 顾问和数据系统专家乔纳森·斯
沃德洛夫（Jonathan Swerdloff）

奇怪的是我们在 50 年内对互联网一无所知。今天，我们真正反思电力和管道的唯一时间就是它们发生故障时。其他时候，它们就在那里，就像空气一样不言而喻。我相信我们将以大致相同的方式看待数字工具。我们走进一个房间并打开我们的数字流，就像我们打开灯一样。我们想知道我们的银行账户里有多少钱，就问空气，墙上的回答是（"你有点透支了。不应该买那双鞋。我告诉过你的。"）。我们开始做饭，我们的厨房温和地建议我们停止做泰式炖鱼，因为我们忘记告诉厨房我们想要这样做，所以它没有点新鲜的柠檬草。我们将做一道地中海鳟鱼菜。我们唯一一次反思这一切的时候，无论出于何种原因，网络都被切断了。它通常只持续几分钟，但在那几分钟里，我们变得像孩子一样，在没有无休止的有用技术包围时蹒跚而行，不知道该怎么办。

——南丹麦大学工程学院创新、设计和管理教授
阿尔夫·雷恩（Alf Rehn）

在未来几十年里，如果可能的话，我们将拥有一个"设备"：一切都将通过声纹激活和/或生物扫描仪激活（视网膜扫描），因此密码和登录详细信息变得无关紧要。这将使身份盗用更加困难，但并非不可能，因为无论人们创建什么系统或技术，其他人都会立即开发出偏离或破坏它的方法。所有住所的供电设备都可能是太阳能供电或以 20 世纪电力以外的方式供电。您随身携带的个人信用卡、驾照和其他便携式文件将同步到一个可通过生物扫描系统访问的基于云的账户。要购买杂货，只需使用您的家庭杂货"应用程序"打开您的账户，因为您的食品储藏室、冰柜和冰箱可以订购您没有的东西。然后机器人会打包您的订单，带有机器人送货人员的自动驾驶汽车将为您的厨房补货。之后，食品杂货会出现在你的厨房里，就像《星际迷航》中柯克上尉和斯波克先生在"企业"号上用过的方式一样。而不是你教你的孩子阅读、系鞋带、做功课或者打扫他们的房间，像 Alexa 这样更发达并且可以在房子的多个房间内操作的辅助工具可以做这些事情。随着我们变得更加自私和自恋，人们继续将他们的职责和责任交给设备和机器。像 Facebook 这样的社交网站将是全息的。人们可能会拥有一个或多个植入物，以允许他们访问互联网并访问未来的任何计算机。人们不会在电脑上打字。也许您可以在您吃午饭、看电视、在公园散步或乘坐自动驾驶汽车时思考您想要输入的内容，并且您的系统会为您输入。同样重要的是要记住，50 年前的过去预测从未预测过互联网，但确实预测了许多即使现在我们仍然没有的技术。因此，我们可以对我们的预测做出同样的预期。

——北得克萨斯大学的计算社会科学家瓦莱丽·贝尔（Valarie Bell）

就个人而言，我们会像考虑物理资产一样考虑我们的数字资产。理想情况下，我们将对我们的数据进行更透明的控制，并能够了解数据所在的位置并将其交换为价值——与现在处于赢家通吃地位的平台公司进行谈判。今天，一些孩子的名字就考虑到了搜索引擎优化；我们将更全面地考虑儿童与生俱来的个人数据的一系列权利和责任。政府将对个人数据进行更高水平的监管和保护。在个人层面上，技术将与我们的身体自我更加融合。例如，我可以看到增强听力和视力的设备，这些设备可以通过我们的身体更容易地访问数据。我很难想象那是什么样子，但我们有50年这样长的时间来弄清楚它。在社会层面，人工智能将影响许多工作。不仅卡车司机和工厂工人，而且基本上无懈可击的职业——法律、医学——都将经历痛苦的转变。总的来说，我看好我们为这些人类找到更高更好用途的独创性，但在我们到达那里之前，我们似乎不可避免地会经历一个阴暗的谷底。到2069年，我们可能会走到另一端。我对50年后世界的最大担忧是地球的物理状况。我们的大量数字生活将专注于宜居环境，这似乎是完全合理的：识别它们、改进它们、扩展它们。

——营销、内容和技术主管佩里·休伊特（Perry Hewitt）

50年后，今天的隐私概念将与我们对马和马车运输的感觉一样过时。作为数字网络的一部分，我们的家庭、交通工具、电器、通信设备甚至我们的衣服都将不断进行通信。今天我们有足够的碎片想象它会是什么样子。通过我们的衣服，医生可以实时监测我们的生命体征、代谢状况和与特定疾病相关的指标。家长将获得关于幼儿的实时信息。未来的不同将是所有这些互联设备的信息、数据更新和响应的不断共享。我们创造的东西会与我们互动以保护我们。我们的隐私甚至责任的概念将被重新定义。降低成本并提高医疗保健的有效性将需要共享有关我们身体功能的信息；那些选择退出的人可能不得不接受临终关怀而不是积极治疗。数字化不仅仅是将我们的事物相互连接起来——它会侵入我们的身体。假肢、替代器官和植入物的进步将把我们的身体变成数字设备。这将产生一系列新问题，包括定义"人类"以及人类与数字世界之间的界限——如果人们始终保持联系，那么人类现在是否是互联网的一部分？

——未来学家肯尼斯·格雷迪（Kenneth Grady）

个人与数字技术的互动将比现在更加普遍和亲密。数字技术将用于应对经济发展和数字文化造成的一些压力。例如，数字化身可以为老人和孤独者提供智能陪伴，指导那些患有心理障碍的人，鼓励和引导久坐不动的人采取更健康的生活方式等。但数字技术带来的变化和社会压力可能需要对社会契约进行根本性改革。我们可能需要一个新的数字社会契约。有人评论说，当人类试图将宇航员带到火星时，主要的挑战不是技术。相反，它将是社会性的，即无关的个人长期生活在密闭环境中的能力。

——经合组织科学、技术和创新理事会高级政策
分析师阿利斯泰尔·诺兰（Alistair Nolan）

世界即将拥有更多的时间，这是一种重新定义文化的新时间水平。政府需要弄清楚如何确保人们在这段时间得到与资本主义价值无关的补偿，人们将需要有创意的空闲时间。我们将需要更好的心理健康服务；我们最终需要重新定义公共教育系统，以摆脱 19 世纪的工厂模式。这要么是发明、休闲、娱乐和公民参与的黄金时代，要么是无聊和失业的反乌托邦。

——Internet Archive 高级创意技术专家丹·舒尔茨（Dan Schultz）

在 50 年内，贫富之间、发达国家与发展中国家之间、技术先进国家与弱势国家之间的文化鸿沟将继续扩大。这些分歧是严重的，并且已经发生在城市中心、发展中国家和发达国家之间、农村和城市地区之间，仅举几个分歧的地点。因此，对于那些拥有资本的人来说，包括获得新技术和随之而来的知识，生活可能会涉及基于互联网和平台化通信的可穿戴和无处不在的计算。这些类型的工具可能只有那些拥有经济和文化资本的人才能使用。

——伦敦艺术大学专门研究数字文化的高级讲师佐伊坦娅·苏琼（Zoetanya Sujon）

互联网设备进入人体的后果是引发反乌托邦。这是从经济到个人自由以及介于两者之间的一切的游戏规则改变者。一旦互联网进入你的内心，甚至在 2030 年之前，你就不再是严格的人类，所以维持你作为生物的所有必要结构将改变人类作为一个物种的未来。我害怕一个有知觉的互联网。

——《当代文化和社会中的机器人、半机械人和机器人》作者史蒂文·汤普森（Steven Thompson）

预想 50 年后的互联网会是什么样子，最大的难度不在于对技术能力边界的预测，而在于避免仅局限于对技术应用场景的预测。50 年后的互联网成为什么样子绝不仅仅是技术决定的。50 年后的互联网与如今的互联网和未来的元宇宙一样，它是我们技术、认知、文化、制度等多种方面合力的产物。虚拟现实、物联网、元宇宙等我们现在讨论的很多概念在 50 年后也许都将不复存在，或者具有了完全不同的意思。互联网的前 50 年是技术驱动的，大量的技术创新已经融入日常生活的几乎每一个方面；未来 50 年将是知识驱动的，因为我们的理解"赶上"了技术。科技无疑将持续迈向新的阶段，但接下来的 50 年一个显著的特征是：人类的认知，经过前 50 年的经验和反思的积累，将会更深入地与互联网的核心特点产生互动，并发生影响。

3

不存在的互联网下半场

> "我们（在互联网时代）的数码生活方式虽然给了我们更多的事实，但却不能给我们更多的理解。"
>
> ——迈克·林奇（Michael P. Lynch）

概念的味道

"互联网下半场"在 2016 年被提出后，一直不断在各种场景下被使用。这个概念让人觉得互联网的上半场似乎已经开始成为遥远的故事，硝烟已去，下半场满含着新的趋势和机会，空白的疆土等待被开拓。对于很多创业者来讲，"互联网下半场"也成了心目中的救命稻草，仿佛上半场已经翻篇与己无关，下半场换了个赛场可以大显身手。

没有一个行业像互联网行业那样善于创造概念。无论是行业内还是行业外的人都不乏这样的感受：刚出现不久的概念还没有了解清楚，一堆新的概念又冒了出来。概念驱动资本，资本放大概念，这样的模式几乎涵盖了整个互联网发展的历史。这无关对错与好坏，只是恰恰说明了数字化是如此之新的一个方向：有太多新的技术出现，有太多新的应用场景出现，有太多新的商业机会出现。它们都需要用新的名词来表达自己的与众不同，说给市场听，说给媒体听，说给投资者听。这也就不难理解为什么像"新"和"下一代"这样的词会如此频繁地出现在互联网领域，似乎只有"新"才有价值，才能代表未来。而其中的问题是，很多概念都没有被真正深入地探讨和解释过。

提出概念变成了营销手段，对概念宣讲很多，但为它注入实质内容的动作和结果有限。结果就是，看起来很热闹，最后却是一地鸡毛。曾有人问阿里巴巴的王坚院士："有了互联网技术以后，又有了移动互联网，再后来云计算、大数据乃至物联网开始盛行，您觉得下一个技术趋势是什么？"对这个问题，王坚院士答道："至少在50年以内，互联网在我有限的知识范围内还是个技术趋势。"[1] 这一问一答，颇具代表性。提问中充斥着诸多新的概念名词，刚刚处在初期的云计算和物联网已被称为"盛行"，当前的技术落地才刚开始就已经关注下一个技术趋

---

[1]　王坚：《互联网、数据和计算》，2015年12月10日，在"BDTC 2015中国大数据技术大会"上的主题演讲，搜狐网，https://www.sohu.com/a/48080619_114774，最后访问时间：2023年4月30日。

势了。这样的浮躁不能完全怪提问者。它折射出的是整个行业的特点。相比热闹的提问，王坚院士的回答显得简单但清醒。是的，就像生物进化一样，处在当前阶段的时候其实是无法预测出接下来会发生什么。"互联网下半场"概念的支持者们认为：当互联网渗透率超过50%的时候，按定义就不可能再翻番了，中国人口总体增长又不快，如果需要业务增长翻番的话，不可能单靠用户翻番来实现。可能对单个公司来讲还有很大空间，但对于互联网整个行业来讲红利就不大了。但网民数量和用户规模只是看待市场状况的一个角度，人口红利也不能代表数字化带来的商业红利。

中国单一的庞大市场成就了很多互联网公司。有太多的新用户可以去获取，以资本"大力出奇迹"的粗放型用户增长模式可以屡试不爽。用户规模成为了创业者和投资方的核心关注点。相比国外的同类公司，中国的很多互联网公司有极强的移动互联网用户获取和运营经验，积累出很多正常的和灰色的模式，核心都是围绕着用户增长和用户变现。但这种情况也会让我们把视角局限在用户增长本身，以此做为唯一的象限来看待行业。但互联网作为成为"整个社会经济发展的基础设施"的力量，将推动一次社会经济的全面演化。这是个被重构的时代，重构的力量来自网络引发的数字化趋势。其标志是产生了新的工种和职业，创造了新的经济增量，带动了消费动力的转移。互联网成为基础设施，数字化从某一个领域走向全面深化。这个演化的结果会是什么，目前很难有确定性的判断。但这个演化将会像地球生命进化的过程那样呈现出万物生长的状态。从这个角度讲，"互联网下半场"这个概念其实并不准确。它可以被认为属于一种企业视角的战略认知，但绝不是行业趋势的总结。

著名科技博主 Keso 是这个概念的坚定质疑者。他在《"下半场"其实是一套话语体系》一文中写道:"我不想掩饰我对这个表述的不屑。就像电力带来的能源革命已经进行了近 200 年,仍然方兴未艾,互联网带来的连接革命怎么可能刚刚过了二十几年,就已行程过半?……我认为下半场这种说法,其实是一种井底蛙的世界观,人在井里,便以为世界就是井口那么大,所以你才会在一个极小的时间片上切分出上半场、下半场。这就像在以光年为尺度的宇宙中,你却在计算走了多少里,以及午饭前是否能走完前半程。"

把眼光投向"讨论"的背后

值得关注的是,当中国的头部互联网企业在对"互联网下半场"讨论的风生水起的时候,在国外,鲜有听到类似的讨论。这并非是因为中国的互联网发展迅速比欧美率先进入了所谓"下半场"的缘故。其原因主要是两点:

(1)市场空间的差异

绝大多数中国互联网公司都只在国内市场发展。中国巨大的单一市场提供了广阔的空间,但国内市场经过十几年的快速发展,简单粗暴却行之有效的模式功效已然到达瓶颈,可以被快速开疆拓土的空间越来越小。而面对国际市场,由于国外监管和法律政策、基础设施、商业成熟度、语言文化以及谷歌、苹果的强势生态等多种因素,对于中国企业来讲,"出海"竞争的难度远超国内,而商业收益又远低于国内。UC 浏览器原本在印度浏览器市场占据市场份额第一,但由于印度政府的政策,最后只能全面撤出；微信在国内独占即时通信社交市场，但在海外却难以撼动 WhatsApp。而以苹果、谷歌、Meta 等为代表的国外企业，一直以全球市场为目标，单从用户增长空间这一点来看，就远未见顶。

（2）能力特点的差异

中国良好的网络基础设施，移动支付意识的养成，让中国移动互联网市场的商业化程度和运作空间远远领先于海外。这让中国的互联网企业极为擅长运营与商业的结合。事实上，中国互联网发展的历史基本上可以被归纳为运营＋商业的发展史。很多互联网公司的技术能力都是为了运营和商业化而服务。相比而言，国外的公司和技术人更关注互联网底层逻辑和底层技术的演进，更注重对价值理念的表达和实践。因此，无论是以 PC 为主的时期还是以智能手机为主的时期，一个值得思考的现象是，几乎没有任何一个互联网创新性产品模式是中国公司创造的，虽然这并不妨碍中国企业把这些模式微创新后在国内市场做得风生水起。中国公司善于赢得规模，而国外依然在引领趋势。但规模容易看到边界，带来趋势变化的力量则会四处释放各种可能性，就像我们在 ChatGPT 这个事情上所看到的那样。

互联网不再是一个线性发展过程

互联网没有下半场，甚至也没有下一站。因为它不再是一个线性发展的过程。没有任何单一的技术会成为主导力量。互联网的媒介也不再仅以智能手机为主，其形态将会越来越丰富，步入凯文·凯利所说的"读屏"时代。从 Web 1.0 到 Web 3.0 也不是简单的迭代关系。每个技术领域，或显性或隐性，都会向社会辐射出自己的独特价值和影响幅面。这些幅面在某些场景和领域中会叠加，进而产生新的技术需求和应用需求。当数字化与越来越多的社会经济领域进行触碰的时候，它不仅仅是数字化能力简单地附属在原有的产业链条或者消费场景中，而是重构出新的形态，就像数字化已经在资讯、电商、本地生活服务等很多领域里面展示出的那样。除了使用"数字化"这个内涵宏大的词语以外，我们很难描述一个单一的未来路径。元宇宙也不是数字化的全部，它只是部分的数字技术涌现和融合后产生的结构，其也不会有特定出现的时刻。所有的确定性在每个具体的时点都是以不确定性而被感知的。

美国历史学家大卫·克里斯蒂安（David Christian）在《起源：万物大历史》中写道："在数十亿年，愈发复杂的事物不断涌现，其组成部分的数量不断增加，内部联系也日趋繁复。我们不能错误地假定复杂事物就一定比简单事物好，但复杂性对于我们人类而言至关重要，因我们是复杂的存在，而我们生活与其中动态的全球社会可谓迄今所知最复杂的存在。"[1] 数字化本身是个极端复杂的过程，它又会让我们所处的世界变得更为精密，也更为复杂。这需要我们的认知模式也要发生新的变化。越来越多的连接意味着任何一个单一结点都受到越来越多变量的影响。就像现在很多互联网公司的运营数据需要多维度的分析，才能更好地看清这些数据为什么会是这样，这些数据到底说明了什么问题。数字化让我们能够以三维的能力去记录和影响三维世界，也要求我们需要以三维的思维方式去认知数字化

---

[1] 〔美〕大卫·克里斯蒂安：《起源：万物大历史》，孙岳译，中信出版社，2019，第8页。

所带来的改变：不再有单一的技术力量和理念会被定义为绝对的主导力量，多维度的数字化演进在同步发生，越来越多的技术生态在自我演进并相互之间产生交叉和融合。这一幕就像是人类社会发展历史的再现。

4

从"生活流"到"镜像世界"

> "镜像世界是比元宇宙更大的平台。"
>
> ——凯文·凯利（Kevin·Kelly）

大卫·格勒恩特尔的"世界流"

在讨论互联网终极形态的时候，其中一个值得注意的方面是对概念理解的一致性。在中文语境下日常的使用中，经常出现的情况是将网络、互联网、数字化等概念相互混用，认为它们指的是一个意思或者一件事情。Web、Internet 和 Network 在中文中经常都被称为"网络"，但它们所指的其实完全不同。

Internet 正式名称应该是因特网，又叫国际互联网，是一组全球信息资源的总汇，由许多小的网络（子网）互联而成的一个逻辑网，每个子网中连接着若干台计算机（主机），基于一些共同的协议并通过许多路由器和公共互联网而成，是一个信息资源和资源共享的集合。

WWW（World Wide Web）即全球广域网，也称为万维网，在 1994 年才出现。它是一种基于超文本和 HTTP 的、全球性的、动态交互的、跨平台的分布式图形信息系统，是建立在 Internet 上的一种网络服务，为浏览者在 Internet 上查找和浏览信息提供了图形化的、易于访问的直观界面，其中的文档及超级链接将 Internet 上的信息节点组织成一个互为关联的网状结构。Internet 是基础，Web 是应用，Web 是建立在 Internet 基础上，它们在属性、组成和组织方式上完全不同。因此，当我们在说"互联网"或者"网络"的时候，应该要先明确我们讨论的是哪一个领域。

国内的科技媒体曾经翻译过耶鲁大学计算机科学家大卫·格勒恩特尔（David Gelernter）在 2013 年的一段话："时常会有人问下一代网络会是什么样，只是，我的观点是，根本就不会有下一代网络。……网络将会成为历史。"[①] 如果不对词语指代的意义有准确的理解，很多人对于这段表述会产生误读。网络不是欣欣向荣地在发展，怎么将会成为历史了呢？而看到英文原文的内容，其实就能明白大卫·格勒恩特尔的意思，"People ask what the next web will be like，but there won't be a next web……The web will be history"[②]。在这里，他明确说的是 Web 这样的形态。

Web 为什么会成为历史？在大卫·格勒恩特尔看来，基于空间的网络将逐步被基于时间的"世界流"（Worldstream）所取代。"想象一本可自动翻页且能记录你生命中每一个瞬间的日

---

① 《耶鲁计算机科学教授 David Gelernter：网络、搜索、计算机终将作古，基于时间的生活流才是未来》，https://www.36kr.eom/p/1641701343233，最后访问时间：2023 年 4 月 30 日。

② David Gelernter, "The End of the Web, Search, and Computer as We Know It", Feb. 1, 2013, https://www‐wired‐com.translate.goog/2013/02/the‐end‐of‐the‐web‐computers‐and‐search‐as‐we‐know‐it，最后访问时间：2023 年 4 月 30 日。

记，你一触碰它，翻页就会停止。这本日记会变成一部关于你的参考书，一部记录你完整生活、内容可搜索的指南。而放下它，翻页又会自动开始。今天，这种类似日记的结构，正在取代空间结构，成为新的互联网范式：所有网路上的信息，很快都将变成基于时间的结构。在数字化的世界中，基于空间的结构是静态的，而基于时间的结构则是动态的，且会一直流动，恰如时间自身……网络也将改变像一团乱麻的蜘蛛网形态，变成一个数字信息空间。这种转变已经开始。数以亿计的用户也将开始记录自己的生活，最终汇集在时间这条叙事长河之中，成为地球自己的故事。"① 如今，相信大家对他 2013 年的这个预测应该并不陌生，微信、微博、抖音、Facebook 等一系列移动互联网应用都验证了这种"世界流"的出现。

另一个预言——"镜像世界"

大卫·格勒恩特尔在 1991 年提出的"镜像世界"如今又重回大家的视野。他描述道，镜像世界是将一些巨大的结构性的运动的真实生活，像镜像图景一样嵌入电脑中，通过它人们能看到和理解这个世界的全貌。在 2021 年，凯文·凯利把"镜像世界"称为下一代平台，认为未来互联网技术的主要任务是绘制完整世界的地图，形成一个与现实世界平行的镜像世界。②

---

① David Gelernter, "The End of the Web, Search, and Computer as We Know It", Feb. 1, 2013, https://www.wired.com/2013/02/the-end-of-the-web-computers-and-search-as-we-know-it/，最后访问时间：2023 年 1 月 25 日。

② 引自凯文·凯利在 2021 年 12 月 27 日百度 Create 大会（AI 开发者大会）主论坛演讲的内容，https://xw.qq.com/cmsid/20220106A0CTB200，最后访问时间：2023 年 1 月 24 日。

目前，镜像世界还没有完全存在，但它确实正在走来。可以确定的是，在未来的某一天，现实世界中的每一个地方和每个事物——街道、公园、建筑物和房间——都将在镜像世界中拥有全尺寸的数字复制体。互联网基本上已经完成了信息的数字化，把书本、文件和数据库进行了数字化，方便查找、搜索和浏览并进行二次创作。移动互联网的普及大大推动了社交网络中人际关系和人类行为的数字化。如今和接下来正在发生的是将实现剩余世界的数字化，包括所有的空间、建筑、物品和整个世界。在当前阶段，通过 AR 头戴显示器只能看到镜像世界的一小部分。这些虚拟片段一片接一片地存在或者部分连接在一起，形成一个平行于现实世界的地方。它既是共享的，也将永久存在。阿根廷小说家豪尔赫·路易斯·博尔赫斯（Jorge Luis Borges）在短篇小说《论科学的精确性》中曾提到一个帝国，其按照 1∶1 的比例尺绘制了一张地图，覆盖了整个国土，随着帝国的对外扩张或者土地割让，这幅地图也相应地放大或缩小。博尔赫斯的地图寓言揭示了现实与现实的镜像之间的界限有被模糊的趋势。如今小说里的寓言正在逐渐变成现实，我们正在构建同样一个范围巨大的 1∶1 "数字地图"。

从某个视角来说，谷歌地球映射出这个镜像世界的模样。

小说《雪崩》对地球是这样描述的："一颗葡萄柚大小的地球，细节表现得极为完美，悬浮在半空中，离他（编者注：主人公阿弘）的双眼只有一臂之遥。阿弘听说过这东西，但从未亲眼看见。它是中情公司开发的软件，名字很简单就叫'地球'。这是一种用户界面，中情公司用它来跟踪自己所拥有的每一个比特的空间信息：所有的地图、气候数据、建筑蓝图和卫星监视。"①

这和 Google Earth 多么相似。打开 Google Earth，左下角有个名为"图层"的模块，就能了解到各个区域的名称和边界、气候情况和 3D 建筑，周围的酒吧、加油站和咖啡馆，甚至可以通过"街景视图"看看那里的全景图，这样就不怕开车过去认不出来要找的地方究竟是什么样了。

"图层"是 Google Earth 中最有价值的发明之一。如果只有卫星图片，那 Google Earth 仅仅就是一个单纯的三维地理软件而已，而"图层"使得 Google Earth 具备了百科全书的特质。Google 在搭建好了基础的地理信息框架后，将信息层的 API 开放给了所有人，每个人都可以按照自己的兴趣来帮 Google Earth 添砖加瓦：新闻、历史、自然环境、学校简介、人口统计等。SketchUp 是 Google 收购的一款 3D 软件。现在 Google Earth 大城市中所能看到 3D 的建筑模型，只有小部分是 Google 自己的工程师弄的，大部分都来自网友用 SketchUp 制作，而且纹理和贴图都特别精细。

镜像世界已经不断地在我们身边露出痕迹。也许没有什么比"精灵宝可梦 Go"更能证明虚拟和现实的结合是不可抗拒的了。"精灵宝可梦 Go"是一款将虚拟角色沉浸在户外环境中的游戏。当它在 2016 年发布时，很多人都会在当地公园里追逐着卡通人物，随处都可以听到"啊哈，我捉到了!"的声音。这款游戏所打造的镜像世界已经被超过 150 个国家的数亿玩家所接受。创造"精灵宝可梦 Go"的公司 Niantic 是由曾在谷歌地球工

---

① 〔美〕尼尔·斯蒂芬森：《雪崩》，郭泽译，四川科学技术出版社，2018，第131页。

作过的约翰·汉克（John Hanke）所创办。在汉克看来，游戏是科技孕育的地方。他的经典观点是，如果能为玩家解决一个问题，就能为其他人解决这个问题。

目前，在世界各地科技公司的研究实验室深处，科学家和工程师正在竞相建造覆盖实际场所的虚拟场所。至关重要的是，这些新兴的数字景观会让人感觉到真实。谷歌地图中的街景模式只是门面，是链接在一起的平面图像。但是在镜像世界中，虚拟建筑将会拥有体积，虚拟椅子将会展现出舒适性，虚拟街道将会有多层纹理和缝隙。

在镜像世界里，每样东西都会有复制体。美国航空航天局（NASA）工程师在 20 世纪 60 年代率先提出了这一概念。通过保留发送到太空的机器的副本，他们可以在几千英里之外排除故障部件的问题。这些复制体逐渐演变成了计算机模拟的数字复制体。作为世界上最大的公司之一，通用电气生产非常复杂的机器，比如发电机、核潜艇反应堆、炼油厂控制系统、喷气式涡轮机。如果机器出了故障，就会导致人员的死亡。为了设计、建造和操作这些巨大的装置，通用电气借用了 NASA 的想法：它开始创建每台机器的数字复制体。例如，喷气式涡轮机可以具有相应的多普勒光栅。它的每个部分都可以在空间上用三维表示，并布置在相应的虚拟位置。在不久的将来，这种数字复制体可能会成为发动机的动态数字模拟。但是这个全尺寸的 3D 数字复制体不仅仅是一个电子表格，通过用体积、尺寸和纹理来体现，它就像真实物品的化身。2016 年，通用电气将自己重塑为"数字工业公司"，并将其定义为"物理和数字世界的融合"。这也是它正在建立镜像世界的另一种说法。数字复制体已经提高了使用通用电气机器的工业过程的可靠性，比如炼油或制造设备。

微软已经将数字复制体的概念从物品扩展到整个系统。该公司正在使用人工智能构建一个沉浸式虚拟复制品，来模拟整个工厂车间正在发生的事情。维修技师可以研究虚拟覆盖层，查看实际零件上可能有故障的部件。而总部的专家也可以在 AR 中向维修技师分享自己的观点，并指导处理真实零件。

为了让镜像世界完全上线，不仅仅需要让所有的东西都拥有一个数字复制体，还需要建立一个物理现实的三维模型来放置这些数字复制体。当有人通过一个设备，特别是头显，来注视一个场景时，微型嵌入式摄像机会向外看，并将它们看到的东西映射出来。摄像机只捕捉其中的像素，但是人工智能却可以理解这些像素。它会精确定位你在一个地方的位置，同时它会评估那个地方的情况，这就是所谓的 SLAM（Simultaneous Localization and Mapping）——同时定位和映射。这个技术可以回答两个非常重要的问题：我在哪儿（定位），我周围有什么（三维场景重建）？

诞生于牛津大学主动视觉实验室的 6D. ai 公司建立了一个开发 AR 应用的平台，可以实时识别大型物体。如果我们用其中一个应用拍摄街道照片，它会将每辆车识别为一个单独的汽车物体，每一盏路灯都被识别为不同于附近树木的物体，店面则是汽车后面的平面物体。通过这样的分类方法，它为世界塑造了一个有意义的秩序。

这个秩序将是连续的和相连的。在镜像世界中，物体会相对于其他事物存在。数字窗口将存在于数字墙的环境中。它们不再是芯片和带宽之间产生的连接，而是 AI 产生的连接。

增强现实是镜像世界的技术基础，是一个终究会长成巨人的新生儿。镜像世界让人们沉浸其中，但却不会让用户从空间中消失。用户仍然存在，但是在一个不同的现实层面上。所以，它们不是把用户与世界隔绝，而是与世界形成一种新的联系。

一个大型镜像世界的崛起，将在一定程度上依赖于目前正在进行的根本性转变，即从以手机为中心的生活转向一项已有两个世纪历史的技术——照相机。要重新创建一个和地球一样大的地图，我们需要从每个可能的角度拍摄所有的地方和事物，这意味着需要在全球布满摄像头，并永久开启着。

镜像世界是互联网在时间和空间的结合，镜像世界也是 4D 的世界。时间是镜像世界一个可以调整的维度。与现实世界不同，人们可以将时间向后滚动。在镜像世界里，历史将会成为一个动词。用户可以回到任何地点，看看之前发生了什么。要在某个位置访问较早的时间，只需恢复到日志中保存的先前版本。整个镜像世界就像一个可以点击"撤销"的 Word 或 Photo-shop 文件。在大卫·格勒恩特尔看来，这种现实的逼真度将是革命性的，这些可以滚动的场景将会有很大的意义，因为它们来自一个全面的现实世界。万物的每时每刻都将会有一个数字记录，这也意味着我们将可以搜索一切。

谁掌握这个 4D 的数字世界，谁就会成为历史上最富有、最有权势的人和公司（是的，Facebook 改名 Meta 绝不仅仅是变动一个名字那么简单）。此外，像现在的数字平台一样，这个新平台被认为可以促进其生态系统中成千上万家公司的繁荣。

数字孪生常被认为是镜像世界的代名词

从大卫·格勒恩特尔最原始的定义来说，两者确实等同。

而从凯文·凯利最新观点看，两者又有比较明显的区别。凯文·凯利把混合现实（MR）等同于镜像世界，"在混合现实中，透过智能眼镜，你会看到现实世界，并获得存在感，即在这个世界中有物体存在的感觉。这就是这个新平台的主要特质：存在感。我把这个世界称之为镜像世界"①。这样的总结对与不对当前并不重要，因为这取决于我们如何定义这些概念。这种情况只是再一次提醒我们，如今的概念有多么纷繁和混乱。

但无论是哪种定义，从某种角度讲，镜像世界会让鼓吹"元宇宙是互联网终极形态"的人们又兴奋又受挫。兴奋的是，很多关于镜像世界的表述、演进路径与元宇宙十分类似，似乎元宇宙就是镜像世界最时髦的表达形式。受挫的是，镜像世界似乎又拥有比元宇宙更大和更多的场景，元宇宙只是镜像世界的一部分而已。镜像世界所包含的不仅是虚拟世界的故事，还包括虚拟和现实的结合。在凯文·凯利的观点中，如果能做出镜像世界，就可以做出VR和元宇宙，反之则不成立。

我们在讨论未来数字世界的时候会涉及多个层面：单纯的数字虚拟世界，现实中混合虚拟的世界，虚拟完全映射现实的世界。它们在构成机制、技术模式、价值属性等方面存在很大差异。至少从目前被普遍引用的Roblox对元宇宙的定义来看，元宇宙只是其中的一个层面。从这个角度来说，元宇宙无法代表互联网和数字化的最终形态。

---

① 凯文·凯利在2021年12月27日百度Create大会（AI开发者大会）主论坛演讲的内容，https://xw.qq.com/cmsid/20220106A0CTB200，最后访问时间：2023年1月24日。

5

衡量进度的单位不是大小而是时间

"时间是人类发展的空间。"

——卡尔·马克思（Karl Marx）

生物研究给我们的启发

"衡量进度的单位不是大小而是时间。"①

这是脑科学家杰夫·斯蒂贝尔（Jeff Stibel）在其著作《断点：互联网进化启示录》中的一句话。杰夫·斯蒂贝尔曾和退役后的科比·布莱恩特（Kobe Bryant）合伙开了一家叫 Bryant-Stibel 的风险投资公司，投资过中国的英语教育培训公司 VIP-KID。

作为一个神经脑科学家，杰夫·斯蒂贝尔从计算、沟通、预测能力和模式识别等方面，将互联网与人类进行对比，用"断点"这个概念来讲述互联网的发展阶段和自我突破。所谓断点，就是一个临界值，也就是当一个庞大的网络或者群体在前期迅猛增长，逐步超越了自身资源承受能力时，这个网络或者群体，即到达了"断点"。

在书中，作者讲述了圣马太岛上的驯鹿的例子。它们在无

---

① 〔美〕杰夫·斯蒂贝尔：《断点：互联网进化启示录》，师蓉译，中国人民大学出版社，2015，第 1 页。

法迁徙的岛屿上因过度繁殖耗尽岛内资源而死亡，而在正常野外环境中生存的驯鹿就不会遭受这种困境，因为在驯鹿迁徙的过程中被消耗的资源得以恢复，整个系统仍然处于平衡之中。圣马太岛上的驯鹿在过度繁殖到达"断点"之后，即破坏了生态系统的平衡，最终导致整个物种的灭绝。作者通过引用论证诸多的案例，解释了很多"断点"存在的现象。在他看来，无论是阿拉斯加小岛上的驯鹿群、复活节岛上曾经存在的人类社群、沙漠中的蚂蚁群，还是我们熟知的知名网络公司群体，都在遵循"断点"的规律。

如何用断点的视角来看互联网行业？那就是：越大未必是越好的。

当维基百科在 5 年时间内实现 20 亿文字的跨越时，它的"断点"也到来了。简单的词条已经编辑完毕，维基百科已经很难再按照原有的速率进行增长了。这时的解决方法，就是寻求专家的智慧。相比于群体的多样性优势，专家的主要优势在于拥有丰富的经验和知识，而这可以帮助众包模式的网站度过断点，转到提高发展质量上来。而维基百科确实也是这么做的，它给更有经验的编辑更多权力，这些编辑可以限制网页的编辑、自行删除内容，甚至禁止其他用户使用网页。虽然这种做法遭到了很多抱怨，但它确实提高了质量并减慢了条目的增长速度。

面对"断点"

人类的大脑会定期清理那些最弱的神经连接，并去除有缺陷的神经元，用质量来交换数量，在无须扩容的情况下，让自己变得更聪明。互联网与蚁群和大脑很像，不仅都是一个网络体系，还都通过同样的方式来调节规模。蚁群通过"蚁群网络"来限制蚂蚁数目，大脑会根据神经反馈来调节信息传输，而互联网则通过 TCP/IP 协议来组织信息传输。

同为网络，它们的另一个共同特点便是，成功的网络都遵循着增长—断点—平衡的发展路径。不论是生物网络还是技术网络，当超过承载能力之后，才能发现断点在哪，生长的边界和不能触碰的边缘在哪里。在发现断点之后，减少过载带来的不良影响，才能实现重生而不是走向毁灭。

在如何面对断点上，此消彼长的互联网公司和不断迭代的互联网时代，是最经典的案例库。与处于增长阶段的所有网络一样，互联网似乎也是无限的。但从本质上看，互联网是一个物理网络，它会受到物理限制，从电缆宽度、可获得能量的大小、路由器和交换机容量的限制。在短短 50 年时间里，连接到互联网上的设备数量从 20 亿增加了 100 亿，似乎从未达到断点。这是为什么呢？

正如处在正常环境下的驯鹿通过迁徙的方式避免断点一样，互联网的增长远远地超过了其承载能力，维持其继续增长的，是它转移到了更高承载力的环境之中。这种网络的迁徙则是通过创新来实现的。不仅如此，在资源利用上，互联网也在通过创新避免能源断点。谷歌每年的耗电量相当于 20 万户家庭所使用的电量，如果整个互联网按照这种速度进行增长，它将会摧毁整个能源网。但是这种情况并没有发生。

从 PC 时代到移动互联时代，从浏览器到 App 的转变，都是互联网发展到达断点之后给出的解决路径。在信息过载时代，我们更需要的是专业垂直的 App 帮我们过滤掉大量无效信息。互联网从浏览器的普适性到 App 的专项性，从信息过载到信息过滤，也是互联网在发现问题之后主动控制体系内的规模，以便实现高效、精准的服务。互联网或企业的内部结构决定了自己的"断点"。对于互联网企业来讲，如果达到断点之后依然不深层次地改变内部结构，那么"断点"就很可能成为终点，"增长并不是一件坏事，除非你将它当成你的唯一"。①

元宇宙可以被理解为互联网面对目前接近的断点进行的又一次迁徙式创新，它为已呈现停滞的消费互联网市场带来了新的空间。在一些观点来看，元宇宙最大的优势是其无所不包的特性，可以包含几乎目前我们所知道的和可以想象的所有数字化技术和商业场景。但从另一个视角看，将元宇宙看作一个无所不包的存在也是危险的。越大未必越好。尤其是对元宇宙这个从基础层到应用层都还处于探索阶段的时候。涌现已经发生，但目前仅仅是如泉水中刚刚出现的第一圈涟漪。至少目前我们无法认为增长—断点—平衡的规律对于元宇宙和参与的互联网企业不再适用。如果说元宇宙是个体系的话，那也意味着体系中某个单点的问题都会造成体系的变形或者坍塌。循序渐进而不是拔苗助长，对于元宇宙更为适合。衡量进度的单位不是大小，而是时间。

与发展并存——还有一种可能性是停滞

不要忘记"第二人生"曾经经历的起伏。曾几何时，"第二人生"是美国最火的游戏。在虚拟世界里，人们可以在其中探

---

① 〔美〕杰夫·斯蒂贝尔：《断点：互联网进化启示录》，师蓉译，中国人民大学出版社，2015，第6~7页。

索神奇的场景，建造自己的庄园、森林和宇宙飞船，最流行的时候有数十万人进入游戏，创造了一个价值 5 亿美元的游戏内GDP，在游戏里累计度过了 50 万年的时间。目前元宇宙的参与者们都可以从"第二人生"学到很多东西，无论是好的还是坏的。曾经竞选美国的总统弗吉尼亚州州长马克·华纳（Mark Warner）还曾在虚拟市政厅做了一个自己的化身，他的形象是穿着一套块状西装，打着红领带。

锐步（Reebok）和戴尔（Dell）这样的大品牌也开始投入虚拟商店，为新的销售和营销时代做准备。它曾出现在《商业周刊》（*Business Week*）封面，《滚石》杂志（*Rolling Stone*）曾将其称之为"网络的未来"，而《卫报》（*The Guardian*）以"今天是'第二人生'，明天就是全世界"作为标题。这一切在现在听起来显得是那么熟悉。如今围绕元宇宙的讨论，很难让人不想起十几年前人们对"第二人生"的狂热。罗斯代尔和其他的"第二人生"乐观主义者经常使用与如今很多人对元宇宙、区块链、加密技术相同的说辞。但随后发生的事情是，"第二人生"增长出现了停滞。用户在这个世界里面耗费了很多个小时，结果却发现自己徘徊在店面空空的"鬼城"。

2006 年曾在"第二人生"里大张旗鼓地开设办事处的路透社，也在两年后正式撤销了该办事处。随后，很多品牌都放弃了它们的更新。当被问到"第二人生"为何没能保持增长的时候，《第二人生的成年》（*Coming of Age in Second Life*）一书的作者、美国加州大学尔湾分校汤姆·波尔斯多夫（Tom Boellstorff）教授的观点颇具代表性："硅谷资本家模式的这种炒作在某种意义上是如此的势不可当，以至于为了吸引风险资本，你必须真正把自己推销成下一部 iPhone 或下一个 Facebook，说你将改变整个世界。我认为它在日程设定方面产生了扭曲效应。上网越来越多可能会带来一些真正的好处，特别是对于残疾人，或者减少路上汽车带来的气候变化，但我从来没有像'我们都将生活在母体'这样的想法。"①

对于普通人来说，是什么能够让他们在这些网络空间里投入大量的时间？很多人对于控制自己的化身版本并且用那种方式与其他人交流会觉得并不舒服。易用性和技术挑战也是 Metaverse 广泛普及的"拦路虎"。路透社记者埃里克·克埃吉（Eric Krangel）在他的报道中称"第二人生"学习曲线非常高，而且用户界面晦涩难懂、服务器经常崩溃，运营该游戏的公司也没能在智能机时代做出可靠的手游版本。②

尽管在技术进步的情况下，"第二人生"解决了上述提到的很多问题，但想要获得大量用户的任何一个虚拟世界仍然不得不克服巨大的进入门槛。社交 VR 公司 High Fidelity 针对元宇宙技术的调研发现，人们不希望在戴着 VR 头盔的时候成为一个卡通化身。疫情是虚拟空间得以流行起来的原因之一，疫情暴发导致人们不得不被隔离在家，这也导致很多相关的公司开始鼓吹，人们越来越多的生活将不得不转移到线上。但事实上，在正常情况下，让一些人把大多数时间投入虚拟世界仍是很难的。对于这个问题，罗斯代尔解释道："如果你在纽约市过的很好，而且你年轻富有，或许你会选择在那里生活。如果我给你一个

① Andrew R. Chow, "Lessons on the Future of the Metaverse From the Creator of Second Life", Nov. 26, 2021, https://time.com/6123333/metaverse–second–life–lessons/，最后访问时间：2023 年 1 月 25 日。
② Eric Krangel, "Why Reuters Left Second Life, And How Linden Lab Can Fix It", Nov. 22, 2008, businessinsider.com/2008/11/why–reuters–left–second–life–and–how–linden–lab–can–fix–it，最后访问时间：2023 年 1 月 24 日。

化身生活的选择，你是不会经常使用的。另一方面，如果你生活在社会交往非常少的偏远地区，如果是身有残疾或者居住在一个无法自由说话的环境中，那么你的化身就可以成为主要的身份。"[1]

面对喧嚣而浮躁的媒体和资本环境，不要真的以为元宇宙就在身边了，也不应把某个单点技术的应用（如虚拟形象、AR、XR）都称为元宇宙，如果是那样的话，元宇宙早就有了。某种意义上来讲，被估价为万亿美元市场的 Metaverse 确实不是第一次出现。在 2007 年的时候，"第二人生"创始人罗斯代尔就宣称 3D 网络将很快成为主流，所有人都会有一个虚拟化身。考虑到这款游戏当时的成功，他的这个说法并不算"大言不惭"。但时至今日，尽管 Meta 等科技巨头都对打造数字虚拟世界表现出越来越高的兴趣，作为 Metaverse 早期设计师的罗斯代尔却开始表达出这个科幻概念是否可以成功的疑惑。他表示，Metaverse 可能永远不会被所有人接受，而且既不会，也不应该成为无所不在的庞然大物。[2]

"Time is the ultimate currency!"[3]（时间是终极的货币！）对于我们观察元宇宙和任何新生事物，马斯克在自己推特上写的这句话尤为具有启发意义。

---

① Andrew R. Chow, "Lessons on the Future of the Metaverse From the Creator of Second Life", Nov. 26, 2021, https://time.com/6123333/metaverse – second – life – lessons/，最后访问时间：2023 年 1 月 24 日。

② Andrew R. Chow, "Lessons on the Future of the Metaverse From the Creator of Second Life", Nov. 26, 2021, https://time.com/6123333/metaverse – second – life – lessons/，最后访问时间：2023 年 1 月 24 日。

③ 引自埃隆·马斯克 2021 年 9 月 3 日推特内容，https://twitter.com/elonmusk/status/1433713164546293767，最后访问时间：2023 年 4 月 30 日。

6

放下执念，在路上

"我忧心忡忡地看待未来，但仍满怀美好的希望。"

——阿尔伯特·施韦泽（Albert Schweitzer）

科技催化剂

1970 年，赞比亚修女玛丽·尤肯达（Mary Jucunda）给美国航空航天局（NASA）恩斯特·史都林格（Ernst Stuhlinger）博士写了一封信。信中，尤肯达修女提出了这样一个问题：目前地球上还有这么多孩子吃不上饭，NASA 为什么还要为远在火星的项目花费数 10 亿美元。

恩斯特·史都林格很快给尤肯达修女回了信，同时还附带了一张题为"升起的地球"的照片，这张标志性的照片是宇航员威廉·安德斯（William Anders）于 1968 年在月球轨道上拍摄的（照片中可以看到月球的"地面"）。他这封如今广为人知的回信后来由 NASA 以《为什么要探索宇宙》为标题发表。

在信中，恩斯特·史都林格博士写了这样一个故事：

在 400 年前，德国某小镇里有一位伯爵。他是个心地善良的人，他将自己收入的一大部分捐给了镇子上的穷人。这十分令人钦佩，因为中世纪时穷人很多，而且那时经常暴发席卷全国的瘟疫。一天，伯爵碰到了一个奇怪的人，他家中有一个工作台和一个小实验室，他白天卖力工作，每天晚上的几小时的时间专心进行研究。他把小玻璃片研磨成镜片，然后把研磨好的镜片装到镜筒里，用此来观察细小的物件。伯爵被这个前所未见的可以把东西放大观察的小发明迷住了。他邀请这个怪人住到了他的城堡里，作为伯爵的门客，此后他可以专心投入所有的时间来研究这些光学器件。然而，镇子上的人得知伯爵在这么一个怪人和他那些无用的玩意儿上花费金钱之后，都很生气。"我们还在受瘟疫的苦，"他们抱怨道，"而他却为那个闲人和他没用的爱好乱花钱！"伯爵听到后不为所动。"我会尽可能地接济大家，"他表示，"但我会继续资助这个人和他的工作，我确信终有一天会有回报。"果不其然，他的工作（以及同时期其他人的努力）赢来了丰厚的回报：显微镜。显微镜的发明给医学带来了前所未有的发展，由此展开的研究及其成果，消除了世界上大部分地区肆虐的瘟疫和其他一些传染性疾病。伯爵为支持这项研究发明所花费的金钱，其最终结果大大减轻了人类所遭受的苦难，这回报远远超过单纯将这些钱用来救济那些遭受瘟疫的人。

在恩斯特·史都林格看来，太空项目是科技进步的催化剂。太空项目在提高人类生活质量方面有两个格外重要的作用：促进科学技术的发展和提高一代人的科学素养。的确，从实践来看，登月工程需要前所未有的高精度和高可靠性。这些要求迫使科学家们寻找新材料以提升仪器在极端条件下的工作寿命，开发出更好的工程系统和更可靠的制作流程。而几十年来，这些为登月发明的新技术和新材料很多都在通信、天气预报、医疗、航海、日用品等各种人类日常生活场景中被应用。

在这封著名回信的结尾，恩斯特·史都林格这样总结探索宇宙对人类的意义："人们突然表示出对自身问题的关注，不能说和目前正在进行的这些初期太空探索项目，以及它所带来的对于人类自身家园的全新视角无关。太空探索不仅给人类提供了一面审视自己的镜子，它还能给我们带来全新的技术，全新的挑战和进取精神，以及面对严峻现实问题时依然乐观自信的心态"。①

对于探索宇宙的意义，如今人们已经不再有异议，它与高科技、代表未来这样正向的词汇紧密关联起来。马斯克花费巨资正在推进的火星移民计划从未被置疑浪费资源，而被认为是勇气、冒险和开拓精神的象征。与之形成鲜明对比的是，在2022年1月，微软出价687亿美元收购游戏开发商动视暴雪（Activision Blizzard）的举动却在30年后再次遭遇了"尤肯达修女之问"。2022年1月19日，世界银行行长大卫·马尔帕斯（David Malpass）在一场线上会议上听闻微软出价687亿美元收购动视暴雪后表示，他认为这笔钱本可以更好地投资于贫困国家和地区，"这让人怀疑，这是资本的最佳分配吗？"②

令人忧心忡忡的"元宇宙"，令人满怀憧憬的"元宇宙"

刘慈欣在小说《不能共存的节日》中曾提出"飞船派"和

---

① Ernst Stuhlinger, "Why Explore Space?", https://lettersofnote.com/2012/08/06/why – explore – space/，最后访问时间：2023年1月26日。

② David Lawder, "World Bank chief takes swipe at Microsoft's ＄69 bln gaming deal as poor countries struggle", Reuters, Jan. 20, 2022, https://www.reuters.com/markets/us/world – bank – chief – takes – swipe – microsofts – 69 – bln – gaming – deal – poor – countries – 2022 – 01 – 19/，最后访问时间：2023年1月24日。

"元宇宙派"二元对立。在《中国 2185》中，他一定程度上肯定了元宇宙的存在意义。但在《时间移民》中，刘慈欣又对虚拟世界表达了忧虑：人们正在渐渐转向无形世界，现在生活在无形世界中的人数已超过有形世界，虽然可以在两个世界都有一份大脑的拷贝，但无形世界的生活如毒品一样，一旦经历过那种生活，谁也无法再回到有形世界里来。

的确，虽然数字化已经被认定是人类社会确定性的未来，但目前它依然充满争议：它创造了新的就业，也带来了新的失业；它助力了某些领域的实体经济，也削弱了某些领域的实体经济；它带来了很多个人生活的便捷，也带来了很多对个人生活的侵害；它在 saving time，也在 eating time；它带了很多新的可能，无论是在好的方面还是对坏的方面。于是，同样是以科技为驱动的数字探索并未如同太空探索那样得到一致的正向认可，而是成了人们眼中的双刃剑。元宇宙让双刃剑两边的刀刃都显得更为闪亮。

某种角度看，那些担忧数字虚拟生活对人类造成负面影响的声音恰恰说明了数字生活对于人类世界的浸入程度在不断提升。这种越发强烈的质疑声和越来越多的担忧在互联网的初期是看不到的。

现在，我们正处在一个由数字技术所引发的社会变革过程中。拉里·唐斯（Larry Downes）在《颠覆定律：指数级增长时代的新规则》中对这个过程所带来的冲突的特点进行了解释。在他看来，信息技术的性能和成本魔术般地得以改进，每个人都有了一个并行的存在；人们不仅活在现实生活中，还享受着另一种数字生活；不存在空间距离，时间可以随时开始和停止，财富可被瞬间复制，所需成本几乎可以忽略不计。但由此呈现的矛盾是，在技术呈指数级变化的同时，社会、经济和法律制度的变化却非常缓慢。人类发明的技术可能会加速世界的改变，但人类的认知、社会规则等却显得跟不上变化的步伐，同时，创新和现行的法律、秩序等方面的距离会逐渐拉大。拉里·唐斯把这种情形称之为颠覆定律（Law of Disruption）。

在科学领域，托马斯·库恩（Thomas Kuhn）将这种情形称为"范式转换"，在商业领域，约瑟夫·熊彼特（Joseph Schumpeter）称之为"创造性破坏"。对二者而言，过程是一样的：大胆的新尝试往往是年轻实践者们的杰作，它们直接挑战了原有秩序的核心理念，将"再创造"推动进入一个艰难而关键的阶段，随后才会进入另一个正常进化的阶段。[1]

对于数字生活所带来的一切，所有的担忧都是有理由的，就像所有的支持也都有理由一样。如同拉里·唐斯所说，"随之而来的混乱无可阻挡，然而，混乱又是必需的"[2]。数字技术和社会体系的相互碰撞与相互调适将伴随数字化进程的全部过程。

太空技术能够赢得人们正向认知的原因主要是两点：第一，其为社会生活提供增量价值；第二，其让人变得更好。而这两点也是数字技术和虚拟世界需要关注的。如果元宇宙不是在让人类变得更好的过程中做着增量，只是在为让商业和资本变得更强大而做增量，那么刘慈欣对虚拟世界的批评无疑就是对的。人类面前的道路无论是通往星辰大海，还是通往虚拟现实，抑或是融合虚拟与现实，都不应该被简单地贴上好或者坏的标签，

---

① 〔美〕拉里·唐斯：《颠覆定律：指数级增长时代的新规则》，刘睿译，浙江人民出版社，2014，第14页。
② 〔美〕拉里·唐斯：《颠覆定律：指数级增长时代的新规则》，刘睿译，浙江人民出版社，2014，第3页。

也不应该因当前或者表象的问题而被否定。对于人类而言，这些道路不应该是非此即彼的单选题。

如果我们把恩斯特·史都林格回信中的一句话稍微修改一下，用"元宇宙"替代"太空探索"，那么这句话将会是这样：元宇宙不仅给人类提供了一面审视自己的镜子，它还能给我们带来全新的技术、全新的挑战和进取精神，以及面对严峻现实问题时依然乐观自信的心态。如果有朝一日，通过对元宇宙的实践，上文的这句话能够成立，那么无论未来它会变成什么样子，它会包含什么，甚至它并没有实现，对于元宇宙所有的投入和努力仍然都是值得的。

从登陆月球到太空旅游、从脑机接口到基因改造，随着各种曾经被称为科学幻想的场景不断变成或正在变成技术事实，人类对于技术的信心达到了前所未有的高度，技术让我们能看到远至距离地球约 4000 光年的脉冲星，小到 0.1 纳米范围的重金属原子排状序列，让我们可以克隆生命，控制神经。除了时间，似乎一切都是人类可以通过技术去实现和改变的。所有的科幻变成现实只是时间问题。创造一个数字化的世界空间，无论是供我们碳基生命去体验，还是供我们创造的硅基生命去演变，在技术上似乎都不是问题。至少在目前众多的对于元宇宙的讨论中，很少能看到基于技术原因而否定元宇宙实现的观点。

伴随着技术信心而不断强化的，是我们对更大商业空间的渴求。从 PC 互联网到手机移动互联网，20 多年的数字化过程让广告市场变大，让硬件市场变大，让购物市场变大，让游戏市场变大……围绕着个人消费者的数字生活场景，呈现出不断丰富和扩大的商业版图。1985 年，著名历史学家费尔南·布罗代尔（Fernand Braudel）在其《资本主义的动力》一书中，对于人类的物质生活和经济生活曾这样写道："从一个特定的角度审视，经济史就是人类整个体系的历史……经济上的大规模集中唤来了技术手段的集中和技艺的演进，每次风云际会都少不了科学，不管它是如何的幼稚。"① 时隔近 40 年，面对人类的数字化进程，布罗代尔这段描述依然值得回味。与布罗代尔表述一致的是，人类数字化的历史也是一部数字商业的历史。而发生了有趣变化的是，数字化进程下，是技术手段的集中和技艺的演进"唤"来了经济的大规模集中，而不是相反。面向元宇宙的路程，本质而言，技术是果，商业是因。

如果我们把元宇宙定义为人类正在实施的一个数字工程，那么它所带来的除了消费、体验，还应该有促进人类更好认知自己、认知生态、认知心灵、认知宇宙的作用。希望通过元宇宙的搭建，所有参与者都能够更为关注现实的世界，让元宇宙也成为人类审视自己的镜子。总有一天所有元宇宙的参与者都要面对这些问题：我们为什么要建立元宇宙？我们在这个过程中发现了什么？验证了什么？推动了什么？改变了什么？

答案，正在逐渐浮现。

---

① 〔法〕费尔南·布罗代尔：《资本主义的动力》，杨起译，生活·读书·新知三联书店，1997，第 3、9 页。

图书在版编目（CIP）数据

元宇宙与数字世界的未来：想象、演进与可能性 /
周晓鹏著 . --北京：社会科学文献出版社，2023.10
（2024.9 重印）
（"法与新科技"论丛）
ISBN 978 – 7 – 5228 – 2191 – 7

Ⅰ.①元…　Ⅱ.①周…　Ⅲ.①信息经济　Ⅳ.①F49

中国国家版本馆 CIP 数据核字（2023）第 141218 号

· "法与新科技"论丛 ·

元宇宙与数字世界的未来
——想象、演进与可能性

著　　者 / 周晓鹏

出 版 人 / 冀祥德
责任编辑 / 李　晨
责任印制 / 王京美

出　　版 / 社会科学文献出版社 · 法治分社（010）59367214
　　　　　　地址：北京市北三环中路甲29号院华龙大厦　邮编：100029
　　　　　　网址：www. ssap. com. cn
发　　行 / 社会科学文献出版社（010）59367028
印　　装 / 三河市东方印刷有限公司

规　　格 / 开　本：880mm × 1230mm　1/32
　　　　　　印　张：14.875　字　数：338 千字
版　　次 / 2023 年 10 月第 1 版　2024 年 9 月第 5 次印刷
书　　号 / ISBN 978 – 7 – 5228 – 2191 – 7
定　　价 / 69.00 元

读者服务电话：4008918866

▲ 版权所有 翻印必究